逆袭　艾丁教你高效学习

高东辉　主编

电子工业出版社
Publishing House of Electronics Industry
北京·BEIJING

内 容 简 介

苦学无效、重难点难以突破、学习时间不够、知识点容易遗忘等问题的产生都有其根源,本书从这些问题产生的原因及学习动机入手,帮助学生了解化学科目如何学习、如何备考。本书选取的难点知识主要包括:高一化学中的物质的量计算、物质分类、氧化还原反应;高二化学中的化学反应速率与平衡、溶液中的离子关系、电化学及有机化学的部分;高三化学中的实验综合。通过对具体难点内容的剖析,提出可操作性强的技巧、方法,帮助学生快速解决困难;同时又毫不保留地将技巧方法的形成过程加以呈现,希望能够帮助学生掌握学化学的方法。

本书同时针对学生学习及考试过程中因规划不合理而造成学习及考试效率低下的问题,从学习不同阶段的规划、安排角度进行指导。这些学习方法不仅仅是为了学好、考好高中化学,更是为了提高学习能力。同时,本书也为有志于从事高中化学教育及辅导的青年老师提供大量可供借鉴和思考的经验。

未经许可,不得以任何方式复制或抄袭本书之部分或全部内容。
版权所有,侵权必究。

图书在版编目(CIP)数据

逆袭:艾丁教你高效学习 / 高东辉主编. —北京:电子工业出版社,2019.7
ISBN 978-7-121-36965-0

Ⅰ.①逆… Ⅱ.①高… Ⅲ.①高中生-学习方法 Ⅳ.①G632.46

中国版本图书馆CIP数据核字(2019)第125635号

责任编辑:崔汝泉　　特约编辑:陈　迪
印　　刷:天津千鹤文化传播有限公司
装　　订:天津千鹤文化传播有限公司
出版发行:电子工业出版社
　　　　　北京市海淀区万寿路173信箱　邮编 100036
开　　本:787×1 092　1/16　印张:13.75　字数:398千字
版　　次:2019年7月第1版
印　　次:2023年8月第5次印刷
定　　价:58.80元

凡所购买电子工业出版社图书有缺损问题,请向购买书店调换。若书店售缺,请与本社发行部联系,联系及邮购电话:(010)88254888,88258888。
质量投诉请发邮件至 zlts@phei.com.cn,盗版侵权举报请发邮件至 dbqq@phei.com.cn。
本书咨询联系方式:(010)88254407,cuirq@phei.com.cn。

前　　言

化学源于最古老的炼金术，是人们在观察自然现象和探索规律过程中形成的学科。高中阶段化学学习涉及大量的现象、性质及方程类需要记忆的知识点，通过对本质、规律的学习，学会将课本知识与实际反应环境相结合进行逻辑分析、推导结论、推测现象，进而能够设计出符合科学规范的化学小实验，使之应用于生产实践，是高考考查的重点与难点，却往往是学生在学习过程中的薄弱点。

笔者根据十余年的教学经验，通过对数千名学生在高中化学学习中出现的问题进行的总结与思考，研究出一套行之有效的方法，旨在帮助大家将化学规律与现象有机结合起来，快速摆脱停留于化学表象的学习，从而达到事半功倍的效果。

本书从培养学生科学素养的角度入手，不是一味总结大量表象的知识要点，而是通过对同一个知识点从不同角度的深入挖掘，将化学的由现象到本质、再由本质到实践的探索过程展现于读者面前，并由高中化学的学习推及整个化学学科的学习，授人以思考之"渔"，使读者掌握化学学习的方法，赢在高考，爱上化学。

本书特色

1. 观点鲜明，针对性强，一站式解决高中阶段化学学习遇到的主要问题

本书既包含对高中化学学科特点及学习方法的阐述，又不乏对高中学生特点和现状的分析，并能一针见血地提出切实的解决办法。以作者自身经历为切入点，现身说法，深入剖析高中阶段学习容易出现的困难与负面心态，同时强调针对不同原因、不同情况，采取不同措施，重视学生的多样化需求。立足高考，分年级重点突破高中各阶段化学学习的重难点及易错点，指导性、实用性强。

2. 技巧独特、新颖，注重效率的提升，又不规避特性问题

本书针对高中学生普遍存在的难点问题，既无知识点的罗列，又无各类经典例题的堆砌，首次提出艾氏学习法，以最基础、最简单的化学知识为切入点，独创了大量技巧，用最简单粗暴的方法解决考试中遇到的问题，不仅使学生能够快速得分，又能帮助其形成知识体系。同时，详细讲述了原创技巧的发现过程与内在逻辑关系，让学生得以通过对过程与方法、逻辑的学习，达到举一反三、触类旁通的效果，切实提高学生学习科学知识的能力，为学生进入高校学习，乃至将来向更高层次深造打下良好的基础。

3. 内容翔实，语言生动，逻辑清晰，贴近生活实际

本书在宏观指导方面采用了大量真实的案例，既有对作者本人的剖析，又有在教学实践中总结的典型案例，还有耳熟能详的中外名人故事，多样化的来源有助于拉近与读者的距离，从而使书中观点更易被理解和接受。在讲解知识点时，注重使用生活化的语言，层递性推导知识，启发思路，娓娓道来，使读者在津津有味的阅读中不知不觉地掌握了科学的学习方法，从而摆脱了理科学习固有的枯燥与乏味。

本书内容及结构体系

本书采用"总——分——总"的结构对高中化学学习方法进行分享。每个章节尽量从

内容上独立，从层递顺序上又有所关联，并将最终极的艾氏学习法作为暗线贯穿全书，用螺旋式上升的形式详细阐明艾氏学习法的内涵与应用方法。本书内容结构如下。

第一篇　学好化学必须知道的几件事

初中化学并不难，为什么高中的化学突然变得非常难？中考化学可以得到满分，为什么高中就很难及格？历尽艰辛考上大学之后，为什么在就业时并没有足够的优势？学习成绩不好，真的就是因为没有学科兴趣吗？很多事情能不能做好，其主要原因是有没有真的想做。本章节就从学习动机角度来分析如何进行高中化学学习和高考备考。

这部分内容分两个章节来呈现：

第一章　从学渣到化学老师

这部分内容结合笔者自身的成长经历毫不隐讳地进行自我剖析，通过自身成长过程中的挫折引发思考，共同寻找学习中存在的困难和解决办法。

第二章　高中化学"难"的原因

根据多年的一线教学经验及与众多家长、学生的接触，总结出高中化学学科难的原因。并毫不避讳地根据大量实例提出一些家长认为很尽心却对学生毫无帮助的助学行为。

第二篇　艾氏学习法帮你搞定高中化学方程式

化学方程式书写是高中学生的一个痛点。学校老师的教学，当实在束手无策时，就会要求学生大量背方程式。但化学方程式与英语单词不同的是：单词只指向多个意思而已，而化学方程式书写却要受到反应环境的制约，并且化学方程式可变化的程度非常复杂，经常会出现背了大量方程式，在考试中却无法碰到原题的尴尬。

该部分内容通过两个章节进行阐述。通过方程式书写的技巧解放学生的思考力，帮助学生节省大量死记方程式的精力。

第三章　三招破解无机方程式

笔者认为："化学方程式不是背出来的，是学出来、推出来、玩出来的。"本章通过"交叉配平法"、"水的俗名叫作氢氧化氢"及"归纳演绎法"帮助学生避免大量背方程式的低效行为，让掌握的方程式数目以几何倍数增长。笔者曾经创造过让学文科的录课人员在两小时内跟随课程掌握600多个方程式的奇迹。

第四章　有机方程式的快速突破

同样有机方程式尽管每一个参与反应的分子结构都比较大，但反应过程仍然有迹可循。因为印刷体无法体现笔者独创的"描红法"有机方程式的书写，经过数次修改终于又创造出"电性吸引法"书写有机方程式，结合文中提到的有机反应特点，足以将必须记忆的有机反应方程式压缩到个位数。同样，有机方程式也可以玩出来。

第三篇　艾氏学习法帮你扫除高一难点

高一的化学知识繁杂。很多与初中接触的化学内容表面相似但深度不同。因此高一无论从知识的广度还是深度，都是远超初中的。本章节主要从高一化学学习中几个重难点知识入手，利用方法和技巧去解决学习当中的困难。

第五章　化学计算

化学计算是公认的高一化学初期最大的难点，也是考试的热点。但这部分内容的难度不在于知识本身。尽管标题落位在高一化学，但文中提到的"单位为核心、摩尔为桥梁、定位要准确"的技巧更加适合考试的需求。

第六章　物质分类的方法的难点是标准

高一化学教材不够详细会造成对氧化物分类的混乱；没有高一下学期的电子式与化学

键知识的良好铺垫就无法学透电解质，而电解质部分的内容又会影响高二很多知识的学习。本章采用最直接的方式从分类标准角度进行研究，帮助学生消除分类上的混乱。

第四篇　艾氏学习法帮你扫除高二难点

高二学习当中，最困难的知识在于反应原理。这部分内容方程式并不多，新内容也不多，但考查的是对化学反应机理的研究。整个原理部分都存在着大量做题不一定有效果的诡异现象，其根源在于对知识的分析没有找准核心点。

第七章　化学反应速率与平衡

急于计算速率、刷平衡的典型题这种行为往往欲速则不达。影响化学反应速率的核心因素是活化分子，并且反应速率的改变应该从正逆两个角度分析。而平衡问题的解决必须依赖浓度熵公式而不是所谓的快速判断技巧。

第八章　溶液中的离子关系

第九章　公式化、标准化离子守恒关系

这一部分是学生疑问最集中的一部分，学起来困难、考题又不少，感觉超级烦。第八、第九章可通过寻找来源的"定位"技巧，一次性解决水电离的氢离子浓度计算、溶液中离子浓度大小比较及溶液中三个守恒关系。

第十章　电化学

以氧化还原反应作为电化学的核心，以标准模型为记忆要点只会越学越乱。本章节通过"起于失电子，经过导线移动，止于得电子的全面分析"技巧，通过最简单的方式通关电化学问题。

第十一章　有机化学

同分异构体、大分子性质判断不仅烦琐而且频繁出现在考试中。本章节从"等效氢"及独创的"定位法"帮助学生学会同分异构体的书写方法，并通过多种技巧帮助学生在大考中快速且准确地解决大分子有机物的性质分析问题。

第五篇　艾氏学习法帮你高三有效备考

考试中答不完和不会是没有区别的，因为在得分上都显示为零。本章节不仅解决实际学习中有关实验问题的难点，也从学习及考试过程中的时间规划、得分规划等角度对高三的学习进行规划指导。

第十二章　三轮复习的主要任务

本章节详细说明了三轮复习如何合理安排、主要任务及学习方法。

第十三章　实验综合

本章节通过气体成套实验、工业流程实验、探究实验三类实验及典型实验热点不仅利用各种原创技巧解决实际问题，也通过分析过程强化艾氏学习法的内涵及应用。

第六篇　艾氏学习法综述

工欲善其事，必先利其器。如何能够创造对自己学习最有利的环境？如何通过有效的规划提升学习效率？本章节就谈一谈从如何与老师进行交流、如何听课记笔记、如何利用网络等教学资源助力学习。

第一四章　不同阶段、不同层次考生如何学习高中化学

真正的失败者是放弃自己的人。只要高考没有结束就没有资格轻言放弃，不同时期无论成绩如何都可以找到努力并提升的方向和办法。

第一五章　非知识性因素提升学习法

规划、执行、坚韧。多年后所有学过的知识都有可能会遗忘，但学习过程中培养的学

习能力与坚韧的品质却能终身受益。

本书的读者对象

- 初三毕业生及高一入学新生
- 对高中阶段学习与生活始终难以适应的学生
- 将化学作为高考选考科目的学生
- 广大初高中学生家长
- 有志于从事高中化学教育及辅导的年轻老师
- 各中小学课外辅导机构的同行朋友

目　　录

第一篇　学好化学必须知道的几件事

第一章　从学渣到化学老师 ……………………………………………………… 1
 1.1　从理科学渣到化学老师的修炼之路 ……………………………………… 1
  1.1.1　给自己一个改变的理由 …………………………………………… 1
  1.1.2　做自己的伯乐，找到人生中的千里驹 …………………………… 2
  1.1.3　教书是无奈的选择　成为高分班老师仅仅是因为坚持努力 …… 5
 1.2　成功的捷径 ………………………………………………………………… 7
  1.2.1　一定题量地夯实基础很有必要 …………………………………… 7
  1.2.2　不断优化、重组 …………………………………………………… 9
 1.3　不停地追求卓越，成功自会不期而至 …………………………………… 12

第二章　高中化学"难"的原因 ………………………………………………… 13
 2.1　知识爆炸的不仅是广度 …………………………………………………… 14
  2.1.1　知识爆炸的广度方面 ……………………………………………… 14
  2.1.2　知识爆炸的深度与关联度方面 …………………………………… 16
 2.2　被中考消耗的学习能力 …………………………………………………… 18
  2.2.1　被误解的化学学科 ………………………………………………… 18
  2.2.2　初中、高中夹缝中失落的学科兴趣 ……………………………… 20
  2.2.3　被中考透支的精力 ………………………………………………… 22
 2.3　高中化学学习方法初探 …………………………………………………… 24

第二篇　艾氏学习法帮你搞定高中化学方程式

第三章　三招破解无机方程式 …………………………………………………… 27
 3.1　归纳演绎法 ………………………………………………………………… 27
  3.1.1　金属活动顺序表的应用 …………………………………………… 27
  3.1.2　酸碱中和反应 ……………………………………………………… 31
 3.2　交叉配平法 ………………………………………………………………… 34
  3.2.1　金属单质与强氧化性酸的反应 …………………………………… 34
  3.2.2　二价铁与氧化还原反应离子方程式的配平 ……………………… 38
  3.2.3　逆向、双零、拆分的交叉配平法 ………………………………… 39
 3.3　水的俗名叫作氢氧化氢 …………………………………………………… 43
  3.3.1　水与金属单质、非金属单质及某些化合物的反应 ……………… 43

3.3.2　盐类水解与双水解 ·· 46
第四章　有机方程式的快速突破 ·· 48
　4.1　有机反应机理 ·· 48
　　4.1.1　酯化反应与酯的水解反应中反应机理法的应用 ························ 48
　　4.1.2　卤代反应与有机反应类型 ·· 53
　4.2　容易被忽略的反应条件定位法 ·· 55
　　4.2.1　浓硫酸加热与稀硫酸加热 ·· 55
　　4.2.2　NaOH 加热条件 ·· 58
　4.3　最容易被忽略的 α 位氢 ·· 62

第三篇　艾氏学习法帮你扫除高一难点

第五章　化学计算 ·· 66
　5.1　物质的量仅仅是一个标准 ·· 66
　　5.1.1　个数计算公式与质量计算公式 ······································ 66
　　5.1.2　气体体积计算公式 ·· 71
　5.2　浓度计算的比例关系法 ·· 73
　　5.2.1　浓度计算公式 ·· 73
　　5.2.2　配置一定浓度的溶液 ·· 75
第六章　物质分类的方法的难点是标准 ·· 77
　6.1　氧化物的分类 ·· 77
　6.2　电解质与导电的区分 ·· 79
　　6.2.1　酸、碱、盐的分类 ·· 79
　　6.2.2　电解质、非电解质及导电 ·· 81
　　6.2.3　关于电离方程式的书写 ·· 82
　　6.2.4　盐类水解与溶液酸碱性初步 ·· 84
　6.3　核外电子变化与电子式 ·· 87
　　6.3.1　周期表中的第三种对比 ·· 87
　　6.3.2　电子式极速书写方式 ·· 89

第四篇　艾氏学习法帮你扫除高二难点

第七章　化学反应速率与平衡 ·· 93
　7.1　影响化学反应速率的核心因素 ·· 93
　　7.1.1　速率计算 ·· 93
　　7.1.2　影响速率的因素 ·· 95
　7.2　勒夏特列原理并不是最好的平衡移动判断方法 ······························ 98
　　7.2.1　条件改变瞬间对平衡移动方向的影响 ································ 98
　　7.2.2　放弃等效平衡才是学透等效平衡的好方法 ···························· 102
第八章　溶液中的离子关系 ·· 107
　8.1　$4x$ 理论破解 pH 计算 ·· 107

　　　　8.1.1　纯水的pH计算与电离程度 ……………………………………………… 107
　　　　8.1.2　常温酸、碱溶液的pH计算 ……………………………………………… 108
　　8.2　三层次比较溶液中离子关系 …………………………………………………… 114
　　　　8.2.1　单一溶质溶液中的离子浓度关系 ……………………………………… 114
　　　　8.2.2　酸式盐溶液及复盐溶液中的离子关系比较 …………………………… 117
　　　　8.2.3　混合溶液中的离子浓度关系 …………………………………………… 119

第九章　公式化、标准化离子守恒关系 ……………………………………………………… 122
　　9.1　溶液中的电荷守恒关系 ………………………………………………………… 122
　　9.2　溶液中的物料守恒关系 ………………………………………………………… 124
　　9.3　溶液中的质子守恒关系 ………………………………………………………… 126

第十章　电化学 ………………………………………………………………………………… 129
　　10.1　电子保护金属法学透原电池、电解池及金属保护 …………………………… 129
　　　　10.1.1　没有外接电源的单一装置：原电池 …………………………………… 129
　　　　10.1.2　外接电源的电化学装置：电解池 ……………………………………… 133
　　　　10.1.3　精炼铜与氯碱工业 ……………………………………………………… 136
　　10.2　燃料电池极速电极方程式书写与蓄电池 ……………………………………… 139
　　　　10.2.1　氢氧燃料电池 …………………………………………………………… 139
　　　　10.2.2　以乙炔为代表的有机物、氧燃料电池 ………………………………… 141
　　　　10.2.3　蓄电池不用电路图 ……………………………………………………… 143

第十一章　有机化学 …………………………………………………………………………… 144
　　11.1　判断同分异构体 ………………………………………………………………… 144
　　　　11.1.1　烃类物质同分异构体判断 ……………………………………………… 145
　　　　11.1.2　酸与酯类同分异构体判断 ……………………………………………… 149
　　11.2　原子共平面问题与大分子性质判断 …………………………………………… 151
　　　　11.2.1　有机物原子共平面问题 ………………………………………………… 151
　　　　11.2.2　大分子性质判断 ………………………………………………………… 153

第五篇　艾氏学习法帮你高三有效备考

第十二章　三轮复习的主要任务 …………………………………………………………… 157
　　12.1　一轮复习 ………………………………………………………………………… 157
　　　　12.1.1　关于一轮复习的顺序 …………………………………………………… 157
　　　　12.1.2　如何回归教材？要达到什么样的效果？ ……………………………… 160
　　12.2　二轮复习 ………………………………………………………………………… 163
　　　　12.2.1　思维导图绘制 …………………………………………………………… 163
　　　　12.2.2　如何培养得分能力 ……………………………………………………… 166
　　12.3　三轮复习 ………………………………………………………………………… 169

第十三章　实验综合 …………………………………………………………………………… 172
　　13.1　海水综合利用 …………………………………………………………………… 172
　　　　13.1.1　海水提盐 ………………………………………………………………… 172
　　　　13.1.2　海水提溴、海水淡化及海水提镁 ……………………………………… 174

13.2 离子的结合律 ··· 176
13.3 探究实验 ··· 180

第六篇　艾氏学习法综述

第十四章　不同阶段、不同层次的考生如何学习高中化学 ······················ 185
　14.1 各个版本高中教材目录对比 ·· 185
　14.2 学习规划篇 ··· 190
第十五章　非知识性因素提升学习法 ·· 196
　15.1 高中学生的学与问 ·· 196
　　15.1.1 怎样记笔记 ··· 197
　　15.1.2 别让作业成为隐痛 ··· 198
　　15.1.3 如何向老师提问 ··· 200
　15.2 有的放矢，事半功倍 ·· 203
　15.3 勇敢的心 ··· 207

第一篇　学好化学必须知道的几件事

第一章　从学渣到化学老师

"你站在这繁华的街上，找不到你该去的方向"，我很喜欢许巍《那一年》中的这句歌词。大学期间听时，只觉得有淡淡的忧伤，毕业后面对工作和陌生的环境才体会到那种繁华下的孤独。对不可知未来的迷茫与彷徨，总是不经意间轻松击溃一颗想努力的心。初入高中、初入大学、初入社会，每一次对抗迷茫的过程都是成长的必然经历。

曾经有过无数理想，唯一不包括的就是做老师。最初接触教育行业完全是出于别饿死自己的考虑，促使转变想法并爱上教学的竟然是生活中那些无关轻重的小事。伟大的匠人也许需要一些天生的灵性，但技师纯粹就是有心地自我训练，通过熟练度的积累达到一个个自我超越的高度。老师这个行业之所以看中经验，其道理也在于此。

1.1　从理科学渣到化学老师的修炼之路

认为高学历的老师就会带出高分的考生，这样的想法也促使学校和家长更加关心师资结构。事实上很多新毕业的硕士甚至博士学历老师往往讲授的内容让学生一头雾水，如听天书，更何谈教学效果？反而是一些学历不高的老师更受学生欢迎。究其原因在于高学历的老师往往都是曾经的学霸，并没有经历过普通学生学习过程中的痛苦，而往往学历没有那么高的老师更容易抓住学生问题所在。但这也并非说老师尤其是中学的老师更应趋向于低学历。学历高至少可以说明老师的学习能力是超于多数人的，并且学科知识的厚度也是值得肯定的，只要老师用心教学，假以时日，未来的成就必不可小觑。尽管高学历的老师在最初授课时需要一段与学生的磨合期，但从长远角度看，在这个群体中能够培养出的优秀老师数量必然值得期待。

很可惜笔者属于后者。受学校教学环境的影响，我从初中一路玩到高中，蹉跎了岁月。高中生活满足于成绩并非倒数，小说、漫画、摇滚乐等这些对少年杀伤力极强的东西陪伴着我成长。毕业的学校属于相对较差的那一类，很多学生无法坚持到高三就离开学校去闯荡社会或者回家务农了。留下来的同学，也不乏只为混到高中毕业证。高三班级人数骤减最直接的影响就是我在班级的排名倒数了，第一次高三月考的惨烈成绩让自己突然意识到大学于我绝对是遥不可及的。没有背景、没有奇迹，最终大学毕业并且居然成了老师，听起来有点天方夜谭。

1.1.1　给自己一个改变的理由

第一次月考的成绩已经表明自己就是一个不折不扣的学渣，这已经基本宣判了高中的结束，别说考大学的奢望，在那个年代即使想上一个专科也是遥不可及的。

也许是出于同情心，或者纯粹出于社会治安的考虑，校方居然要求我们这样走读的学渣也必须参加晚自习。这种出于拯救未成年人的考虑很难得到广泛支持，毕竟晚自习时在老师的眼皮子底下无法肆无忌惮地看闲书、听音乐、聊天。一些走读的学渣组成了坚不可破的联盟，大家都不去学校自习。

初中、高中最让人难以理解的是学校经常开家长会，而神经敏感的家长们又总是乐此不疲地参加，甚至在我所在的那个升学率只能以个位数计的学校，家长会的出席率居然超过正课学生的出勤率，虽然大部分家长心里明白自己的孩子与大学、大专甚至于高中毕业都是无缘的。

家长会当天总会几家欢喜几家愁，尤其是像我这样的学生，用愁字还不算准确，更应该说是惴惴不安、度日如年。好在以中学混过来的经验看，每年也就愁那么几次，每次也就几天而已，其余的时间依旧可以我行我素。

家长会结束，父亲回到家中没有任何反常举动：做饭、收拾屋子、准备好我学习所用的桌子，然后帮母亲去忙活计去了。既然一切担心都是多余的，索性像往常一样摊满一桌子的书、本、笔，然后沉浸在藏在课本下面武侠小说的江湖世界里。

家长会的第二天到学校总觉得有些异样，而这种异样更多的是自己一厢情愿的感觉。上午的课程在浑浑噩噩中结束。下午第一节是班主任数学老师的课。一反常态的是居然整堂课班主任都没有再像唐僧那样苦口婆心地唠叨走读生必须上晚自习的事情。直到下午自习课时才有机会和朋友们痛快地聊天，这才知道之所以班主任不再勉强走读生上晚自习竟然和我的父亲有关。从同学那里获悉，因为上晚自习的事情，父亲和班主任发生了激烈的言语冲突。

直到写这些文字时也无法知道当时的真实情境。问了父亲几次，也许是上了年纪的缘故，父亲的描述总是支离破碎，从旁人口中听到的又不见得是事实。只能归结为班主任坚持走读生必须到学校上晚自习才有可能提高成绩，在家自己学习就是浪费时间完全没有效率。我的父亲则坚持认为能否考上大学并不是一个晚自习能够决定的，他坚信自己的孩子能够对自己负责，他尊重我自己的选择。

那一天的最后一堂课是什么科目已经完全不记得了，好不容易放学回家见到父亲想问下家长会的具体情况，父亲只是说让我好好学习就行，其余的事情就不要管了。

吃过晚饭，我做了一个让自己都吃惊的决定：和父亲提出不在家学习，而是去父亲的办公室学习。父亲同意了，收拾完餐具带着我去了他的办公室。那是一个三层的红砖办公楼，办公楼已经有些破旧了，下午五点后楼里空无一人，大门是有门卫的，而且晚上整个办公区也有巡视人员，因此办公楼里连个守门的都没有。靠近楼门的二楼办公室就是我高三绝大部分时间上自习的地方。

蚂蚁搬家似的把家里的学习资料都带到了办公室。第一天只带去了数学书、练习册和几套卷子。现在想来，也许因为班主任是数学老师的缘故，所以第一天才会选择只带上数学的资料吧！也许是想通过最早提升数学成绩给父亲点回报吧！

记得在很多名人传记中也经常看到生命中的一件小事，往往能促使人生的改变。生命有时就是这么奇妙，很多看似毫无关联或毫不重要的小事，却改变了人生。反倒是那些看起来关系一生的大决定，事后想起来其实并没有那么重要，也没有那样深远的影响。

一次再平常不过的家长会，一次冲突的小插曲，父亲所表现出来的一点小小的信任，这些也许就是我高三真正开始认真努力起来的全部动力。

1.1.2　做自己的伯乐，找到人生中的千里驹

"千里马常有，而伯乐不常有"，每一个儿童都具备运动员的基本素质，只是绝大多数

的儿童没有机会也没有意识去进行专业的训练。这个世界上生活的绝大多数人，其智商水平相差无几，但真正在学业或事业上能够崭露头角的，毕竟还是少数人。其实很多这样的差异，仅仅是因为缺少一个契机，缺少一种方法而已。

从想开始努力，到真的见到一些效果，其间所经历的时间仅仅是一个月左右。以百分制计算的话，数学从40多分提高到80多分，同期物理也从10多分提高到80多分，化学也顺势由20多分提高到了60多分。当时很多家长和同学都震惊于我的神速进步。

那个年代并不流行课外辅导，而我所在的地方也没有什么补习班。周围的人的说法让自己也差点信了：我是一个聪明的孩子，只是原来没有努力罢了。直到现在，还有很多学生问我如何能做到在一个月内有如此飞速的提升。

学生最容易受到例如提分、高考压题、技巧方法、解题秘籍等这类文字的吸引。既然想要真的努力了，就求父亲帮我买了一套《高考名师解题系列丛书》。看了很多之后才发现原来那些方法技巧对我来说毫无用处。

最初几天的努力完全化为乌有，基础知识薄弱，不是看不懂解题的方法、技巧，就是根本无法去应用。再好的一套教辅资料，在手中也无法发挥它的效果。这样的打击使自己意识到必须找到适合自己的学习方法。

这也是我的学习方法中最重要的一环：行动优先、积极试错、及时调整。

学校中某些学科的作业是不得不做的，有时并非因为作业有效果，而仅仅是因为该学科的老师检查过于严格而不得不写。因此每天的自主学习时间，其实真的非常有限。利用这有限的时间去积极地试错、去阅读教材、去做题，无论是哪一种都是大量消耗时间的事情。其中的矛盾在于做作业消耗时间太多，需要去阅读教材，而阅读教材又无法及时完成作业。学知识点还是去实战练题，这个矛盾看似无法解决。

经历过程的痛苦不是促使人化茧成蝶，就是促使人选择逃避。

既然学知识点和做作业这个矛盾已经产生，那就干脆都不要去解决。无所事事，或者再回归到小说、音乐上的恶性循环中，又觉得良心上过不去。总要找一些事情去填充这段时间，就像高僧通过诵经遮住自己的俗眼一样，就像忘记某件痛苦事情的最好办法就是积极地去做其他的事情一样。没有时间沉浸在痛苦中，无论会不会，直接拿出历年的高考真题试卷去刷高考题。尽管自己的成绩确实很差，但每一张试卷当中总会有一些自己能够解出的题。

完成一张高考真题试卷的时间并不长，原因在于整张试卷中自己会并且能得分的，通过蒙能够得到分的，都实在是太有限了。但做一套高考真题试卷的好处在于培养优势心理。做对了就会告诉自己在高考中确实能拿到分，做错了就安慰自己这是高考难度的题，错了也理所应当。

没有了心理压力的行动，往往是高效的。反正不去做作业，不去阅读教材，每天可以自主学习的时间还是蛮多的。做完一套试卷之后，习惯于对比上一套或者上几套自己做过的高考真题卷。最初的目的仅仅是为了满足那一点卑微的自尊心。看到每套试卷当中都有能做出的题，就会自我暗示自己在高考当中也许还会有所收获的。不经意的几次对比，突然发现了一点曾经没有注意到的细节：几年高考真题中很多知识点的命题规律性非常强，题型也非常相近。

纸上得来终觉浅，绝知此事要躬行。儿童教育中想让一个儿童明白一种行为的后果是不好的，说教的作用远比不上让儿童去试一下并承担其后果。尽管高中的老师总在循循善诱地说高考命题规律性很强，学习时要抓住重点，但学生总是当耳旁风。在某种程度上，自己通过对比几套高考试卷去总结规律的收获，远大于听几场名师的讲座。

不仅是学习过程，其实人生又何尝不是如此，自己愿意主动去做一件事情和为了应付检查而完成一件事情，所取得的效果往往相差甚远。

最初对比试卷是将自己会的题进行汇总，争取做到只要遇到类似的问题完全不丢分，每张试卷中都有得分点。一段时间后就不满足于每张试卷仅能拿到个位数，同时因为只做自己会的题，每张试卷完成的时间非常短，仅仅是十几分钟而已。闲来无聊就去研究那些自己可能会拿到分、但自己不会的知识点。反正也不会，就去阅读一下答案的解析，有不懂的地方，正好教材都放在手边，就翻开来看一看。

这样的考题，第一道题确实很难拿到满分，但至少可以拿到其中少量的分值。通过阅读答案解析并对比教材后，对知识点渐渐理解，对命题形式也渐渐熟悉。解决下一道类似题时翻阅一下上一张试卷中曾经解决过的题，把两道题对比一下，找到相似点，找到解题的思路。试了几次后，我发现居然能够在很短时间内学懂一个知识点，会做一类题。

于是就想将这样的方法应用下去。因为自己没有收拾整理分类东西的良好习惯，所以为了找到一道曾经做过的原题就需要在一大堆资料中慢慢地找寻，这耗费大量时间和精力。为了偷懒往往第一次做这种类型题时，就将这个题的题干解析过程全都背下来甚至默写一遍。这种方式也成为后来教学中常常推荐给学生的方法，脑海中有些固有的题型，在后期解决同类问题时就会有参照，这样做不仅能够提升解题的准确率而且能够有效地节约解题时间。

这样的学习方法在数学、物理、化学这样的理科上很有效，不仅整套试卷的得分率明显提升，并且知识储备越来越多。但学校的一轮复习是分模块的，老师在课上讲解的例题及所留的作业还是很令人痛苦。自主学习的时间越来越长，写作业的时间就被压缩到几乎为零。最终只能在第二天上课之前的早自习去抄别人的作业。

刚开始抄作业，仅仅是纯粹地抄。抄了一段时间后，居然能够发现"学霸"的解题步骤并不是最简洁的，而且也能够发现某些解题中的错误。有了这个发现后再去抄作业时就换了一种方法：拿到学霸的作业，简单浏览一下解决思路，根据自己的思考自己解、自己写。其实这也是一个限时训练的方法，随着自己知识水平的提升，以及学校进度的推进并通过在高考试卷中获得的提升，渐渐在写作业中获得的益处越来越多。于是刚开始完全隔离的自我学习方法与学校的讲解进度融合在一起。

这样学习的效果展现在不久之后的一次月考当中。答物理和数学卷都是用了 40 多分钟就完成了整套试卷，其余的题自己并没有复习、也没经过限时训练，其结果就是真的不会。于是理所当然地成了全考场最早交卷的人。但是这次月考的成绩却高得出人意料，数学和物理两个科目直接冲到班级的前几名。

考场的分配是按照成绩由高到低进行划分的，因此老师也无法质疑作弊。毕竟在我的考场当中，我的成绩是最高的，因此抄同学的可能性不存在。这次月考的成绩使我坚定了自己的学习方法。也许是因为那次家长会的阴影还在，不久后在数学考试当中，23 分钟完成试卷并再一次取得了班级前几名的成绩。

但是成绩也就定格在了百分制的 80 多分。

千里马常有，而伯乐不常有。无奈中却万幸地找到了适合自己的学习方法。每个人的智力发展方向是不相同的，对某些人有效的方法，也许对另一些人就会完全无效。找到适合自己的方法并坚持不懈地努力学习，如果说学习有捷径，那么这就是捷径。

很可惜沾沾自喜于当时所取得的成绩就不愿意再努力，之后又是回归到原来的生活轨迹——小说和音乐的世界。这期间也做了一些保温训练，而这种保温训练是被动的，毕竟高三的学生每周都要经历考试。

现在想来，即使继续沿用这种学习方法，即使后期没有回归老路，成绩继续提升的可能性也并不大。行动优先、积极试错、及时调整确实可以做到解决一个学科当中绝大部分问题，可以使考试当中的得分率提高到一定程度。但高考毕竟是选拔性的考试，检验的是考生的综合素质，包括阅读理解能力、分析归纳能力、语言表述能力等。没有一定的学科思想和学科素养，在某个学科当中要想得到更高的分值也是非常困难的。

玩命似的"三分钟努力"并且找到合适的方法，确实能够起到奇效。但要成就卓越就要更加细心，更要持之以恒。

1.1.3 教书是无奈的选择　成为高分班老师仅仅是因为坚持努力

如果可以做自己人生的导演，相信很多人都会无限次重写电影的脚本。"如果"是一个伪命题，人生是一场单向旅程，无法回到原点，也无法重塑当初的自己。

但人们都喜欢"如果"这样的伪命题，大学毕业后第一次面临生活的压力时自然会对自己说："如果当初能够过好每一天，也许今天就会迥然不同。"

毕业后做过很多职业，短期内尽管都可以维持温饱，但略有盈余却很难实现，无奈之下到学校做了老师。最初的想法是有了一定积蓄立即转行，趁着年轻去做想做的事情，找到属于自己的世界，于我而言教学仅仅是一份工作。

想去做还是必须去做？事业还是职业？

理想中从来就没有当老师的选项，选择这份工作的目标也非常明确。因此尽管最初所在的班级是重点高中的复读部，面对的学生尽管高手云集，但讲课相对还是比较轻松的。照本宣科一下从老教师那里"偷"来的讲义，随便搜集一两道高考原题在课上作为例题讲解，实在不行就拼凑一套随堂测试的小试卷。反正都是一堂课，很容易就能够听到下课铃声响起。兴致来了还可以给学生讲一讲大学当中的奇闻逸事，整堂课你好我也好，大家都开开心心的。

自己曾在高中是一个学渣，找老师问问题这种事情在意识当中是完全不存在的。要命的是这所学校的学渣太少了，找老师答疑就像是吃饭喝水那样自然，更加要命的是，这些学生们问的问题五花八门，有课上讲解不明白的、课上根本没有讲到的、甚至也有纠正课上讲错的及一些从来没见过的问题。

因为始终无法找到自己理想中的工作，而无法真正逃离校园，毕竟吃饭是人生中第一大问题。没有诗和远方，只有眼前的苟且，甚至可以说苟且都快要苟且不下去了。第一次真心觉得当老师真的不容易。

好在一直坚信"方法总比困难多"这句自我安慰的话。

没有学过建筑学并且喜欢随遇而安的我居然制定出一份标准的"逃生路线图"。经过对学校的"地理地形"及学生上课时间规律的研究，利用这张图可以轻易地避开大部分学生的提问。这就是最初行之有效的"好办法"。

学生时代成绩的提升，需要感谢班主任对是否去学校上晚自习的"重视"。老师时代则要感谢学生的"轻视"，这促使我将教学由职业变为事业。

学生们无法找到自己的学科老师答疑，渐渐也就学会了"自学"。

事情总有例外。一天中午班上的学生拿着化学资料走进老师办公室那一瞬间我的内心超级紧张。万幸的是这个学生越过了我的办公桌走向了后方。本以为学生来办公室仅仅是帮自己的同学交作业，或者是来办一些其他的事情。但后排传过了一段对话却让我如坐针毡。

"老师能麻烦您给我讲一道题吗？"

"你们班的化学老师就在前排啊。你去问自己的老师吧。"

"哦，谢谢老师。"

一段简短的对话，学生抱着化学资料离开了老师办公室。

被学生轻视，应该说是被学生漠视，连愤怒都没有来由。尽管从来没有想过将教学作为理想的职业，但这件事已使我无法心安理得地混日子了。

不管怎么说是经历过高考的，并且大学就读的专业也是化学方面的。哪怕只是为了那点卑微的自尊心，也要直面学生的答疑。

行动优先，积极试错，及时调整。

学生的问题五花八门，无法真正找到学生问题的出处。但至少学生用的教辅资料还是比较统一的，基本就是那几本，而学生所用的套卷无外乎就是高考真题、模拟题或者学校历年的各类考试试卷。因此首先是刷题。

三个月时间，做过的试卷和教辅加起来有87厘米厚。题海战术并非一无是处，但是滥用题海战术却无法得到想要的效果。为了应对学生的答疑而进行的题海战术训练所取得的效果就是对高考题目越来越熟悉，答疑时也越来越有底气。对于成题渐渐地能够做到信手拈来，但对于学生提出的新题尤其是探究类型的题目就显得力不从心，甚至束手无策。因此尽管不再积极逃避答疑，但是每次答疑仍是如临大敌。

一次偶然的机会看到一个学校公认的学霸在图书馆里学习，正好面前摊开的是化学教材。坐在对面观察着这个学霸认真地翻阅教材，将教材上的方程式和一些知识点誊写到一个笔记本上。而这个学生的教材上，已经密密麻麻地写满了红色、黑色及蓝色等多种颜色的备注内容。

看完学霸的做法自问教材真的有用吗？教材真的没用吗？

模拟学霸的做法，打开教材认真阅读才发现几个月努力下来在教辅还有试卷中积累的很多方法技巧，在教材中几乎都能找到出处。甚至一些答疑时新题与探究题中无法解释的内容，在教材中也能找到相应的文字。我忽然觉得教材果然是一个巨大的宝库。

认真阅读教材、认真记住每一个方程式、认真记住每一个反应的条件及反应环境、认真阅读每一个实验探究和科学史话。每次答疑或做题后有了新鲜的想法或新的内容，赶紧记录在教材中。刚开始进度缓慢，几度想要放弃。坚持了一段时间之后，发现自己的知识储备与教学水平都有了质的飞跃。

这就是所谓的教学相长。

另一个偶然的机会，学会了更多的东西。

某次月考后很多老教师因为各种原因无法参与批改试卷工作，所以年级中绝大部分试卷就全由我独立批改。因为仅仅是月考，所以试卷的保密程度并不高，得以将大部分试卷拿到家里慢慢批改。

刚开始是对着答案批改试卷，给出分值。这些工作做完所用的时间并不多，于是就想多做一些，算是对前期混日子的一点补偿。将每一张试卷中学生错误的地方都用红笔参照标准答案进行标注更改。这个工作很费时间，全部完成已经快天亮了。干脆不睡了，将所有试卷汇总在一起，按班级统计平均分、年级平均分、最高分、最低分等，将这些最常规的试卷分析工作上班前干脆做完了。

试卷分析工作完成后还有一段时间。于是翻开自己班的每一个人的试卷，再去对比归纳一下哪一题的错误率高，哪道题的错误率低，错选的选项哪一个更加高频……

一个无意之举，结果到了班级试卷讲评时，居然能够不用对着教案而直接说出每一个试题的答案及错误原因，并且能够直接指出某道题班级哪位学生做错了。那堂试卷讲评的课程，成为进入学校以来最受学生欢迎、最精彩的一堂课。甚至连那个曾经在办公室漠视我的学生，也在课堂上投来了敬佩的目光。

因为无法知道行动是否能达到预期的效果而不去做或者犹犹豫豫地去做，等于完全没有做，无法收获效果。"行动优先、积极试错、及时调整"往往能收获超乎预期的效果。

这里所说的"行动优先"并非意味着是毫无目的的莽撞行为。

不再将教学仅仅作为一个职业，也不再消极地回避答疑，渐渐赢得了学生的尊重。于是学生们提出了更高的要求，用什么方法才能够提升答题的效率，这个效率不仅仅是得分率，还包括如何缩短答题时间。

从研究如何针对同一问题去发现更多的解题方法，到研究一个知识点可以有多少种命题方式，再到从被动做题转变为主动对比做题及创造新题型，一点点推进自己的教学水平，坚持着平凡的努力。将教学从职业转变为事业也没那么困难。

教书是无奈的选错行。教学过程中可以有无数个选择，可以逃避也可以面对。最终成为高分班的老师，仅仅是因为没有逃避，而是积极面对。

1.2　成功的捷径

有人说"成功的捷径就是去模仿那些成功人士的做法"。其实成功的捷径就是阿甘式的奔跑，选定的一个方向，然后开始，并一直坚持下去。高中化学的捷径就是从现在开始行动，哪怕最初的方法并非是最有效的，边学习边调整，行动永远强于空想。

1.2.1　一定题量地夯实基础很有必要

贝克汉姆能踢出世界上最好的右脚传中球，他的任意球和角球也具有世界超一流水准，长传球犹如巡航导弹一样精准。因而人们习惯地称他为"黄金右脚"。

人们往往惊叹于贝克汉姆的帅气和一流的球技。但鲜有人知，贝克汉姆所谓的天赋都是艰苦训练的结果。

贝克汉姆说，其实他早把训练的秘密公之于众，只不过粗心的媒体和大众没有注意而已。在一部回顾1995—1996赛季曼联队表现的纪录片里，曾出现过一组镜头：一个破旧的山地汽车轮胎挂在了球门的死角上，站在禁区外的贝克汉姆拔脚怒射，球从轮胎圈里穿过后直挂网窝。观众当时只是把这组镜头看作是对贝克汉姆球技的"夸张表现"。然而，贝克汉姆告诉人们，其实这就是他磨炼任意球技术的办法。

贝克汉姆表示，从少年时代起，他就采用这种方法"狂"练任意球。到了曼联队后，这种练习更是家常便饭。他透露，曼联队每天的训练结束后，自己都要进行这种"痛苦"的加练，不把球送进轮胎圈，自己就绝对不结束训练。在练完"轮胎圈神功"后，贝克汉姆还要通过实战射门练习来检查一下"练功"效果，据曼联队的球员透露，贝克汉姆每罚10个任意球，一般都能进7个。

前文中所提到的记忆一些高考典型题的方法，会让一些学生嗤之以鼻。甚至有人会认为文科是靠记忆，而理科是完全依据推导的。

文科方面要想有所建树要依据强大的逻辑推导能力，其实这也算是理科的思想。理科方面想要有所建树，就需要占用大量的素材。

Arrhenius 方程式的发现对于研究温度与反应速率关系十分重要。但是这个方程式的来源却是大量实验素材的积累，是一个经验公式。

理科学习尤其是化学学科的学习，更加注重题量的积累。每一次做题时相同知识点的呈现是对熟练度的提升，每次命题中不同知识点的出现是对分析能力提升的重要训练。

人教版《高中化学 1（必修）》中有如下段落：

加热时，浓硫酸还能与一些非金属起氧化还原反应。例如：加热盛有浓硫酸和木炭的试管。碳被氧化成二氧化碳，而硫酸被还原为二氧化硫。

$$2H_2SO_4（浓）+ C \xrightarrow{\triangle} CO_2\uparrow + 2H_2O + 2SO_2\uparrow$$

硝酸也能发生类似的反应。例如，浓硝酸和稀硝酸都能与铜发生反应。

$$4HNO_3（浓）+ Cu = Cu(NO_3)_2 + 2NO_2\uparrow + 2H_2O$$

$$8HNO_3（稀）+ 3Cu = 3Cu(NO_3)_2 + 2NO\uparrow + 4H_2O$$

氮元素是一种能表现多种化合价的元素。通过学习，我们已经知道，氨（N 为 -3 价）可以被氧化成多种价态。在硝酸中，氮元素是 +5 价，当硝酸与金属或非金属（如碳、硫等）及某些有机物（如松节油、锯末等）反应时，反应物或反应条件不同，硝酸被还原所得到的产物也不同，硝酸中 +5 价的氮得电子被还原成较低价的氮。如

$$\overset{+4}{NO_2} \quad \overset{+3}{HNO_2} \quad \overset{+2}{NO} \quad \overset{+1}{N_2O} \quad \overset{0}{N_2} \quad \overset{-3}{NH_3}$$

值得注意的是，有些金属如铁、铝等，虽然能溶于稀硫酸或稀硝酸，但在常温下却可以用铁、铝制容器来盛装浓硫酸或浓硝酸。这是因为它们的表面被氧化为致密的氧化物，这层薄膜阻止了酸与内层金属的进一步反应。

【例题 1-1】下列指定反应的离子方程式，正确的是（   ）。

A. Cu 溶于稀硝酸：$Cu + 4H^+ + 2NO_3^- = Cu^{2+} + 2NO_2\uparrow + 2H_2O$

B. $(NH_4)_2Fe(SO_4)_2$ 溶液与过量 NaOH 溶液反应制 $Fe(OH)_2$：$Fe^{2+} + 2OH^- = Fe(OH)_2\downarrow$

C. 用 CH_3COOH 溶解 $CaCO_3$：$CaCO_3 + 2H^+ = Ca^{2+} + H_2O + CO_2\uparrow$

D. $Fe(NO_3)_2$ 溶液中滴加稀 H_2SO_4：$3Fe^{2+} + NO_3^- + 4H^+ = 3Fe^{3+} + NO\uparrow + 2H_2O$

【答案】D

例题的 A 选项来源于教材，浓硝酸的还原产物是二氧化氮，稀硝酸的还原产物是一氧化氮。例题的 D 选项也是来源于教材，但属于间接的知识点考查，硝酸亚铁溶液中滴加稀硫酸，等效于溶液中加入稀硝酸，表现强氧化性，与二价铁发生氧化还原反应。

【例题 1-2】在通风橱中进行下表所示的实验：

步骤	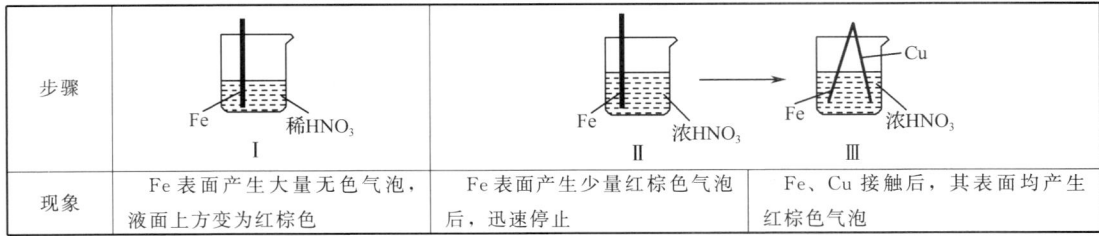		
	I	II	III
现象	Fe 表面产生大量无色气泡，液面上方变为红棕色	Fe 表面产生少量红棕色气泡后，迅速停止	Fe、Cu 接触后，其表面均产生红棕色气泡

下列说法不正确的是（   ）。

A. I 中气体由无色变红棕色的化学方程式：$2NO + O_2 = 2NO_2$

B. II 中的现象说明 Fe 表面形成致密的氧化层，阻止 Fe 进一步反应

C. 对比 I、II 中现象，说明稀 HNO_3 的氧化性强于浓 HNO_3

D. 针对 III 中现象，在 Fe、Cu 之间连接电流计，可判断 Fe 是否被氧化

【答案】C

例题的 B 选项来源于教材原文中对于金属铝、铁与浓硫酸或浓硝酸反应，表面生成致密氧化薄膜的考查。A 选项也是源于教材原文的方程式。选项 D 则源于对于题干信息的提取。答案是 C 选项，可以认为是源于基础知识的积累，也可以认为是源于选项 B 的提示，仍然是表面生成致密氧化膜的考点。

【例题 1-3】下表所示的实验中均有红棕色气体产生，对比分析所得结论不正确的是（　　）。

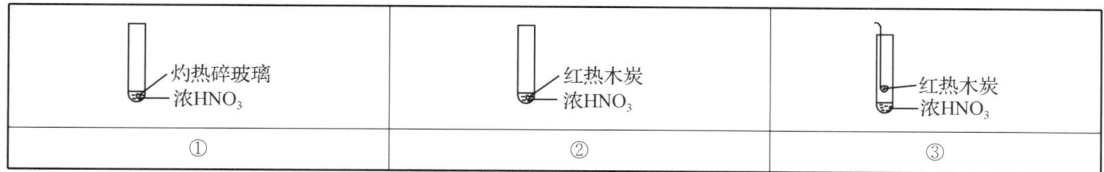

A. 由①中的红棕色气体，推断产生的气体一定是混合气体
B. 红棕色气体不能表明②中木炭与浓硝酸发生了反应
C. 由③说明浓硝酸具有挥发性，生成的红棕色气体为还原产物
D. ③的气体产物中检测出 CO_2，由此说明木炭一定与浓硝酸发生了反应

【答案】D

这道例题，结合了浓硝酸的不稳定性及教材原文中提到的硝酸可以与碳、硫等非金属发生氧化还原反应的知识点。本题的难度在于容易忽略红热木炭可以直接与空气中的氧气直接化合生成二氧化碳。

我曾经带过一个一对一的孩子。某重点校实验班的学生，一次大考后孩子的反馈是化学成绩已经无忧，但是数学在班级垫底，问有没有提升数学成绩的好方法。

这个问题正好撞到枪口上，我兴致勃勃地给孩子讲了我高三如何通过一个月的努力将数学和物理成绩提分的方法。孩子听得津津有味，不时还给了一些赞同的眼神。故事已经讲完，下意识地问孩子的数学成绩。孩子的回答是：141……

细问之下才知道，原来他们实验班的数学老师给他们发了一套近 20 年的高考真题及各区模拟题的汇编，并且这个老师的检查非常严格，要求学生完成一定数目的题。为了能够放学后有更多的时间去补课、去玩儿，这些孩子们就自发地组成了学习小组，组与组之间互相比拼，看哪一组能够写更多的题且准确率更高。班里最厉害的学生甚至能够一堂小课就刷完一套半试卷，做每道题就像抄写一样几乎不读题，见到题目直接落笔最后全对。题海战术要看如何去运用，像这种既注重数量又互相比拼、互相检验且更注重质量的题海方法确实能收获良好的效果。

至少在学习上有一个可怕的事实就是你很努力，比你聪明的人却更加努力，而且努力的方向更加正确。

《劝学》中有"不积跬步，无以至千里；不积小流，无以成江海"的论述，强调的便是夯实基础的重要性。

所有的学习方法与学习技巧，都是建立在学的基础上。对于连元素符号都不会写的人，无法与其说明白什么叫化学反应中的电荷守恒、元素守恒。所以与其说我反对题海战术，不如说我真正反对的是无效的题海战术。有规律、有目的的刷题还是很必要的，也是对知识保温的最好方法。

1.2.2　不断优化、重组

"学而不思则罔，思而不学则殆"，这两句话从初中就会背诵，然而还是有很多人在学习时陷入迷茫。原因当然是"学而不思"。

从几乎零基础提高到一定分值相对比较容易。达到一定成绩时，就会出现学习的瓶颈。因为每个人的学习习惯和学习能力不同，瓶颈的出现可以是及格线、80 分、90 分或者 96 分左右。甚至曾经有一个学生，无论是大考还是小测，每一次考试都能很神奇地考出 88 分。

如何突破成绩的瓶颈，是很挠头的事情。多方询问老师，其实办法也不多。

府中官吏倪寻、李延同时就诊，都头痛发烧，病痛的症状也相同。华佗却说："倪寻应该把病邪泻下来，李延应当发汗驱病。"有人对这两种不同疗法提出疑问。华佗回答说："倪寻是外实症，李延是内实症，所以治疗他们也应当用不同的方法。"马上分别给两人服药，第二天一早，两人一同病好起床了。

正如华佗看病一样，表面上瓶颈都出现在 80 分左右的学生失分点却各不相同。每一次都错在相同的知识点上的需要做专项突破；而每次答题中失分点都不相同的，则需要回归教材落实基础或者去校正答题语言。

【例题 1-4】某同学利用如图 1-1 所示装置制备乙酸乙酯。实验如下：

① 向浓 H_2SO_4、乙醇混合液中滴入乙酸后，加热试管 A；

② 一段时间后，试管 B 中红色溶液上方出现油状液体；

③ 停止加热，振荡试管 B，油状液体层变薄，下层红色溶液褪色；

④ 取下层褪色后的溶液，滴入酚酞后又出现红色。

结合上述实验，下列说法正确的是（　　）。

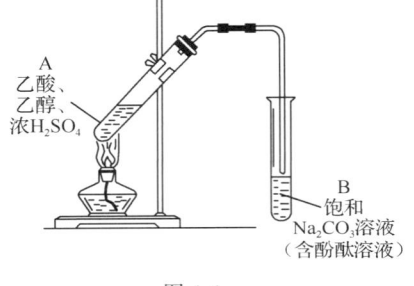

图 1-1

A. ①中加热利于加快酯化反应速率，故温度越高越好

B. ③中油状液体层变薄主要是乙酸乙酯溶于 Na_2CO_3 溶液所致

C. ③中红色褪去的原因可能是酚酞溶于乙酸乙酯中

D. 取②中上层油状液体测其核磁共振氢谱，共有 3 组峰

【答案】C

这个经典的选择题解析过程与答案并不是这段内容所要探究的重点。

关于这个例题的知识优化重组，从第一个方面入手：关于酯化反应高中教材要求必须要写可逆号。人教版《高中化学（选修 5）》原文中用 ^{18}O 作为示踪原子确定酸与醇酯化反应中的断键位置。可逆号同时提示出口气体既会有生成的乙酸乙酯，也会有具有挥发性的乙酸与乙醇。

该反应的条件是加热，由此最终通入吸收液的气体加热溶液，因此会出现乙酸乙酯碱性条件水解而使酯层变薄的现象。同时因混合气体是热气体，前面有加热装置，因此导气管不能放入液面以下，以防止倒吸现象的产生。

仅解读到这里可以解决这道题的困惑点：酯层变薄。这里强调的优化重组就是要有效地去做题，而不是简单选出答案或者得分。认真做一道题是为了能够举一反三，触类旁通。

高中教材原文提示过一个黑面包实验，这个实验初中的学生也接触过。

为什么会产生黑面包现象？第一反应得出的答案往往是浓硫酸的吸水性与脱水性。这是一个<u>被训练过的答案</u>，这是一个<u>被动记忆的知识点</u>。结合人教版《高中化学 1（必修）》中的实验图示及原文给出的反应方程式：

$$C + 2H_2SO_4 \xrightleftharpoons{\triangle} CO_2\uparrow + 2SO_2\uparrow + 2H_2O$$

推出如下结论：浓硫酸表现脱水性，使蔗糖中氢与氧两种元素以 2∶1 的比例形成水；因浓硫酸表现吸水性，同时浓硫酸遇水放热，等效于对该反应进行了加热处理；加热条件下浓硫酸与蔗糖脱水后剩余的炭黑（碳单质）反应生成二氧化碳与二氧化硫。

结合以上这个熟悉的知识点制取乙酸乙酯过程当中，至少还原性的乙醇与浓硫酸相遇，就会生成二氧化碳和二氧化硫两种气体。因此也可以解释制取乙酸乙酯吸收液要选择饱和碳酸钠溶液更主要的目的是：既能够吸收二氧化硫气体防止尾气污染，又能减少乙酸乙酯因水解造成的产率过低。

这是突破瓶颈的一种方法：知识的优化重组。

工业流程实验中经常遇到矿石粉碎后再浸取的问题。标准答案几乎成了套话：<u>增大接触面积，加快反应速率</u>。

矿石粉碎之前，<u>固体与液体只在固液接触表面进行反应。接触是反应发生的必要前提，没有反应物之间的接触，则谈不上化学反应的发生</u>。这里就隐含了一个知识点，没有接触就没有反应，所以矿石粉碎前只有表面能够进行反应，而粉碎后内部的矿石也能够与液体充分接触发生化学反应，在提高反应速率的同时，也提升了矿石的浸出率。

将这个思考内容深化，<u>固体与液体的反应不仅要将固体粉碎，最好再加入搅拌等操作，以使固体与液体充分接触</u>。如果是固体与气体反应，不仅要将固体粉碎，最好能够将气体从下端吹入并吹起固体，有效地增大固体与气体的接触面积。再进一步，催化剂一般都为固体，因此加入网状或粉末状的催化剂，能够使催化剂更有效地与反应物结合，可以增强催化效果。

【例题 1-5】在 T 温度下，研究汽车尾气处理过程中的反应：

① $2NO(g) + 2CO(g) \xrightleftharpoons{\text{高温}} N_2(g) + 2CO_2(g)$ 平衡常数为 K_1

② $CO(g) + \dfrac{1}{2}O_2 \xrightleftharpoons{\text{高温}} CO_2(g)$ 平衡常数为 K_2

下列说法错误的是（　　　）。

A. 选择合适的催化剂可以提高出口气中 N_2 的百分含量
B. 使用合适的催化剂可以降低反应①②的活化能，加快反应速率
C. 密闭容器中发生上述反应，当缩小容器体积反应正向移动，平衡常数增大
D. 由①②可知 $2NO(g) \xrightleftharpoons N_2(g) + O_2(g)$ 在 T 温度下的平衡常数为 $K = \dfrac{K_1}{(K_2)^2}$

【答案】C

这道例题同样不作解析过程与答案的分析。只说明非常有争议的选项 A。加入催化剂可以提高反应速率，但无法提升转化率，这是平时学习的一个常识。但 A 选项问的并不是转化率提高，而是出口气体中氮气百分含量的提高。

同样通入相同的气体发生可逆反应。随着气体不断通入，原有的气体被吹出，新的气体进入，而每一部分气体都极难有充分的反应时间达到平衡状态。因此加入催化剂的反应可以使单位时间的反应量增加，更接近于平衡状态，从而反应物更多的转化为生成物，所以提到出口气体中氮气百分含量提高而没有提到反应物转化率的提升。

从这道例题当中可以总结出转化率（可以用平衡产率代替）与产率（本题中提到的是出口气体中的百分含量）的说法并不相同。这样就可以总结出设问语言中微小的差别，再多对比几道类似问题去优化重组答题语言中必需的采分点，这也是高分段学生突破瓶颈的办法。

1.3 不停地追求卓越，成功自会不期而至

阿米尔汗在《三傻大闹宝莱坞》这部电影中最后说的一段话，大意如下：不停地追求卓越，成功自会不期而至。

过度关注于结果，反而一事无成。

生活在这个科技发展日新月异的新时代的人，往往容易沾染上浮躁的通病。选拔性的高考又使得唯分论的教学模式大行其道。常有学生会问：听完这堂课究竟在考试中能提高多少分？相信更多的老师会遇到类似的问题：老师，您讲的高考考吗？

居然有人把教学过程当作了医院的门诊！病人过来说出病因，医生对症下药，一个疗程或两个疗程药到病除！

每年高考结束之后，我都会收到很多学生反馈的信息。几乎每年都会收到类似的文字：老师，我在卖书时翻到了当年上您的课时写的笔记，发现今年的高考题您曾经讲过。这句话表面像是夸奖，但读来的意思却似乎是：老师，这道题我直到翻笔记的时候才知道您曾经讲过，但是高考时我并没有想起来，以致高考根本没有得到分。

高考是一次选拔性考试，考的不只是简单的知识记忆能力，还考查学生的综合素质，包括阅读分析、归纳整理、知识迁移、语言表达等多方面的能力。

由此，那种把教学过程当作去医院看病的心理实在不可取。

名人的事例往往能够让人热血沸腾，但缺少可复制性。人是不同的，生长的环境也不相同，完全模仿名人事例，很难获得成功。但可以通过这些故事学习一种奋斗的精神。

19世纪时曾有这样一个人，他出生于贫苦家庭，父母靠种地和打猎为生，由于经济原因，他很早便辍学外出打工，做过摆渡工人、种植园工人，25岁前没有固定职业，为生计不得不四处漂泊。

然而，正是这样一个毫无背景、看上去也没有什么前途的年轻人，却创造了历史奇迹。2006年他被美国的权威期刊《大西洋月刊》评为影响美国的100位人物第1名，2008年英国《泰晤士报》组织专家委员会对43位美国总统分别以不同的标准进行"最伟大总统"排名，他仍旧排名第一，他就是亚伯拉罕·林肯。

出身卑微，没有背景又如何？任何困难都无法阻止努力向上的心。

人生不设限，除非你放弃自己。

每年暑假我都建议高一的新生可以跟着我去听高三的课程。但每年这样的学生都寥寥无几。高一毕竟是新接触这个科目的开始，高中的化学知识和初中的不可同日而语。高三毕竟是经过一轮学习进行最终复习的过程。所以更多的学生就会质疑我的建议，这样做真的可以吗？高一的学生能听懂高三的内容吗？

曾经带过的一个学生，随我同步学习。学到元素及其化合物部分时，学生问这部分知识是不是曾经讲过？我告诉他这部分内容在讲解氧化还原反应方程式配平那一部分已经大部分提及过。毕竟在讲氧化还原反应时，我不喜欢脱离教材给学生设置难度，还是依据教材及考试大纲，只是将后面所要学到的方程式前移。这样在学到这些元素及其化合物的方

程式时学生才不会感到陌生。

这个学生听后立即将元素化合物部分教材中出现的所有方程式全都抄写下来。他的抄法是去掉方程式中所有的系数，自己进行配平。后来甚至发展到只抄反应物，当然也是去掉系数的，然后自己推断生成物并进行配平。

当别的学生还在纠结于如何能够记住错综复杂的化学反应方程式时，这个学生已经对元素化合物的高中阶段知识烂熟于心。

当别的学生还在纠结于如何准确地书写出陌生的化学反应方程式时，这个学生已经不满足于简单的方程式的书写，而想学习更多的内容。

所谓的教学相长，其实在真正的教学过程中是很难做到的。

不忍心让这个学生每天还是浪费大量时间在课堂上，去听那些他已经非常熟悉的知识。于是我就指导他进行更多的思考，氧化还原反应的实质究竟是什么？当弄明白氧化还原反应的实质是电子的变化之后，就顺势指导学生：电子如果通过导线移动，将氧化反应与还原反应分开进行，这样在导线中就可以产生电流，这就是所谓的原电池内容，也就是化学电源设计的原理。化学电源这一部分内容基本不存在困难后，我又继续指导他，如果不需要化学反应提供电子，而是由外加电源提供电子，又会对化学反应产生何种影响，这也就是电解池原理的研究。之后将每一个电解池原理都进行细致打磨，就有了电化学法保护金属、电镀池、氯碱工业等这些内容的学习。

再之后结合氧化还原反应中先强后弱的反应原则就可以进入对于电解质当中电解一段时间及加入交换膜这一类电池的研究。

学生不停地努力、不停地落实，促使我不停地给学生更多的指导。高一结束时这个孩子已经学完了高中的全部化学课程。本想指导这个学生更进一步去研究一些大学化学的内容，甚至去参加奥赛并获得比较好的名次，对老师来说也可以多一个炫耀的实例。但让我最开心的是这个孩子转而把精力用在补习自己的弱项，也就是语文和英语上。最终高考也如愿以偿地考上了自己想去的学校及想学的专业。

积极地努力，认真地落实，并且有自己的规划。这就是这位学生的方法。

重结果而轻过程是大家学习当中最容易犯的毛病，必须要注意重视过程。

学习新知识时注意阅读，注意听老师的讲解过程。对一些需记忆的内容，快速记清楚。运用知识过程不限于做题的数量，要追求的是做每一道题都有效果，除非是做限时训练，以期提升答题速度。总复习时更加注重知识之间的联系，并且多次对比类似题型的标准答案，找准得分点的标准语言。这样无论从学习到答题环节都不懈地努力，相信提升成绩及突破瓶颈都是很简单的事情。

一味地只觉得学科知识难，或者一味去追求得分，真的是舍本逐末。

第二章 高中化学"难"的原因

初中尽管谈不上优秀，但进入高中后一个班七十多人，自己只能倒数也是难以接受的。身边的人渐渐优秀起来，感觉高中的压力突然增大。压力更大的是高中知识的广度和深度都明显增加。初中的学习方法和学习习惯已经不再适用。同时，学与考的关系更加微妙，不再是简单的记忆考查。高中化学学习有两难："知识难"只是其次，"觉得难"才是多数学生难以跨越的障碍。

2.1　知识爆炸的不仅是广度

相对于初中化学而言，高一需要学习的知识内容远超初中的总体。中考只背七十多个化学方程式，然而仅仅高一上学期元素及其化合物部分的基础方程式就已经有这么多了。更何况记住这些方程式在考试中真正能够直接得分的也不多。

初中时酸、碱、盐等知识可以分开来学，只要熟练记忆就能够轻易得分。高中阶段知识前后的关联度非常高。开学初期学习物质的量的计算已经觉得十分痛苦了，当进入元素化合物学习时还要去计算。因此，有些学生觉得化学没学好，甚至连知识断节的点都找不到。

2.1.1　知识爆炸的广度方面

初中的化学知识都是印在教材上的，是显性知识，仔细阅读教材，这些内容都能找到出处。高中的化学知识除了印在教材上的内容外，还有一些隐性知识并没有超越教材范围，但需要结合前后文进行推论。即使是在教材上明文印出的显性知识，其知识的广度也是远超初中的。

初中化学学习停留在认知层面，基本是要求简单知道、了解。初中对一些知识的定义并不是特别准确，硫酸钡这种盐属于常见的物质，被定义为不溶物。因此初中的学习只要遇到能生成硫酸钡的反应，就可以直接写出反应方程式，其产物为硫酸钡，并且要写出沉淀符号。同样一个物质，在高中学习时就要注意硫酸钡不再被定义为不溶物，而是被定义为难溶物。只一字之差，对物质的认识就会截然不同，难溶就意味着该物质可以溶解在溶液当中，只是溶解度非常小。因此涉及钡离子与硫酸根相遇，不能完全转化为硫酸钡沉淀，而是要有极少一部分以离子形式存在于溶液当中。

对硫酸钡溶解性认识的不同也造成了初中、高中学习的巨大差异。初中学习硫酸钡属于一个记忆内容，见到就写沉淀符号，非常简单，不用过多思考。高中见到硫酸钡要思考研究的方向究竟是什么？涉及高中阶段所要求的离子反应，需要知道钡离子与硫酸根离子在溶液中不能大量共存，这里面强调了一个"大量"；研究方向是平衡转化时，即如何通过条件改变来改变反应进程，就要考虑到硫酸钡的两种存在形式：沉淀中的分子形式与溶液中的离子形式，并且这两种存在形式可以在合适的条件下相互转化；研究的方向是反应过程中的能量变化时，还要考虑钡离子与硫酸根离子结合，因形成新的化学键会对外释放能量，这部分能量能够影响整体反应过程中能量的改变。

初中学习的化学物质多是化学反应中的经典物质，需要记忆的反应方程式也多是化学反应中的经典反应方程式。要求更多的是学生记忆的准确度。

高中化学学习不仅涉及化学反应方程式的书写，更涉及化学反应中的能量变化及化学反应进行的程度，并且要定量地对一些经典反应进行研究，同时对反应的过程的研究也更加细致。

前面提到的化学反应中的能量变化在高中教材中表现为氧化还原反应及热化学计算两部分内容。氧化还原反应体现的是化学反应中的电荷守恒思想，而热化学计算体现的是化学物质内部化学键与键能的认识。这就要求学生在学习的时候不仅要认识化学物质，更要从微观角度认识物质的组成，由此高中化学引入了物质结构、周期表和周期律的章节。物质结构与周期律的引入，不仅在微观上对物质进行详细阐述，而且介绍了学习元素及其化合物的方法，可以通过元素在周期表的位置类推邻近或同族、同周期元素性质的递变规律。

相对于初中化学而言，高中化学增加的内容有周期律、氧化还原反应及热化学计算。

初中研究的化学反应几乎都是能够完全进行的反应，而高中会涉及一些反应物不能完全转化为生成物的反应，这类反应被称作可逆反应。如何通过条件改变以增加反应物转化为生成物的程度，提高反应物的转化率使反应物能够更多地转化为目标产物，这是高中化学研究的另一个方向。这部分内容涉及反应产率的计算、平衡状态建立的标准及条件对平衡移动方向的影响。而这部分内容在初中是完全没有接触到的，因此在高中学习过程中属于理解或实际应用都较困难的知识。

相对初中而言，高中新增的内容有：条件对化学反应速率及化学反应移动方向的影响。

有介态改变的反应意味着原子核外电子的改变。核外电子的变化若能通过装置，将得到与失去电子的过程分开进行，电子在导线中定向移动，进而产生电流。反过来思考，外界强制加入电流则可使一些普通条件下难以实现的反应，在电流的作用下发生得到或失去电子的反应，利用电能促使化学反应进行。前者产生电流的过程是原电池反应的原理，后者利用外接电源的形式促使化学发生的过程，是电解池反应原理。将化学反应与电结合就是电化学反应原理。这种结合不仅可以利用化学反应提供电能，而且可以利用电能实现对化学反应过程的研究。

相对初中而言，高中新增的内容有：电化学。电化学的研究又分为两个主要方向：一个是原电池，另外一个是电解池。

对于热化学、电化学、反应移动等问题的研究要借助具体的反应进行阐述才容易理解。初中学习一个化学方程式仅仅是一个化学方程式，而高中阶段所学的任何一个化学方程式都可以与上述所提到的知识相关联，因此一个反应方程式背后所包含的知识广度远超过初中。同时对上述几方面知识的研究，只以一两个方程式进行阐述又不具备足够的说服力。因此通过周期表、周期律推导出更多的反应方程式，通过更多的方程式对相同知识进行阐述，通过大量素材的积累形成知识体系就显得十分必要。由此高中阶段的元素化合物研究不仅限于常见的酸、碱、盐、氧化物等。

相对初中而言，在具体物质的学习上，高中新增了：关于氯、硫、氮、钠、铝、铁等元素单质及其各类化合物的研究。

初□接触过甲烷、乙烯、乙醇、乙酸、葡萄糖、麦芽糖等少量有机物。对于这些有机物的认识，仅限于记忆一些知识要点，或者会写燃烧反应方程式。因为有机物的种类非常庞杂，并且生活当中处处存在有机物的身影，因此对有机物性质的研究及合成路线的研究就非常有必要。高中阶段单独将有机物作为一个整体进行研究。

相对初中而言，有机物是高中新增的知识。

无论对有机化学还是无机化学或是对反应原理的研究，都离不开定量的实验或检测。初中时可以通过质量作为定量研究的标准，但一些非固态或混合状态体系以质量为标准对物质进行研究，不仅不准确而且难以实现。因此定量研究方面，高中教材单独引入了物质的量的计算这样一个让学生感觉非常头疼的内容。

综上所述，高中化学知识的广度增加主要体现在：物质结构与周期律、氧化还原反应、热化学计算、化学反应速率影响因素及平衡的移动、新增的元素及其化合物、电化学、有机化学、物质的量的计算。

即使表面看起来并不算是新增,在初中阶段也接触过"化学实验"及"化学与生活"这两部分内容。高中阶段因研究对象的广度增加导致实质学习内容也有所增加。仅以化学实验方法中一个非常小的点为例:初中的分离方法主要有蒸发、蒸馏与过滤;高中常见的分离方法不仅包括蒸发、蒸馏与过滤,还包括萃取、分液、洗气等。

之所以说高中化学学习是需要方法的,主要就在于不仅仅在知识的广度上有所增加,而且在知识的深度和关联度上体现得更加明显。

2.1.2 知识爆炸的深度与关联度方面

什么是化学?化学就是一个研究物质变化学问的学科。

几个写在书面上的方程式,以及一些对物质颜色、状态、气味、特性、俗名等这些常识性知识的记忆并不是化学学科的特色。化学学科更是培养一种发现问题、探索问题和解决问题的能力。

化学学科所研究的知识内容广度十分宽泛,记忆的内容十分庞杂。既要注意到所研究对象的广度,更要注意到知识间的关联度。

高中化学学科知识深度和关联度体现得并不明确,而是十分隐晦,通过一些实验图片或者实验探究及科学史话等内容形式体现。学生在学习时不仅仅要依靠记忆,更需要提升阅读能力、分析能力和归纳总结能力。这也就是高中化学学科与高考结合十分紧密的原因,如果再加上文字表达能力,高考这类选拔性考试对高中学生的能力考查在教学过程当中已经体现到了方方面面。

人教版《高中化学1(必修)》中黑面包实验的内容,按照初中的讲法可以归结出:浓硫酸表现脱水性与强氧化性,用化学方程式表示为:

$$C + 2H_2SO_4 \xrightarrow{\triangle} CO_2\uparrow + 2SO_2\uparrow + 2H_2O$$

高中的知识在深度方面体现为对实验的解读:蔗糖中并不存在水分子,在浓硫酸作用下蔗糖分子中氢、氧两种元素以2∶1的比例形成水分子,该过程体现了浓硫酸的脱水性;触摸烧杯内壁甚至通过实验现象观察都可以得出该过程有明显的放热现象的结论,过程中浓硫酸与蔗糖脱去的水分子结合这一过程大量放热体现了浓硫酸的吸水性;浓硫酸吸水释放大量的热促使碳单质与浓硫酸发生氧化还原反应,生成二氧化碳与二氧化硫气体这一过程体现了浓硫酸的强氧化性,才出现了膨胀的变化。

通过这样的一个简单实验可以得出结论:浓硫酸与一些有机物相遇可以表现出脱水性、吸水性、强氧化性。

即使没有学过有机化学,根据生活常识也可以了解乙醇具有还原性。检验是否酒驾就是利用了乙醇的还原性而使酸性重铬酸钾被还原变色的特点。

将这两个知识点关联在一起,可知只要乙醇与浓硫酸相遇,就不可避免会发生氧化还原反应,生成二氧化碳与二氧化硫气体。

有机化学学习中并不会再次引入黑面包实验,但这个结论在无机化学讲解中已经进行提示。

学习有机化合物时,这个知识点的应用可以体现为:实验室利用乙醇与浓硫酸混合加热至170℃制取的乙烯气体中混有二氧化硫气体;乙醇、乙酸与浓硫酸混合加热可以制得乙酸乙酯气体,乙酸乙酯气体中混有二氧化硫等杂质。

关于乙酸乙酯制备这个实验在这里再多描述一点,之所以说成是乙酸乙酯气体,是因为针对反应装置而言,反应装置需要加热同时乙酸乙酯熔沸点较低,所以形成气体逸出,千万不要与乙酸乙酯常温状态混淆，乙酸乙酯常温下呈现液态。

【例题 2-1】用图 2-1 所示装置检验乙烯时不需要除杂的是（　　）。

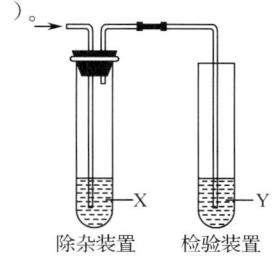

图 2-1

	乙烯的制备	试剂 X	试剂 Y
A	CH₃CH₂Br 与 NaOH 乙醇溶液共热	H₂O	KMnO₄ 酸性溶液
B	CH₃CH₂Br 与 NaOH 乙醇溶液共热	H₂O	Br₂ 的 CCl₄ 溶液
C	C₂H₅OH 与浓 H₂SO₄ 加热至 170℃	NaOH 溶液	KMnO₄ 酸性溶液
D	C₂H₅OH 与浓 H₂SO₄ 加热至 170℃	NaOH 溶液	Br₂ 的 CCl₄ 溶液

【答案】B

例题体现的就是浓硫酸与一些有机物如醇类相遇可以发生氧化还原反应生成二氧化硫气体这一结论。同时本题也体现了与二氧化硫知识点的关联。实验的目的是制备并检验乙烯，同时关联了二氧化硫的还原性会干扰乙烯的检验。明白了这些教材原文中已经提到的知识点，再去解决这道题就不难了。

再回到黑面包实验的分析当中。浓硫酸表现出吸水性、脱水性与强氧化性，但这些性质稀硫酸并不具备。碳与浓硫酸可以发生氧化还原反应生成二氧化碳与二氧化硫，但并不能与稀硫酸发生反应。

同样，铜与浓硫酸可以发生氧化还原反应，生成硫酸铜、二氧化硫与水，但铜不能与稀硫酸发生反应。铜和碳这两个元素与浓硫酸的反应方程式是出现在教材原文当中的。

表面上这又是一个记忆性内容，浓硫酸具有强氧化性，可以氧化铜单质和碳单质，稀硫酸不能表现出强氧化性，不能与两者发生氧化还原反应。

实际上仅仅学到这样的结论性内容，只是学了化学反应的表象，并没有学到真正的化学知识。将浓硫酸的强氧化性与化学反应速率关联起来，就是一个经典的实验：探究如何加快锌与硫酸反应制备氢气的反应速率？其中一种方法就是通过适当增加硫酸的浓度以加快反应速率，但不能够用浓硫酸代替稀硫酸。因为探究的要求是加快生成氢气的速率，如果将稀硫酸直接改为浓硫酸，因浓硫酸具有强氧化性，与锌反应直接生成的产物是二氧化硫而非氢气。

正因为高中的化学知识，在深度和关联度上迅速增加，因此高中化学的学习，表面上比初中化学学习难了很多，但实质上更加注重的是学习能力的培养，而非简单的记忆。这就要求在学习过程中要经常进行知识回顾。

再次回到黑面包实验所得到的提示：浓硫酸表现强氧化性，稀硫酸无强氧化性。前面已经推论出铜与浓硫酸可以发生氧化还原反应，而稀硫酸不能与铜发生反应。

$$Cu + 2H_2SO_4 \xrightarrow{\triangle} CuSO_4 + SO_2 \uparrow + 2H_2O$$

尽管铜可以与浓硫酸发生氧化还原反应，但因铜的金属性弱，反应需要加热条件以加快反应速率，才能观察到实验现象。无法直接观察到实验现象，高中阶段可以认为反应无法发生。

深挖一下该反应方程式，方程式中铜与生成的二氧化硫比例关系为1∶1，但随着反应的进行，浓硫酸逐渐被消耗变稀，反应结束时铜与浓硫酸都会有剩余，因此无法实现反应的完全转化。因此实际反应所生成的二氧化硫量会远低于方程式理论计算所得到的二氧化硫的产量。

高中化学在广度、深度和关联度上，都是与初中化学不同的。因此高中化学与初中化学的学习方法也必然不同。初中化学学习要求的是记忆能力的训练，也就是说学习初中化学要下功夫多记、多背、多练。而高中化学学习不仅仅需要对一部分知识进行记忆，更需要主动学习，也就是说对高中化学学习而言，更重要的是要学会分析。

2.2 被中考消耗的学习能力

甚至是从选择小学开始，极度焦虑的家长与苦不堪言的孩子们被各种竞争、选择、政策研究等折磨得痛不欲生，功利性地追求卷面的分值确实无可厚非，毕竟这个分值很值钱，很能影响未来的求学甚至就业。

中考的"被"神圣化让很多家长忘记了孩子出生时的承诺：用自己的努力让孩子一生快乐无忧。于是各种补课、背题、刷题成了中考前的常态，以致多数参加中考的孩子沦为效率不高的破旧计算机，考前塞入大量无法处理的信息，考后就会大量信息丢失。进入高中前这些孩子除了疲惫，实在谈不上有什么学习能力的提升。

2.2.1 被误解的化学学科

化学学科常被认为是理科中的文科是从初中开始的，其实任何一个学科初学时都具备文科的性质，没有对阿拉伯数字、乘法口诀表的记忆，没有对学科符号、公理、定理、公式的记忆，何谈后面的数学与物理学习？初中需要了解元素符号的书写方式、相关物质的溶解性、元素常见的化合价等，这些都是为高中的进一步学习所做的基础准备，并不能体现化学学科的特点。

那么，为什么数学和物理不会给人文科的感觉呢？因为化学学科按照我国的教育传统在初中属于较晚开设的科目，学习时间有限，不仅把大量需要识记的内容全部压缩到短短一年去完成，并且初中化学降低了对知识精度的要求，甚至只把实际反应的一个片段呈现给学生，使得学生对于化学的认识往往是割裂的、孤立的、片面的。又因中考的压力，老师和学生不约而同地选择了不断强化记忆的学习模式以期达到理想的成绩，从而导致大家对化学学科产生了深深的误解。

不知从什么时候开始，化学这个学科成了记忆方程式的学科。学生出现困惑，首先想到的是有哪些方程式没有记住。老师检查学生对学科知识复习效果，往往也要通过默写化学方程式的形式进行。老师在解答学生做题中出现的错误或疑惑时，往往都是通过书写化学方程式得以实现的。

无形中化学方程式的书写被神圣化了。学习化学必提化学方程式，学习中存在困难就去找老师寻求帮助，希望得到关于化学方程式总结的相关知识。把对化学知识的学习简单归结为对化学方程式的记忆，这实在是矫枉过正了。

同时也非常理解家长不知道如何帮助学生学习，学生也不知道该如何去学化学，而有些老师在教学过程中也实在是没有精力去指导学生如何学习，所以默写化学方程式也就成了最简单且表面上最有效的方法。

学生在学习过程中深有体会的是：化学方程式繁多，真正去记忆化学方程式往往比记忆英文中的疑难词汇更加困难。记住了反应物与生成物但是记不住比例关系，记住了比例关系因条件不一定准确，都会导致化学方程式书写的失分。更何况即使是反应物与生成物也不见得记得准确，化学方程式书写时右下角的阿拉伯数字代表的是组成分子的原子数目，而这个原子数目究竟为多少也是不容易记清楚的。

实际上化学方程式仅仅是一个载体。通过一个化学方程式的书写，要传递的是反应物与生成物的转换关系，表达出反应过程中原子、电子的守恒关系，同时要表现出化学反应是需要一定条件的。至少没有以上几个要点的分析，只是单纯去记忆一个孤立的化学方程式，确实非常困难。

类似于古文或诗词的记忆，只是去硬记一篇古文，很多古汉字都无法准确读音，更何况很多古代用语的语序与现代汉语存在非常大的差别。硬记一篇古文所需要耗费的精力是很大的。

有一种对于古文和古诗词的记忆方法是老师先讲明作者所处的朝代，写文章时所处的环境及作者当时的心境，然后再讲解古文或诗词所传达的意思，将整个古文或诗词构造成一篇现代文的故事，当学生脑海中有了故事情节，再去代入文章记忆，不仅能加快记忆的速度，更能加强记忆的持久度，甚至会发现文章当中透过文字表面所传达的作者的思想，发现一些妙句。

化学方程式就像古文和古诗词一样，是一种精简的语言表述。只记一个化学方程式，不仅消耗的精力非常大，而且记下来表面上用处也不大。需要理解记忆，学习过程中认真地分析一个反应如何进行转化，转化过程当中有什么守恒关系，反应的实现是否需要一定的环境和条件，有了严谨的分析与推理过程，最后落实到方程式书写，一个方程式就是对一段分析过程的简要记录。

高中化学教材中必然会出现的一个反应方程式为：
$$2Na_2O_2 + 2H_2O = 4NaOH + O_2\uparrow$$
只是死记这个反应方程式，它仅仅是一个反应方程式，而且记起来非常困难。

如前所说的学习古文的方式，老师先给你讲解过氧化钠与水的反应过程：过氧化钠中存在的阳离子是钠离子，阴离子是过氧根离子。结合初中就已经具备的知识：水可以微弱电离出氢离子和氢氧根离子。再结合物理学的知识：同种电荷相斥，异种电荷相吸。

将这些知识汇总在一起，就可以得出如下的反应方程式：
$$Na_2O_2 + 2H_2O = 2NaOH + H_2O_2$$
之后再结合初中学过的"双氧水（过氧化氢）不稳定，易分解生成水与氧气的反应"：
$$2H_2O_2 = 2H_2O + O_2\uparrow$$
之后可以得出结论：过氧化钠与水的反应要分两步进行。第一步反应完成后，溶液中存在着大量的双氧水，双氧水分解生成氧气。没有加入催化剂的条件，双氧水的分解是需要一段时间才可以实现的，因此过氧化钠与水反应表面结束不再产生大量气泡，溶液中却还存在一部分未完全分解的双氧水。此时向溶液中加入二氧化锰促进溶液中剩余的双氧水分解，仍会产生大量气泡。

即使没有加入二氧化锰，因双氧水的不稳定性静置一段时间，双氧水仍会逐渐分解直至溶液中几乎不存在双氧水。但后期的反应速率较慢，无法观察到明显的产生气泡的现象。而教材给出的方程式的书写并不能指向动态过程，只是结论性的表述，因此教材上给出的方程式代表的是产物不再改变时所得到的生成物。于是教材中见到的过氧化钠与水反应的方程式，就成为两步方程式的叠加总和。

有了对过程的分析，即使对方程式书写忘记了，也可以通过对过程分析自己推导，然后联立方型式得出所需要的方程式表述。

结合前面所说的高中化学的深度与关联性的内容，将过氧化钠与水的反应，继续推论可以得出结论：向任何溶液中加入过氧化钠等效于加入氢氧化钠与双氧水。

由此，过氧化钠加入盐酸溶液可以拆分为过氧化钠先与盐酸复分解生成的双氧水再分解，然后联立得到总方程式；过氧化钠加入氯化镁溶液，可以写出过氧化钠与水的方程式，生成的氢氧化钠再与氯化镁复分解之后联立得到总方程式；甚至于过氧化钠加入氯化亚铁溶液等效于加入氢氧化钠与双氧水，除了氢氧根离子与亚铁离子生成沉淀外，还要包含双氧水与二价铁的氧化还原反应，当然这个反应也可以先写出过氧化钠与水的方程式再写出氢氧化钠与氯化亚铁的复分解反应方程式，最后再写出氧气氧化氢氧化亚铁的方程式，之后再联立方程式。无论是哪种分析方法或者书写过程，最后得到的总方程式都是一致的。

化学学科研究的是化学变化的学问，要养成善于分析的好习惯，而不是死记硬背。尽管初学化学时感觉需要分析的内容比较多，存在困难，但只要养成分析的好习惯，高中的化学方程式就不再是背下来、记下来的，而是推出来、学出来和玩出来的。

化学被认为是文科，而且觉得化学的知识有点繁杂，需要记的内容特别多，这些都是对化学学科的误解，仅仅是因为学习过程中缺乏了一个对过程进行分析的思想。

2.2.2　初中、高中夹缝中失落的学科兴趣

中考取得高分会被优质高中录取，然后可以考上理想的大学，接着顺理成章地拥有一份理想的工作，再之后就是美满的家庭，幸福的生活，走上人生巅峰。可以说中考被赋予了太多的意义和希冀。

正是面对来自社会、学校、家长的种种压力，老师在这个问题上也很无奈，功利化的教学让学生记住大量的知识点和方程式，不仅可以短时间见到教学效果，而且一旦出现学生成绩提升缓慢、甚至无法提升，也很容易找到原因。这样的方法就是将学生的成绩量化到方程式的书写及基础知识的记忆上，表面看起来确实非常有效。

中考的压力最终造成了学生在学习化学学科时不再愿意思考和分析，总是希望通过记忆去解决一切问题，甚至沦为机械记忆的传声筒。这种急功近利恰恰是最可怕的，势必造成学习上的南辕北辙，最终无功而返不说，还会严重损害学生的学习热情，降低学习兴趣，更可怕的潜在危害就是会在高中学习化学时屡屡碰壁。

常听家长说：我家孩子对某某科有兴趣，学得可好了，就是对某某学科没有兴趣，所以学不好。人们常常认为学科兴趣是影响学习的最关键因素。

学科兴趣是可以通过培养形成的，所谓学科兴趣就是无限膨胀的成就感。

最初学习时，谁也无法判断这个学科是否能够激发自己的学习兴趣，往往是学习了一段时间才知道自己是否真的有学科兴趣。

更有意思的是往往一个学生对一个学科没有兴趣，对其他学科的兴趣也不大；也有一些学生对很多学科都会有兴趣。

幼儿时对世界充满了未知，幼儿对很多事情都会充满兴趣，想要了解这个世界、认识这个世界。小学时孩子们仍然充满了兴趣，充满了对世界的好奇心。

从小学开始就有了考试、有了成绩，每个对未知的探索和认知，最终都要以考试的形式作为终结。认知过程中偶然产生的遗忘或者思维受阻，在考试当中都会以成绩的形式无情地呈现在孩子的面前。除了学业，孩子的兴趣无法再像以前那样广泛。即使是孩童比较喜欢的内容也变得不再那么有趣，而要连带着"严重的后果"。这种后果就是考试中的成绩及家长、老师和周围人对自己的看法，儿童的世界变得沉重起来。

初中的学习因为直接导向最后的中考成绩，所以学业压力更大。所谓的兴趣被磨灭得更快。如果可以只去探索求知，而不会为自己的短期遗忘或细节遗漏而承担过重的后果，相信很多孩子还是愿意到学校求知的。

夸张点说，高中的学生经历过中考的残酷，更加明白成绩的重要性。从内心上觉得学习不再是一件快乐的事，或者具有启迪意义的事情；学习不再是认知这个充满乐趣世界的途径，而变为了一种不可承担的负重。

下面插述一个我大学时期的故事。

那个年代在大学里你敢拿着一把破吉他站在操场上嘶吼《一无所有》就会被人们认定为吉他高手。

高三第一次接触吉他，也没有时间认真学习，即使想学，身边也没有这样的高手传授。靠着几张能够找到的吉他谱练了几个古典曲，居然在大一就被传为吉他高手。最离谱的是当时的学校吉他协会会长邀请我在迎新的晚会上表演吉他曲。也许是出于青年人的自尊心或者纯粹是为了出风头的心态，演出之前一直疯狂练习美国的金属乐队（Metallica）的作品：One。之所以选择这个曲子，是因为当年在学校这个小圈子当中，大家都认可的就是 metallica 这个乐队。尽管自己吉他的基本功并不过关，很多弹法和指法现在看来都是幼稚可笑的，多亏了当年一方面没有真正意义上的吉他高手，另一方面现场的观众确实也没有多高的欣赏水平，反正演出之后收到了良好的效果，一度被传得很神，居然成了校园中的小小新闻人物。

也许正是这样的经历让自己飘飘然了，居然敢走出校门和社会上的一些好友去酒吧里演出。后来甚至组建了自己的乐队开启了原创之路，最疯狂的是拉着一帮朋友自费举办了当年所在城市唯一一次高校摇滚音乐节。尽管那次音乐节自己亏到了怀疑人生，但那次年轻的疯狂经历也成了今后一段时间内常常用来炫耀的谈资。

谈到这段经历，不是想炫耀自己的年轻到底有多么冲动和多么疯狂，而是突然发现这段经历和现在谈的话题——学习兴趣，真的很相关。

现实的高中学生，不可能离开成绩空谈某个学科。只要谈到考试、谈到成绩，对这个学科多少学生还会保留兴趣呢？并且最最现实的就是高中只开设了语文、数学、英语等主要学科，并没有散打、绘画、发呆、电影欣赏、种植、小动物医疗、服装搭配与设计等课程。没有我大学时选摇滚乐那样自由。既然所学的科目限定了，干脆去通过提升成绩来提高学习兴趣吧。

学习兴趣来自无限膨胀的成就感。

主观上的培养就是不断暗示自己在这个学科上会很强，会变得更加强。主观上永远不要放弃努力，永远坚信自己会做得更好甚至做到最好。

客观上创造适合培养学习兴趣的环境。和父母真心地交流，当你获得学科上的一点进步，要让父母给你鼓励；和老师真诚地沟通，让老师看到你的努力并给你回馈；和同学真诚地交流，从学科上强于自己的同学那里学到更多的知识，帮助那些不如自己的同学，就当作去提高知识的熟练度。

行动上注重落实，而非空谈或幻想。注重自己每天真正的努力到底是什么。真正地去落实一道题、真正地写一个步骤、真正地分析一个方程式。

对待每一次考试，要明确自己的目标。学会规划、设计自己的考试任务。即使很难在短期内做到成绩整体提升，但至少可以在一次考试中挑选一两个知识点作为自己提升的方向，哪怕整体成绩没有显著提升，但关于这个知识点的所有问题都可以答得堪称完美。

集中精力去解决一个难度较大的知识点，在考试中别的同学无法完成，而你却能够解决这个问题。这样无论老师还是同学，对你的印象都会有所改观。哪怕只是一句来自同学、老师或者家长不经意的表扬，也会在内心深处形成不断前进的动力。这样总比泛泛去学，最终考试中处处丢分、处处被动要强得多。

由点到线，由线成面，通过一点的突破实现整体的提升。培养优势心理是建立学科兴趣的首要条件。

如果没有当年那次小型晚会的演出，相信到现在为止，自己仅仅会弹几首古典曲而已，更何谈去组建乐队，甚至举办摇滚音乐节呢？

只是空谈没有学科兴趣，在学科的学习上就会存在困难。为什么不从这一刻从某个知识点开始培养自己的优势心理，进而做到无可替代呢！

解决了一个点、两个点、甚至更多的知识点后，就要做到在学科学习上比周围的人更快、更精细。当别的同学还沉浸在老师的讲解、学校的作业时，你却已经开始做高考题，甚至阅读大学的教材了，尽管这样做会遇到更多的困难，但是在周围人的眼中，你就已经成了一个学霸。很多时候自我暗示的效用是有限的，创造环境让周围人都认为你很强，借助周围人的认同以增强自我暗示并促进行动。

其实所谓学科兴趣的缺失并不是太大问题，最大的问题是在内心深处根本就没想做任何的改变。想改变，只需从一个知识点、从认真书写一个方程式开始。

同时也请家长和老师们给孩子们以耐心，除了最后的考试成绩，能够更多地看到孩子们的努力过程！

2.2.3 被中考透支的精力

九年义务教育结束，中考是人生中重要的考试之一，学生从身体到内心的感受都与以往不同。

中考的备考甚至可以用疲于奔命来描述。为了能够顺利地进入一个较好的高中，学生和家长真的都拼了。相对而言拼得更疯狂的是家长，在这一场漫长的拼搏当中，学生是被动地去拼，而家长是主动地去拼。

首先拼的是家长的经济实力。哪怕家长的收入不高，都不惜大量投入去给孩子请最好的家教。甚至有疯狂的家长为了孩子的补课四处举债。

一堂课或一个知识点究竟值多少钱？这还真的不是由老师的授课能力或知识点的重要性决定的，中考之前一堂课的价格是由被创造出来的供需关系决定的。

孩子难道真的不知道家长的投入吗？这个年代孩子们是很容易获得教育费用信息的，所以家长的这种投入有可能让孩子感恩，也可能会增强孩子的负担心理。

其次拼的是学生的时间和精力。中考之前学生在学校的时间几乎完全被考试学科占据。知识点讲解、考试、试卷讲解等成了学生每天学习的主旋律。终于结束了漫长且枯燥的一天，又要被家长拉去参加这样或那样的补习班。更有极端的家长甚至要求学生停掉学校的全部课程，而支付高昂的费用每一天从早到晚都在补习机构中度过。

初中的学生毕竟年纪还小，其精力和自控力都是有限的。由此常常见到初中的学生在补课间隙争分夺秒地沉迷于手机游戏，也就可以理解了。我想真心地发一个小小的感慨：现在这个时代更多的初中学生往往就是上学、补课，没有自己的时间出去踢足球、打篮球或者亲近自然，除了手机他们真的没有太多的放松方式。尤其是每天都被安排得非常紧凑的情况下，玩的时间本来就不多且非常零散，手机游戏恰恰迎合了这个特点。

当然在这里讲的还是学习方法方面的内容，关于如何戒除网瘾和手机成瘾的问题不在这里讨论。玩手机和学习方法中有一点点联系的是学生越亲近于手机游戏，恰恰说明学生越缺乏成就感，同时也缺少自我放松、自我学习的时间。

为了中考的成绩，家长、学生和老师三方面都被逼得喘不过气来。家长负责持续地提供经济支撑与按时接送孩子，增加了自己的经济压力，同时又挤占了自己的生活时间；学生每天精力被消耗得十分严重，脑子里被塞进了太多的知识，根本就没有消化吸收的时间，每次上课只能是被动地接收，尽全力地吸收；无论是学校老师授课，还是辅导机构老师授课，头上都悬着一把尚方宝剑——模拟考试及中考的成绩，这种情况下最有效的方法莫过于量化知识点的指标——每堂课讲了多少内容，做了多少题，让学生背了多少知识点。

面对中考，所谓的理解吸收、快乐学习、因材施教，通通靠边站，成绩才是最重要的。

毕竟中考也是选拔性的考试，并非所有的学生都能够进入高中，因此学生和家长面对第一次残酷的竞争，这样的急功近利也不能说完全没有必要。

久而久之这样的行为结果就是家长投入的精力、时间和费用越来越多，其期望值也会越来越高。老师授课越来越倾向于量化指标：带学生做了多少题，讲了多少个知识点。而在学生端的反馈就是每天到底用了多少时间去上课，做了多少题。一旦最终成绩不理想，学生将背负所有的"罪责"。家长投入了，老师讲过了，考试也考到了原题，表面上看确实没有任何可以不会或不得分的理由。

但这个过程忽略了人的记忆是有周期性的。根据如图 2-2 所示的艾宾浩斯遗忘曲线，可以发现：一个知识如果不经过有规律的复习，很快就会被彻底遗忘掉。中考的学生因为每天要记忆大量的知识，每天的时间被填充得非常满，所以很少有自主复习的时间。这就必然会造成大多数类似的或相同的知识点，即使学过多次也无法留有深刻印象，到考试用到的时候几乎没有什么印象。

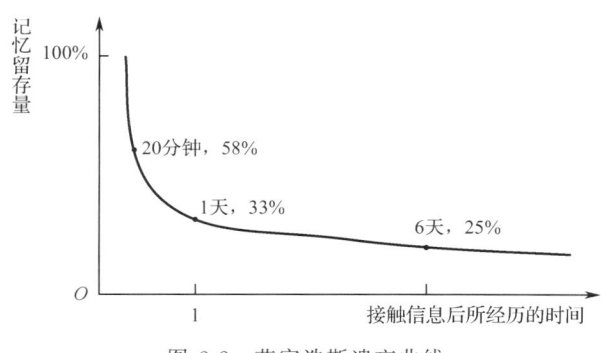

图 2-2 艾宾浩斯遗忘曲线

学而时习之，不亦乐乎。

只是被动地记忆知识点，即使学生拼尽全力，但因记忆的内容庞大，重复度高的还能够被记住，重复度低的就会被渐渐遗忘。越是补课成绩反而越下降，也有这个方面原因。越补越差的另一个危害就是学生的自信心会被消磨干净。

最终是补的越多、学得越多、忘得越快，只能通过更多的补习和练习才能得以巩固。整个过程使得学生渐渐地适应了被动记忆，而不喜欢主动思考；更希望得到结论性的记忆内容，而不是知识的形成过程；更期望课堂上老师讲授的都是可以记下来的考试中必然出现的考点，而不是知识体系。

初中的学与考的关联比较紧密，因此这种集中式训练，往往能收获比较好的效果，但高中学与考的关联并没有如此紧密。高考是一个选拔性的考试，相对于中考而言，是一个难度更大的真正意义上的选拔性考试。只以化学学科为例，高考中既要考查学生对基础知识的掌握情况，又要考查阅读分析能力、归纳整合能力及文字表达能力等多方面能力。

这也是初中学生无法适应高中考试的原因。沿用初中的学习方法，只靠知识的记忆应对高中的考试往往觉得无所适从。考题是新的，考试中有教材中没有提到的知识内容，尽管这些考点其实并不难，只需要进行阅读、分析、归纳、整合即能得出正确答案。但经历了中考的考生，有一部分同学已经完全不愿意再去思考了，这也是初中学生觉得高中化学难的原因之一。

中考让家长和学生付出的实在太多。中考后有一个放纵的假期看似无可厚非。中考后疯玩成了一部分学生的主旋律，完全地放纵，只是玩，没有任何学习规划和安排，直接等着进入高中。

就像跑马拉松比赛一样，最后比拼的是毅力和肌肉的记忆能力。养成一个习惯并不容易，但放弃一个好习惯却并非难事。现在很多学校在开学之初都不会安排特别重的学习任务，就是为了让学生有一段时间适应学校生活。

中考后疯玩的后果就是进入高中时很难适应高中的学习节奏，这个调整期需要的时间往往会比正常寒暑假更长。即使暑假不去参加一些初高中的衔接课程，也需要开学前拿出一段时间去调节作息时间，以适应高中的学习生活。但往往家长的宽容加上学生的自我放纵，使得学生在开学头一天仍然处于生活完全没有规律的状态。

因此尽管中考确实竞争激烈，家长和学生也要有意识地做好两个调节：第一个调节是中考之前的补课不宜过多，要给学生留下适当的自主学习时间，帮助学生培养自主学习的习惯，培养分析、阅读、整合等多方面能力；第二个调节是中考后的作息时间尽量与学校的生活规律贴合，哪怕只是开学前的两个星期左右，也要尽量调整作息时间。

2.3　高中化学学习方法初探

听懂了吗？听明白了吗？很多学生都会被老师这样问。

很多时候被这样问的学生是没有听懂的，或者说师生间对于听懂的理解是不同的。

记住方程式是听懂的一个层次；记住现象的分析是听懂的另外一个层次；能够运用分析思想举一反三是听懂的更高层次。

学生所谓的听懂仅仅是把自己当作一个课堂的速录员，记下老师的板书，能听明白老师说的话。学习化学，往往老师落成文字的并没有那么重要，更重要的是知识的推导过程。

学生所谓的听懂多是知其然的程度。老师问学生是否听懂了，学生回复听懂了，老师内心的认定是学生已经明白所以然的层次。

汉字表述全都是"听懂了"，但是老师与学生的认定标准并不同。这就势必造成学生经常反馈老师讲的都能听得懂，但是一考试就无法得分的尴尬情况。

氮气占空气体积的五分之四左右。在通常情况下，氮气与氧气不发生反应，但在放电条件下，它们却可以直接化合，生成无色的一氧化氮（NO）。此外，在高温条件下，氮气也能与氧气反应生成一氧化氮。

$$N_2 + O_2 \xrightarrow{放电或高温} 2NO$$

一氧化氮不溶于水，在常温下很容易与空气中的氧气化合，生成二氧化氮（NO_2）。
$$2NO + O_2 =\!=\!= 2NO_2$$

二氧化氮是红棕色、有刺激性气味的有毒气体，密度比空气大，易液化，易溶于水。因此，在闪电时，大气中常有少量二氧化氮产生，并随雨水落下。

二氧化氮溶于水时生成硝酸和一氧化氮。工业上利用这一原理生产硝酸。
$$3NO_2 + H_2O =\!=\!= 2HNO_3 + NO$$

这段教材原文的内容，老师在课堂讲授时都要强调氮气与氧气必须在高空放电或高温条件下才能化合。并且强调二氧化氮溶于水时与水可以生成硝酸和一氧化氮。

学生在课堂记录时，重点落在三个化学方程式及反应条件上。

这就是学生所谓听懂了的层次：会写方程式，能够关注反应条件。

老师认为学生听懂了是认为学生能够知道氮气不能一步转化生成二氧化氮，需要分步反应才能够完成，因为两个反应条件并不相同。因此尽管第二步一氧化氮与氧气的反应非常容易，但是无法利用氮气直接一步转化为二氧化氮。

老师认为学生听懂了，是认为学生能够知道二氧化氮溶于水，绝大部分可以与水反应生成硝酸与一氧化氮，因此该反应用了等号链接。同时应该知道溶液中还有未发生反应的二氧化氮存在，二氧化氮本身呈红棕色，二氧化氮溶于水可以呈现黄色。

这也就能够顺理成章的解释铜与浓硝酸反应的实验现象。
$$Cu + 4HNO_3(浓) =\!=\!= Cu(NO_3)_2 + 2NO_2\uparrow + 2H_2O$$

学生学到这个方程式时，往往与前面学的知识割裂开来，只是单独落实到一个反应方程式，并记住反应条件。

而老师所认为的"听懂了"，主观认为学生前面的反应历程已经熟悉，无须赘述。因此会提到铜与浓硝酸反应的现象：溶液刚开始呈现绿色，反应一段时间溶液绿色褪去恢复蓝色。

最初溶液呈现绿色的原因十分简单，是因为铜与浓硝酸反应生成的硝酸铜溶于水呈现蓝色，而生成的二氧化氮溶于水可以呈现黄色，利用黄色与蓝色的配色，最初得到溶液呈现绿色的现象。随着反应的进行，浓硝酸逐渐被消耗而变为稀硝酸。铜与稀硝酸反应生成的产物一氧化氮，排尽溶液中原有的二氧化氮后溶液呈现蓝色。
$$3Cu + 8HNO_3(稀) =\!=\!= 3Cu(NO_3)_2 + 2NO\uparrow + 4H_2O$$

这就是高中学习的特点，每一个知识不再是零散的、割裂的，并且学习的内容相对于初中而言，增加得非常多。因为高中化学知识的广度、深度与关联度都在增强，因此高中化学学习表面上的难度就会强于初中。

这里插入一个学生讲给我的实例：尽管学校的整体教学水平是有限的，但数学成绩能排入年级前几名，也足够这位学生骄傲的了。直到一次陪着一个朋友去一个数学班听课，数学老师走进班级给每个人发放数学试卷后直接点名学生进行回答。我的这个学生很不幸也被点到名了，站起来张口结舌。看到其他同学站起来都能流畅地说出解题思路，甚至能够直接说出结果，我的这个学生非常不甘心。

经过了精心准备，又一次陪着同学去那个数学班听课。第二次课程讲授的内容与第一堂课完全不同，但是方法一致，这个学生的精心准备瞬间化为乌有。又一次被点到名，又一次张口结舌。

也许是出于年少轻狂和自尊心的缘故，这个学生又一次精心准备，又一次去了数学课堂。这一次尽管他的表现仍然是张口结舌，但是他在认真听别的同学的思路，认真听老师课堂的讲解。这一次这个学生才注意到原来下一堂课要讲的内容和思路，老师在最后讲解时都已经点明。

第四次上课之前，这个学生认真按照老师讲的思路方法找到类似的题型进行训练。上课时再一次被点到名字，这个学生可以简单地说一些思路，甚至惊奇地发现自己居然说着说着就将答案说了出来。几次课后，他的数学成绩在学校的排名依旧没有多大变化。但是他的数学成绩已经与年级第一的差距越来越小，甚至可以和年级第一分庭抗礼。

高中的学习不同于初中，不是简单地记忆和重复。尤其是理科学习，更多的是分析能力、思维能力。

首先，高中上课之前要做好预习。极少有人能够保持全天的课程都精力满满。提前预习可以合理地规划课堂听课时间，把精力放到老师讲解最重点的地方或自己在预习中存在疑惑困难的地方。

其次，上课听讲时重点听的是老师的分析过程，而不是简单记录老师板书的结果。

再者，要注意知识之间的联系。有计划地经常翻阅前面的内容使前后的知识能够连贯起来。用有意识、有规律的复习去对抗遗忘。

如果学有余力，适当地提升自己的学习速度。一方面比别人学得更快一些，至少比学校老师讲得更快一些。最低层次要求就是能够做好预习。另一方面就是做题速度要提升，这就要求仔细阅读分析、书写规范、整合步骤、浓缩技巧方法。

第二篇　艾氏学习法帮你搞定高中化学方程式

第三章　三招破解无机方程式

因本书的学习方法不是简单对化学知识和结论的记忆，而是从反应机理角度及核心知识角度切入，以分析为重要手段并结合独创的说文解字方法，不仅要在学习过程中记住更多的化学知识，更要打破固化的思维，培养并提高分析思考的能力，姑且把这种学习法命名为"艾氏学习法"。

无机化学方程式，顾名思义，对象是无机化学反应，也就是元素及其化合物之间的转化关系。化学方程式，顾名思义是化学学科所使用的方程式表述形式。一个化学方程式应传达的信息包括反应条件、物质转化关系、反应进行程度及一些直观的反应现象。化学方程式就是化学学科的语言。

3.1　归纳演绎法

根据大量现实素材进行整理，得出其中普遍适用的规律，这就是归纳的方法。归纳出普遍适用的规律，应用到更多的事实中检验就是演绎的过程。归纳是形成理论的过程，演绎则是用理论指导实践的过程。在演绎中得到无差别的适用，归纳出的结论就可以作为定理应用。

高中化学学习过程，尽管因占有的素材不够全面，无法归纳出定理。但不停地归纳，却可以得出解决不同类型问题的通式、通法，即所谓的方法和技巧。多对比分析，从知识角度或解题角度进行归纳，得出适用于自己的方法和技巧，这是艾氏学习法适用于无机化学的一个体现。

3.1.1　金属活动顺序表的应用

初中化学教材就已经给出金属活动顺序表。这张表就是前人利用归纳法总结的经验顺序，再加上后期多次反复的理论及实践的修正，才成为最终的样子：

K　Ca　Na　Mg　Al　Zn　Fe　Sn　Pb　（H）　Cu　Hg　Ag　Pt　Au

初中对于金属活动顺序表的应用为：氢前面的金属可从酸溶液中置换出氢气，氢后面的金属则不能，所以就有了活泼金属与不活泼金属的划分；金属活动顺序表前面的金属可以从溶液中置换出后面的金属，因此有了一部分置换反应的依据。

如果参照高中教材就不难发现，这个金属活动顺序表应该进行改革：

K、Ca、Na 活泼金属

Mg、Al、Zn、Fe、Sn、Pb 较活泼金属

Cu、Hg、Ag、Pt、Au 氢后不活泼金属

之所以这样划分的依据是：

1. 金属单质与溶液的反应

活泼金属可与冷水剧烈反应，较活泼金属与水有条件反应，不活泼金属与水不反应。

$$2Na + 2H_2O = 2NaOH + H_2\uparrow$$

该反应现象为：浮熔游响红。说明钠的密度小而浮于水上，反应大量放热且钠的熔点低，生成氢气促进钠在溶液表面四处游动并发出响声，最后因生成的强碱在滴入酚酞溶液后呈现红色。实验现象如图3-1所示。

图 3-1

根据教材原文给出的这个方程式，结合金属活动顺序表演绎则有：

$$2K + 2H_2O = 2KOH + H_2\uparrow$$
$$Ca + 2H_2O = Ca(OH)_2 + H_2\uparrow$$

前面将金属活动顺序分为三组，在第一组活泼金属与水的反应中进行了演绎，但从镁开始就需要小心演绎了：

$$Mg + 2H_2O \xrightarrow{\triangle} Mg(OH)_2 + H_2\uparrow$$

之所以钠为分界线，正因为从Mg开始，金属在与水反应时，只有在加热条件下，反应速率加快，才能够观察到反应现象。并且这个反应也可以用于积累一个关于书写化学方程式的要点：生成物中有不同状态的物质生成才标注气体或沉淀符号。本反应因反应物Mg是固体，生成物中的难溶物$Mg(OH)_2$无须标注沉淀符号。

再往下演绎就是金属铝和铁了：

$$2Al + 6H_2O \xrightarrow{\triangle} 2Al(OH)_3 + 3H_2\uparrow$$
$$3Fe + 4H_2O \xrightarrow{高温} Fe_3O_4 + 4H_2$$

当演绎到铁时，问题出现了。一方面气体或沉淀符号是否需要书写：高温条件水变为水蒸气，反应物中有气体，生成物中的氢气不用写气体符号；另一方面前面的金属都是无条件或者加热条件与水置换生成氢气和碱，而铁的反应则因高温条件使生成的氢氧化物直接分解最终以氧化物的形式呈现。

由此对于高中并没有学过的内容，我们的知识就可以得以拓展了。

拓展金属Pb与水的反应条件一定是高温，原因在于随着金属活动性的递减，金属与水的反应越来越困难，也就越来越依赖于反应条件。同时可以演绎出金属Pb与水反应的产物必然是生成的氢氧化物直接分解而以氧化物的形式呈现，并且因高温反应，生成物的氢气无须标注气体符号。

高中将金属活动顺序表分为三组的原因：活泼金属与水无条件反应；较活泼金属与水反应需要一定条件；不活泼金属无法与水发生置换反应。

分析过程重于结论，打破固化思维。

硫酸铜溶液中分别加入金属钠或金属镁现象是否相同？

高中阶段接触的溶液都是正常溶液，所谓正常溶液就是排除那些超级浓或超级稀的溶液。正常溶液中含量最多的是溶剂水，这个知识可以在物质的量的计算中得以验证。这里只是应用这个结论。

活泼金属如金属钠，因活泼性过强，与水可无条件剧烈反应，因此加入硫酸铜溶液中，同时发生两个置换反应：
$$2Na + 2H_2O = 2NaOH + H_2\uparrow$$
$$2Na + CuSO_4 = Na_2SO_4 + Cu$$

在溶液中含量最多的是水，以第一个反应为主，因此平时讲授环节才不会提到钠与硫酸铜的置换。认定了第一个反应为主，进而会发生下一个反应：
$$2NaOH + CuSO_4 = Na_2SO_4 + Cu(OH)_2\downarrow$$

因此对于初学化学的学生，老师一直强调钠加入硫酸铜溶液"先与水反应再与溶液反应"是很有道理的。这样的分析针对的是同时进行多个反应当中选择最主要的那个反应进行研究。

而学习到金属镁加入硫酸铜溶液中，为什么老师在讲授中不再强调镁先与水反应再与溶液反应，而直接说金属镁与硫酸铜的置换呢？

前面提到金属镁属于较活泼金属，与水反应需要加热条件才能观察到明显现象。因此尽管硫酸铜溶液中最多的是水，但主要的反应仍然是镁与硫酸铜的置换。

金属镁加入硫酸亚铁溶液，尽管溶液中最多的是水，尽管得电子能力亚铁离子弱于氢离子。但主反应仍然是金属镁与亚铁离子的置换，而非与水的置换。在这一阶段的学习也可以叫作化学初步阶段，还是将原因归结为：金属镁属于较活泼金属，与水不加热几乎无法进行反应。

如果能够让思维再活跃些，是不是可以思考下金属与水生成的氢氧化物的某些性质与其活泼性是否有联系呢？

2. 金属氢氧化物的性质递变规律及金属单质与氧气的反应

生活中对于那些具有强烈吸引属性的物品，只要条件合适必然入手，入手后这些物品往往会被珍视而不至轻易遗弃。相反那些我们并不是很想得到的物品，相对而言更容易丢失。前者如某些明星的签名，后者如学校的作业本。

一个尴尬的话题，也是一个重要的化学定律：易合成难分解。

金属钠与水反应很剧烈，很容易生成热稳定性强的产物氢氧化钠。这个推论可以推广到整个活泼金属范畴。

至于第二组较活泼金属：
$$Mg(OH)_2 \xrightarrow{灼烧} MgO + H_2O$$
$$2Al(OH)_3 \xrightarrow{灼烧} Al_2O_3 + 3H_2O$$
$$Fe(OH)_2 \xrightarrow{\triangle} FeO + H_2O$$
$$2Fe(OH)_3 \xrightarrow{\triangle} Fe_2O_3 + 3H_2O$$

较活泼金属的热稳定性明显随着金属活动顺序的减弱而减弱，分解条件越来越简单。同时归纳一个共性：金属氢氧化物分解产物都是水和对应的氧化物。

通过这些反应的归纳也可以找到一个关于碱性氧化物判断的小技巧：氢氧化钠理论分解的产物是氧化钠（Na_2O）而非过氧化钠（Na_2O_2），因此可以快速判断过氧化钠不是碱性氧化物。

按照这样的递变趋势进入不活泼金属的区域，可以获知，一般条件就足以促使不活泼金属的氢氧化物分解生成水和对应的氧化物：
$$Cu(OH)_2 \xrightarrow{\triangle} CuO + H_2O$$

$$2AgOH = Ag_2O + H_2O$$

最后一个反应可以在高中教材的溶解性表中找到佐证：氢氧化银不稳定，在溶液中易分解成氧化银，所以氢氧化银的溶解性才不予讨论，而直接画了一条横线。毕竟在研究氢氧化银溶解度的过程中氢氧化银已经开始分解并悄悄离开了溶液。

再稍加推敲，不难从可溶性碱这个角度得出更多的信息。"钾钠钡钙皆可溶"说的是 KOH、$NaOH$、$Ba(OH)_2$、$Ca(OH)_2$ 是四个可溶性的强碱。这个很熟悉的知识点其实暗示了：活泼金属形成的氢氧化物易溶于水；较活泼金属及不活泼金属形成的氢氧化物都是难溶于水的。

氢氧化钡属于可溶性强碱这一事实也提示了 Ba 这个金属其实是活泼金属，可以具有和金属钠类似的性质。但 Ba 可形成多种难溶性盐，容易被误解为属于不活泼金属。

前面提到了一个物质：过氧化钠。对这个物质从其来源入手，金属活动顺序的应用将会被大大推进：

$$4Na + O_2 = 2Na_2O$$

$$2Na + O_2 \xrightarrow{\text{点燃或}\triangle} Na_2O_2$$

这个对比反应提示：活泼金属与氧气不需要条件就可以生成氧化物，如果非要加上加热或点燃条件则会有过氧化物的生成。CaO_2、BaO_2 这样的物质存在就完全没必要大惊小怪了。

从较活泼金属开始就不再有过氧化物的生成：

$$2Mg + O_2 \xrightarrow{\text{点燃}} 2MgO$$

金属镁活泼性介于活泼和较活泼金属之间，与氧气可以直接化合，但因活泼性变弱，因此工业生产或者实验中往往施加条件以加快反应。

$$4Al + 3O_2 \xrightarrow{\text{点燃}} 2Al_2O_3$$

该反应的条件无须赘述，只是生成的氧化铝是致密且高熔点的氧化膜，可以保护内部金属，因此该反应如果用酒精灯加热，就会出现生成的氧化铝包裹住内部熔化的铝而产生熔化不滴落的现象。同时因为金属铝属于活泼性较强的金属，即使用砂纸打磨过的铝条（除去表面原有的氧化膜）再加热也会因为表面迅速与空气中的氧气生成氧化膜而出现熔化不滴落的现象。

氧化镁尽管致密，但这一属性不足以和氧化铝媲美，但在高熔点这一方面却与氧化铝类似。因此镁铝合金常用于制造航空器材，同时氧化铝与氧化镁用作防火材料就非常合适了。

$$4Fe + 3O_2 = 2Fe_2O_3$$

$$3Fe + 2O_2 \xrightarrow{\text{点燃}} Fe_3O_4$$

铁被氧气缓慢氧化生成氧化铁（另外一种解释必须引入电化学的知识，这里先不讨论），但点燃加快反应的同时也改变了生成物。这个反应条件不同，产物也不同的原因与活泼金属的不同，仅仅是因为金属铁存在两种变价而造成的。

$$2Cu + O_2 \xrightarrow{\triangle} 2CuO$$

铜与氧气的反应相对就简单很多，除了注意反应物与生成物的颜色变化外，实在没有太多的注意要点。

银与氧气在高温条件下的反应几乎无法进行，但银在空气中久置也会发生缓慢反应而变黑。

金属可以与氧气生成氧化物，而金属氧化物的性质又有哪些？在酸碱中和反应及对水的分析中将继续讨论。

3.1.2 酸碱中和反应

酸与碱反应生成盐和水,相信初中对于这个内容已经十分"通透"了,但很多越是表面熟悉的知识其实越陌生。

$$NaOH + HCl = NaCl + H_2O$$

表面上看这个反应真的很简单,但关键是有没有把酸碱中和扩展到氢离子与氢氧根离子1∶1结合生成水。

上面的反应没有问题,接下来的氢氧化钠、氢氧化铝分别与硫酸的反应方程式就应该不存在问题:

$$NaOH + H_2SO_4$$

$$Al(OH)_3 + H_2SO_4$$

如果能将酸碱中和的定义扩展到氢离子和氢氧根离子的关系上,这个配平的核心就是守恒的思想。

1. 直接的酸碱中和反应及酸式盐与碱的反应

上面提到的两个反应:

$$2NaOH + H_2SO_4 = Na_2SO_4 + 2H_2O$$

$$2Al(OH)_3 + 3H_2SO_4 = Al_2(SO_4)_3 + 6H_2O$$

两个反应的实质核心都是等量氢离子与氢氧根离子生成水,剩余的阴、阳离子组合生成盐分子的过程。将硫酸改为硝酸利用上面的结论,反应方程式可以表示为:

$$NaOH + HNO_3 = NaNO_3 + H_2O$$

$$Al(OH)_3 + 3HNO_3 = Al(NO_3)_3 + 3H_2O$$

并且这类酸碱中和的反应不受金属活动顺序影响,即使是不活泼金属的氢氧化物也能够与强酸无条件中和生成水:

$$Cu(OH)_2 + H_2SO_4 = CuSO_4 + 2H_2O$$

这类酸碱中和反应也可以扩展到弱酸与强碱的反应(甚至只要可以发生反应的酸碱中和都可以这样去解决)。

$$NaOH + HF = NaF + H_2O$$

$$NaOH + CH_3COOH = CH_3COONa + H_2O$$

对于多元弱酸,在进行演绎的时候需要多留心。比如氢氧化钠与氢硫酸的反应:

$$NaOH + H_2S$$

按照核心反应应该是2∶1进行反应恰好生成盐和水。但这个反应的难点或者说有趣的地方,在于因反应物用量不同而导致产物的不同:

$$NaOH + H_2S = NaHS + H_2O$$

$$2NaOH + H_2S = Na_2S + 2H_2O$$

多元弱酸与少量碱生成酸式盐,与足量碱生成正盐。这一类基于酸碱中和反应而产生的量的问题也正是高中学习的一个难点,尤其是命题时很多反应并没有明确规定酸或碱的用量,需要根据上下文的情景推断出量的关系。

普通的酸、碱反应,从氢离子和氢氧根离子的身份标签上可以轻松解决,那么氢离子或氢氧根离子隐藏起来怎么办?如硫酸氢钠、碳酸氢钠、亚硫酸氢钠、硫氢化钠等这类酸式盐怎么办?其实质还是找准酸碱中和的核心:等量氢离子和氢氧根离子生成水。

$$NaHSO_4 + NaOH = Na_2SO_4 + H_2O$$

因为硫酸是强酸，硫酸氢钠是强酸的酸式盐，因此这个酸式盐具有了强制"中和"的特权，不仅可以与强碱进行中和，甚至弱碱（较活泼金属及不活泼金属形成的碱）也不能逃脱。

$$2NaHSO_4 + Cu(OH)_2 = Na_2SO_4 + CuSO_4 + 2H_2O$$
$$6NaHSO_4 + 2Al(OH)_3 = 3Na_2SO_4 + Al_2(SO_4)_3 + 6H_2O$$

其余的酸式盐因其是来源于弱酸的产物，因此高中阶段与碱的反应仅限于考查强碱范畴：

$$NaOH + NaHSO_3 = Na_2SO_3 + H_2O$$
$$NaOH + NaHCO_3 = Na_2CO_3 + H_2O$$
$$NaOH + NaHS = Na_2S + H_2O$$

与一元强碱的反应只要抓住反应的核心大胆演绎即可，但这类反应中仍然存在着难点。如碳酸氢钠与氢氧化钙的反应既有酸碱中和过程，也包含难溶物的生成。

反应中先处理的第一层次是酸碱中和（氢离子与氢氧根离子1∶1结合生成水），第二层次是处理难溶物的生成，最后一个层次是根据元素守恒写出最终的剩余物质。

当氢氧化钙过量时：

$$NaHCO_3 + Ca(OH)_2 = H_2O + CaCO_3\downarrow + NaOH$$

当提示语言变为碳酸氢钠过量，意味着反应方程式变为：

$$2NaHCO_3 + Ca(OH)_2 = 2H_2O + CaCO_3\downarrow + Na_2CO_3$$

同样的层次处理，最终得到的产物与上一个方程式明显不同。

当反应的比例关系限定为碳酸氢钠与氢氧化钙为3∶2甚至5∶3时，演绎的层次并没有改变，生成物的判断则会水到渠成：

$$3NaHCO_3 + 2Ca(OH)_2 = 3H_2O + 2CaCO_3\downarrow + Na_2CO_3 + NaOH$$
$$5NaHCO_3 + 3Ca(OH)_2 = 5H_2O + 3CaCO_3\downarrow + 2Na_2CO_3 + NaOH$$

这两个方程式的处理层次与前面完全一致，只是最终根据元素守恒得出最终的产物碳酸钠、氢氧化钠时稍稍麻烦一点，但这并不是真正的困难。

同样的层次分析可以解决一个高中化学中高频的反应方程式：

$$NaHSO_4 + Ba(OH)_2 = H_2O + BaSO_4\downarrow + NaOH$$
$$2NaHSO_4 + Ba(OH)_2 = 2H_2O + BaSO_4\downarrow + Na_2SO_4$$

2. 金属氧化物与酸的反应及非金属氧化物与碱的反应

金属氧化物与酸的反应生成盐和水，这个知识点的介绍出现在初中的化学教材中，为了便于后面的学习，可以将反应整理为通式：

$$RO_x + 2xH^+ = R^{2x+} + xH_2O$$

将这个已经很熟悉的结论演绎则会有：

$$Fe_2O_3 + 6HCl = 2FeCl_3 + 3H_2O$$
$$Fe_2O_3 + 6NaHSO_4 = Fe_2(SO_4)_3 + 3Na_2SO_4 + 3H_2O$$

第一个反应直接体现金属氧化物与酸生成盐和水，第二个反应硬记难度较大，因此利用通式判断就是一个切入点。三氧化二铁中氧原子数为3，需要结合6个氢离子生成水，因此需要6个硫酸氢钠生成3个水，剩余的阴、阳离子再组合成对应的盐。

而非金属氧化物与强碱的反应则需要利用构造的方法进行判断。如二氧化碳与氢氧化钠溶液的反应：

(1) $CO_2 + H_2O \rightleftharpoons H_2CO_3$ （注意此步反应生成的酸含有 2 个 H^+）
(2) $H_2CO_3 + NaOH = H_2O + NaHCO_3$
总反应：$CO_2 + NaOH = NaHCO_3$
或者：
(1) $CO_2 + H_2O \rightleftharpoons H_2CO_3$ （注意此步反应生成的酸含有 2 个 H^+）
(2) $H_2CO_3 + 2NaOH = 2H_2O + Na_2CO_3$
总反应：$CO_2 + 2NaOH = Na_2CO_3 + H_2O$

因为高中阶段只对多元弱酸的分步电离有要求，对多元弱碱的分步电离不做要求，因此酸碱中和反应中关于"量"问题的研究以多元弱酸为核心。

再如：一氧化二氯与氢氧化钠的反应。
(1) $Cl_2O + H_2O = 2HClO$
(2) $HClO + NaOH = H_2O + NaClO$
总反应：$Cl_2O + 2NaOH = 2NaClO + H_2O$

非金属氧化物与强碱溶液的反应可以等效为：非金属氧化物先与水生成酸，生成的酸再与溶液中的碱中和生成盐和水。

即使不能与水生成对应酸的二氧化硅，也可以通过这种构造的方式推出其与氢氧化钠溶液反应的方程式：
(1) $SiO_2 + H_2O = H_2SiO_3$
(2) $H_2SiO_3 + 2NaOH = 2H_2O + Na_2SiO_3$
总反应：$SiO_2 + 2NaOH = H_2O + Na_2SiO_3$

甚至可以发生反应的金属氧化物与非金属氧化物之间的反应也可以通过该方法进行构造，如氧化钠与二氧化碳的反应：

$$Na_2O + H_2O = 2NaOH$$
$$CO_2 + H_2O \rightleftharpoons H_2CO_3$$
$$H_2CO_3 + 2NaOH = 2H_2O + Na_2CO_3$$

简化后的总方程式为：$Na_2O + CO_2 = Na_2CO_3$

将金属氧化物与水结合生成碱，非金属氧化物与水结合生成酸，这样利用构造出的酸、碱之间的中和反应判断反应产物并写出反应方程式，是将不容易理解、不容易记住的知识点转化为核心知识的方法，也就是前面提到的艾氏学习法。

常见的金属氧化物与构造的碱及常见的非金属氧化物与构造的酸如表 3-1 所示。

表 3-1 常见的金属氧化物与构造的碱及常见的非金属氧化物与构造的酸

金属氧化物	对应碱	非金属氧化物	对应酸
Na_2O	$2NaOH$	CO_2	H_2CO_3
CaO	$Ca(OH)_2$	N_2O_5	$2HNO_3$
MgO	$Mg(OH)_2$	N_2O_3	$2HNO_2$
ZnO	$Zn(OH)_2$	SiO_2	H_2SiO_3
FeO	$Fe(OH)_2$	P_2O_5	$2H_3PO_4$
Fe_2O_3	$2Fe(OH)_3$	SO_2	H_2SO_3
Fe_3O_4	$Fe(OH)_2$ & $2Fe(OH)_3$	SO_3	H_2SO_4
CuO	$Cu(OH)_2$		

需要注意 Al_2O_3 属于两性氧化物，既可以构造成碱的形式 $Al(OH)_3$，也可以构造成酸的形式 $HAlO_2$。

酸碱中和反应是高中阶段最容易、最完全、最重要的反应类型。这种通过构造的方法判断反应最终产物及反应物的比例关系并不能代表真实的反应机理过程，但通过这样的构造方法可以克服方程式书写过程中的畏难心理，对陌生方程式的书写也能起到作用。

如二氧化硒（SeO_2）与氢氧化钠的反应方程式，硒为非金属，且要求与氢氧化钠发生反应，因此可以将二氧化硒先构造成酸再与氢氧化钠中和：

$$SeO_2 + H_2O = H_2SeO_3$$

再如近些年工业流程题中出现的一个陌生的方程式为氧化铁与氢氧化钠共热生成铁酸钠（$NaFeO_2$）的反应。

分析一下，该反应为氧化铁与强碱反应，就可以参照酸的构造方法将氧化铁构造成为酸再与氢氧化钠中和。

$$Fe_2O_3 + H_2O = H_2Fe_2O_4 \,(2HFeO_2)$$

$$HFeO_2 + NaOH = NaFeO_2 + H_2O$$

最终合并上述方程式可以得到总方程式为：

$$Fe_2O_3 + 2NaOH = 2NaFeO_2 + H_2O$$

尽管氧化铁是金属氧化物，但题干提示另外一个反应物为强碱，且反应物与生成物中铁元素的价态没有改变，因此可以将氧化铁构造成酸。处理陌生的方程式时千万不要墨守成规，一定要依据题意进行判断。

3.2 交叉配平法

氧化还原反应的实质是电子的得失或偏移，表现为化合价改变的反应。反应过程遵循电荷与元素守恒定律。因此可以通过电荷守恒与元素守恒的关系快速解决各种氧化还原反应的配平问题。

氧化还原反应细分可以有简单氧化还原反应、复杂氧化还原反应、归中、歧化等多种形式。舍弃形式多样，利用交叉配平的方法正是抓住核心解决问题的学习方法。

3.2.1 金属单质与强氧化性酸的反应

1. 复杂化合物中元素化合价的判断方法

初中学过的化合价口诀有多个版本，如"一价氢氯钾钠银，二价氧钙钡镁锌，三铝四硅五价磷，二三铁，二四碳，二四六硫都齐全"。对于初学者，这样的口诀确实很有帮助，对于常见化合物的价态判断完全适用。即使用于判断化合物中某些陌生元素化合价也比较适用。

如判断 K_2MnO_4 中锰元素的价态，根据口诀可知钾为 1 价，氧为 2 价。注意金属呈现正价，非金属一般呈现负价，则有：

$$\overset{+1}{K_2}\overset{x}{Mn}\overset{-2}{O_4}$$

因化合物整体电中性，因此有：$(+1) \times 2 + x \times 1 + (-2) \times 4 = 0$。解得 K_2MnO_4 中锰元素的价态为 $+6$。

进入高中阶段学习，化合物的组成不再简单。化合物中非金属元素也不一定都呈现负价，因此仍然运用初中的化合价口诀结合化合物电中性的简单判断方法就显得苍白无力了。

N_2O_2、HCN、As_2S_3、FeS_2、NaH、C_2H_2、N_2H_4、HFO 等这类化合物中各元素的化合价判断就需要借助高中的知识。

电负性的概念是由美国化学家鲍林提出的，用来描述不同元素的原子对键合电子吸引能力的大小。如图 3-2 所示，电负性越大的原子对键合电子的吸引力越大。鲍林利用实验数据进行了理论计算，以氟的电负性为 4.0 作为相对标准，得出了各元素的电负性（稀有气体未计）。

I A						
H 2.1	II A	III A	IV A	V A	VI A	VII A
Li 1.0	Be 1.5	B 2.0	C 2.5	N 3.0	O 3.5	F 4.0
Na 0.9	Mg 1.2	Al 1.5	Si 1.8	P 2.1	S 2.5	Cl 3.0
K 0.8	Ca 1.0	Ga 1.6	Ge 1.8	As 2.0	Se 2.4	Br 2.8
Rb 0.8	Sr 1.0	In 1.7	Sn 1.8	Sb 1.9	Te 2.1	I 2.5
Cs 0.7	Ba 0.9	Tl 1.8	Pb 1.9	Bi 1.9	Po —	At —

图 3-2 电负性表

电负性的大小也可以作为判断元素的金属性和非金属性强弱的尺度。金属的电负性一般小于 1.8，非金属的电负性一般大于 1.8，而位于非金属三角区边界的"类金属"的电负性则在 1.8 左右，它们既有金属性又有非金属性。

无论是电子得失或者偏移，电负性大的元素吸引电子能力强，整体呈现负电性，电负性小的元素整体呈现正电性。

电负性表中最上面的一行罗马数字代表的是元素所位于的族数，也就是最外层的电子数。任何元素原子的最外层都会趋近于稀有气体结构，也就是在最外层电子有达到八电子稳定结构的要求。

因此可以判断双氧水中氢电负性为 2.1，氧电负性为 3.5。氢最外层只有一个电子最高正价只能为+1。氧最外层有六个电子理论最高正价为+6，最低负价为-2。化合物整体电中性，因此双氧水中氢的价态为+1，氧的价态为-1，没有超过最低价态。

进而判断氢氰酸中氢电负性为 2.1，碳电负性为 2.5，氮电负性为 3.0。氮元素最外层五个电子，最低负价为-3。氢最高正价只能为+1。根据化合物整体电中性的原则判断该化合物中碳元素价态为+2。

结合前面对高锰酸钾之类化合物中各元素价态的分析，可以得出一个比较通用的技巧：前正后负。化合物化学式书写时，一般将电负性大的元素写在后面，将电负性小的元素写在前面。对于化合物中元素价态判断可以快速认定写在前面的元素为正价写在最后的一个元素为负价。

As_2S_3 中可以初步判断硫元素为负价，砷元素为正价。硫最外层六个电子，最低负价为-2。根据化合物整体电中性可以判断砷元素价态为+3。

FeS_2 中元素化合价的判断，可以依据前正后负原则。硫最外层六个电子，最低负价为-2。根据化合物整体电中性可以判断铁元素价态为+4。但高中阶段铁元素出现的价态只有+2，+3 两种情况。因此需要对化合价进行校正，若铁元素价态为+3，则硫元素价态为-1.5，电子带有一单位负电，不能只失去半个，因此该判断不合理。校正后该化合物中铁元素价态为$+2$，硫元素价态为-1。硫元素价态没有超过最低负价。

根据电负性表所归纳出的前正后负原则，可以快速判断未知化合物中元素的价态，但要注意含氢的化合物比较特殊。NaH可以根据前正后负原则判断钠为$+1$价，氢呈现-1价。而有机化合物或含氢较多的化合物中氢往往写在后面，而不是根据电负性大小，如C_2H_2、N_2H_4中氢元素都是呈现$+1$价，而电负性较大呈现负电性的碳与氮都写在了前面。

同样不是完全遵循电负性由小到大书写规律的还有一个典型的是HFO。该化合物中电负性最大的元素是F，氟元素最外层七个电子，最低负价为-1。氢电负性最小，呈现最高正价$+1$。该化合物中氧元素的价态整体呈现零价。

最后补充一个特例。高中电负性表中氮与氯两个元素的电负性数值一致，无法判断。NCl_3、NH_2Cl这两个化合物中氮元素呈现最低负价属于单独记的特例。

2. 12个经典的氧化还原反应方程式

金属铜与稀硫酸不反应，但与浓硫酸反应生成刺激性气味气体。说明浓硫酸具有了稀硫酸所不具有的强氧化性：

$$Cu + H_2SO_4(浓) \longrightarrow CuSO_4 + SO_2\uparrow + H_2O$$

氧化还原反应产物的判断还是有迹可循的。强氧化性酸与金属单质反应，金属单质失去电子生成最高价离子，强氧化性酸的产物初期则需要记忆。浓硫酸得电子表现强氧化性，被还原产物为无色、有刺激性气味的二氧化硫气体，浓硝酸生成红棕色二氧化氮气体，稀硝酸生成无色一氧化氮气体。

了解了产物，配平环节遵循电荷与元素守恒及溶液守恒三大原则，不仅是配平方程式的需要，更是强化化学学科思想的需要。下面分步表示配平过程及守恒思想的运用：

（1）标注得失电子关系。

$$\underset{\uparrow 2e^-\times 1}{Cu} + \underset{\downarrow 2e^-\times 1}{H_2SO_4(浓)} \longrightarrow CuSO_4 + SO_2\uparrow + H_2O$$

Cu最终生成二价铜，价态为2，代表反应中有2个电子转移，因为铜的构成只包含一个铜原子，因此在铜的下方表述为$\uparrow 2e^-\times 1$，可知1个铜原子在反应中总计失去2电子。

H_2SO_4中$+6$价硫得电子生成$+4$的二氧化硫，反应中1个硫原子得到2个电子，硫酸中只有1个硫原子，因此硫酸下方表述为$\downarrow 2e^-\times 1$，可知1个硫酸分子在氧化还原反应中总计得到2电子。

（2）得失电子守恒配平反应物。

$$\underset{\uparrow 2e^-\times 1}{2Cu} + \underset{\downarrow 2e^-\times 1}{2H_2SO_4}(浓) \longrightarrow CuSO_4 + SO_2\uparrow + H_2O$$

为了更好体现电荷守恒思想，本配平过程采用公倍数进行交叉配平，而非最小公倍数。交叉给反应物填写的系数代表实际参与反应的分子个数比。

（3）变价元素守恒配平生成物。

$$\underset{\uparrow 2e^-\times 1}{2Cu} + \underset{\downarrow 2e^-\times 1}{2H_2SO_4}(浓) \longrightarrow 2CuSO_4 + 2SO_2\uparrow + H_2O$$

这一步遵循的是元素守恒，体现的是元素守恒的思想，在练习中请重视"变价元素"这几个字。

（4）未变价元素守恒（O不管，H最后用水调平）。

$$2H_2SO_4 + \underset{\uparrow 2e^-\times 1}{2Cu} + \underset{\downarrow 2e^-\times 1}{2H_2SO_4}(浓) \longrightarrow 2CuSO_4 + 2SO_2\uparrow + H_2O$$

$$2H_2SO_4 + \underset{\uparrow 2e^-\times 1}{2Cu} + \underset{\downarrow 2e^-\times 1}{2H_2SO_4}(浓) \longrightarrow 2CuSO_4 + 2SO_2\uparrow + 4H_2O$$

2个变价的硫酸生成了二氧化硫，硫酸铜中的硫酸根只能来源于另外的没有变价的硫酸，因此方程式左端的反应物需加上两个硫酸分子参与反应但没变价，与另外两个硫酸表现的性质不同。溶液中含有大量的水，因此关于氢、氧两种元素的处理方法就是氧元素不管，氢元素最终用水调平。当然这个反应全部配平完毕，要进行整合：

$$Cu + 2H_2SO_4(浓) \xrightarrow{\triangle} CuSO_4 + SO_2\uparrow + 2H_2O$$

尽管浓硫酸具有强氧化性，但铜属于不活泼金属，因此在实际生产或实验中往往需要加热以加快反应速率，所以这个反应方程式最终需要写上加热符号。

本章节研究的是氧化还原反应的配平方法，至于氧化还原反应概念不在这里讨论。通过交叉配平不仅可以快速完成方程式的配平，更能够通过配平过程快速判断铜与浓硫酸的反应中浓硫酸表现了氧化性和酸性，且 1mol 铜参与反应转移电子数为 2mol。

镁、铝、铁、铜分别与浓硫酸、浓硝酸、稀硝酸的氧化还原反应方程式的配平是 12 个经典方程式，建议每天配平一个。这个训练不仅仅是训练配平能力，也是培养一种坚韧的品性，更是为了塑造学习能力。一直写下去，先从不会写到会，然后写到只要给出反应物，配平系数就能脱口而出。

下面给出这 12 个经典方程式配平的答案，便于大家自我训练。

镁与浓硫酸：$Mg + 2H_2SO_4(浓) = MgSO_4 + SO_2\uparrow + 2H_2O$

镁与浓硝酸：$Mg + 4HNO_3(浓) = Mg(NO_3)_2 + 2NO_2\uparrow + 2H_2O$

镁与稀硝酸：$3Mg + 8HNO_3 = 3Mg(NO_3)_2 + 2NO\uparrow + 4H_2O$

镁与各种强氧化性的酸反应没有特殊说明的地方，但要注意处理反应时，尤其是对酸的处理，必须注意浓度，如镁与稀硫酸就是普通的置换。

镁与稀硫酸：$Mg + H_2SO_4 = MgSO_4 + H_2\uparrow$

铝、铁与浓硫酸、浓硝酸因出现钝化现象，因此反应时需要加热条件。

铝与浓硫酸：$2Al + 6H_2SO_4(浓) \xrightarrow{\triangle} Al_2(SO_4)_3 + 3SO_2\uparrow + 6H_2O$

铝与浓硝酸：$Al + 6HNO_3(浓) \xrightarrow{\triangle} Al(NO_3)_3 + 3NO_2\uparrow + 3H_2O$

铝与稀硝酸：$Al + 4HNO_3 = Al(NO_3)_3 + NO\uparrow + 2H_2O$

铁与强氧化性酸反应，因强氧化性酸得电子能力强，因此铁失去 3 个电子生成三价铁，后续随着铁的过量再发生后续反应就不在这里研究了。

铁与浓硫酸：$2Fe + 6H_2SO_4(浓) \xrightarrow{\triangle} Fe_2(SO_4)_3 + 3SO_2\uparrow + 6H_2O$

铁与浓硝酸：$Fe + 6HNO_3(浓) \xrightarrow{\triangle} Fe(NO_3)_3 + 3NO_2\uparrow + 3H_2O$

铁与稀硝酸：$Fe + 4HNO_3 = Fe(NO_3)_3 + NO\uparrow + 2H_2O$

铜因属于不活泼金属因此与强氧化性酸反应时为加快反应速率，需要加热条件。但铜与浓硝酸反应无须加热条件，也能说明浓硝酸的氧化性强于稀硝酸。

铜与浓硫酸：$Cu + 2H_2SO_4 \xrightarrow{\triangle} CuSO_4 + SO_2\uparrow + 2H_2O$

铜与浓硝酸：$Cu + 4HNO_3 = Cu(NO_3)_2 + 2NO_2\uparrow + 2H_2O$

铜与稀硝酸：$3Cu + 8HNO_3 \xrightarrow{\triangle} 3Cu(NO_3)_2 + 2NO\uparrow + 4H_2O$

12 个经典氧化还原反应方程式的配平属于学习氧化还原反应的第一步。本文介绍的是一种配平方法，是基于氧化还原反应核心即各种守恒关系的运用。这种方法目的在于提升配平速度，并且利于观察反应中具体转移电子的数目及各种反应物在反应中所体现的性质。

交叉配平的方法可以扩展到其他的氧化还原反应当中。遇到一个陌生的反应方程式，先利用价态判断方法判断是否为氧化还原反应。如果是氧化还原反应，就可以遵循此法。对于复杂的氧化还原反应方程式或表面上无法进行交叉配平的，下面的文字将会进行详细介绍。

3.2.2 二价铁与氧化还原反应离子方程式的配平

同一元素的最高价因无法继续失去电子，因此只能表现氧化性；最低价因无法继续得到电子，因此只能表现还原性；中间价态既能够继续得到电子，又能够继续失去电子，因此既可表现出氧化性，又可表现出还原性。

高中阶段学习的铁有+2和+3两种价态，铁单质与强氧化性物质反应生成+3价产物，与一般氧化性物质反应生成+2价产物。二价铁主要表现出强还原性，与强氧化性物质生成的三价铁表现强氧化性，与还原性物质反应生成二价铁。

溶液中的二价铁可以直接分辨，但是当二价铁隐藏在氧化亚铁、氢氧化亚铁等这样的化合物中，再与强氧化性物质（如强氧化性酸）反应，其氧化还原反应往往容易被忽略。

以氧化亚铁（FeO）与稀硝酸反应为例，可认为隐藏在氧化亚铁中的二价铁与强氧化性的稀硝酸直接发生氧化还原反应，也可以认为第一步是氧化亚铁与稀硝酸生成硝酸亚铁和水，第二步是稀硝酸氧化溶液中的二价铁。无论是哪一种途径，最终产物都是三价铁与一氧化氮，因此可以避免烦琐的分析，直接进入交叉配平的环节。

$$9HNO_3 + 3FeO + HNO_3 = 3Fe(NO_3)_3 + NO\uparrow + 5H_2O$$

为了更好地表述氧化还原反应中的守恒思想，配平方程式都以最终合并前的形式展现。通过这个表述可以清晰地看出反应中稀硝酸表现了氧化性和酸性，反应中转移电子数为3个电子。

再一个经典的案例莫过于氢氧化亚铁在空气中变质，现象为白色沉淀迅速变为灰绿色最终为红褐色。空气中的氧气具有强氧化性，隐藏在氢氧化亚铁中的二价铁的变质原因一目了然，方程式表述为：

$$4Fe(OH)_2 + O_2 + 2H_2O = 4Fe(OH)_3$$

反应物中有固体，生成物中的固体无须写沉淀符号。且空气中有水的存在，无须操心水的来源。

利用交叉配平的方法让二价铁的还原性暴露无遗，即使隐藏最深的四氧化三铁也无法逃脱。四氧化三铁可以拆分为一个氧化铁和一个氧化亚铁，则其与稀硝酸的反应可以表述为：

$$27HNO_3 + 3Fe_3O_4 + HNO_3 = 9Fe(NO_3)_3 + NO\uparrow + 14H_2O$$

分拆氧化铁与稀硝酸：$Fe_2O_3 + 6HNO_3 = 2Fe(NO_3)_3 + 3H_2O$

分拆氧化亚铁与稀硝酸：$9HNO_3 + 3FeO + HNO_3 = 3Fe(NO_3)_3 + NO\uparrow + 5H_2O$

这样的反应方程式也可以通过氧化铁、氧化亚铁分别与稀硝酸反应再合并的方式得到，也可以利用交叉配平的方法一步得到。在配平方程式的时候交叉法、酸碱中和法只是一个方法，实质体现的是化学反应中的守恒思想。

隐形的二价铁只要找到就可以交叉解决，在溶液中显性的二价铁参与的氧化还原反应，从交叉配平上并不难，只是多了一个溶液电中性的调平，只要用心书写也能轻松过关。如酸性高锰酸钾与硫酸亚铁反应的离子方程式的书写：

$$5Fe^{2+} + MnO_4^- = 5Fe^{3+} + Mn^{2+}$$

交叉配平解决了变价元素守恒，剩下的环节就要交给溶液电中性这个守恒点上了。因为溶液整体呈电中性，方程式左右两边的带电量不同，这就需要选取合适的离子调平方程式。选择离子的方法为：酸性溶液用氢离子调平，碱性环境用氢氧根离子调平，中性溶液环境因水的大量存在，因此在生成物中选择氢离子或氢氧根离子调平（反应过程生成）。

氧化还原反应离子方程式之所以调平时选择氢离子或氢氧根离子，是因为离子反应发生的前提是在溶液中，溶液中含量最多的是水，因此调平才选择这两个离子中的一个。

现在完成上述离子方程式的最终配平：

$$8H^+ + 5Fe^{2+} + MnO_4^- = 5Fe^{3+} + Mn^{2+} + 4H_2O$$

硝酸亚铁溶液中逐滴加入稀硫酸。硝酸亚铁溶液中存在还原性的二价铁离子，加入稀硫酸后，稀硫酸提供的氢离子与硝酸亚铁提供的硝酸根离子，共同组合等效于向溶液中加入强氧化性的稀硝酸。因此溶液中存在氧化还原反应过程，用离子方程式表示如下：

$$4H^+ + 3Fe^{2+} + NO_3^- = 3Fe^{3+} + NO\uparrow + 2H_2O$$

【例题 3-1】 铁的氧化物可用来制备含有三价铁的刻蚀液，用刻蚀液刻蚀铜板时，可观察到溶液颜色逐渐变蓝，该反应的离子方程式为_____。刻蚀液使用一段时间后会失效，先加酸，再加入过氧化氢溶液，可实现刻蚀液中三价铁的再生，该反应的离子方程式为_____。

根据题意第一问涉及的反应物为三价铁与铜单质，产物为铜离子。该反应中铜升价，另外一个降价的只能是强氧化性的三价铁，其产物降为二价。因此离子方程式表述为：

$$2Fe^{3+} + Cu = 2Fe^{2+} + Cu^{2+}$$

第二问涉及的反应物为过氧化氢与二价铁。题干中用"失效"两个字说明溶液中三价铁已全部转化为二价铁。题干中用"再生"两个字说明反应过程是二价铁升价变为三价铁的过程，因此反应中的过氧化氢表现强氧化性，其中-1价氧降价，离子方程式配平过程如下：

$$2Fe^{2+} + H_2O_2 + 2H^+ = 2Fe^{3+} + 2H_2O$$

题干提示先加酸，因此调平方程式时选择氢离子。

3.2.3 逆向、双零、拆分的交叉配平法

复杂的氧化还原反应方程式配平也可以应用交叉配平法。交叉配平的实质就是找到升价与降价的元素，然后利用核心守恒思想。涉及单个元素变价的反应也叫作歧化反应，可以采用补元法或逆向配平法。而涉及多个变价元素的氧化还原反应配平，可以采用合并法、拆分法或双零法。将所有表面花哨的配平方法名称去掉，其内在核心都是找到电荷守恒、元素守恒及溶液守恒这三个守恒思想。

$$P_4 + NaOH \Longrightarrow Na_3PO_4 + PH_3$$

这个反应正向无法交叉，与另外一个反应非常像。

$$Cl_2 + H_2O \Longleftrightarrow HCl + HClO$$

这类同一元素的反应物为中间价态，生成高低两种价态的反应被称为歧化反应，因正向无法做交叉配平，可以将生成物与反应物对调进行逆向配平：

$$3Na_3\overset{+5}{P}O_4 + 5\overset{-3}{P}H_3 == 2P_4 + 9NaOH + 3H_2O$$
$$\scriptsize 5e^-\times1 \quad 3e^-\times1$$

配平结束将反应物和生成物再反抄过来。这个反应也需要注意，最终用水调平的时候，水可以出现在反应物中也可以出现在生成物中。

补元配平：得电子的氧化剂与失电子的还原剂是同一物质，可以将该物质书写两次，第一次出现作为还原剂，则第二次出现作为氧化剂。这样做可以不必反抄方程式就可以做正向配平，同时"补元配平"利于快速判断氧化剂与还原剂的比值关系：

$$3P_4 + 5P_4 + NaOH == Na_3PO_4 + PH_3$$
$$\scriptsize 5e^-\times4 \quad 3e^-\times4$$

$$3P_4 + 5P_4 + NaOH == 12Na_3PO_4 + 20PH_3$$
$$\scriptsize 5e^-\times4 \quad 3e^-\times4$$

$$3P_4 + 5P_4 + 36NaOH + 12H_2O == 12Na_3PO_4 + 20PH_3$$
$$\scriptsize 5e^-\times4 \quad 3e^-\times4$$

最终合并两个 P_4 并约分方程式即得到最终所需要的方程式。

无论是逆向配平法，还是补元配平法，都强烈建议考试中将配平过程在草稿纸上完成，抄写最终答案时该合并的合并，该约分的约分。归中反应的命题点一般落在氧化剂与还原剂比例关系的判断上。因为得失电子都是同一物质，所以初期学习时，学生在元素守恒上屡屡出现失误。

【例题 3-2】在 $NO_2 + H_2O \longrightarrow HNO_3 + NO$ 反应中，氧化剂与还原剂的分子数之比是（　　）。

A. 2∶1　　　　　B. 1∶2　　　　　C. 3∶1　　　　　D. 1∶3

【答案】B

利用价态判断方法可知该反应中真正变价的元素只有氮。氧化剂与还原剂都是二氧化氮。这是一个典型的歧化反应。

采用逆向配平法如下：

$$2HNO_3 + NO == 3NO_2 + H_2O$$
$$\scriptsize 1e^-\times1 \quad 2e^-\times1$$

采用补元法配平如下：

$$2NO_2 + NO_2 + H_2O == 2HNO_3 + NO$$
$$\scriptsize 1e^-\times1 \quad 2e^-\times1$$

两种方法都可以快速判断氧化剂与还原剂的比例关系。利用补元法更利于直接得出答案，逆向配平法则需要对氧化还原反应概念比较熟悉。

再如 $FeS_2 + O_2 == Fe_2O_3 + SO_2$ 这类反应方程式，因反应物 FeS_2 中铁与硫的价态不容易判断，可以通过"双零法"进行配平。

$$4\overset{0}{Fe}\overset{0}{S_2} + 11O_2 == 2Fe_2O_3 + 8SO_2$$
$$\scriptsize 3e^-\times1+4e^-\times2 \quad 2e^-\times2$$

因反应物 FeS_2 中两种变价元素的价态不易判断，但整体电中性，可以假设两个元素的价态均为 0 价，可以简化转移电子的判断。

双零法是比较传统的方法，将这种方法推进一步，两种元素构成且化合价不易判断的不仅可以假设两种元素价态为零，甚至可以假设为任意价态。

如：

$$4\overset{+3}{Fe}\overset{-1.5}{S_2} + 11O_2 == 2Fe_2O_3 + 8SO_2$$
$$\scriptsize 5.5e^-\times2 \quad 2e^-\times2$$

$$4\overset{-8}{Fe}\overset{+4}{S_2} + 11O_2 == 2Fe_2O_3 + 8SO_2$$
$$\scriptsize 11e^-\times1 \quad 2e^-\times2$$

$$4\overset{-4}{Fe}\overset{+2}{S_2} + 11O_2 == 2Fe_2O_3 + 8SO_2$$
$$\scriptsize 7e^-\times1+2e^-\times2 \quad 2e^-\times2$$

人教版教材《高中化学　化学与生活（选修1）》中关于水污染处理中提道：氯氧化法处理含氰（CN^-）废水是废水处理的一个典型实例。在碱性条件下，Cl_2可将废水中的CN^-氧化成无毒的N_2和CO_2等，使水质得到净化。

教材原文给出反应物与生成物及反应环境。配平时可采用高阶双零法：

$$\overset{0\ -1}{2CN^-} + 5Cl_2 + 8OH^- = 2CO_2 + N_2 + 10Cl^- + 4H_2O$$
$$\underset{\uparrow 4e^-\times 1 + 1e^-\times 1}{} \underset{\downarrow 1e^-\times 2}{}$$

$$\overset{-1\ 0}{2CN^-} + 5Cl_2 + 8OH^- = 2CO_2 + N_2 + 10Cl^- + 4H_2O$$
$$\underset{\uparrow 5e^-\times 1}{} \underset{\downarrow 1e^-\times 2}{}$$

这个反应因反应物整体为－1价，因此进行双零设定时，将一种元素价态定为0，另外一种元素价态可以设定为－1，并不影响交叉配平过程。

尽管氰酸根离子中两种元素的实际价态并非假定的价态，但并不影响最终的方程式书写及转移电子判断，甚至根据元素周期律的知识推出碳为+2价、氮为－3价，并不影响配平过程。

$$\overset{+2\ -3}{2CN^-} + 5Cl_2 + 8OH^- = 2CO_2 + N_2 + 10Cl^- + 4H_2O$$
$$\underset{\downarrow 2e^-\times 1 + 3e^-\times 1}{} \underset{\downarrow 1e^-\times 2}{}$$

即使遇到下面的反应仍然可以运用交叉配平的方法。

$$NH_4NO_3 == N_2 + HNO_3 + H_2O$$

这个反应所有变价都体现在氮元素上，除了配平外，另一个难点是氧化还原反应中"化合价临近"原则的应用，即反应物中－3价氮只能升价到产物中0价氮气，不能越过氮气升价到硝酸中+5价氮。

根据化合价临近原则，配平方程式表面无论正向还是逆向都无法交叉，但只要明白交叉配平的实质是得失电子守恒，将该反应物拆分为两个部分进行配平即可。

$$5NH_4^+ + 3NO_3^- = 4N_2$$
$$\underset{\uparrow 3e^-\times 1}{} \underset{\downarrow 5e^-\times 1}{}$$

将这个核心变价的简化方程式和原方程式结合，需要硝酸铵5个，生成氮气4个，剩余的硝酸根离子2个，于是总方程式为：

$$5NH_4NO_3 == 4N_2 + 2HNO_3 + 9H_2O$$

【例题3-3】某温度下，将Cl_2通入NaOH中，反应得到NaCl、NaClO、$NaClO_3$的混合液，经测定ClO^-与ClO_3^-的浓度之比为1∶3，则Cl_2与NaOH溶液反应时被还原的氯元素与被氧化的氯元素的物质的量之比为（　　）。

A. 21∶5　　　　　　B. 11∶3　　　　　　C. 3∶1　　　　　　D. 4∶1

【答案】D

根据题干提示，可以写出方程式：$Cl_2 + NaOH \longrightarrow NaCl + NaClO + NaClO_3 + H_2O$

即使进行逆向配平，表面上也无法应用简单的交叉配平原则。利用题干信息将产物按比例进行合并将产物等效为$Na_4Cl_4O_{10}$，创造交叉配平使用的环境：

$$\overset{-1}{16NaCl} + \overset{+4}{Na_4Cl_4O_{10}} + 10H_2O == 10Cl_2 + 20NaOH$$
$$\underset{\uparrow 1e^-\times 1}{} \underset{\downarrow 4e^-\times 4}{}$$

无论是针对歧化反应还是归中反应又或者是多变价元素的反应方程式，配平时通过各种构造或变形及假设的方式转化为一个物质只有升价变化，另一个物质只有降价变化，然后通过交叉配平方法得出所需要的方程式。

其实这种交叉配平的方式所体现的正是氧化还原反应中，电荷不会凭空产生，也不会凭空消失的电荷守恒思想。也就是一直强调的通过归纳找到核心点，进而解决问题的方法。

关于氧化还原反应配平时产物的判断：考试中必须根据题干的信息确定氧化还原反应的产物，以下给出的是我自己根据数十年高考常见及教材中出现的氧化还原反应总结的氧化还原反应分类，利用以下分类可以快速判断氧化还原反应的产物。

1. 氧化性之单质

F_2：F_2 是氧化性最强的单质，高中阶段只要涉及 F_2 参与的反应基本都是特殊反应，如前面提到的 F_2 与水的反应，这个物质极难考到氧化还原反应方程式，但放在这里一方面表示对最强氧化性元素的尊重，另一方面是提醒大家高中阶段流行的"氟、氧无正价"说法的前提是氧不与氟相遇，否则氧会出现正价。

O_2：其得电子产物一般为 O^{2-}，在溶液环境进行的氧化还原反应生成的 O^{2-} 极容易与溶液中的氢离子结合生成水，与氢氧根离子可以生成各类含氧酸根，因此建议 O_2 参与氧化还原反应的产物不用管。

Cl_2：这个比较简单，题干没有特殊说明，其得电子产物为 Cl^-。

Br_2：参照 Cl_2。

2. 氧化性之酸

浓硫酸：浓硫酸中因存在大量未电离的硫酸分子而具有强氧化性，这是稀硫酸所不具备的性质。浓硫酸得电子的产物因失电子的物质及反应环境不同而不同。高中阶段没有特殊说明其产物都是 SO_2。

浓硝酸：得电子产物为 NO_2 气体。但要注意浓硝酸随反应进行而变稀。

稀硝酸：得电子产物为 NO 气体。酸性溶液加入硝酸盐等效于加入稀硝酸，溶液表现强氧化性。

次氯酸：尽管实际氧化还原反应方程式的配平中很难出现这个物质，但次氯酸的强氧化性使其表现出漂白性不可回避。其还原产物一般为 Cl^-。

3. 强氧化性之离子

MnO_4^-：无特殊说明，高锰酸根离子可认为是高中阶段最强的氧化剂。得电子产物没有特殊说明为 Mn^{2+}。对于这个离子的补充为：MnO_4^- 与产物 Mn^{2+} 可继续发生归中反应，因此命题中偶尔出现中性环境得电子产物为 MnO_2，碱性环境得电子产物为 MnO_4^{2-} 的情况。

$Cr_2O_7^{2-}$：重铬酸根离子得电子产物为 Cr^{3+}。与亚铁离子的氧化还原反应研究属于大考的热点。

ClO^-：得电子产物为 Cl^-。

Fe^{3+}：得电子产物为 Fe^{2+}。

4. 强氧化性之过氧化物

H_2O_2：双氧水中 -1 价氧可表现出强氧化性甚至于漂白性。其得电子产物因 O^{2-} 在溶液中存在形式复杂，因此尽量不管。

Na_2O_2：参照 H_2O_2。甚至可以认为过氧化钠得强氧化性是因为与水结合生成双氧水的缘故。

特殊补充以前版本中没有的两个强氧化性新贵：MnO_2 与 NO_2。二氧化锰因为是固体，很难表现出强氧化性，但若是软锰矿砂浆或者活化二氧化锰的形式则会表现出很强的氧化性。二氧化氮遇水生成硝酸，因此溶液中通入 NO_2 等效于加入强氧化性的稀硝酸。

5. 还原性之金属活动顺序表

K＞Ca＞Na＞Mg＞Al＞Zn＞Fe＞Sn＞Pb＞（H）＞Cu＞Hg＞Ag＞Pt＞Au。失电子

产物为对应阳离子。

这里需要注意铁失去电子产物为 Fe^{2+}，如果得电子的氧化剂得电子能力过于强，亚铁离子可以继续失去电子生成三价铁。

6. 还原性之"离子"

$S^{2-}(SO_3^{2-})/SO_2>I^->Fe^{2+}>Br^->Cl^->F^-$

S^{2-}：失电子产物为 S。若氧化剂得电子能力过于强，甚至会生成更高价的硫化合物。

SO_3^{2-}：失电子产物为 SO_4^{2-}。

I^-：失电子产物为 I_2。I_2 遇淀粉显蓝色，如果得电子的氧化剂得电子能力过强，没有特殊说明，一般认为继续氧化的产物为 IO_3^-。

Fe^{2+}：失电子产物为 Fe^{3+}。

Br^-：失电子产物没有特殊说明即为 Br_2。

Cl^-：失电子产物为 Cl_2。

F^-：没有失电子产物，高中除非题干特殊提示，没有物质可以抢夺其电子。之所以放在这里是为了结合周期律比较卤素形成的氢化物的考点。

还原性离子的记忆可以采用谐音法："留点铁修理（你）服（不服）"。

氧化还原反应的基本运用方法为：

氧化性分类中的物质与还原性分类中的物质相遇转化为各自的对应产物。如酸性高锰酸钾中通入二氧化硫气体：$MnO_4^- + SO_2 = Mn^{2+} + SO_4^{2-}$。结合交叉配平并根据溶液的酸碱环境可以完成陌生方程式配平。

Fe^{3+} 只能氧化还原反应性分类中 Fe^{2+} 前的还原性离子。同样 Br_2 尽管具有强氧化性但只能氧化还原反应性分类中 Br^- 之前的还原性离子，无法氧化 Cl^-，而能够氧化 Cl^- 生成 Cl_2 的 MnO_2 若是活化状态或者砂浆状态可以将还原性分类中几乎全部还原性离子氧化。

3.3 水的俗名叫作氢氧化氢

水是高中最弱的弱电解质 $H_2O \rightleftharpoons H^+ + OH^-$，常温纯水因电离程度过于微弱常被误认为不能够导电。但正是这样的微弱电离，却让水在参与化学反应时变得扑朔迷离，学生学习时也觉得苦不堪言。

除了水之外其他的弱电解质还包括弱酸（除掉硫酸、盐酸、硝酸、氢溴酸、氢碘酸、高氯酸外的其他酸）、弱碱（除去氢氧化钾、氢氧化钠、氢氧化钙、氢氧化钡外的碱及一水合氨）。弱电解质定义是在水溶液中不能够完全电离的电解质，从另一个更具有实用价值的角度解读就是那些在溶液中分子与离子必须共存的电解质。

3.3.1 水与金属单质、非金属单质及某些化合物的反应

水的俗名是氢氧化氢，尽管没有酸、碱之名，但可以当作最广义的酸或碱看。水与金属单质的反应可以从另外一个角度解读为置换反应：

$$\underset{\uparrow 1e^-\times 1}{Na} + \underset{\downarrow 1e^-\times 1}{H_2O(H^+/OH^-)} = NaOH + \frac{1}{2}H_2\uparrow$$

尽管反应中生成物氢气的系数为分数并不符合规范的化学方程式书写，但这样的写法体现了得失电子的守恒关系，且能推导出其余金属与水反应的通式：

$$\underset{\uparrow xe^-\times 1}{金属} + \underset{\downarrow 1e^-\times 1}{xH_2O(H^+/OH^-)} = 金属(OH)_x + \frac{x}{2}H_2\uparrow$$

尽管随着金属活动顺序减弱，反应条件越来越困难，生成的氢氧化物稳定性下降，从金属铁开始表面上这个通式不再适用（铁与水生成氧化物和氢气，在本章第一部分提过）。但这样的通式用于金属单质与一般氧化性酸的置换及训练守恒思想还是很有必要的。

前面已经提到只有活泼金属的氧化物可以与水反应。在这一节中，可以通过水的俗名叫作氢氧化氢这一思想进一步探究方程式的书写：

$$Na_2O + 2H_2O(H^+/OH^-) = 2NaOH + H_2O$$

反应物与生成物中的水最终在总方程式中会被约去，最终成为：

$$Na_2O + H_2O = 2NaOH$$

这种导向复分解的过程更可以解决掉过氧化钠与水反应中存在的疑问。

$$Na_2O_2 + 2H_2O(H^+/OH^-) = 2NaOH + H_2O_2$$

生成的双氧水不稳定，长时间放置或受热分解生成氧气。

$$2H_2O_2 = 2H_2O + O_2\uparrow$$

合并得出总方程式为：

$$2Na_2O_2 + 2H_2O = 4NaOH + O_2\uparrow$$

总方程式掩盖了太多的事实，只看总方程式就无法解释过氧化钠与水反应不再产生气泡后加入二氧化锰继续产生大量气泡的原因，更无法探究反应后溶液滴入酚酞溶液不会呈现红色的原因。

再强调一次前文提到的知识点：氧化钠是碱性氧化物，过氧化钠不是碱性氧化物。碱性氧化物的定义是能够与酸反应只生成盐和水的氧化物。从氧化钠、过氧化钠分别与水的反应方程式也可以学到一个新的技巧：让金属氧化物理论与水反应得到产物仅能生成碱的就是碱性氧化物。

除了金属氧化物，一些特殊的金属化合物如：CaC_2、NaH、CaS、Al_4C_3、Mg_3N_2 等都可以与水发生化学反应。

$$CaC_2 + 2H_2O(H^+/OH^-) = Ca(OH)_2 + C_2H_2\uparrow$$

$$Al_4C_3 + 12H_2O(H^+/OH^-) = 4Al(OH)_3 + 3CH_4\uparrow$$

氯气按 1∶2 溶于水，溶于水的部分氯气可以与水反应，生成盐酸与次氯酸。因为是部分进行的反应，所以方程式中需要用可逆号进行连接。这个反应属于歧化反应，也叫作自身氧化还原反应。从水的角度进行分析可以得出：

$$Cl_2 + H_2O(H^+/OH^-) \rightleftharpoons HCl + HClO[ClOH]$$

这个反应提示，卤素可以通过自身氧化还原反应与水结合生成对应产物，于是可以写出溴单质与水的反应方程式：

$$Br_2 + H_2O(H^+/OH^-) \rightleftharpoons HBr + HBrO[BrOH]$$

类卤素通常是指由不同卤族元素组成的化合物，如 IBr、ICl 等，或有两个及两个以上电负性较大的元素的原子组成的原子团，因其化学性质与卤素单质相似，故称拟卤素，又称类卤素。而由不同卤族元素组成的化合物，也叫卤素互化物。

目前已分离出的拟卤素有氰 $(CN)_2$、硫氰 $(SCN)_2$ 等。

参照氯气与水的反应方程式，这一类物质与水的反应也可以得出：

$$(CN)_2 + H_2O(H^+/OH^-) \rightleftharpoons HCN + HCNO$$

需要注意卤素互化物与水的反应不属于自身氧化还原反应。

结合以上反应特点，将水拆分为氢离子和氢氧根的方法非常有助于推知陌生反应方程式。

如命题中曾经见过的四氯化碳与高温水蒸气的反应。

先分析四氯化碳的化合价，根据"前正后负"的原则，可知碳为 +4 价氯为 -1 价。结合物理学中同种电荷相排斥，异种电荷相吸引的原理，可以推知四氯化碳与水的反应为：

$$CCl_4 + 4H_2O(H^+/OH^-) \longrightarrow 4HCl + C(OH)_4$$

非金属是成酸元素，因此将产物可以写成 H_4CO_4，这个物质并没有见过，可以将产物进行脱水，直至生成你所认识的酸，这样就得到了 H_2CO_3 这个非常熟悉的酸。再结合题干中所提到的高温条件，可知最终生成的碳酸还会继续分解生成二氧化碳。

$$CCl_4 + 2H_2O(H^+/OH^-) \xrightarrow{\triangle} 4HCl + CO_2$$

类似的反应还有高中教材中提到的一个耐高温、耐磨、耐腐蚀的新型材料氮化硅。命题中也曾出现氮化硅与水的反应方程式。根据上面得到的结论，可以将该方程式写作：

$$Si_3N_4 + 6H_2O(H^+/OH^-) \xrightarrow{\triangle} 4NH_3 + 3SiO_2$$

实际反应过程远比高中教材中所给出的反应方程式更复杂。因此提到的水拆分为氢离子与氢氧根的方法不仅对方程式记忆很有帮助，而且十分利于对陌生方程式进行推导。但不要忽略反应过程的复杂性，就如前面提到的二氧化碳通入氢氧化钠溶液中一样，因二氧化碳通入量的不同产物也不同。如上面提到的四氯化碳与水的反应方程式，如果反应不充分，可以生成光气这种产物。

现在将生成光气的反应方程式，表述如下：

$$CCl_4 + H_2O(H^+/OH^-) \xrightarrow{\triangle} 2HCl + COCl_2$$

因此前面也提到了学与考在高中阶段关系非常微妙。利用上面提到的方法去解决实际问题时，还要注意阅读题干信息，结合题干要求。

无机化学是离子层面的反应，因此可以将水改为氢离子与氢氧根。有机化学是原子层面的反应，有水参与的有机化学反应，可以将水拆分为氢原子与羟基。有机化学中，酯的水解、卤代烃的水解，以及化学与生物结合部分的肽键或蛋白质的水解都可以利用将水拆为氢原子与羟基的形式进行分析。

无机化学中水参与反应不能拆为氢离子与氢氧根离子的一个特例反应为：

$$2F_2 + 2H_2O \xrightarrow{\triangle} 4HF + O_2$$

这个反应因氟单质的氧化性过于强，所以与水直接发生氧化还原反应为主。

艾氏学习法强调的是抓住核心问题，重视分析过程而不是简单的结果记忆。

利用水的俗名——氢氧化氢，这种方式不仅可以解决金属单质、非金属单质及部分化合物与水的直接反应，而且可以将这个知识点继续拓展下去。

如氯气与氢氧化钠溶液的反应方程式就可以将过程拆分为氯气先与水反应生成的两种酸，酸再与氢氧化钠进行中和反应，最终合并方程式就可以得到制取漂白液的反应方程式：

$$Cl_2 + H_2O(H^+/OH^-) \underset{\triangle}{\rightleftharpoons} HCl + HClO[ClOH]$$

$$HCl + NaOH = NaCl + H_2O$$

$$HClO + NaOH = NaClO + H_2O$$

$$Cl_2 + 2NaOH = NaCl + NaClO + H_2O$$

过氧化钠加入氯化亚铁溶液。先是过氧化钠与水生成氢氧化钠与双氧水，之后双氧水不稳定分解生成水与氧气,氢氧化钠与氯化亚铁复分解生成氢氧化亚铁沉淀,生成的氢氧化亚铁被氧气氧化生成氢氧化铁。有了这样的过程,分析过氧化钠与氯化亚铁的反应方程式,就可以自行组合。

对于最后这个反应方程式,之所以没有给出最终的答案还是秉承重分析过程而不是简单的结果记忆。这个反应方程式最终可以写出过氧化钠与氯化亚铁1∶2或等量反应这两个主流方程式。

水参与的能够进行到底或大部分能够进行的反应可以利用拆分的方式进行分析。溶液中那些因生成弱电解质而发生的微弱水解过程,是否也可以利用这种方式进行分析?在下一节中提到。

3.3.2　盐类水解与双水解

首先明确一点:高中阶段接触的盐除非特殊说明都是强电解质(高中阶段最典型的弱电解质盐有醋酸铅、氯化亚汞等),在溶液中完全以离子形式存在。

但并非所有的盐溶液都是中性溶液。常见的如碳酸钠溶液、醋酸钠溶液、碳酸氢钠溶液等都属于碱性溶液,常见的如氯化铵溶液、氯化铁溶液等都属于酸性溶液。盐本身无所谓酸性或者碱性,这里着重强调的是:盐形成的溶液并非中性。稍稍细心的读者就会从文字中发现,盐溶液呈现酸、碱性与水的存在相关。

碳酸钠俗名纯碱,如前所述不是因为碳酸钠本身有碱性,而是其水溶液(溶液由溶质和溶剂水共同构成)呈现碱性:

$$Na_2CO_3 = 2Na^+ + CO_3^{2-}$$
$$H_2O \rightleftharpoons H^+ + OH^-$$

溶质碳酸钠完全电离生成的碳酸根与溶剂水电离的氢离子结合可以生成弱电解质碳酸,因此有:

$$CO_3^{2-} + H_2O(H^+/OH^-) \rightleftharpoons HCO_3^- + OH^- （第一步微弱水解）$$
$$HCO_3^- + H_2O(H^+/OH^-) \rightleftharpoons H_2CO_3 + OH^- （第二步微弱水解）$$

水解过程消耗了溶液中的氢离子,使溶液中氢氧根离子多于氢离子而呈现碱性。水解的逆过程是中和反应,中和是高中阶段最容易、最完全、最强的反应,可以推知盐类水解的程度都很微弱(1%左右)。生成的碳酸很少,不能分解生成二氧化碳离开溶液,因此写作碳酸的分子形式。

初学化学中对这种微弱的反应是不研究的。化学知识推进到对于水的研究这一阶段时,结合弱电解质的另外一种定义解释:在溶液中分子与离子必须同时存在的电解质,盐类的微弱水解,而使溶液呈现酸性或碱性的原因就有了理论支撑。

同样的分析过程,可以推知氯化铵与氯化镁的溶液都会呈现酸性:

$$NH_4^+ + H_2O(H^+/OH^-) \rightleftharpoons NH_3 \cdot H_2O + H^+$$
$$Mg^{2+} + 2H_2O(H^+/OH^-) \rightleftharpoons Mg(OH)_2 + 2H^+$$

盐类水解的程度微弱,产物中的一水合氨不分解、氢氧化镁不写沉淀符号。同时需要注意多元弱酸根离子的水解分步写,多元弱碱的水解不用分步写。

对上面知识进行一次归纳总结:盐电离出的阴离子或阳离子与水微弱电离出的氢离子或氢氧根离子结合,能够生成弱电解质的过程就叫作盐类的水解。水解方程式书写时遵循"沉不沉,气不气,中间用可逆",也就是该是沉淀的物质,不要写沉淀符号,该是气体的也不要写气体符号，中间必须用可逆号连接表示反应微弱进行，无法形成沉淀和气体。

三价铁、三价铝这样的离子水解时尽管程度仍然不大，但比一般的离子水解程度大很多，因生成的氢氧化铁/氢氧化铝颗粒增大形成胶体用于净水。

$$Al^{3+} + 3H_2O(H^+/OH^-) \rightleftharpoons Al(OH)_3(胶体) + 3H^+$$

铝盐 $[KAl(SO_4)_2 \cdot 12H_2O$ 等] 净水的原理。

盐电离出的阴、阳离子同时发生水解称作双水解过程：

$$CH_3COONH_4 = CH_3COO^- + NH_4^+$$

$$H_2O \rightleftharpoons H^+ + OH^-$$

$$NH_4^+ + H_2O(H^+/OH^-) \rightleftharpoons NH_3 \cdot H_2O + H^+$$

$$CH_3COO^- + H_2O(H^+/OH^-) \rightleftharpoons CH_3COOH + OH^-$$

阴、阳离子同时进行的水解叫作双水解，这两个水解过程可以相互促进，也称作互促水解。但这种促进作用十分有限，仍然无法抗衡中和反应的影响，因此还是微弱的过程，甚至连净水级别的水解程度都无法达到。

上述反应因为最终铵根离子和醋酸根离子的水解程度过于接近，再去讨论溶液酸、碱性已经失去意义了，因此认为醋酸铵溶液呈现中性，两个水解过程也可以合并在一起去写：

$$CH_3COO^- + NH_4^+ + H_2O(H^+/OH^-) \rightleftharpoons CH_3COOH + NH_3 \cdot H_2O$$

按照水解的程度进行一次简单的排序：普通的盐类水解，其程度极其微弱，一般可认为约为1%；双水解也叫作互促水解，其水解程度稍微增强，可以计为2%；能够起到净水作用的三价铁与三价铝的水解程度可计为10%，以作为区分。这里面所说的水解程度以百分比计量，并不是实际的水解程度，而是进行程度划分的需要。

盐类的水解在抗衡中和反应中屡屡落败，那么会不会有翻盘的机会呢？当净水级别的铝离子或三价铁与某些阴离子相遇，相互的强烈互促可以使这种双水解几乎进行完全，足以对抗中和反应：

$$CO_3^{2-} + H_2O(H^+/OH^-) \rightleftharpoons HCO_3^- + OH^- （第一步微弱水解）$$

$$HCO_3^- + H_2O(H^+/OH^-) \rightleftharpoons H_2CO_3 + OH^- （第二步微弱水解）$$

$$Al^{3+} + 3H_2O(H^+/OH^-) \rightleftharpoons Al(OH)_3(胶体) + 3H^+$$

当阴、阳离子互促水解开始，铝离子的水解程度增大，生成的氢氧化铝突破了胶体级别直接沉淀。这种沉淀的结果必将是原有水解平衡的打破，促使更多的三价铝水解，同时提供更多的氢离子去促进碳酸根的水解。这种出格的互促使得碳酸也不再安分，直接分解为二氧化碳脱离溶液体系。二氧化碳的离开又开启了新一轮的水解平衡移动，使更多的碳酸根水解提供更多的氢氧根离子去促进氢氧化铝的沉淀……

这样一个无尽循环的最终结果就是溶液中的绝大部分铝离子和碳酸根通过沉淀和气体的形式离开溶液，最终无视了中和反应的存在而使双水解"进行到底"。

$$2Al^{3+} + 3CO_3^{2-} + 3H_2O(H^+/OH^-) = 2Al(OH)_3\downarrow + 3CO_2\uparrow$$

阴、阳离子水解程度都接近了百分百，写在一个方程式中并且标注出沉淀气体符号就是双水解到底的特权。

双水解到底要求阴离子要具备能够结合氢离子形成气体或难溶物离开溶液的能力。这样的离子主要有碳酸根离子、碳酸氢根离子、亚硫酸根离子、亚硫酸氢根离子、偏铝酸根离子、硅酸根离子、硫离子、硫氢根离子等。其中铝离子与碳酸氢根离子的双水解到底也是生活中泡沫灭火器的反应原理。

$$2Al^{3+} + 3HCO_3^- = 2Al(OH)_3\downarrow + 3CO_2\uparrow$$

不能达到净水级别的阳离子也可以双水解到底，但需要加热条件。

$$MgCl_2 = Mg^{2+} + 2Cl^-$$
$$Mg^{2+} + 2H_2O(H^+/OH^-) \rightleftharpoons Mg(OH)_2 + 2H^+$$

加热条件，因 HCl 具有挥发性，加热增强其挥发性，挥发过程减少了溶液的 H^+，促使镁离子的水解程度增大，远远超过前面提到的 1% 级别，镁离子水解程度增大最终形成沉淀促使镁离子的水解过程正向移动，进而产生更多的氢离子，而这些氢离子又会因 HCl 的挥发被带离溶液……最终氯化镁完全消失，水解程度完成，总方程式表示为：

如氯化镁溶液加热条件下都可以双水解到底。

$$Mg^{2+} + 2Cl^- + 2H_2O(H^+/OH^-) \xrightarrow{\triangle} Mg(OH)_2\downarrow + 2HCl\uparrow$$

因此加热蒸干氯化镁溶液并不能得到氯化镁晶体，而得到氢氧化镁。如果想得到氯化镁晶体，需要将氯化镁溶液加热蒸干，得到氯化镁的结晶水合物，也就是不要将水完全蒸干，之后将氯化镁的结晶水合物在干燥的氯化氢气流中脱水以防止镁离子水解，最终得到氯化镁固体。

同样利用盐类水解的知识，实验室中保存硫酸亚铁溶液，需要在溶液中添加少量硫酸，以抑制二价铁的水解。同时为了防止二价铁被空气中氧气氧化，生成三价铁杂质，还需要加入少量还原铁粉。

盐类水解的知识在生活和化学考题当中应用广泛，如用热的碳酸钠溶液清洗油污、用氯化铵溶液清除铁锈、明矾净水、氢氧化铁胶体制备等都是盐类水解的应用。

第四章　有机方程式的快速突破

高中无机化学主要研究对象是溶液中离子间的转化。而有机反应研究对象则是原子层面的反应过程。有机反应的特点有：不容易，一般需要反应条件；不完全，反应物无法完全转化为最终生成物；不唯一，有机反应同时生成多种产物，产量最高的为主产物。

有机反应表面烦琐且生成产物多样，因此有机方程式的记忆甚至比无机化学方程式的记忆更加困难。利用反应条件与有机物中断键位置关系的核心角度去记忆有机方程式可以化繁为简。

4.1　有机反应机理

官能团，顾名思义就是官方认定能够体现有机物特殊性质的原子或原子团。只要有机物中官能团确定，该有机物特殊条件下断键位置也就得以确定。旧键从哪里断开，新键在哪里生成，这就是有机反应的机理过程。

实际学习过程，强烈建议利用描红法掌握有机反应机理。两个有机物参与的反应，第一个有机物的原子都用黑色笔书写，第二个有机物的原子都用红色笔书写，产物中来自第一个有机物的所有原子保持黑色，源于第二个有机物的所有原子保持红色。描红法的意义在于将断键与成键位置用颜色标注的形式具体化、显性化，以加强对有机反应机理的认识。

4.1.1　酯化反应与酯的水解反应中反应机理法的应用

再次强调，高中化学仅仅是化学的初步。因此这里提到的有机反应机理，区别于大学化学中的有机反应机理过程。本文将反应机理仅仅简化为反应物断键与生成物成键位置的研究。

有机反应中，一个非常重要的反应是酯化反应。酯化反应是指酸与醇在浓硫酸、加热条件下生成酯的反应。

人教版教材《高中化学 有机化学基础（选修5）》在羧酸与酯的章节中，原文如下：

羧酸的化学性质与乙酸相似，主要取决于羧基官能团。在羧基的结构中，下面两个部分的键容易断裂：

$$CH_3-\overset{\overset{O}{\|}}{C}-O-H$$

当 O—H 键断裂时，容易解离出 H$^+$，使羧酸具有酸性，如乙酸的酸性。当 C—O 键断裂时，羧基中的—OH 易被其他基团取代，如乙酸的酯化反应。在乙酸的酯化反应中可以使用同位素示踪法证实其反应过程是乙酸分子羧基中的羟基与醇分子羟基的氢原子结合生成水，其余部分相互结合，生成乙酸乙酯。可用化学方程式表示如下：

$$CH_3-\overset{\overset{O}{\|}}{C}-OH + H-^{18}O-C_2H_5 \underset{\triangle}{\overset{浓硫酸}{\rightleftharpoons}} CH_3-\overset{\overset{O}{\|}}{C}-^{18}O-C_2H_5 + H_2O$$

结合生成乙酸乙酯的反应，可以得出有机反应一些特征的总结：

有机反应不容易，一般需要反应条件，不同的反应条件对应的断键位置不同，这一点将在下一节当中继续进行探究。

有机反应不完全，反应物不能完全转化为最终产物，这也是涉及有机实验中探究如何提升原子利用率的原因，以及有机反应合成路线设计中需要考虑最合理路线的根源。

有机反应不唯一，反应物在相同的反应条件下同时生成多种产物，其中产量最高的为主产物，其余为副产物，这一点在有机实验设计中经常得以体现，因此有机反应要用箭头而不是等号或可逆号连接。酯化反应是有机反应方程式书写中非常例外的，为了与平衡问题进行衔接，因此酯化反应要求必须写可逆号。

多数有机反应可互逆，注意这里提到的叫作可互逆而不是可逆，说的是有机反应的反应物可以变为生成物，生成物在不同条件下也可以转化为反应物的过程。

这里强烈建议读者能够用黑色笔书写乙酸分子，用红色笔书写乙醇分子。产物中乙酸乙酯中源于乙酸部分的原子都用黑色笔书写，源于乙醇部分的原子都用红色笔书写，并且水写作 H—OH 的形式，其中氢原子用黑色笔书写，羟基部分用红色笔书写。这就是描红法，通过颜色对照可以增强对反应机理的认识。

现在引入另外一种分析方法。这种方法利用到物理学中所学到的"同种电荷相排斥，异种电荷相吸引"的原则。

非金属性氧强于碳，因此碳、氧之间的共用电子对偏向于氧，氧整体呈现负电性，而碳整体呈现正电性。同样非金属性氧强于氢，氢氧之间的共用电子对偏向于氧，氧整体呈现负电性，氢整体呈现正电性。

将酯化反应的过程拆分为如下步骤：

（1）乙酸与乙醇断掉官能团中相应位置形成中间体：

$$CH_3-\overset{\overset{O}{\|}}{C}-OH \longrightarrow CH_3-\underset{\delta+}{\overset{\overset{O}{\|}}{C}}-+-\underset{\delta-}{OH}$$

$$CH_3CH_2OH \longrightarrow CH_3CH_2\underset{\delta-}{O}{-} + {-}\underset{\delta+}{H}$$

（2）依据同种相排斥，异种相吸引的原则进行相互组合，生成最终产物。

$$CH_3{-}\underset{\delta+}{\overset{\overset{O}{\|}}{C}}{-}\underset{\delta-}{O}CH_2CH_3 + \underset{\delta+}{H}{-}\underset{\delta-}{O}H$$

联立两步反应方程式消去中间体，得出最终方程式：

$$\underset{(乙酸)}{CH_3{-}\overset{\overset{O}{\|}}{C}{-}OH} + \underset{(乙醇)}{CH_3CH_2OH} \underset{\triangle}{\overset{浓硫酸}{\rightleftharpoons}} \underset{(乙酸乙酯)}{CH_3{-}\overset{\overset{O}{\|}}{C}{-}OCH_2CH_3} + H_2O$$

艾氏学习法的目标就是将问题化繁为简，抓住核心知识进行突破，注重分析过程，并非记忆最终结果。

通过对乙酸乙酯这个典型反应的分析，可以得出结论：酸与醇相遇生成酯的过程高中阶段必须遵循"酸去羟基醇去氢"的原则。

描红法也好，电性吸引的方法也好，其主要目的都是为了更快地掌握有机反应的核心，即断键位置与成键位置的确定。

归纳出原则之后，就可以演绎出去。比如甲酸与甲醇的酯化反应方程式如何书写？再如乙二酸与乙二醇的酯化反应方程式，又该如何去写？

下面采用电性吸引的方式表述。

甲酸与甲醇的酯化反应：

（1）断掉相应位置的化学键，形成中间体。

$$H{-}\overset{\overset{O}{\|}}{C}{-}OH \longrightarrow H{-}\overset{\overset{O}{\|}}{\underset{\delta+}{C}}{-} + {-}\underset{\delta-}{O}H$$

$$CH_3OH \longrightarrow CH_3\underset{\delta-}{O}{-} + {-}\underset{\delta+}{H}$$

（2）电性吸引生成产物。

$$H{-}\underset{\delta+}{\overset{\overset{O}{\|}}{C}}{-}\underset{\delta-}{O}CH_3 + \underset{\delta+}{H}{-}\underset{\delta-}{O}H$$

联立方程式整理得到总方程式：

$$\underset{(甲酸)}{H{-}\overset{\overset{O}{\|}}{C}{-}OH} + \underset{(甲醇)}{CH_3OH} \underset{\triangle}{\overset{浓硫酸}{\rightleftharpoons}} \underset{(甲酸甲酯)}{H{-}\overset{\overset{O}{\|}}{C}{-}OCH_3} + H_2O$$

之所以引出乙二醇与乙二酸的反应，是因为乙二醇中含有两个羟基，乙二酸中含有两个羧基，反应生成的主产物因条件不同而不同。这个反应也是有机推断当中一个重要的考点。

（1）旧键断裂形成中间体，而这种旧键断裂，因有机物中含有多个官能团，所以有多种断键方式。

$$HO{-}\overset{\overset{O}{\|}}{C}{-}\overset{\overset{O}{\|}}{C}{-}OH \longrightarrow HO{-}\overset{\overset{O}{\|}}{\underset{\delta+}{C}}{-}\overset{\overset{O}{\|}}{\underset{\delta+}{C}}{-} + {-}OH \text{ 或 } {-}\overset{\overset{O}{\|}}{\underset{\delta+}{C}}{-}\overset{\overset{O}{\|}}{\underset{\delta+}{C}}{-} + 2{-}OH$$

$$HOCH_2CH_2OH \longrightarrow HOCH_2CH_2\underset{\delta-}{O}{-} + {-}\underset{\delta+}{H} \text{ 或 } {-}OCH_2CH_2\underset{\delta-}{O}{-} + 2{-}\underset{\delta+}{H}$$

（2）中间体形成最终生成物过程，因断键时的多种形式，其产物也会呈现多样性。

产物一：形成单酯

$$\text{HO}-\underset{\delta+}{\text{C}}-\underset{\delta+}{\overset{\overset{\text{O}}{\parallel}}{\text{C}}}-\underset{\delta-}{\text{O}}\text{CH}_2\text{CH}_2\underset{\delta-}{\text{O}}\text{H} + \text{H}-\text{OH}$$

产物二：形成典型的六元环状结构（环二酯）

$$\begin{array}{c}\overset{\text{O}}{\parallel}\quad\overset{\text{O}}{\parallel}\\ \underset{\delta+}{\text{C}}-\underset{\delta+}{\text{C}} + 2\text{H}-\text{OH}\\ |\quad\quad|\\ \underset{\delta-}{\text{O}}\quad\underset{\delta-}{\text{O}}\\ |\quad\quad|\\ \text{CH}_2-\text{CH}_2\end{array}$$

产物三：形成聚合物，最终方程式方括号右下角的"n"表示聚合度。书写聚合反应方程式必须注意生成的小分子是什么，且能够生成多少小分子。

[简写为] $\text{HO}\underset{\text{端基原子}}{\underbrace{}}\underset{\delta+}{\text{C}}-\underset{\delta+}{\overset{\overset{\text{O}}{\parallel}}{\text{C}}}-\underset{\delta-}{\text{O}}\text{CH}_2\text{CH}_2\underset{\delta-}{\text{O}}\underset{\text{端基原子}}{\underbrace{}}_n \text{H} + (2n-1)\text{H}-\text{OH}$
无限重复的链

无论产物多么烦琐，整个反应机理过程仍然遵循"酸去羟基醇去氢"的原则。这里再次强化：酸参与有机反应的典型断键位置是羧基中的羟基，而醇参与有机反应典型断键位置是羟基中的氢。

前面提到有机反应的典型特征之一就是多数有机反应可互逆。酸与醇生成酯与水，不同条件下酯也可以与水结合，生成对应的酸与醇，这一过程就是酯的水解，也是酯化的逆过程。

有句话叫：出来混总是要还的。前面利用描红法书写过酯化反应机理，过程中就会更加熟悉酯基中新生成的键究竟是哪一个，与水反应时正是这个键断开与水结合生成酸与醇。

以乙酸乙酯的水解为例。仍然是用电性吸引方法代替描红法。

（1）旧键断裂形成中间体

$$\text{CH}_3-\underset{\delta+}{\overset{\overset{\text{O}}{\parallel}}{\text{C}}}-\underset{\delta-}{\text{O}}\text{CH}_2\text{CH}_3 + \underset{\delta+}{\text{H}}-\underset{\delta-}{\text{OH}} \longrightarrow \text{CH}_3-\underset{\delta+}{\overset{\overset{\text{O}}{\parallel}}{\text{C}}}-+\underset{\delta-}{-\text{O}}\text{CH}_2\text{CH}_3+\underset{\delta+}{\text{H}}-+\underset{\delta-}{-\text{OH}}$$

（2）电性吸引形成产物

$$\text{CH}_3-\underset{\delta+}{\overset{\overset{\text{O}}{\parallel}}{\text{C}}}-\underset{\delta-}{\text{OH}} + \underset{\delta+}{\text{H}}-\underset{\delta-}{\text{O}}\text{CH}_2\text{CH}_3$$

联立两步反应得到最终反应方程式：

$$\underset{\text{(乙酸乙酯)}}{\text{CH}_3-\overset{\overset{\text{O}}{\parallel}}{\text{C}}-\text{OCH}_2\text{CH}_3} + \text{H}_2\text{O} \underset{}{\overset{\text{H}^+/\text{OH}^-}{\rightleftharpoons}} \underset{\text{(乙酸)}}{\text{CH}_3-\overset{\overset{\text{O}}{\parallel}}{\text{C}}-\text{OH}} + \underset{\text{(乙醇)}}{\text{CH}_3\text{CH}_2\text{OH}}$$

书写酯的水解反应方程式需要注意，因酯化反应要与平衡问题结合，所以规定必须写可逆号，因此该反应受到牵连，也必用可逆号。但酯的碱性水解，催化剂碱可以与生成的酸中和，消耗生成物使平衡正向移动，大大增加了反应程度，因此碱性水解的方程式要用箭头而非可逆号。

$$\underset{\text{(乙酸乙酯)}}{\text{CH}_3-\overset{\overset{\text{O}}{\parallel}}{\text{C}}-\text{OCH}_2\text{CH}_3} + \text{H}_2\text{O} \overset{\text{H}^+}{\rightleftharpoons} \underset{\text{(乙酸)}}{\text{CH}_3-\overset{\overset{\text{O}}{\parallel}}{\text{C}}-\text{OH}} + \underset{\text{(乙醇)}}{\text{CH}_3\text{CH}_2\text{OH}}$$

$$CH_3-\overset{O}{\underset{(乙酸乙酯)}{C}}-OCH_2CH_3 + H_2O \xrightarrow{OH^-} CH_3-\overset{O}{\underset{(乙酸)}{C}}-OH + CH_3CH_2OH$$

这里再强化一次三个典型官能团的断键位置：有机反应中酸的典型断键位置是羧基中的羟基；醇断掉的是羟基中的氢；酯断掉的是酯基中间的碳氧单键。

有了核心知识的总结再去解决陌生问题，已不再是难事。

即使提到酯交换这类特殊的反应。如乙酸乙酯与甲酸、乙酸乙酯与甲醇、乙酸乙酯与甲酸甲酯的反应方程式都可以通过断键位置的确定进行书写。

读者请用两种颜色笔书写反应过程，本文中仍旧是采用电性吸引方法进行表述。

$$CH_3-\overset{O}{\underset{(乙酸乙酯)}{\overset{\delta+}{C}}}-O\overset{\delta-}{C}H_2CH_3 + H-\overset{O}{\underset{(甲酸)}{\overset{\delta+}{C}}}-\overset{\delta-}{O}H \longrightarrow CH_3-\overset{O}{\underset{(乙酸)}{\overset{\delta+}{C}}}-\overset{\delta-}{O}H + H-\overset{O}{\underset{(甲酸乙酯)}{\overset{\delta+}{C}}}-O\overset{\delta-}{C}H_2CH_3$$

$$CH_3-\overset{O}{\underset{(乙酸乙酯)}{\overset{\delta+}{C}}}-O\overset{\delta-}{C}H_2CH_3 + CH_3\overset{\delta+}{O}-\overset{\delta-}{H} \longrightarrow CH_3-\overset{O}{\underset{(乙酸甲酯)}{\overset{\delta+}{C}}}-\overset{\delta-}{O}CH_3 + CH_3CH_2\overset{\delta+}{O}-\overset{\delta-}{H}$$

$$CH_3-\overset{O}{\underset{(乙酸乙酯)}{\overset{\delta+}{C}}}-O\overset{\delta-}{C}H_2CH_3 + H-\overset{O}{\underset{(甲酸甲酯)}{\overset{\delta+}{C}}}-\overset{\delta-}{O}CH_3 \longrightarrow CH_3-\overset{O}{\underset{(乙酸甲酯)}{\overset{\delta+}{C}}}-\overset{\delta-}{O}CH_3 + H-\overset{O}{\underset{(甲酸乙酯)}{\overset{\delta+}{C}}}-O\overset{\delta-}{C}H_2CH_3$$

即使是丙三醇（甘油）与高级脂肪酸生成油脂，油脂的水解、氨基酸之间脱水生成肽键（酸去羟基氨去氢），以及蛋白质的水解也可以通过利用中间体再结合电性吸引的方法分析。

如两种氨基酸生成肽键的反应过程可以表示为：

$$R-\underset{NH_2}{CH}-\overset{O}{\overset{\delta+}{C}}-\overset{\delta-}{O}H + R'-\underset{COOH}{CH}-\overset{\delta+}{N}\overset{\delta-}{H}_2 \longrightarrow R-\underset{NH_2}{CH}-\overset{O}{\overset{\delta+}{C}}-NH-\underset{COOH}{CH}-R' + H-\overset{\delta-}{O}H$$

【例题 4-1】下列说法不正确的是（　　）。

A. 麦芽糖及其水解产物均能发生银镜反应

B. 用溴水即可鉴别苯酚溶液、2,4-己二烯和甲苯

C. 在酸性条件下，$CH_3CO^{18}OC_2H_5$ 的水解产物是 $CH_3CO^{18}OH$ 和 C_2H_5OH

D. 用甘氨酸（$\underset{CH_2COOH}{|}^{NH_2}$）和丙氨酸（$\underset{CH_3CHCOOH}{|}^{NH_2}$）缩合最多可形成 4 种二肽

【答案】C

本题其余答案不做说明，根据前文叙述要点：酸去羟基醇去氢，酯基"均分氧"，再结合电性吸引原则可知示踪原子 ^{18}O 最终出现在乙醇而非乙酸中。

本题结合了营养物质的考点，但设问的最终归宿还是断键位置的判断。

【例题 4-2】下列化学用语对事实的表述不正确的是（　　）。

A. 硬脂酸与乙醇的酯化反应：

$$C_{17}H_{35}COOH + C_2H_5{}^{18}OH \underset{\triangle}{\overset{浓硫酸}{\rightleftharpoons}} C_{17}H_{35}COOC_2H_5 + H_2{}^{18}O$$

B. 常温时，0.1mol/L 氨水的 pH=11.1：$NH_3 \cdot H_2O \rightleftharpoons NH_4^+ + OH^-$

C. 由 Na 和 Cl 形成离子键的过程：$Na\times + \cdot\ddot{\underset{..}{Cl}}: \longrightarrow Na^+ [:\ddot{\underset{..}{Cl}}:]^-$

D. 电解精炼铜的阴极反应：$Cu^{2+} + 2e^- = Cu$

【答案】A

这两道高考原题中选项都涉及了酯化反应，仍然强调的是有机反应的机理核心即断键位置。

4.1.2 卤代反应与有机反应类型

最初接触有机反应都是从最简单的有机物甲烷开始的。甲烷能够发生的有机反应不多，甚至可以说甲烷的有机反应类型少得可怜，高中阶段能拿出来提一提的只有一个卤代反应。

艾氏学习法的目的就是通过核心问题的研究解决具体问题。有机反应研究的描红法或电性吸引方法就是这种学习法的体现。

有机反应不容易，需要反应条件。甲烷的卤代反应需要光照或者加热条件。

有机反应不完全，反应物最终都会有剩余。

有机反应不唯一，同时可以生成多种产物，因此反应方程式用箭头指向产量最高的主产物。

甲烷与卤素（高中阶段主要指氯、溴两种）的取代反应过程：

(1) 找到断键位置写出中间体。

$$CH_4 \longrightarrow CH_3— + —H \mid CH_2— + 2—H \mid —CH— + 3—H \mid —C— + 4—H$$

因反应物用量不同、光照时间与强度不同，四种断键方式都可以成为主要形式。四种断键方式同时发生，同时生成多种卤代产物。高中阶段有些习惯讲法认为甲烷与卤素先断掉一个氢原子继而生成的产物继续断掉氢原子直至所有的氢原子都被卤代的目的是培养逻辑分析的思想。同时断键与逐步取代的讲授方式各有所长。

(2) 中间体间相互结合生成产物。

产物一：生成的一氯甲烷为气态

$$CH_3—Cl + H—Cl$$

产物二：生成的二氯甲烷为液态，只有一种同分异构体用于说明甲烷是空间结构而非平面结构

$$\begin{matrix} Cl \\ | \\ CH_2—Cl \end{matrix} + 2H—Cl$$

产物三：生成的三氯甲烷为液态，良好的有机溶剂，俗名氯仿，是一种致癌物质，自来水用氯气净水的副产物中往往包含三氯甲烷

$$\begin{matrix} Cl \\ | \\ Cl—CH—Cl \end{matrix} + 3H—Cl$$

产物四：产物四氯甲烷为液态，常用作萃取剂或灭火剂（因与水高温生成有毒物质，现已被禁用了），密度大于水，俗名四氯化碳

$$\begin{matrix} Cl \\ | \\ Cl—C—Cl \\ | \\ Cl \end{matrix} + 4H—Cl$$

不仅甲烷能够发生卤代反应，只要含有碳氢键的有机物都可以发生卤代反应。只是多数高中阶段接触的有机物，其特殊官能团的有机反应更具有研究价值，因此讲授过程就不

再赘述卤代反应。

如乙烯因含有碳碳双键这个更容易断裂的化学键,因此对于乙烯的研究主要集中在与溴水加成褪色或与其他物质的加成上。讲授过程的倾向性不能够抹杀烯烃能发生卤代反应的事实,因此高考真题中屡屡出现丙烯与氯气加热进行卤代就成为了解决有机推断问题的思维难点。

正因为多数有机物官能团的反应更具有特点,因此卤代反应的讲解并不多。典型的卤代反应有:苯中大π键的存在对整体结构的影响表现为需要卤化铁作催化剂进行卤代反应;甲苯因存在支链氢与环上的氢,因此可以光照或加热支链卤代,也可以卤化铁催化进行环上卤代。其余需要了解的有:丙烯官能团邻位氢的卤代。

就像中和反应是特殊的复分解反应一样。卤代是取代反应中的一个小的分类。取代反应是指化合物分子中任何一个原子或原子团被试剂中同类型的其他原子或原子团所替代的反应。取代反应根据替换的原子或原子团不同可分为卤代、酯化、水解、硝化等。

有机反应中第二种重要反应类型是加成反应。含有碳碳双键或碳碳三键的有机物可以与氢气、卤化氢、水等加成;含有苯环的有机物只能够与氢气加成;含有碳氧双键的有机物可以与氢气加成,但需要注意高中阶段认为酸与酯中的碳氧双键不能够发生加成反应。

有机反应中的第三种反应类型为消去反应。与加成反应相对,消去反应是从有机分子中断去小分子的过程。能够发生消去反应的有机物高中阶段只有卤代烃与醇类,且发生消去反应的前提条件是连接卤素或羟基碳的邻位碳上必须要有氢原子。需要注意高中阶段认为直接与苯环相连的卤素或羟基不能够发生消去反应。

有机反应的第四种反应类型为聚合反应。乙烯类连续加成而生成高分子化合物的反应属于聚合中的加聚反应;乙二醇与乙二酸类连续断去小分子而形成高分子化合物的反应属于聚合中的缩聚反应。

有机反应中的第五种反应类型是氧化(还原)反应。无机化学中氧化反应与还原反应必须同时发生。有机化学的氧化与还原反应的确定是以有机物为研究对象的,因此只提氧化或还原反应。醇去氢氧化生成醛,醛加氧氧化生成酸的反应;甲苯遇酸性高锰酸钾生成苯甲酸;乙烯遇酸性高锰酸钾褪色(高中不做产物及方程式要求,属于了解内容)都是典型的氧化反应。从有机物研究角度,去氢或加氧的过程都可以认为属于氧化反应过程。反之,加氢过程就是还原反应,如乙烯与氢气的加成,进而推知油脂的氢化、硬化也属于还原反应过程。

为了便于学习,下面列出如表 4-1 所示的各类有机物的典型反应类型。

表 4-1 各类有机物的典型反应类型

有机物种类	典型有机反应类型
烷烃	取代反应(卤代)
烯烃	加成反应;聚合反应(加聚)
炔烃	加成反应;聚合反应(加聚)
芳香烃	取代反应(卤代、硝化);加成反应(只与氢气)
卤代烃	取代反应(水解);消去反应
醇类有机物	取代反应(酯化、分子间脱水成醚、与HBr);消去;氧化(去氢成醛);聚合(多元醇与多元酸的缩聚)
酚类有机物	取代反应(卤代);氧化反应(被空气中氧气氧化呈粉红色,属于了解范畴)

有机物种类	典型有机反应类型
醛类有机物	加成反应（加氢还原成醇）；氧化反应（加氧成酸）
酮类有机物	加成反应（加氢成醇）
酸类有机物	取代反应（酯化）
酯类有机物	取代反应（水解）

这里提到的有机反应类型是针对不同类有机物的典型反应类型。实际的研究对象往往含有多种有机官能团，因此可以发生更加复杂的有机反应。针对复杂有机物的研究方法就是必须熟悉每一类有机物的典型反应，利用官能团性质对复杂有机物进行分析。

4.2 容易被忽略的反应条件定位法

有机反应不容易，需要一定条件反应才能发生。不同化学键的断开需要的反应条件也不相同，因此，逆推回来利用反应条件确定断键位置不仅便于快速掌握反应过程，更可以起到举一反三的作用。

高中的有机反应核心条件以七大反应条件为主。这也就是艾氏学习法经常提到的：抓住核心进行拓展，而不是简单记忆死知识。

4.2.1 浓硫酸加热与稀硫酸加热

浓硫酸加热最初出现在乙烯的实验室制取反应中。但绝大多数的学生对其印象最深的是酯化反应的条件。浓硫酸加热是有机化学反应中最重要的反应条件，整合多个反应类型最终归纳为该条件下有机物断羟基生成水。

1. 浓硫酸加热的酯化反应

$$CH_3COOH + HOC_2H_5 \underset{\triangle}{\overset{浓硫酸}{\rightleftharpoons}} CH_3COOC_2H_5 + H_2O$$

这个反应已经不再陌生：浓硫酸加热条件下酸去羟基醇去氢生成酯。

反应中浓硫酸除了表现催化性外，还可以表现出强氧化性，与还原性的乙醇生成副产物二氧化硫与二氧化碳。收集乙酸乙酯选用饱和的碳酸钠而非饱和碳酸氢钠的一个主要思考就是为了吸收二氧化硫。

有机反应中只要有浓硫酸与乙醇共同存在就需要考虑到副反应生成的二氧化硫，这也是命题的一个青睐点。

2. 浓硫酸加热的醇消去反应

(1) 找到断键位置写出中间体。

$$CH_3-CH_2-OH \xrightarrow{浓硫酸,\triangle} \overset{\delta+}{H}- + \overset{\delta+}{CH_2}-\overset{}{CH_2}- + -\overset{\delta-}{OH}$$

(2) 利用电性吸引原则写出产物。

$$\overset{\delta-}{CH_2}=\overset{\delta+}{CH_2} + H-OH$$

合并写出总方程式：

$$CH_3CH_2OH \xrightarrow{浓硫酸,\triangle} CH_2=CH_2\uparrow + H_2O$$

相信很多学生见到这个反应第一印象就是浓硫酸、170℃。特意写成加热符号而没有标明具体温度，就是想提醒大家注意千万别死记，乙醇消去是170℃，其余的醇消去则不一定是该温度。

该反应的机理通过方程式书写分析出：浓硫酸加热条件下，醇中的羟基断裂，同时邻位（以含有羟基的碳为主位）碳上去掉一个氢原子生成水，相邻的两个碳相结合生成双键。这也是重要的消去反应原则：邻位碳必须有氢。

在对酯化反应条件简单分析中提到浓硫酸有强氧化性，可以与乙醇氧化还原反应生成 SO_2、CO_2。这个反应的产物中也会含有二氧化硫、二氧化碳等杂质。因此检验产物乙烯前应先除去干扰性杂质二氧化硫。

醇的消去反应条件是浓硫酸、加热，为什么乙醇的消去非要强调温度呢？

3. 浓硫酸加热的醇之间脱水成醚

（1）找到断键位置写出中间体。

$$CH_3CH_2OH + CH_3CH_2OH \xrightarrow{\text{浓硫酸},\triangle} CH_3CH_2{\underset{\delta+}{—}} + {\underset{\delta-}{—}}OH + CH_3CH_2O{\underset{\delta-}{—}} + {\underset{\delta+}{—}}H$$

（2）利用电性吸引原则写出产物。

$$CH_3CH_2{\underset{\delta+}{—}}O{\underset{\delta-}{}}CH_2CH_3 + H{\underset{\delta+}{—}}OH{\underset{\delta-}{}}$$

合并，写出总方程式：

$$CH_3CH_2OH + CH_3CH_2OH \xrightarrow{\text{浓硫酸},\triangle} CH_3CH_2OCH_2CH_3 + H_2O$$

低温条件（对于乙醇的反应，相当于140℃）部分醇的羟基断裂，可以与其余的醇之间通过脱水生成醚的反应为主反应；高温条件（对于乙醇的反应，相当于170℃）大部分醇中的羟基断裂，很难与其他醇成醚，只能以内部脱水消去为主。

乙醇在浓硫酸加热条件下反应，有明确的温度提示，其余的醇没有给出过明确的反应温度与对应产物的关系。建议学习过程就干脆淡化具体温度，记忆浓硫酸加热就是断羟基生成水。对于醇而言可以加上自行提示的话：高温消去为主，低温成醚为主。

4. 浓硫酸加热的苯的硝化反应

（1）找到断键位置写出中间体。

$$\text{(苯)} + HNO_3 \xrightarrow{\text{浓硫酸},\triangle} \text{(苯)}{\underset{\delta-}{—}} + {\underset{\delta+}{—}}H + HO{\underset{\delta-}{—}} + {\underset{\delta+}{—}}NO_2$$

（2）利用电性吸引原则写出产物。

$$\text{(苯)}{\underset{\delta+}{—}}NO_2{\underset{\delta-}{}} + HO{\underset{\delta-}{}}{\underset{\delta+}{—}}H$$

合并，写出总方程式：

$$\text{(苯)} + HNO_3 \xrightarrow{\text{浓硫酸},\triangle} \text{(硝基苯)}—NO_2 + H_2O$$

硝化反应特指芳香烃与浓硝酸在浓硫酸加热条件下生成硝基化合物的反应过程。高中阶段其余有机物与硝酸进行的取代反应不能称作硝化反应。进行硝化反应时，苯环可以同时断多个碳氢键，这里不再赘述。

5. 浓硫酸加热极其特殊的有机酸酐的生成

（1）找到断键位置写出中间体。

$$CH_3—\overset{O}{\underset{}{C}}—OH + CH_3—\overset{O}{\underset{}{C}}—OH \xrightarrow{\text{浓硫酸},\triangle} CH_3—\overset{O}{\underset{}{C}}{\underset{\delta+}{—}} + {\underset{\delta-}{—}}OH + CH_3—\overset{O}{\underset{}{C}}—O{\underset{\delta-}{—}} + {\underset{\delta+}{—}}H$$

（2）利用电性吸引原则写出产物。

$$\begin{array}{c} CH_3-\overset{O}{\underset{}{C}} \\ \overset{|}{O} \\ CH_3-\underset{}{\overset{}{C}} \\ \underset{O}{} \end{array} + H\underset{\delta^-}{-}\overset{}{\underset{\delta^+}{OH}}$$

合并，写出总方程式：

$$CH_3-\overset{O}{\underset{}{C}}-OH + CH_3-\overset{O}{\underset{}{C}}-OH \xrightarrow{\text{浓硫酸}, \triangle} \underset{\text{(乙酸酐)}}{\begin{array}{c} CH_3-\overset{O}{C} \\ O \\ CH_3-\underset{O}{C} \end{array}} + H_2O$$

这个反应在正规的学习过程中很难遇到，但命题中作为新的条件出现也在情理之中。该反应的注意要点：一方面酸酐不一定是氧化物，可以结合无机化学概念出现在判断类选择题中；另一方面该反应可以逆推乙酸酐与水可生成两分子乙酸再进行后续反应。

6. 稀硫酸加热酯类化合物的水解反应

在稀硫酸催化加热条件下酯水解生成有机酸和醇：

$$\underset{\text{(乙酸乙酯)}}{CH_3-\overset{O}{\underset{}{C}}-OCH_2CH_3} + H_2O \underset{}{\overset{H^+,\triangle}{\rightleftharpoons}} \underset{\text{(乙酸)}}{CH_3-\overset{O}{\underset{}{C}}-OH} + \underset{\text{(乙醇)}}{CH_3CH_2OH}$$

酯化的反应条件是浓硫酸加热，酯水解的条件是稀硫酸加热。这两个条件过于接近，又因为有机化学与化学平衡及其移动的结合比较少，因此选定酯化及酯的酸性水解作为探究化学反应原理内容的载体，规定酯化与酯的酸性水解方程式不同于其他有机反应方程式，中间的箭头要改为可逆号。

乙酸乙酯制取的制备方程式：

$$\underset{\text{(乙酸)}}{CH_3-\overset{O}{\underset{}{C}}-OH} + \underset{\text{(乙醇)}}{CH_3CH_2OH} \underset{\triangle}{\overset{\text{浓硫酸}}{\rightleftharpoons}} \underset{\text{(乙酸乙酯)}}{CH_3-\overset{O}{\underset{}{C}}-OCH_2CH_3} + H_2O$$

乙酸乙酯的酸性水解方程式：

$$\underset{\text{(乙酸乙酯)}}{CH_3-\overset{O}{\underset{}{C}}-OCH_2CH_3} + H_2O \overset{H^+,\triangle}{\rightleftharpoons} \underset{\text{(乙酸)}}{CH_3-\overset{O}{\underset{}{C}}-OH} + \underset{\text{(乙醇)}}{CH_3CH_2OH}$$

乙酸乙酯碱性水解方程式（总方程式）：

$$\underset{\text{(乙酸乙酯)}}{CH_3-\overset{O}{\underset{}{C}}-OCH_2CH_3} + NaOH \xrightarrow{\triangle} \underset{\text{(乙酸钠)}}{CH_3-\overset{O}{\underset{}{C}}-ONa} + CH_3CH_2OH$$

稀硫酸还有酸化的用途，如乙酸乙酯碱性水解得到的产物是羧酸盐与醇，为了得到有机酸，可以利用强酸制取弱酸原理：

$$CH_3COO^- + H^+ = CH_3COOH$$

某些有机反应需要在碱性环境完成，最终得到羧酸盐或酚盐，都可以通过加入稀硫酸酸化转化为所需要的有机产物。

4.2.2 NaOH 加热条件

1. 断 C—X

氢氧化钠加热条件下，对应断开碳卤键，如果环境存在水分子，则发生水解反应。

(1) 找到断键位置写出中间体。

$$RCH_2X + H_2O \xrightarrow[\triangle]{NaOH} RCH_2\!-\!\underset{\delta+}{} + \underset{\delta-}{-\!X} + H\!-\!\underset{\delta+}{} + \underset{\delta-}{-\!OH}$$

(2) 利用电性吸引原则写出产物。

$$\underset{\delta+}{RCH_2}\!-\!\underset{\delta-}{OH} + \underset{\delta+}{H}\!-\!\underset{\delta-}{X}$$

合并，写出总方程式：

$$\underset{(卤代烃)}{RCH_2X} + H_2O \xrightarrow[\triangle]{NaOH} \underset{(醇)}{RCH_2OH} + HX$$

反应中 R 代表氢原子或烃基甚至任何不参与反应的结构，X 代表卤素，主要指氯、溴。因产物中的 HX 表现酸性可与催化剂 NaOH 发生酸碱中和，因此立即发生中和反应，因此卤代烃的水解反应往往不在讲授中给出，教材上给出的都是水解与酸碱中和的合并总方程式：

$$\underset{(卤代烃)}{RCH_2X} + NaOH \xrightarrow[\triangle]{H_2O} \underset{(醇)}{RCH_2OH} + NaX$$

正因为对这个反应机理没有仔细研究，往往造成理解错误，看到教材写出的总方程式就认为卤代烃可与氢氧化钠发生反应。不仅错误地认为卤代烃与氢氧化钠反应的总方程式就是水解反应方程式，甚至会错误地认为写在条件上的水是催化剂。

如果卤素直接与苯环相连，还需要注意卤代烃水解后不仅生成的 HX 可以消耗氢氧化钠，甚至生成的酚类物质也可以消耗氢氧化钠。

NaOH 加热断碳与卤素之间的键，如果环境不存在水分子，卤代烃则以消去反应形式进行，生成对应的不饱和烃。

(1) 找到断键位置写出中间体。

$$RCH_2CH_2X \xrightarrow[\triangle]{NaOH} RCH_2CH_2\!-\!\underset{\delta+}{} + \underset{\delta-}{-\!X} \longrightarrow H\!-\!\underset{}{} + RCH\!-\!CH_2\!-\!\underset{}{} + \underset{}{-\!X}$$

(2) 利用电性吸引原则写出产物。

$$\underset{\delta-}{RCH}=\underset{\delta+}{CH_2}\!-\! + \underset{\delta+}{H}\!-\!\underset{\delta-}{X}$$

合并，写出总方程式：

$$\underset{(卤代烃)}{RCH_2CH_2X} \xrightarrow[\triangle]{NaOH} RCH=CH_2 + HX$$

同样产物中的 HX 与催化剂氢氧化钠可以发生酸碱中和，因此方程式表述时写成总方程式：

$$\underset{(卤代烃)}{RCH_2CH_2X} + NaOH \xrightarrow{\triangle} \underset{(烯烃)}{RCH=CH_2} + NaX + H_2O$$

总结：NaOH 加热条件断 C—X 键，有水（反应环境存在水分子即氢氧化钠溶液条件）则水解；无水（环境为醇溶液，不存在水分子）则消去，且消去原则为邻位碳必须有氢、苯环不消去（高中阶段直接连在苯环上的卤素不能发生消去反应）。

2. 酯的水解

酯基断裂的发生条件是酸、碱、酶的催化。酯基在碱性环境水解生成的酸可以与催化剂碱继续发生中和反应，因此酯碱性水解的最终产物是盐和醇。

$$\underset{(酯)}{R-\underset{\underset{O}{\|}}{C}-OR'} + NaOH \xrightarrow{\triangle} \underset{(酸钠)}{R-\underset{\underset{O}{\|}}{C}-ONa} + \underset{(醇)}{R'OH}$$

注意：酯的碱性水解因为碱可以消耗生成的酸促进水解平衡的移动，所以该反应不用可逆号，但还需要写箭头。

3. 酸碱中和反应

有机物中可以表现酸性与氢氧化钠反应的有羧酸和酚类物质。

尽管酸碱中和反应不属于典型的有机反应类型，但可以结合水解反应命制消耗 NaOH 个数的问题。

确定 1mol 有机物究竟能够消耗的氢氧化钠的数目，先将有机物水解，最终确定水解后的产物可以消耗氢氧化钠的量。

典型的消耗氢氧化钠的结构包括：

R—COOH 消耗等量 NaOH；

C_6H_5—OH 消耗等量 NaOH；

$R-\underset{\underset{O}{\|}}{C}-OR'$ 不消耗 NaOH，但其碱性条件水解产物生成的 R—COOH 消耗等量 NaOH，因此可以总结为含有酯基结构的有机物消耗等量 NaOH；

R—CH_2X 不消耗 NaOH，碱性加热条件生成的 HX 消耗等量的 NaOH；

综合以上信息，特别需要注意的是 ⟨〇⟩—X（苯环上直接连有卤素）结构水解生成酚羟基与 HX 都能消耗 NaOH，因此存在该结构的有机物可以消耗两倍的 NaOH；

而存在 ⟨〇⟩—O—$\underset{\underset{O}{\|}}{C}$—R' 结构的有机物，因水解得到酚羟基与羧基，因此可以消耗两倍的 NaOH；

因此建议消耗 NaOH 的问题万万不要急于求成，先让有机物发生水解反应，再确定水解产物中酚羟基、HX、羧基的总数即消耗 NaOH 的总数目。

4. Ni 催化剂加热

因双键或三键的稳定性较差，有机物的加成反应需要的条件一般可忽略。这就造成很多学生简单粗暴地认为加成反应无须条件。即使从氢气断键角度看，也是需要条件的。条件中的 Ni 又因为可以被过渡元素中其他元素代替，因此每每出现加成反应的条件都会成为困扰点。

Ni 催化是与氢气加成的标配。能够与氢气加成的有机物有：

（1）双键（包括部分碳氧双键）

$$\underset{(烯烃)}{R-CH=CH_2} + H_2 \xrightarrow[\triangle]{Ni} \underset{(烷烃)}{R-CH_2-CH_3}$$

环状结构中存在的碳碳双键也可以与氢气加成。碳碳双键与氢气的加成在教学过程中提到的比较少，建议平时训练时要多注意有条件的加成。

$$\underset{(醛)}{R-\underset{\underset{O}{\|}}{C}-H} + H_2 \xrightarrow[\triangle]{Ni} \underset{(醇)}{R-CH_2OH}$$

$$\underset{(酮)}{R-\underset{\underset{O}{\|}}{C}-R'} + H_2 \xrightarrow[\triangle]{Ni} \underset{(醇)}{R-CH(OH)R'}$$

无论是端点的还是结构中间的碳氧双键都可以断开其中一个键，碳、氧分别与一个氢原子结合实现加成反应。这个反应逆过来就是醇的氧化反应。需要注意高中阶段含有碳氧双键的酸和酯不能发生与氢气的加成反应。

（2）三键的加成

第一步加成 $\underset{(炔烃)}{R-CH \equiv CH_2} + H_2 \xrightarrow[\triangle]{Ni} \underset{(烯烃)}{R-CH = CH_2}$

第二步加成 $\underset{(烯烃)}{R-CH = CH_2} + H_2 \xrightarrow[\triangle]{Ni} \underset{(烷烃)}{R-CH_2-CH_3}$

总反应 $\underset{(炔烃)}{R-CH \equiv CH_2} + 2H_2 \xrightarrow[\triangle]{Ni} \underset{(烷烃)}{R-CH_2-CH_3}$

这个反应提示：有些有机反应在学习过程中学到的往往是合并后的总反应方程式，省略掉中间的反应环节，在学习时要用心去分析。同样，环状有机物中的三键也可以发生这样的加成反应。

（3）苯环的加成反应

严格讲苯环中不存在单双键的交替结构，也就是不存在碳碳双键结构。苯环内部存在的是大π键，因此苯环不具备双键的性质，如双键的还原性（遇酸性高锰酸钾褪色）及加成卤素等（遇溴水褪色）性质。但苯环却可以与氢气在Ni催化条件发生加成反应。

$$\underset{(苯)}{\bigcirc} + 3H_2 \xrightarrow[\triangle]{Ni} \underset{(环己烷)}{C_6H_{12}}$$

5. 光照与 FeX_3 催化

（1）光照条件实际是提供能量的一种方式，这个条件也可以被加热代替，光照条件有机物断掉C—H键，与卤素发生取代（卤代）反应。这个可以参照前面提到过的甲烷的卤代反应机理过程。

$$R-CH_3 + Cl_2 \xrightarrow{光照} R-CH_2Cl + H-Cl$$

注意甲烷和氯气的取代反应中尽量避免强光照射，毕竟这个反应是放热反应。强光照射加快反应速率瞬间产生大量热容易造成实验危险。

（2）苯环中存在大π键，影响了整个苯环上C—H键的活性，因此苯环上的C—H键断裂不采用光照条件，而是在Fe催化剂条件下完成该反应过程。

$$\bigcirc + Br_2 \xrightarrow{Fe} \bigcirc-Br + H-Br$$

因有机反应不容易、不完全、不唯一，且该反应放热，剩余的溴与铁在加热条件下直接化合生成溴化铁，因此总反应方程式中的催化剂往往写成 $FeBr_3$ 而非Fe（这苯环上发生与 Cl_2 的取代反应的反应条件写作 $FeCl_3$ 而非Fe 的道理相同）。

结合以上两个条件，同样是C—H键的断裂，因位置不同选择条件也不相同。因此必须注意甲苯这样的物质与卤素取代时，根据反应条件判断卤素的取代位置。

6. 氧化条件

（1）醇醛酸的连续氧化

$$\underset{(醇)}{2RCH_2OH} + O_2 \xrightarrow[\triangle]{Ag/Cu} \underset{(醛)}{2RCHO} + 2H_2O$$

Ag/Cu催化，加热条件醇的羟基中断掉O—H键，连接羟基的碳上断去一个H进而形成C=O。断掉的氢原子与氧气提供的氧结合最终生成水。

$$2R_1CH(OH)R_2 \text{(醇)} + O_2 \xrightarrow[\triangle]{Ag/Cu} 2R_1COR_2 \text{(酮)} + 2H_2O$$

端点醇氧化生成醛，非端点的醇氧化生成酮，连有羟基的碳上没有氢原子则不能发生氧化反应。醇的氧化反应逆向是镍催化加热条件的醛（酮）与氢气加成生成醇的反应。

因为醇氧化的过程需要从醇分子中断去两个氢原子，因此醇的氧化也被称作去氢氧化过程。

$$2RCHO \text{(醛)} + O_2 \xrightarrow[\triangle]{\text{催化剂}} 2RCOOH$$

催化剂条件下醛基中的 C—H 键打开加入一个氧原子生成酸，这一过程因需要断开 C—H 键才能实现，酮因不存在这样的键，因此酮不能发生这样的氧化反应。又因 C—H 键打开后引入氧原子，这一过程又叫作加氧氧化过程。

因醛在空气中就能够被氧气氧化，其还原性表现为比醇还要强。因此很多时候醇氧化生成的醛直接进行加氧氧化生成酸，表现为醇可以一步氧化形成酸。

（2）醛的银镜反应及醛与新制氢氧化铜的反应

这两个反应一直就是有机方程式书写中比较烦琐的那类方程式，尽管反应机理仍和醛加氧氧化的过程一致，但书写时常因元素种类较多不易记住。

研究银镜反应方程式之前，需要从制备银镜反应的方程式书写提炼一些关键信息。将稀氨水逐滴加入硝酸银溶液，制备银氨溶液的现象为先沉淀后溶解

$$AgNO_3 + NH_3 \cdot H_2O == AgOH\downarrow + NH_4NO_3$$
$$AgOH + 2NH_3 \cdot H_2O == Ag(NH_3)_2OH + 2H_2O$$

氢氧化银能溶于氨水形成氢氧化二氨合银，说明生成的物质易溶于水，在溶液中可以电离出阴、阳离子。并且对于$[Ag(NH_3)_2]^+$的名字是银氨络离子，这也就给出了信息，生成物至少能够电离出银氨络离子和氢氧根离子使溶液呈现碱性。

至此可以得出重要结论：银镜反应必须在碱性环境才能够实现。

同样回顾新制氢氧化铜的制备环节，加入的氢氧化钠溶液是过量的，也是保证最终溶液呈现碱性。

这两个重点的检验醛基的反应都是碱性条件下才能够实现的，这也是很多学生学习过程中容易忽略的细节。

$$R\text{—}CHO + 2Ag(NH_3)_2OH \xrightarrow{\triangle} H_2O + 2Ag\downarrow + 3NH_3 + R\text{—}COONH_4$$

银镜反应的方程式可以记作"一水、二银、三氨气"，既可以是书写生成物的顺序，也是生成物的系数。氧化机理是加氧氧化，生成的酸与氨气生成铵盐，因此最终写成羧酸铵。

$$R\text{—}CHO + 2Cu(OH)_2 \xrightarrow[\triangle]{NaOH} Cu_2O\downarrow + 2H_2O + R\text{—}COOH$$
$$R\text{—}COOH + NaOH == R\text{—}COONa + H_2O$$

总方程式：$R\text{—}CHO + 2Cu(OH)_2 + NaOH \xrightarrow{\triangle} Cu_2O\downarrow + 3H_2O + R\text{—}COONa$

这个反应建议分步记忆能够提升记忆效率。整个反应过程记作"一铜、二水、再中和"。一铜当中的铜指的是砖红色的氧化亚铜。

（3）甲苯的特殊氧化

这个反应在教材中只是以文字形式出现，并没有专门的方程式提示。只需要掌握甲苯氧化可以生成苯甲酸即可。

7. 一定条件

此"一定条件"是指有机的聚合反应条件复杂，故而用这个词与实在记不住而无奈地写"一定条件"不同。

（1）加聚反应

多个双键或三键同时断裂，需要复杂条件，用"一定条件"代替。教材中出现过高温、催化剂等书写方式。

$$n\underset{[单体(乙烯)]}{CH_2=CH_2} \xrightarrow{一定条件} \underset{[高分子化合物(聚乙烯)]}{+CH_2-CH_2+_n}$$

环状结构中存在双键或者三键的一定条件下也可以发生加聚反应生成高分子化合物（聚合物）。

（2）缩聚反应

一个有机物含有多个可左右断键的官能团结构，在复杂条件（用"一定条件"代替）下左右形成半键无限连接形成高分子化合物的过程，因同时生成多个小分子称为缩聚反应。

$$nHOCH_2-CH_2OH + nHOOC-COOH \xrightarrow{一定条件} H+OCH_2-CH_2O-OC-CO+_nOH + (2n-1)H_2O$$

缩聚反应不一定发生在多元醇与多元酸之间，只要有机物分子中含有多个可断键形成半键的官能团就可以发生缩聚反应。

乙二醇与乙二酸的缩聚产物除了高分子化合物外还有小分子水的生成，一个乙二醇断掉 2 个氢原子，一个乙二酸断掉 2 个羟基，可生成 $2n$ 个小分子水。在方程式表示中因为左右存在端基原子，也就代表聚合物最左端与最右端的氢和羟基没有断掉，因此水分子的个数为 $(2n-1)$。书写缩聚反应方程式注意最终的小分子个数是否减去 1 主要看聚合物结构书写是否存在端基原子。

有机反应中还会遇到形形色色的反应条件，上面提到的七大反应条件是最核心、最重点的反应条件。建议在掌握这七个条件的基础上多积累一些推断题中常出现的条件提示以拓展自己的知识广度。

4.3 最容易被忽略的 α 位氢

用希腊字母标是理科各学科比较习惯的做法。α 是希腊字母表中第一个字母，有开端、第一的意思。在这部分内容中 α 用于狭义标记主官能团的邻位碳，也可以说是主官能团后第一个碳。

明确了字母 α 在本部分的所指，关键就落在了对主官能团的确定。$C=O$ 碳氧以双键形式相连，叫作羰基，本部分内容正是以这个官能团作为主官能团。这个官能团并不会老老实实地出现在有机物中，它会隐藏在别的结构中，比如醛基中。当然隐藏在醛基中并没有什么难度，但当羰基隐藏在羧基甚至酯基这样的结构中就会显得有些麻烦。

1. 乙烯与乙酸的加成反应

猜测这个反应往往硬着头皮去写也可以完成如下反应：

$$CH_2=CH_2 + CH_3-\overset{O}{\underset{\|}{C}}-OH \longrightarrow$$

猜测中间体：$CH_2=CH_2 + CH_3-\underset{\underset{O}{\|}}{C}-O-+-H \longrightarrow$

猜测产物：$CH_3-CH_2-O-\underset{\underset{O}{\|}}{C}-CH_3$

这个反应过程利用了乙酸的酸性表现，确实也常常出现在有机推断过程中。前面一直提到有机反应有产物不唯一的特点，这里要谈到的另外一种生成物也是α位氢研究的开端。羧酸中的羧基可以看作 C=O 与 —OH 共同组成的复合官能团，以 C=O 为主官能团，其邻位碳（甲基）就是α位，α氢易活化，可以发生：

$CH_2=CH_2 + CH_3-\underset{\underset{O}{\|}}{C}-OH \longrightarrow$

中间体：$CH_2=CH_2 + H-+-CH_2-\underset{\underset{O}{\|}}{C}-O-H \longrightarrow$

产物：$CH_3-CH_2-CH_2-\underset{\underset{O}{\|}}{C}-OH$

尽管这个产物确实不如第一个反应那么流行，产物中能够检测到丁酸的生成也为接下来的探讨做了一个很好的引入。

2. 醛醛加成反应

醛醛加成在大考中备受青睐，毕竟这个反应平时几乎不讲，反应过程即使以已知的形式给出，很多考生还是很难在短时间内迅速掌握并运用。

以甲醛与乙醛的反应为例

$CH_3-\underset{\underset{O}{\|}}{C}-H + H-\underset{\underset{O}{\|}}{C}-H$

两个醛中都含有主官能团 C=O，甲醛只有一个碳不存在α位氢。碱性条件下（建议这个条件记住，尽管不是七个核心反应条件）发生醛与α位氢的加成过程。

中间体：$H-+-\underset{(α位)}{CH_2}-\underset{\underset{O}{\|}}{C}-H + H-\underset{\underset{O}{\|}}{C}-H$

产物：$\underset{}{\overset{OH}{|}}\underset{(α位)}{CH_2}-CH_2-\underset{\underset{O}{\|}}{C}-H$

甲醛打开 C=O，乙醛断开α位氢。断掉的氢原子与甲醛中的氧原子形成羟基，甲醛碳上的半键与乙醛α位氢断掉后的碳相连成直链共同完成了加成过程。

加成后的产物中仍然存在着主官能团 C=O，并且α位仍然有氢，加热条件可以发生进一步反应：

$\overset{OH}{|}\underset{(α位)}{CH_2}-CH_2-\underset{\underset{O}{\|}}{C}-H \xrightarrow{\triangle} CH_2=\underset{(α位)}{CH}-\underset{\underset{O}{\|}}{C}-H + HO-H$

合并总方程式为：

$CH_3-\underset{\underset{O}{\|}}{\underset{(α位)}{C}}-H + H-\underset{\underset{O}{\|}}{C}-H \xrightarrow{\triangle} CH_2=\underset{(α位)}{CH}-\underset{\underset{O}{\|}}{C}-H + HO-H$

建议可以用这样分步研究的方法针对苯甲醛与乙醛生成肉桂醛的反应进行书写训练。

这里多唠叨句：我经常说化学是理科不是文科，尽管大量的记忆确实表面上会短期提升化学成绩，但死记对化学学科的学习利处不大，分析才是学习理科尤其是学习化学的必要手段。如果足量甲醛与乙醛在碱性条件下"充分反应"（有机反应不容易、不完全、不唯一），加成环节因甲醛足量，可以充分消耗乙醛中的α位氢，即使后面再有加热条件也不会发生后续的消去脱水的过程。

$$H-\underset{\substack{\|\\O}}{C}-H + CH_3-\underset{\substack{\|\\O}}{\underset{(α位)}{C}}H \xrightarrow{OH^-} CH_2-\underset{\substack{|\\OH}}{\underset{(α位)}{C}}H_2-\underset{\substack{\|\\O}}{C}H$$

$$2H-\underset{\substack{\|\\O}}{C}-H + CH_3-\underset{\substack{\|\\O}}{\underset{(α位)}{C}}H \xrightarrow{OH^-} CH_2-\underset{\substack{|\\OH}}{\underset{(α位)}{C}}H-\underset{\substack{|\\CH_2\\|\\OH}}{C}H$$

$$3H-\underset{\substack{\|\\O}}{C}-H + CH_3-\underset{\substack{\|\\O}}{\underset{(α位)}{C}}H \xrightarrow{OH^-} CH_2-\underset{\substack{|\\OH}}{\underset{(α位)}{C}}-\underset{\substack{|\\CH_2\\|\\OH}}{C}H$$

3. 酯的α氢

醛醛加成（条件是强碱环境），生成产物加热条件下可以（仍存在α位氢）消去脱水这样的反应固然非常重要，很适合出现在各类选拔性考试当中，但创新命题是选拔性考试的一项重要要求，于是在高考中甚至能够出现酯交换与α位氢共同结合的命题。

$$R_1COOR_2 + R_3COOR_4 \longrightarrow R_1COOR_4 + R_3COOR_2$$

这样的酯交换核心就是熟悉酯基的形成过程，仍然是考查断键与成键位置。如果这样的酯交换被学生想当然甚至是死记下来，那么

$$2CH_3\overset{O}{\overset{\|}{C}}OCH_2CH_3 \longrightarrow X + CH_3CH_2OH$$

这个反应中关于 X 结构的判断就会让考生抓狂。

规范反应物：$CH_3\overset{O}{\overset{\|}{C}}OCH_2CH_3 + CH_3\overset{O}{\overset{\|}{C}}OCH_2CH_3$（α位）

中间体：$CH_3\overset{O}{\overset{\|}{C}}-+-OCH_2CH_3 + CH_3\overset{O}{\overset{\|}{C}}OCH_2CH_3$（α位）

$CH_3\overset{O}{\overset{\|}{C}}-+-OCH_2CH_3 + H-+-CH_2\overset{O}{\overset{\|}{C}}OCH_2CH_3$（α位）

产物：$CH_3\overset{O}{\overset{\|}{C}}-CH_2\overset{O}{\overset{\|}{C}}OCH_2CH_3 + H-OCH_2CH_3$（α位）

通过分析过程最终可以确定 X 的结构。

在关于有机学习方法的最后引入这样一个比较诡异的反应，目的不是想难住大家。还

记得有机反应的特点吗？不容易，有机反应一般都需要条件，有些反应（如加成）相对比较容易，条件可以忽略。当有机反应条件确定了，其断键位置也就确定了，这也就是"条件定反应"，七个核心反应条件结合描红法的运用正是学习有机反应的不二法宝；不完全，有机反应物不能完全转化为生成物。这个点仅仅用于解释酯化反应用可逆号就大材小用了，有机实验题中有关是否需要除杂的问题都是有机反应不完全这个特点在具体问题中的运用；不唯一，这既是有机反应的难点也是有机反应的魅力所在。

本章从学习有机反应的顺序展开。希望大家学习时先踏实描红，既是学习过程又是磨炼意志耐力的过程。熟练描红后再去关注反应条件，这样可以快速找到问题的核心解决问题。熟练条件后再学习α位氢，再深度进行拓展。至于如何在实战中解决有机推断和实验题在这里暂不做讨论，而且所谓的解题能力也是学习能力的展现。基本功扎实了，解题得分就是水到渠成的事情。

第三篇　艾氏学习法帮你扫除高一难点

第五章　化学计算

化学计算针对的是微观粒子，而非初中计算针对的宏观物质，因此对象的确定就成了一个难点，也正是学生在学习过程中感觉吃力的地方。

学习化学计算的第一个难点是对于计算中的基本概念模糊不清；第二个难点是知道应该如何计算但不愿意动手计算而只是进行脑算，熟练度不够导致数值运算错误而产生畏难心理；第三个难点是化学计算往往与物质的状态，具体反应的反应程度及反应过程的特殊性等相结合，因此可以说对几乎每一个高中化学的知识点掌握不清都会导致最终对计算数值的不敢确定。

艾氏学习法就是抓住核心，重视分析过程，不推崇简单记忆。在化学计算部分就是从核心的概念、计算公式入手推广到化学计算的实际应用。

5.1　物质的量仅仅是一个标准

参照学习法是学习中的一种常用方法。对物质的量这样抽象的概念理解起来存在困难，可以将这个概念参照熟悉的生活化的概念去解读。

为了便于实际应用，对数量的计量标准除了标准的10进位，还常常使用"打"这个概念，12个相同数目的某些物质放在一起可以记为1打。如1打铅笔，1打啤酒等；对于可乐这样的瓶装饮料还可以使用"箱"这样的计量方法，24瓶放置在一起就是1箱；对于纸张还可以使用"包"这样的计量标准，现在说到2包打印纸，都会反映出其代表的是1 000张纸的集合。针对不同类型的物质，人们创造出不同的相对通用的计量标准以简化计量过程。

同样，在化学中再利用克、千克、打、箱等这样的计量标准因不适合对微观粒子的计量，于是就有了物质的量这个类似于"打""箱""包"的计量标准的诞生。

5.1.1　个数计算公式与质量计算公式

"打"这样的计量标准如何诞生已经很难说清楚了。对微观粒子的计量标准的确定绝非一个人能够独立完成的，但具有标志意义的是阿伏加德罗。

阿伏加德罗提出以 0.012kg ^{12}C（质子数为6，中子数为6的碳原子）中所含有原子数目作为计量标准。这样测量出的数值是一个确定的数值即 $(6.022\ 141\ 29 \pm 0.000\ 000\ 27) \times 10^{23}$，高中运算采用的是约数 6.02×10^{23}。

化学中规定将含有阿伏加德罗常数（高中选用的是约数）微观粒子的集合体作为一个标准量，计为1物质的量，英文符号为 n，其单位为摩尔，简称为摩，单位的英文符号为 mol。

6.02×10^{23} 个 Na 原子的集合体，化学计量表示为1物质的量的 Na，可以简化成

1mol Na。

也可以说1mol O_2中含有$2×6.02×10^{23}$个氧原子。注意计算中最终提到的微粒是氧原子，这也是化学计算中的难点所在：确定所求的微观粒子。1个O_2中含有2个氧原子，可知1mol O_2中含有$6.02×10^{23}$个O_2，所求的氧原子就是$2×6.02×10^{23}$。

这里注意区分第一个重要概念：物质的量、摩尔、阿伏加德罗常数。

摩尔是物质的量的单位，物质的量是国际通用的物理量，表示一定数目的微观粒子的集合体。1物质的量表示微观粒子集合体的具体数目采用阿伏加德罗确定的常数，而阿伏加德罗常数仅仅是一个数值，没有实际意义。也就是物质的量与阿伏加德罗常数数值相同，意义不同。

口算尽管难度并不大，但同时兼顾计算数值与确定所求的微观粒子两个方面问题往往容易顾此失彼。用一个计算公式统一起来十分有必要。

个数计算公式表达式为：$n=\dfrac{N}{N_A}$

计算公式中n表示微观粒子的物质的量，单位为mol；N表示微观粒子的个数，单位为个；N_A应该叫作摩尔个数，表示1mol（物质的量）微观粒子的个数，单位为个/mol。因其数值为阿伏加德罗常数，因此实际运用中往往用阿伏加德罗常数这个概念代替摩尔个数的说法，最终大家就习惯于把N_A称为阿伏加德罗常数。因此"阿伏加德罗常数"在高中阶段单位为"个/mol"或者写作"个·mol^{-1}"就不用大惊小怪了。

尽管表面看起来N_A的名称叫作摩尔个数还是阿伏加德罗常数无关痛痒，但做这一次区分对后面其他公式的认识及公式的统一还是十分必要的。

运用个数计算公式注意所求的微观粒子究竟是谁，只要微观粒子得以确定，该公式用于计算个数时不受物质状态的影响。

化学中之所以选择以阿伏加德罗常数作为计量标准，是因为将阿伏加德罗常数和微观粒子放在一起，质量以克为单位计量时其数值恰好等于平均相对原子量或分子量。可以认为这个通过无数次痛苦实验得到的结果算是一个巧合，但阿伏加德罗常数的应用却实实在在将个数与质量联系在一起，将无法直观观测的微观粒子通过质量转换变得可以更好地从宏观角度进行理解并研究，一方面感慨下阿伏加德罗的伟大，另一方面还要提示下进行质量计算时还需关注具体的研究对象究竟是哪种微观粒子。

因此有：

$6.02×10^{23}$个氢原子放在一起，称为1物质的量氢原子，或者写作1mol H，其质量为1g；

$6.02×10^{23}$个氧原子放在一起，称为1物质的量氧原子，写作1mol O，其质量为16g；

这样的对应过程并不复杂，因此初学者往往产生惰性心理。

下面两个例题也许能稍稍提示大家千万不要掉以轻心。

【例题5-1】3.9g Na_2O_2中含有的氧原子个数为多少？

头脑中的推导过程应该是：Na_2O_2的分子量为$(23×2+16×2)=78$。

根据阿伏加德罗常数的提示有：$6.02×10^{23}$个Na_2O_2分子的质量为78g。

利用数学比例关系有：$\dfrac{6.02×10^{23}}{x}=\dfrac{78g}{3.9g}$，$\therefore x=\dfrac{1}{20}×6.02×10^{23}$（个）。

姑且不说这个题的答案如何，这样的表达方式体现了没有抓住计算的核心问题：究竟所求的粒子是谁。尽管最终确定答案时多数情况会关注到题干也会最终计算正确，但更加规范的表达对于降低错误风险还是十分必要的。

抓住核心，规范表达，降低错误风险就应该写作 $\frac{1}{20} \times 6.02 \times 10^{23}$ 个 Na_2O_2，每一个关于计算的结果后面无论单位是什么，都要紧随着粒子（分子、原子、离子、电子、质子等）符号，这样的规范表达提醒计算过程始终关注最终所求的微粒。

之后按照题干求得氧原子数为 $\frac{1}{20} \times 2 \times 6.02 \times 10^{23}$ 个 O。

这样的计算过程可以借助统一公式进行简化。

质量计算公式：$n = \frac{m}{M}$

计算公式中 n 表示微观粒子的物质的量，单位为 mol；m 表示微观粒子的质量，单位为"g"（注意，化学计算中质量只能以"g"为标准，如果是"kg"甚至是"t"都需要转化为"g"再进行计算）；M 为 1mol 微观粒子的质量，叫作摩尔质量，符号为 M，单位为 g/mol。摩尔质量的具体数值与具体的微观粒子对应，数值上与具体微观粒子的平均相对原子量/分子量相等。就像物质的量与阿伏加德罗常数的关系一样，摩尔质量与平均相对原子量/平均相对分子量的关系也是数值相同、意义不同。

利用质量计算公式再进行例题计算：$n(Na_2O_2) = \frac{3.9g}{78g/mol} = \frac{1}{20}$ mol Na_2O_2

由此可知氧原子数目为 $\frac{1}{10}$ mol。

1mol 任何粒子中所含有的微粒数目为确定值（阿伏加德罗常数），因此可以快速判断 3.9g Na_2O_2 中所含的氧原子数目为 $\frac{1}{10}N_A$ 个／$\frac{1}{10} \times 6.02 \times 10^{23}$ 个。

计算公式引出的目的是为了简化计算，并非有意难为学生。只有能够熟练运用公式才能够解决下一层次问题。

【例题 5-2】3.9g Na_2O_2 中所含的阳离子数目为多少？

（1）利用质量公式有：$n(Na_2O_2) = \frac{3.9g}{78g/mol} = \frac{1}{20}$ mol Na_2O_2

（2）就是对电子式的考查：Na^+ [：Ö：Ö：]$^{2-}$ Na^+

由此可知 3.9g Na_2O_2 中所含的阳离子数目为 $\frac{1}{10}N_A$ 个／$\frac{1}{10} \times 6.02 \times 10^{23}$ 个。本题是化学计算与电子式的结合，这个题也提示很多学生说化学计算难，也许说的就是这类结合问题的难。

【例题 5-3】3.9g Na_2O_2 与足量水反应转移的电子数为多少？

（1）利用质量公式有：$n(Na_2O_2) = \frac{3.9g}{78g/mol} = \frac{1}{20}$ mol Na_2O_2

（2）利用氧化还原反应方程式判断转移电子数。

$$2Na_2\overset{-1}{O}_2 + 2H_2O = 2NaOH + \underset{\downarrow 1e^- \times 2}{\overset{0}{O_2}} + 2NaOH$$
$$\underset{\uparrow 1e^- \times 1}{}$$

常见的方程式书写为：$2Na_2O_2 + 2H_2O = 4NaOH + O_2\uparrow$

通过逆向配平可知反应中 2 个 Na_2O_2 参与反应转移电子数为 2 个，这里也提示一下，氧化还原反应中，转移电子数的判断建议只看得电子总数或失电子总数。

由此可以判断 3.9g Na_2O_2 与足量水反应转移电子数为 $\frac{1}{20}N_A$ 个/$\frac{1}{20} \times 6.02 \times 10^{23}$ 个。

【例题 5-4】3.9g Na_2O_2 与 $FeCl_2$ 溶液完全反应转移的电子数为多少？

（1）利用质量公式计算 Na_2O_2 为 0.05mol。

（2）利用氧化还原反应方程式判断转移电子数。（借助氧化还原反应表）

$$Na_2O_2 \underset{\downarrow 1e^- \times 2}{} + Fe^{2+} \underset{\uparrow 1e^- \times 1}{} = Fe^{3+}$$

根据方程式判断 1 个过氧化钠参与反应转移电子数为 2，所以 3.9g Na_2O_2 参与反应转移电子数为 $0.05N_A$ 个（$0.05 \times 6.02 \times 10^{23}$ 个）。

前面的例题中涉及的是计算公式与氧化还原反应的结合，实际命题中还可涉及具体粒子中质子、中子及电子数或者化学键的计算。而这些考点真正的难点并非完全在于计算，而是对粒子组成或者反应过程的不熟悉。

为了便于大家快速应用质量计算公式，下面给出一个技巧。但这里也要叮嘱一下：艾氏学习法强调的是抓住核心、注重分析过程而不是简单记忆。尽管整本书中会大量出现技巧方法，希望阅读本书的人只把技巧方法当作点缀，千万不要喧宾夺主。

前 20 号元素原子的摩尔质量与序数的关系从表 5-1 中可以寻找到一些特点。

表 5-1　周期表中隐藏的一些小秘密

$_1$H 1							$_2$He 4
$_3$Li 7	$_4$Be 9	$_5$B 11	$_6$C 12	$_7$N 14	$_8$O 16	$_9$F 19	$_{10}$Ne 20
$_{11}$Na 23	$_{12}$Mg 24	$_{13}$Al 27	$_{14}$Si 28	$_{15}$P 31	$_{16}$S 32	$_{17}$Cl 35.5	$_{18}$Ar 40
$_{19}$K 39	$_{20}$Ca 40						

如果可能，请阅读的人用黑笔将原子量（数值上等于摩尔质量）为序数 2 倍的元素圈出来，再用红色笔将原子量为序数的 2 倍+1 的元素圈出来。这样常考的前 20 号元素的原子量就可以很快记住。记住原子量在大考中就无须经常翻阅试卷标头给出的数值，这样就节约了考试时间并能够提升考试中的信心。当然，这里总结的小技巧只适用于前 20 号元素。

我想艾氏学习法应该加上一条了：学习中时时刻刻用心就会发现独一无二的小技巧。

【例题 5-5】3.2gCH_4 完全燃烧通过足量 Na_2O_2，充分反应后过氧化钠增重的质量为多少？

正规的计算过程为：

（1）根据质量公式计算 $n(CH_4) = \dfrac{3.2g}{(12 \times 1 + 1 \times 4)g/mol} = 0.2$ mol CH_4

（2）写出燃烧方程式并根据比例关系确定生成产物的量：

$$CH_4 + 2O_2 \xrightarrow{\text{点燃}} CO_2 + 2H_2O$$

根据方程式可知生成 CO_2 为 0.2mol，生成 H_2O 为 0.4mol。

（3）写出二氧化碳、水分别与过氧化钠反应的方程式并计算增重。

$$2Na_2O_2 + 2H_2O = 4NaOH + O_2\uparrow \text{ 增重[4g]}$$
$$2Na_2O_2 + 2CO_2 = 2Na_2CO_3 + O_2 \text{ 增重[56g]}$$

增重部分计算为生成物中固体分子量减去反应物中的固体分子量。

过氧化钠与水反应的增重为 $M(NaOH) \times 4 - M(Na_2O_2) \times 2 = 4$。

过氧化钠与二氧化碳反应增重为 $M(Na_2CO_3) \times 2 - M(Na_2O_2) \times 2 = 56$。

(4) 根据数学运算关系有

0.4mol 水与足量过氧化钠增重为 xg，则 $\dfrac{2\text{mol }H_2O}{\text{增重 }4\text{g}} = \dfrac{0.4\text{mol }H_2O}{\text{增重 }x\text{g}}$，增重质量为 0.8g。

0.2mol 二氧化碳与足量过氧化钠增重为 xg，则 $\dfrac{2\text{mol }CO_2}{\text{增重 }56\text{g}} = \dfrac{0.2\text{mol }CO_2}{\text{增重 }x\text{g}}$，增重质量为 5.6g。

最终确定增重总质量为 6.4g。

本题大量且反复应用到质量计算公式，但其难点并非源于计算，而是在于方程式书写及比例关系的确定。

类似的问题都可以通过这样表面看非常笨拙的方法将所有的数值转化为"mol"再进行计算，尽管可能初期耗费的时间较多，但随着熟练度的增加，做题速度与准确率都会迅速提升。

这里介绍一个小技巧，也是通过反复规范且笨拙计算后得到的经验技巧。

对比水与过氧化钠的反应物与生成物，可以得知过氧化钠只能吸收水中的氢元素，而二氧化碳与过氧化钠反应的反应物与生成物对比可以看出过氧化钠等效于只能够吸收二氧化碳中"CO"部分。

因此 CH_4 先燃烧生成 CO_2 与 H_2O，将产物通过过氧化钠，过氧化钠只吸收了水中的氢元素和 CO_2 中的"CO"部分。对比 CH_4 与被吸收部分为"CO"与氢元素，因此增重部分为 CH_4 加上与 C 等量的 O。也就是 1 个 CH_4 完全燃烧后通过足量过氧化钠，过氧化钠增重为 1 个 CH_4 的质量加上一个 O 的质量。

因此只需要计算出 3.2g CH_4 为 0.2mol，就可以计算出过氧化钠增重为 mg，则

$$0.2\text{mol} = \dfrac{m\text{g}}{[12 \times 1 + 1 \times 4 + 16]\text{g/mol}}$$

计算结果增重的质量为 6.4g。这里没有用到质量公式的变形公式 $m = n \times M$ 是因为遵循最简单、最朴素、最核心的方法就是最有效的方法原则，利用最基本的公式有利于对核心概念熟练度的增强。

利用上面的方法可知 ag H_2 完全燃烧通过足量过氧化钠，过氧化钠增重就是 ag。只要组成符合 $(H)_m(CO)_n$ 结构的 ag 物质完全燃烧通过足量过氧化钠，增重质量都是 ag。这类物质包括 H_2、CO、HCHO、CH_3COOH、$C_6H_{12}O_6$ 等。

组成符合 $(H)_m(CO)_n(O)_p$ 结构的 ag 物质完全燃烧通过足量过氧化钠，增重质量都小于 ag。这类问题一般只判断与 ag 比较的问题，即使真正计算也可以轻松解决。如 ag HCOOH 完全燃烧通过足量过氧化钠，先计算出 HCOOH 的物质的量：

$$n = \dfrac{a\text{g}}{(12 \times 1 + 1 \times 2 + 16 \times 2)\text{g/mol}} = \dfrac{a}{46}\text{mol HCOOH}$$

增重为 mg，则 $\dfrac{a}{46}\text{mol} = \dfrac{m\text{g}}{[46-16]\text{g/mol}}$

另外一组类似的就不举例计算了。

总之，质量计算公式与个数计算公式本身并不存在难度，就是列公式的问题，真正的难度在于与其他知识点的结合。

5.1.2 气体体积计算公式

个数计算公式、质量计算公式适用于三态体系。而气体体积计算公式仅适用于气态体系，也就是说所求的目标微粒必须为气态。

物质所占体积大小取决于三个因素：粒子数目、粒子本身大小、粒子间隔。

粒子的数目确定时，影响体积因素主要就是粒子大小和粒子间距。

对于固体物质，因其紧密堆积，导致粒子间距远小于粒子半径，因此固态物质的体积主要取决于粒子大小。

对于液态物质，粒子间距离较大，但不能忽略微粒本身大小的影响。多数溶液加热因微粒间距离扩大而导致总体积增大，从而使密度减小，正是微粒间距离对液态体系体积影响的实证。对液态体系加压可以缩小总体积，进而使其密度增大，但液态体系无法无限压缩，甚至加压到一定程度，可以使液态体系直接转化为固态体系，这也是微观粒子大小本身对体积影响的实例。

总体来说，对于固态或液态体系中微观粒子的计算，通过初中就已经学过的密度计算结合个数公式与质量公式更合理。

气态体系粒子间的距离大，完全可以忽略微观粒子本身大小对体积的影响。将微观粒子本身大小忽略，只作为一个刚性质点就是所谓的理想气体。

通过实验得出结论，理想气体粒子间距离受到温度和压强，这两个因素共同影响。将这样的实验结果以公式形式进行表述如下：

$$pV = nRT$$

公式中 p 代表气体的压强；V 代表体积；n 代表气体的物质的量；R 为常数，也就是高中不用管具体数值的一个数；T 为温度。

该公式叫作理想气体公式，也可以叫作阿伏加德罗定律。恒温恒容条件下若由两种气体 A、B 组成的混合体系有：

$p_A V = n_A RT$；$p_B V = n_B RT$；$p_{(A+B)} V = n_{(A+B)} RT$

p_A、p_B 称为分压，$p_{(A+B)}$ 称为总压。这就是分压定律的体现。但高中阶段的运用并非这个方向，而是利用理想气体的变形公式推导出几个重要应用。

变形公式为 $\dfrac{p_1 V_1}{p_2 V_2} = \dfrac{n_1}{n_2} \dfrac{RT_1}{RT_2}$

同温同体积条件有 $\dfrac{p_1}{p_2} = \dfrac{n_1}{n_2}$，也就是气体的压强与物质的量成正比。生活中纸箱中玩命地向里面塞入东西最终将纸箱涨破的情形与这个原理类似。

同温同压条件 $\Rightarrow \dfrac{V_1}{V_2} = \dfrac{n_1}{n_2}$

同温同压条件 $\Rightarrow \dfrac{V_1}{V_2} = \dfrac{n_1}{n_2} \Rightarrow \dfrac{\dfrac{m_1}{\rho_1}}{\dfrac{m_2}{\rho_2}} = \dfrac{\dfrac{m_1}{M_1}}{\dfrac{m_2}{M_2}} \Rightarrow \dfrac{\rho_2}{\rho_1} = \dfrac{M_2}{M_1}$

当气体的分子数确定时，压强增大，气体的体积减小；温度升高，气体的体积增大。因此针对相同分子数的气体，在不同压强或温度条件下测定的体积值各不相同。

化学中规定将 0℃，101kPa 作为标准的条件（标准状况）。

标准状况下，测定 1mol 任何气体的体积都约为 22.4L；而在 25℃，101kPa（常温、常压）条件下，1mol 任何气体的体积都约为 25.7L。

参照摩尔质量的定义。摩尔体积定义为一摩尔气体所具有的体积。这里一定要区分好高中阶段所说的摩尔体积，实际是指标准状况下的摩尔体积而非常温常压下的摩尔体积。

摩尔体积的符号为 V_m，单位为升/摩尔，符号为 L/mol。

$$n = \frac{V}{V_m}$$

该公式只适用于标况下的气体体积计算。水、三氧化硫、氟化氢、二氯甲烷、三氯甲烷、四氯甲烷、碳数多于 4 的烷烃、苯及其同系物、醇、醛、酸、酯、酚等有机物与无机物标况下非气态不能应用该公式。

【例题 5-6】N_A 代表阿伏加德罗常数，下列说法正确的是（　　）。

A. 2240mL 的 CCl_4 含有 Cl 原子数为 $0.4N_A$

B. 6.4g 金属 Cu 与 0.2mol 浓硫酸反应生成标况下气体 2.24L

C. 28g N_2 与 CO 混合气体中所含的原子数为 $2N_A$

D. 46g NO_2 与 N_2O_4 混合气体中含有的分子数为 N_A

A 选项的判断仍然采用最基础、最核心的方法即将数值转化为"mol"再进行判断

$$n = \frac{V}{V_m} = \frac{2.24L}{22.4L/mol} = 0.1mol\ CCl_4$$

可以判断 Cl 原子数应该为 0.4mol 即 $0.4N_A$。对本选项判断的难度确实就是在化学计算本身，运用体积计算的公式其前提是标况下的气体，而该选项既没有说明是标况，同时 CCl_4 也非气体，不能运用体积公式计算出 CCl_4 的量，更加无从判断其中 Cl 的量。

B 选项判断：

根据质量公式 $n = \frac{m}{M} = \frac{6.4g}{64g/mol} = 0.1mol\ Cu$

再根据反应方程式 $Cu + 2H_2SO_4 \xrightarrow{\triangle} CuSO_4 + SO_2\uparrow + 2H_2O$

由反应方程式可以确定生成二氧化硫气体的量为 0.1mol。

再代入体积公式计算 $0.1mol\ SO_2 = \frac{VL}{22.4L/mol}$，生成产物为气体且确实为标况，因此表面上看这个计算数值正确。

本选项的难点不在化学计算的公式运用上，也不在于方程式的书写与配平。因反应进行浓硫酸消耗导致溶液的浓度减小，当浓硫酸变为稀硫酸后反应无法发生，因此铜与硫酸都不能够完全消耗。难点就是对反应过程的分析。

C 选项最基础的做法就是设未知数，假设混合气体中 N_2 为 x mol，CO 为 y mol。

根据题意可以列出：$\begin{cases} 28xg + 28yg = 28g \\ 2x + 2y = 原子数 \end{cases}$

根据第一个方程式可知 $x + y = 1$，代入第二个方程式求得原子数目为 2mol 即 $2N_A$。

D 选项同样假设 NO_2 为 x mol，N_2O_4 为 y mol。

根据题意有：$\begin{cases} 46xg + 92yg = 46g \\ 所求分子数 = x + y \end{cases}$

无法解出方程式。

经乙判断本题答案为 C。

C、D 选项也可以通过极限假设的方法进行判断。C 选项若混合气体全为 N_2，根据质量计算公式求得其物质的量为 1mol，再确定所求微粒为原子，因此原子数为 2mol 即 $2N_A$；若混合气体全为 CO，根据质量计算公式求得其物质的量为 1mol，则原子数为 2mol 即 $2N_A$。因此混合气体中所含的原子数目最大值与最小值相同即为确定值。

D 选项同样采取极限假设法。混合气体全为 NO_2，根据质量计算公式求得其物质的量为 1mol，则分子数为 1mol 即 $1N_A$；若混合气体全为 N_2O_4，根据质量计算公式求得其物质的量为 0.5mol，则分子数为 0.5mol 即 $0.5N_A$。混合气体中含有的分子总数最大值为 $1N_A$，最小值为 $0.5N_A$，因此混合气体中分子数是介于 0.5mol 至 1mol 之间的不确定值。

下面的小技巧同样嘱咐千万不要过度重视，不要喧宾夺主。

NO_2 与 N_2O_4 混合气体的特点是两者有相同的最简式，N_2O_4 可以看作 $(NO_2)_2$。根据质量计算公式知 46g 混合气体中含有 NO_2 为 1mol，若这部分 NO_2 全部为 NO_2 则混合气体的分子总数为 1mol 即 $1N_A$，若全为 N_2O_4 则混合气体的分子总数为 0.5mol。因此混合气体中的分子总数无法确定。类似的 C_2H_4 与 C_3H_6 类混合气体的计算与 D 选项问题一致，但审题时必须注意题干，问分子数时错误，但问到原子总数或某原子数目则是可以确定的确定值。

初学化学计算因为引入了物质的量，这个新的计量标准，对其理解不清楚很容易造成学习困难。后期运用计算公式最容易出现的问题是没有依据公式计算，最终导致做题时傻傻分不清所求的微粒究竟是哪个，并且不去关注气体体积公式的使用条件而觉得计算题非常乱。

化学计算中一条暗线就是一直利用元素的守恒思想，无论如何反应如何转换，从原子角度看，原子是化学变化中的最小微粒，反应前后原子的数目不会改变，始终遵循守恒的原则。

5.2 浓度计算的比例关系法

物质的量的计算就是用一种新的标准统一计算过程，使得化学反应过程的研究得以定量化。在计算过程中遵循"单位为核心、mol 为桥梁、定位要准确"的步骤体现反应中的守恒思想。

对于固态、液态、气态的纯体系可以使用各类计算公式，针对溶液这类混合体系该如何定量进行分析？这就需要借助一个新的计算公式了。

5.2.1 浓度计算公式

溶解在单位体积内的溶质越多，单位体积内溶质的粒子个数越多，其质量也就越大。因为是混合体系，溶质均匀分散在溶剂水的空隙之间，称量质量就很难实现，但可以通过计算个数的方式得到解决。个数的计量方案是物质的量，因此可以用单位体积内溶液中的溶质的物质的量的多少来衡量溶质的多少，这就是溶质的物质的量的浓度，其符号为 c，单位为摩尔/升，符号为 mol/L。

对于溶液体系的计算公式即为溶质的物质的量的浓度公式

$$n_B = c_B \times V$$

公式中 c_B 表示具体某微粒的浓度，n_B 表示物质的量，V 表示溶液的体积，溶液为液态体系，注意这个 V 与体积计算中的 V 所使用的符号相同容易造成计算的混乱。

利用公式计算时同样需要注意所求的粒子是什么，并要注意浓度计算的前提是物质能够均匀分散，如固体在溶液中没有均匀分散，因此没有浓度。

【例题5-7】下列溶液中，氯离子的物质的量浓度与50mL 1mol/L 氯化铝溶液中氯离子的物质的量浓度相等的是（　　）。

A. 150mL 1mol/L 氯化钠溶液　　B. 75mL 2mol/L 氯化钙溶液
C. 150mL 3mol/L 氯化钾溶液　　D. 50mL 3mol/L 氯化镁溶液

这个例题的答案为 C。

浓度代表的是单位体积内所求粒子的多少，与溶液多少无关。为了更加直观了解浓度的意义，以选项 D 为例进行说明基本计算过程：

$$n = c(MgCl_2) \times V = 3mol/L \times 0.05L = 0.15mol/L\ MgCl_2$$

由此知溶液中含有的 Cl^- 的量为 0.3mol。

再次根据浓度公式计算有 $0.3mol = c(Cl^-) \times 0.05L$，

计算得 Cl^- 浓度为 6mol/L。

经过以上计算再次强调：浓度与溶液多少是两个不同的问题。

同样给出关于这类问题的小技巧：根据物质组成比例判断。

A 选项 1mol/L NaCl 中 Cl^- 浓度为 $1mol/L \times 1 = 1mol/L$

B 选项 2mol/L $CaCl_2$ 中 Cl^- 浓度为 $2mol/L \times 2 = 4mol/L$

C 选项 3mol/L KCl 中 Cl^- 浓度为 $3mol/L \times 1 = 3mol/L$

D 选项 3mol/L $MgCl_2$ 中 Cl^- 浓度为 $3mol/L \times 2 = 6mol/L$

【例题5-8】将标准状况下 aL HCl 气体溶于 1 000g 水中，得到的盐酸密度为 bg/mL，则该盐酸的物质的量浓度为（　　）。

A. $n = c \times V$ mol/L　　　　B. $\dfrac{ab}{22\ 400}$ mol/L

C. $\dfrac{ab}{22\ 400 + 36.5a}$ mol/L　　D. $\dfrac{1\ 000ab}{22\ 400 + 36.5a}$ mol/L

（1）根据体积计算公式确定 HCl 的量：

$$n = \frac{V}{V_m} = \frac{a\text{L}}{22.4\text{L/mol}} = \frac{a}{22.4}\text{mol HCl}$$

（2）根据质量公式计算出 HCl 质量：

$$n = \frac{m}{M},\ \therefore \frac{a}{22.4}\text{mol} = \frac{m_{HCl}}{36.5\text{g/mol}}\ \therefore m_{HCl} = \frac{36.5a}{22.4}\text{g}$$

（3）根据密度计算公式有：

$$\rho = \frac{m_{溶液}}{V_{溶液}} = \frac{m_{HCl} + m_{H_2O}}{V_{溶液}},\ \therefore b\text{g/mL} = \frac{\frac{36.5a}{22.4}\text{g} + 1\ 000\text{g}}{V_{溶液}}$$

$$\therefore V_{溶液} = \frac{\frac{36.5a}{22.4}\text{g} + 1\ 000\text{g}}{b\text{g/mL}}$$

（4）根据浓度计算公式有：$n = c_{HCl} \times V$，

$$\therefore \frac{a}{22.4}\text{mol} = c(\text{HCl}) \times V_{溶液} \Rightarrow \frac{a}{22.4}\text{mol} = c(\text{HCl}) \times \left(\frac{\frac{36.5a}{22.4} + 1\,000}{b} \times 10^{-3}\text{L}\right)$$

(5) 最终整理得：

$$c(\text{HCl}) = \frac{a}{22.4} \times \frac{b}{\frac{36.5a}{22.4} + 1\,000} \times 10^3, \quad \therefore c(\text{HCl}) = \frac{1\,000ab}{36.5a + 2\,240}\text{mol/L}.$$

尽管计算过程表面非常烦琐，还是强调艾氏学习法的就是抓住核心、重视分析过程而不是简单记忆，这样的训练不仅是提升做题熟练度的要求，更是培养学习过程中耐力与毅力的很好训练方法。

同样这个问题给出计算的小技巧。

$$c = \frac{n}{V} \Rightarrow c = \frac{\left(\frac{m_{质}}{M}\right)\text{mol}}{\left(\frac{m_{液}}{\rho}\right) \times 10^{-3}\text{L}} \Rightarrow c = \frac{\left(\frac{m_{液} \times \omega}{M}\right)\text{mol}}{\left(\frac{m_{液}}{\rho}\right) \times 10^{-3}\text{L}} \quad (\omega\ 质量分数 = \frac{m_{质}}{m_{液}})$$

$$\Rightarrow c = \frac{1\,000\rho\omega}{M}\text{mol/L}$$

最终，再明确下浓度的含义。

$x\,\text{mol/L}\ \text{Na}_2\text{SO}_4$ 的意义为 1L 溶液体系中含有 x mol 的 Na_2SO_4。由此知 1L 溶液中含有 Na^+ 为 $2x$ mol，硫酸根为 x mol。通过这样的分析过程可以联立质量公式进而求出溶液中粒子的质量，同时也说明前文中提到的浓度与物质组成比例的关系问题。但需要强调的是这里所说的体积是溶液的体积而不是水的体积，尽管 1L 溶液与 1L 水的体积几乎相同，但进行精确的溶液配制时这两个体积不能简单代替。

5.2.2 配置一定浓度的溶液

以配制 480mL，0.2mol/L 溶液为例进行说明。

实验室中保存的 NaOH 溶液因不可避免地会接触到空气，因此必然会有变质现象出现。

$$2\text{NaOH} + \text{CO}_2 =\!=\!= \text{Na}_2\text{CO}_3 + \text{H}_2\text{O}$$

因此实验室进行精确的性质研究实验或进行滴定实验必须重新配制溶液。类似的有浓硫酸因具有吸水性，可以吸收空气中的水蒸气，故而久置浓度减小（等效于增加溶剂）；而浓硝酸与浓盐酸类的易挥发性物质因挥发性等效于减小溶质因此久置也会出现浓度减小的情况；不稳定性的氯水久置因为分解也会造成溶液浓度的减小；碱性药品因与溶液中二氧化碳反应而变质也会造成溶液浓度的改变。总之因为无法避免接触空气再加上久置，实验室中保存的溶液很难找到与标签相符的，因此进行标准实验时必须重新配制溶液；因为溶液无法避免接触空气，因此对溶液进行离子检验时才经常考虑到碳酸根的干扰而不去强求其他阴离子的干扰。

配制溶液时必须用到专业的仪器：容量瓶。容量瓶有三个重要的要求必须注意：刻度线不在瓶口而是距离瓶口有一段距离便于后期的摇匀操作，因此容量瓶不能够装满溶液，终点的确定以刻度线为标准；瓶身处有温度标识，容量瓶使用必须严格按照温度要求，不能用热溶液或冷溶液配制以避免热胀冷缩引起的误差；有规格要求，高中常用的容量瓶一般有 1 000mL、500mL、250mL、100mL、50mL 等规格，专业的实验室还有其他规格的容量瓶，但绝对不会有 473.173mL 的容量瓶，这主要是生产工厂是不会为了搞笑而生产的，因此配制溶液时必须以容量瓶规格为准。

回到配制 480mL，0.2mol/L 溶液的研究中：

（1）计算所需要的固体 NaOH 的质量

$$n = c \times V = 0.2\text{mol/L} \times 0.5\text{L} = 0.1\text{mol NaOH}$$

$$0.1\text{mol} = \frac{m}{M} = \frac{m\text{g}}{40\text{g/mol}}, \therefore m = 4.0\text{g NaOH}。$$

计算所需氢氧化钠的物质的量时，因实验室没有 480mL 的容量瓶，所以选择容量瓶规格中接近且略大的作为配制标准，因此计算时溶液体积是以容量瓶的规格为标准计算的，最终配制好溶液再取出 480mL。

托盘天平的精确值为 0.1g，因此计算的质量表示为 4.0g 不能写作 4.00g。因氢氧化钠具有潮解作用。因此必须放在烧杯中称量而不能简单地垫纸称量。

硫酸因实验室没有固体形式，只能通过用量筒称量一定体积一定浓度的浓硫酸作为原料来源。

（2）烧杯溶解并移液

固体或浓溶液遇水往往有热变化，因此配制一定浓度溶液时，溶解过程必须在烧杯中完成，待恢复室温时再将溶液转移到容量瓶中。

典型遇水放热的有：NaOH 固体及其浓溶液、浓硫酸、生石灰、碳酸钠固体等。典型遇水吸热的有：硝酸铵。

溶解过程为了加速溶解需要用玻璃棒搅拌。

溶解后的溶液恢复室温后用玻璃棒在刻度线下引流到容量瓶。必须刻度线下引流以避免因刻度线上沾有溶液最终导致定容时等效于溶液中多加入水而造成溶液被稀释而浓度偏小。

（3）多次洗涤并移液

溶解和移液过程中烧杯内壁与玻璃棒都会附着溶液，这部分溶液最终没有转移到容量瓶则会导致最终定容后等效于少加了溶质而使溶液浓度偏低。

实验中一般洗涤烧杯与玻璃棒 2~3 次并移液才能认定洗涤干净，即使仍然会有极其微量的溶液附着在烧杯和玻璃棒上但对最终的浓度影响完全可以忽略不计。

（4）定容

多次洗涤移液后先大量加入蒸馏水直至距离容量瓶刻度线 1~2cm 处，改用胶头滴管逐滴滴入定容。

所谓定容就是逐滴滴入蒸馏水直至刻度线，以防止因水的多加引起溶液总体积超过容量瓶规格造成所配溶液浓度偏低的情况。一旦出现溶液超过刻度线的情况必须重新配制溶液而不能简单地将超过刻度线的溶液用胶头滴管吸出，因为这样表面溶液体积恢复了要求，但吸出部分包含溶质和溶剂则必然造成溶质减少而使配制溶液浓度偏低的情况。

（5）摇匀转移

必须先定容后摇匀。先摇匀会因为刻度线上沾有溶液后定容等效于多加水而稀释溶液造成所配溶液浓度偏低的情况。

溶解并非瞬间完成，就像一滴墨水滴入水中，扩散是需要过程的。因此用容量瓶配制溶液最早移液的相对较浓的溶液在下层，多次洗涤并移液的较稀的溶液在中间层，最后加水并定容的稀溶液在最上层。摇匀过程也是加快溶液混合扩散过程，使溶液更快达到均一稳定状态。

摇匀后的溶液需要转移到试剂瓶，贴上标签待用。毕竟容量瓶的作用是配溶液，不能越权去保存溶液。

如果是配制一定质量分数的溶液则要更加简单，只需要称量一定质量的溶质，并用量筒称量一定体积的水直接混合搅拌即可。

【例题 5-9】实验室里需要 480mL 0.1mol/L 的硫酸铜溶液，现选取 500mL 容量瓶进行配制，以下操作正确的是（　　）。

A. 称取 7.68g 硫酸铜，加入 500mL 水　　B. 称取 12.0g 胆矾配成 500mL 溶液
C. 称取 8.0g 硫酸铜，加入 500mL 水　　D. 称取 12.5g 胆矾配成 500mL 溶液

【答案】D

本题主要集中在对容量瓶规格及胆矾化学式认识的知识点上。

实验室中没有 480mL 容量瓶，因此计算标准应选取规格接近的 500mL 容量瓶。

因此计算所需硫酸铜的量为 $n(CuSO_4) = c \times V = 0.1mol/L \times 0.5L = 0.05mol\ CuSO_4$

利用质量公式计算所需固体的质量

$$n = \frac{m}{M}, \therefore 0.05mol = \frac{mg}{M(CuSO_4)} = \frac{mg}{160g/mol} \Rightarrow m = 8g$$

$$n = \frac{m}{M}, \therefore 0.05mol = \frac{mg}{M(CuSO_4 \cdot 5H_2O)} = \frac{mg}{250g/mol} \Rightarrow m = 12.5g$$

因此，需取用 8g $CuSO_4$ 或 12.5g $CuSO_4 \cdot 5H_2O$ 先溶解，恢复室温移液到容量瓶，再多次洗涤并移液到容量瓶，定容摇匀后取用 480mL 溶液。

本题也可以利用配制溶液的精操作过程中 1L 水与 1L 溶液体积不同这个点，直接排除 A、C 选项，再进行判断。

第六章　物质分类的方法的难点是标准

如果按照学历划分优秀老师与普通老师，我只能算是普通老师；如果按照相貌划分优秀老师与普通老师，我只能属于早被开除的老师；如果以身高 172cm 划分优秀老师和普通老师，这就有意思了，我不是优秀老师也不是普通老师，只能属于剩下的那批特殊的一类人简称"剩人"。我还是我，从未被世界的风云变化改变过，但却被标准划分弄得哭笑不得。

学习物质分类的最大困难点就在于学习过程中的舍本逐末：未研究明白划分标准就急于给化学物质贴上氧化物、电解质、强电解质等概念标签。

艾氏学习法就是抓住核心的分类标准、重分析过程、轻简单记忆，最终能够有效学习并培养持续的学习能力。

6.1　氧化物的分类

初中就开始接触氧化物。在正式讲解这个问题前，先做两个问题的辨析。

氧化物的定义是两种元素构成，其中一种是氧。这个定义在高中的学习中受到了一些极端案例的挑战：Na_2O_2 和 F_2O_3 这两个物质也是只由两种元素构成，其中一种元素是氧，理论上讲应该也属于氧化物啊！

Na_2O_2 中氧元素的价态为 −1 价，与绝大多数的氧化物都不相同，因此经常把这样的

氧化物单独提出来称为过氧化物。F_2O_3这个物质更加过分，F是整个元素周期表中非金属最强的元素，与氧结合生成的化合物，氧元素的价态居然成了正价，因此这个物质的争议非常大，往往单独提出来称作氟化物。

辨析的问题一就是高中所说的氧化物的分类实际是对狭义上的氧化物进行分类。高中的氧化物概念实际是两种元素构成，其中一种是-2价的氧。

辨析的问题二是将氧化物的概念扩大。参照氧化物的定义，两种元素构成，其中一种元素是氢的就可以叫作氢化物；两种元素构成其中一种元素是氮的就可以叫作氮化物。这个问题的辨析就是希望大家能够掌握类比的方法，将自己的知识范围扩大。

狭义的氧化物进行分类的一个重要标准就是：另一元素的种类。金属元素与氧组成的氧化物叫作金属氧化物；非金属元素与氧组成的氧化物叫作非金属氧化物。这种分类方法比较简单直观，不用赘述。

狭义的氧化物，另外一个非常重要的分类标准是按照与酸、碱反应的产物进行判断。与酸反应只生成盐和水的氧化物叫作碱性氧化物；与碱反应只生成盐和水的氧化物叫作酸性氧化物。概念上理解并不难，关键字也很容易注意到是"只"。但把这种分类与上一种分类方法联系起来其难度立即增加。

$$Na_2O + 2HCl = 2NaCl + H_2O$$

氧化钠与酸反应只生成盐和水，因此氧化钠既属于金属氧化物，又是碱性氧化物。

$$2Na_2O_2 + 4HCl = 4NaCl + 2H_2O + O_2\uparrow$$

过氧化钠与酸反应生成盐和水外还有氧气的生成，因此不是碱性氧化物。狭义上过氧化钠中的氧为-1价，应归为过氧化物。

$$Al_2O_3 + 6HCl = 2AlCl_3 + 3H_2O$$
$$Al_2O_3 + 2NaOH = 2NaAlO_2 + H_2O$$

氧化铝既能够与酸反应只生成盐和水，又能够与碱反应只生成盐和水。氧化铝即属于酸性氧化物又属于碱性氧化物，因此氧化铝单独提出来叫作两性氧化物。从元素组成上看氧化铝又可以归类为金属氧化物。

由以上三个反应可以推论出：金属氧化物不一定是碱性氧化物，如过氧化钠（狭义上是过氧化物，不是氧化物）、氧化铝（特殊规定为两性氧化物）；但碱性氧化物一定是金属氧化物。

$$CO_2 + 2NaOH = Na_2CO_3 + H_2O$$

二氧化碳等非金属氧化物可以与碱反应只生成盐和水，属于酸性氧化物。但非所有的非金属氧化物都可以与碱反应，如CO、NO等。

得出结论非金属氧化物不一定是酸性氧化物。

过渡元素形成的金属氧化物尽管高中没有研究，但从$KMnO_4$的名称高锰酸钾，K_2CrO_4铬酸钾这类物质推测可以判断至少一部分过渡元素的金属氧化物是酸性氧化物如Mn_2O_7、CrO_3等。由此，酸性氧化物也不一定是非金属氧化物。

而CO、NO等非金属氧化物因为不能够与碱反应生成盐和水，因此可以被归类为不成盐氧化物。

判断氧化物的核心是分类的标准，但学习过程中永远不要放弃思考的权力。

记住一些典型物质可以解决掉基本的概念辨析，对于一些稍微陌生的物质可以通过构造的方法进行快速判断。

金属氧化物到底是不是碱性氧化物？可用"构造+脱水"的判断方法。

还是以 Na_2O、Na_2O_2 为例，再加上一个 Fe_2O_3 进行判断。

$\overset{+1}{Na_2}O$ 中+1 价钠结合 1 个 OH^- 形成电中性的碱 $NaOH$，之后不管这个碱是否真的能脱水，都让其脱水 $2NaOH - H_2O = Na_2O$，由此确认 Na_2O 是碱性氧化物，而 Na_2O_2 不是。

$\overset{+3}{Fe_2}O_3$ 中+3 价铁结合个 OH^- 形成电中性的碱 $Fe(OH)_3$，之后不管这个碱是否真的能脱水，都让其脱水 $2Fe(OH)_3 - 3H_2O = Fe_2O_3$，由此确认 Fe_2O_3 是碱性氧化物。

用同样的方法可以快速检验非金属氧化物与酸性氧化物之间的关系，这个判断比碱性氧化物判断更容易些，只需要加水判断就可以。

$CO_2 + H_2O \longrightarrow H_2CO_3$ 生成的酸是认识的碳酸，所以判断 CO_2 是酸性氧化物。

$SiO_2 + H_2O \longrightarrow H_2SiO_3$ 生成的酸是认识的硅酸，所以判断 SiO_2 是酸性氧化物，尽管 SiO_2 不能够与水直接生成对应的硅酸，但不影响 SiO_2 是酸性氧化物的事实。

$NO_2 + H_2O \longrightarrow H_2NO_3$ 生成的产物不是酸，所以判断 NO_2 不是酸性氧化物。

$Cl_2O + H_2O \longrightarrow 2HClO$ 生成的酸是认识的次氯酸，所以判断 Cl_2O 是酸性氧化物。

$P_2O_5 + H_2O \longrightarrow 2HPO_3 + H_2O \longrightarrow H_3PO_4$ 最终生成的酸是认识的磷酸，所以判断 P_2O_5 是酸性氧化物。

用这个技巧仍然无法解决 Al_2O_3 属于两性氧化物这个特例，所以艾氏学习法一直强调抓核心、重分析过程、轻简单记忆。

氧化物的分类按照组成元素可以分为金属氧化物与非金属氧化物；按照与酸、碱反应的产物可以分为碱性氧化物与酸性氧化物；按照存在状态甚至可以分为固态氧化物、液态氧化物与气态氧化物等。

如果组成元素更加复杂，我们则需要找到更加合适的分类标准对物质进行分类。比如依据导电性进行区分引出的电解质的分类问题。

6.2 电解质与导电的区分

每次与同学聚会都尴尬莫名，看着老同学们谈论着酱香型白酒如何醇厚、清香型白酒的醇正，我则一脸黑道地内心盘算：有什么区别啊？放久了就变酸，这是醇羟基的还原性所致，烹调时酒与醋混合因为生成酯而产生香味，但放多少呢？看心情吧！等量混合最好，不至于造成原料损失，可以提高原子利用率。但这些话在聚会场合说好像真的有点不合适。所谓术业有专攻吧！

而区分化学物质的最简单的办法就是要以化学角度的分类标准为核心，然后才是对具体物质进行分类。

6.2.1 酸、碱、盐的分类

研究电解质问题之前，很有必要梳理下关于酸、碱、盐的知识。

高中规定：在溶液中电离的阳离子全部是氢离子的化合物称作酸。但要注意做出这个定义的时候并没有对水进行考虑，水电离的阳离子全部是氢离子，阴离子全部为氢氧根离子，从广义角度讲水既是酸又是碱。但高中阶段规定水属于特殊化合物，不属于酸也不属于碱。

按照周期表原子序数的顺序开列出高中比较常见的酸有：H_2CO_3、CH_3COOH、HNO_3、HNO_2、HF、H_2SiO_3、H_3PO_4、H_2SO_4、H_2SO_3、H_2S、$HClO_4$、$HClO_3$、

HClO、HCl、HBr、HI 等。其中 HNO_2 与 $HClO_3$ 属于学习过程比较陌生、但比较容易考查的酸。这些酸如果再进行更加详细的区分，可以按照不同的标准分为不同的类别。

按照元素组成是否含有氧可以分为含氧酸和无氧酸。

按照能够电离出的氢离子个数可以区分为一元酸、二元酸和多元酸。需要注意的是 CH_3COOH 尽管含有 4 个氢元素，但只能电离出 1 个氢离子，属于一元酸，其原因与其有机结构相关。H_3PO_4 属于多元酸，不是常见的但需要简单了解的有 H_3PO_3（亚磷酸）按照结构分析实际属于二元酸，H_3PO_2（次磷酸）按照结构分析属于一元酸。

按照在溶液中能否完全电离出氢离子可以区分为强酸和弱酸。

按照得电子能力可以区分为强氧化性酸和一般氧化性酸。强氧化性酸主要有：浓硫酸、浓硝酸、稀硝酸和 HClO（次氯酸）。

按照加热或光照是否容易分解可以区分为稳定酸与不稳定的酸。不稳定的酸及其分解产物如下：

$$H_2CO_3 \rightleftharpoons H_2O + CO_2\uparrow$$

$$4HNO_3 \xrightarrow[\triangle]{光照} 4NO_2\uparrow + O_2\uparrow + 2H_2O$$（浓硝酸需要避光、棕色瓶冷暗处保存，久置呈现黄色的原因是分解生成 NO_2 气体溶于水）

$$3HNO_2 \rightleftharpoons HNO_3 + 2NO + H_2O$$（亚硝酸不稳定，只能存在稀且冷的溶液中）

$$H_2SO_3 \rightleftharpoons H_2O + SO_2\uparrow$$

$$H_2SiO_3 \rightleftharpoons H_2O + SiO_2$$

$$H_2S \xrightleftharpoons{\triangle} H_2 + S$$

$$2HClO \xrightleftharpoons{\triangle} 2HCl + O_2\uparrow$$（该反应常用于解释漂白粉失效的原因）

$$2HBr \xrightleftharpoons{\triangle} H_2 + Br_2$$

$$2HI \rightleftharpoons H_2 + I_2$$

按照是否具有挥发性可以分为挥发性酸和不挥发性酸。挥发性酸主要有：CH_3COOH、浓 HNO_3、HCl、HBr、HI 等。

按照溶解性可以区分为可溶酸和难溶酸。H_2SiO_3 是高中阶段唯一难溶性酸，其余的酸都易溶于水。

参照酸的定义，溶液中电离的阴离子只有氢氧根离子的称为碱。除了一水合氨（$NH_3 \cdot H_2O$）外都是金属形成的氢氧化物。

按照溶解性可以区分为可溶性与难溶性碱。高中阶段 KOH、NaOH、$Ba(OH)_2$、$Ca(OH)_2$ 这四个是可溶性的强碱，其余的碱除了一水合氨外都是难溶性的。

按照在溶液中能否完全电离出氢氧根离子可以区分为强碱与弱碱。KOH、NaOH、$Ba(OH)_2$、$Ca(OH)_2$ 外其余的碱都可以归为弱碱。

盐的定义是由金属阳离子或铵根与酸根或酸式酸根组成的化合物。这里可以用一个小技巧进行判断：不是酸、碱、氧化物的化合物都归为盐。当然这只是一个技巧不要用来代替定义。

按照溶解性可以区分为难溶性和可溶性盐。如果分得更细可以再单独区分出一类微溶的盐。难溶性的盐主要有 $BaSO_4$、$CaCO_3$、AgCl 等。

按照阴、阳离子种类的组成可以区分为硫酸盐、碳酸盐、钠盐等。如 Na_2CO_3 可以是碳酸盐，也可以说是钠盐。

按照阴、阳离子的组成方式可以区分为正盐、酸式盐、碱式盐。Na_2CO_3 属于正盐；$NaHCO_3$ 阳离子可以拆分为钠离子和氢离子两种共同与碳酸根组合成盐，归为酸式盐；$Cu_2(OH)_2CO_3$ 由铜离子与氢氧根离子、碳酸根离子共同组成的盐归为碱式盐。正盐如果再详细区分可以简单了解 $KAl(SO_4)_2$ 阳离子由非氢离子的两种金属阳离子和硫酸根共同组成，叫作复（合）盐。类似的复盐能够接触到的还有 $(NH_4)_2Fe(SO_4)_2$（硫酸亚铁铵）、$NH_4Fe(SO_4)_2$（硫酸铁铵）、$NH_4Al(SO_4)_2$（硫酸铝铵）等；$Cu_2Cl_2CO_3$ 由铜离子与两种酸根共同组成，称作混（合）盐。类似的混盐能够接触到的主要有 $CaCl_2O$，阳离子为钙离子阴离子是氯离子和次氯酸根。

6.2.2 电解质、非电解质及导电

根据艾氏学习法找到不同的标准就可以对物质进行不同的分类。

按照导电性的标准可以对酸、碱、盐氧化物这些化合物进行重新划分就有了电解质与非电解质的分类。

熔融或水溶液状态能够导电的化合物叫作电解质。熔融和水溶液状态都不能导电的化合物叫作非电解质。

对于电解质的划分有两个细节必须注意：其一就是这个划分针对的对象是化合物，因此单质既不是电解质也不是非电解质，混合物既不是电解质也不是非电解质；其二是电解质导电是有条件的即熔融或水溶液状态，电解质本身并不具有导电能力。

先从导电这个问题入手解决这个分类问题。物质为什么能够导电？

金属单质与部分非金属单质（石墨等）因存在自由移动的电子，因此具有导电性。化合物的导电原因是因为能够形成自由移动的离子。电解质研究的是化合物的分类，因此这个导电问题就可以直接抓住核心：形成能够自由移动的离子。

从导电问题入手分析，氯化钠是否具有导电性？是否属于电解质？

金属钠失去最外层电子形成钠离子与非金属氯最外层得到一个电子形成的氯离子结合生成氯化钠。因此氯化钠中是存在离子的，但是离子能否自由移动呢？

晶体的描述是有规则的几何构型、有固定的熔沸点。通过晶体的规定可知，晶体（固体）中的离子是规则排布的不能够自由移动，由此氯化钠并不能够导电。加热使氯化钠熔融，形成高温液态氯化钠，这一过程使粒子间的距离变大，原有的规则构型被打破粒子可以自由移动，且氯化钠中存在离子，满足了导电的条件。解析到这里参照定义可以判定氯化钠固体不导电，熔融状态能够导电是电解质。

将氯化钠加入水中，氯化钠晶体在水的作用下形成水合钠离子与水合氯离子

$$NaCl + xH_2O \longrightarrow Na(H_2O)_m^+ + Cl(H_2O)_n^-$$

这一过程的表述比较烦琐，在高中阶段可以简写为：

$$NaCl = Na^+ + Cl^- \text{（氯化钠的电离方程式）}$$

氯化钠加入水中在水的作用下形成水合钠离子和水合氯离子，存在离子，且溶液是液态体系可以自由移动，因此，氯化钠的水溶液的状态可以导电。

整合一下：氯化钠本身不能够导电，但熔融或水溶液状态存在自由移动的离子可以导电是电解质。但要注意氯化钠的水溶液是混合物不是电解质也不是非电解质。

将这个结论演绎出去，高中阶段金属形成的化合物因为存在离子，所以熔融或水溶液状态可以导电，属于电解质。

说明一：$AlCl_3$ 等少量金属化合物在形成过程中没有电子得失关系不存在离子，但在

水的作用下可以形成自由移动的离子（水合离子）。

说明二：K、Ca、Na等活泼金属与氧得失电子形成金属氧化物，熔融态可以导电，与水直接反应生成对应的碱，不存在水溶液状态；Mg及其后的金属与氧得失电子形成的金属氧化物熔融态可以导电，但不存在水溶液状态（高中阶段认为这些金属氧化物不与水反应且不溶于水）。

金属形成的化合物属于电解质，非金属形成的化合物是否一定是非电解质呢？

非金属形成的化合物因为没有电子得失的过程，不会形成离子，因此不具备导电能力。可以快速判断非金属化合物是非电解质。这样的判断是从离子角度进行区分，表面上十分简单合理，但忽略了一些特殊情况的处理。

（1）酸是电解质

HCl是非金属化合物，不存在离子。熔融状态尽管能够自由移动，但没有离子，所以不导电；水溶液中因为酸能够在水的作用下形成水合氢离子：

$$HCl + H_2O = H_3O^+ + Cl^-（H_3O^+：水合氢离子）$$

高中阶段简写为：$HCl = H^+ + Cl^-$

所以，HCl属于电解质。酸是高中比较特殊的一类物质，不存在离子，熔融态不能够导电，溶液中与水形成自由移动的水合氢离子与酸根可以导电，酸由此归为电解质。

（2）铵根（NH_4^+）属于离子，是电解质。熔融态一般不予研究（铵盐不稳定，受热易分解），水溶液状态可以形成自由移动的离子，能够导电。

同时也要注意CO_2这样的酸性氧化物，没有离子，熔融态不能够导电；水溶液中先与水生成H_2CO_3，碳酸在水中形成水合氢离子导电，能够导电的是碳酸而非CO_2，因此CO_2属于非电解质。

综上，电解质的快速判断方法为：含有金属或铵根、属于酸的纯净化合物属于电解质。

判断能否导电的方法：存在自由移动（熔融或水溶液状态）离子的可以导电。

6.2.3 关于电离方程式的书写

抓住核心：用方程式形式表述电解质形成自由移动离子的过程就是电离方程式。

重述下电解质的定义：熔融或水溶液状态能导电的化合物。由此，同一物质的电离方程式应该写出熔融和水溶液状态下的两个方程式。实际学习过程为了突出溶液中的反应，一般不做特殊说明只要求会写出溶液状态的电离方程式即可。

正因为学习过程过于强调溶液状态的电离方程式，导致两个疑问的产生：其一是对金属氧化物究竟是强电解质还是弱电解质的迷惑；其二是电离过程究竟是物理变化还是化学变化的迷惑。

先以H_2SO_4和H_2CO_3为例进行对比分析。因为这两个物质中都不含有金属或者铵根，因此本身不存在离子，所以熔融态不能够导电（不存在自由移动的离子），不存在电离方程式。

酸在水溶液中能够与水结合生成能够自由移动水合氢离子可以导电，因此两个酸只能写出水溶液状态的电离方程式。

H_2SO_4的第一步电离：$H_2SO_4 = H^+ + HSO_4^-$。H^+实际是水合氢离子H_3O^+，高中的电离方程式采用简写的形式。

H_2SO_4的第二步电离：$HSO_4^- = H^+ + SO_4^{2-}$。高中阶段认为硫酸的第二氢离子也可以完全电离，尽管与实际不符，但一直沿用至今，本节的硫酸第二步电离遵循教材原则认为完全进行，所以电离方程式中使用等号。因为溶液中最终不存在HSO_4^-，因此可以合并两步电离方程式得到总反应方程式：$H_2SO_4 = 2H^+ + SO_4^{2-}$。

H_2CO_3 的第一步电离：$H_2CO_3 \rightleftharpoons H^+ + HCO_3^-$。碳酸在溶液中不能够完全电离，只有很少的一部分能够电离为氢离子和碳酸氢根，其电离的程度约为 1% 左右。

H_2CO_3 的第二步电离：$HCO_3^- \rightleftharpoons H^+ + CO_3^{2-}$。碳酸的第二步电离更加微弱，约为第一步的 1% 左右。因此溶液中存在最多的是碳酸分子，其次是碳酸氢根，碳酸根的含量非常少。两步电离都不能完全进行，书写电离方程式必须使用可逆号，并且两步电离方程式不能合并。

硫酸这种在溶液中能够完全电离出阴、阳离子的电解质是强电解质；碳酸这种在溶液中部分电离的电解质是弱电解质。强弱电解质的区分的依据是溶液中的电离程度。

强电解质主要有：强酸、强碱及高中阶段除了特殊说明外的所有盐；

弱电解质主要有：弱酸（除去强酸外的酸）、弱碱（除去强碱外的碱）及水（高中阶段最弱的弱电解质）。

对强弱电解质的记忆可以指导电离方程式的书写，同时注意的是一般电离方程式书写只是要求溶液中的，对熔融态的电离方程式几乎不做要求。

电离方程式书写步骤：判断强弱电解质，选择方程式中使用等号还是可逆号，写全电离出的阴、阳离子。

HCl、H_2SO_3、NaOH、$NH_3 \cdot H_2O$、$NaHSO_4$、$NaHCO_3$、$KAl(SO_4)_2$、$BaSO_4$、Na_2O 这几个典型的电离方程式作为代表，可以代表高中阶段能够接触到的电离方程式书写的方方面面。

首先判断 HCl 是强酸，强电解质，所以电离方程式可以表述为：$HCl = H^+ + Cl^-$。产物中的氢离子实际是水合氢离子。

首先判断 H_2SO_3 是弱酸，弱电解质，所以电离方程式表述为：

第一步电离方程式：$H_2SO_3 \rightleftharpoons H^+ + HSO_3^-$

第二步电离方程式：$HSO_3^- \rightleftharpoons H^+ + SO_3^{2-}$

两步电离都是部分进行，不能够进行合并，注意多元弱酸的电离方程式必须分步写。

首先判断 NaOH 是强碱，强电解质，所以电离方程式可以表述为：$NaOH = Na^+ + OH^-$。

首先判断 $NH_3 \cdot H_2O$ 是弱碱，弱电解质，所以电离方程式表述为：$NH_3 \cdot H_2O \rightleftharpoons NH_4^+ + OH^-$。

首先判断 $NaHSO_4$ 属于盐，是强电解质，注意的是这个物质的电离方程式区分为熔融态与水溶液状态两种，可以说高中考查熔融态的电离方程式主要针对该物质。

熔融态电离方程式：$NaHSO_4 = Na^+ + HSO_4^-$。

水溶液中的第一步电离方程式：$NaHSO_4 = Na^+ + HSO_4^-$

水溶液中的第二步电离方程式：$HSO_4^- = H^+ + SO_4^{2-}$。水溶液中硫酸氢根离子的氢可以与水结合生成水合氢离子，高中阶段这个电离过程认为完全进行。

合并得到溶液状态的电离在总方程式为：$NaHSO_4 = Na^+ + H^+ + SO_4^{2-}$。

首先判断 $NaHCO_3$ 属于盐，是强电解质。

水溶液中的第一步电离方程式为：$NaHCO_3 = Na^+ + HCO_3^-$

水溶液中的第二步电离方程式为：$HCO_3^- \rightleftharpoons H^+ + CO_3^{2-}$。碳酸是弱酸，不能够完全电离，因此碳酸氢根的电离方程式必须用可逆号，且不能够与第一步电离方程式合并。

首先判断 $KAl(SO_4)_2$ 属于盐，是强电解质，水溶液中电离方程式为：

$$KAl(SO_4)_2 = K^+ + Al^{3+} + 2SO_4^{2-}$$

首先判断 $BaSO_4$ 属于盐，是强电解质，在溶液中能够完全电离出阴、阳离子。$BaSO_4$ 同时又是难溶性的盐，这个点对电离方程式的干扰非常大，以致书写电离方程式时容易出现错误。

$BaSO_4(s) \rightleftharpoons Ba^{2+}(aq) + SO_4^{2-}(aq)$，硫酸钡部分溶解在溶液中，该过程应该使用可逆号。

$BaSO_4(aq) = Ba^{2+} + SO_4^{2-}$，溶于溶液中的硫酸钡能够完全电离出阴、阳离子。

由此在离子共存的问题中才会强调钡离子与硫酸根在溶液中不能够大量共存，但不要错误地认为硫酸钡是弱电解质。

首先判断 Na_2O 是活泼金属氧化物，熔融态可以完全电离为钠离子与氧离子。但在溶液中氧化钠与水立即反应：$Na_2O + H_2O = 2NaOH$。氧化钠不存在溶液状态，更谈不上溶液中的电离方程式。因为教材版本不同对于氧化钠是否属于强电解质一直存在争议，只能归结为从熔融态的电离角度分析活泼金属氧化物是强电解质，从溶液角度分析因为金属氧化物不存溶液状态所以不分强弱电解质。

针对溶液状态（必须有溶液状态）的电离方程式可以小结一下：

金属阳离子与铵根可以完全电离，氢离子能否完全电离（溶液中生成水合氢离子）则需要结合酸根进行分析，强酸酸根结合的氢离子能够完全电离，弱酸酸根结合的氢离子不能够完全电离。

对水溶液的电离方程式掌握后就可以解决原来存在的争议即电离过程是物理变化还是化学变化？溶液中的电离过程是生成水合离子的过程，应该归类为化学变化。这也就能够理解为什么碳酸钠溶于水是个大量放热的过程了。尽管具体过程并不是很清楚，但这样的分析过程不仅解决了原有的疑惑更能为进一步学习提供一个可拓展的点。

$Na_2CO_3 = 2Na^+ + CO_3^{2-}$。碳酸钠在溶液中完全电离出钠离子和碳酸根，属于拆键的过程应该是吸热的过程，但因溶液中的电离实际是生成水合离子的放热过程，由此碳酸钠遇水才会释放出大量的热。

碳酸钠电离出钠离子与碳酸根离子，溶液中氢离子与氢氧根离子的来源仍然是水提供的，因为水的电离过程表述为：$H_2O \rightleftharpoons H^+ + OH^-$，因此该溶液应该呈现中性（pH=7）。但该溶液加入酚酞溶液呈现红色，说明溶液呈现碱性（pH＞7），这就要从弱电解质角度进行分析了。

6.2.4 盐类水解与溶液酸碱性初步

弱电解质的规定是在溶液中不能够完全电离的电解质。

不能够完全电离也可以换种说法就是弱电解质必须是能电离，必须是没有完全电离的电解质，也就是说弱电解质在溶液中弱电解质分子与其电离出的离子必须同时存在。

碳酸钠溶液由两部分构成：溶质碳酸钠与溶剂水。因此存在两个电离过程。

强电解质溶质的完全电离：$Na_2CO_3 = 2Na^+ + CO_3^{2-}$

高中阶段最弱的弱电解质水的极其微弱的电离：$H_2O \rightleftharpoons H^+ + OH^-$

溶质电离出的阴、阳离子分别与水电离出的氢离子、氢氧根离子结合可以得到强碱强电解质（溶液中只有离子，没有分子形式）$NaOH$ 和弱酸弱电解质 H_2CO_3（溶液中分子与离子必须共存）。因此，部分碳酸根与水电离的氢离子结合使溶液呈现碱性。

$$CO_3^{2-} + H_2O \rightleftharpoons HCO_3^- + OH^-$$
$$HCO_3^- + H_2O \rightleftharpoons H_2CO_3 + OH^-$$

上述过程叫作盐类的水解：盐电离的阴、阳离子与水电离的 H^+、OH^- 结合生成弱电解质的过程。

注意：

(1) 盐类水解过程结合生成多元弱酸必须分步写；

(2) 盐类水解是微弱的过程其程度不足 1%，因此产物中的碳酸含量过于少不能够分解形成二氧化碳离开溶液（同样生成难溶物过于少，无法沉淀，方程式中不用沉淀号）。

同理氯化铵溶液呈现酸性也是由盐类水解引起的。

强电解质溶质的完全电离：$NH_4Cl = NH_4^+ + Cl^-$

高中阶段最弱的弱电解质水的极其微弱的电离：$H_2O \rightleftharpoons H^+ + OH^-$

判断并写出铵根水解方程式为：$NH_4^+ + H_2O \rightleftharpoons NH_3 \cdot H_2O + H^+$

工业上清除铁锈但同时又要避免铁被过度腐蚀，选择氯化铵溶液就比选择盐酸更加令人安心。

酸与酸性溶液是两个不同的概念。酸的溶液是酸性的，其根源是酸电离出氢离子。盐溶液也可以呈现酸性，其根源在于盐电离的阳离子消耗水电离的氢氧根离子为主，最终引起溶液中的氢离子多于氢氧根离子而呈酸性。

高中阶段比较流行的判断技巧为：谁弱谁水解、越弱越水解、都弱都水解。这样的技巧确实很棒，但还是希望大家能够轻记忆，重视分析过程。毕竟面对陌生的化合物时很难快速确定其为强酸弱碱盐还是弱酸强碱盐或是弱酸弱碱盐。

通过上一节的学习掌握了强弱电解质的分类，然后根据强电解质所包括的具体物质可以推演出如下的技巧：

能够水解的阳离子有：除 K^+、Na^+、Ba^{2+}、Ca^{2+} 外其余阳离子。

能够水解的阴离子有：除 SO_4^{2-}、Cl^-、NO_3^-（还包括 Br^-、I^-、ClO_4^-）外的阴离子。

根据这两个总结就可以进行批处理了，如表 6-1 所示。

表 6-1 常见盐类的水解过程简明表

物质	能水解离子	水解过程消耗 H^+/OH^-	其溶液的酸碱性
Na_2CO_3	CO_3^{2-}	H^+	碱性
NH_4Cl	NH_4^+	OH^-	酸性
$MgCl_2$	Mg^{2+}	OH^-	酸性
CH_3COONa	CH_3COO^-	H^+	碱性
$FeCl_3$	Fe^{3+}	OH^-	酸性
Na_2S	S^{2-}	H^+	碱性
$AlCl_3$	Al^{3+}	OH^-	酸性
$NaCN$	CN^-	H^+	碱性
$KAl(SO_4)_2$	Al^{3+}	OH^-	酸性
$NaAlO_2$	AlO_2^-	H^+	碱性
$(NH_4)_2Fe(SO_4)_2$	NH_4^+、Fe^{2+}	OH^-、OH^-	酸性、酸性
CH_3COONH_4	CH_3COO^-、NH_4^+	H^+、OH^-	酸性、碱性

这里重申一下艾式学习法，首先确定一下，本书是针对高中学习及高考进行编写的，

尽管这个学习方法可以不受学习阶段限制，但我在展开说明时具体的着力点还是高中内容与考试。

抓核心。什么是核心？一方面是定理、定义；另一方面是学习和成长的过程。因此抓核心指的是适合学些阶段不同的定义和定理。应对高中学习其核心就是高中的定义、定理，如对于酸、碱的定义高中初级阶段就是电离出氢离子为酸，电离出氢氧根离子的为碱；应对竞赛阶段就应该用质子理论，能够结合氢离子的就是碱，能够结合氢氧根离子的就是酸；如果对于大学的化学研究，就应该是能够影响氢离子并使氢离子减少的就是碱，能够影响氢氧根离子并使氢氧根离子减少或相对使氢离子增多的就是酸。当然水平有限，更高层次实在无法描述。因此这个核心是与学习任务相对的。

注重过程分析。这个分析过程一定要小心，时时刻刻以该学习阶段的定义、定理为准，小心推进，当出现与现阶段学习任务的定义、定理冲突的先当作特例去归类，随着知识水平的增长，随着定义、定理的完善再逐步解决。分析过程一定要耐心，分析的对象尽量全面才能够总结出一些新的规律、方法、技巧并发现特例，为后期进一步学习找到突破点，促进自己的学习不断地螺旋式上升。分析过程一定要有平常心，分析对也好、错也好都没关系，每对一次就是对定义、定理的深入掌握一次，每错一次就是校正自己学习方法或发现新知识打破知识壁垒的好机会，每困惑一次就是思维训练的好机会。所以分析过程必须用心。

轻简单记忆。如前所述，定义、定理多数是有时效性的，至少高中学生应该知道初中时催化剂认定是不参与反应只改变反应速率的；高中阶段应该知道催化剂参与反应过程，将一个比较难以进行的反应分为多步，更加容易进行的反应而实现了对反应速率的加速；大学时更应该知道催化剂是如何将较难的反应转化为更加简单的、多步反应的，这个转化过程是否只是出现了新的分步反应，是否同时还有对原物质的结构影响在里面？简单记忆往往是别人思考的结果，别人的思考也许正确，也许不全面，只是简单记忆方法技巧到真正需要应用知识时往往很掣肘，因为这样的记忆你只能记住结果完全不知道为什么。

功利点说，高考是选拔性考试。高考一直用创新在解决选拔考试从形式到内容僵化的问题，以更加合理公平地选拔人才，姑且不论这种创新每年究竟有多少是真正的创新还是仅仅是流于表面的形式创新，但高考命题年年不同是共识。

由此简单记忆所谓的方法和技巧能解决一部分内容，能解决几乎所有考过的内容但对没有到来的自己高考未必适用。无论总结这些方法和技巧的是老师还是学霸，都是对着考过的内容进行总结，因此对做过的题十分适用，但每一次高考是新的，是对学生综合能力和学科素养的考查。

写到这里突然想起动画片《名侦探柯南》里的一句话："犯罪是创造的活动，而破案永远是解释的过程。"请一定要原谅我这里一个超级低级的文学错误——将一句自己臆造的和原文意思也许有点接近的话用了引号。因为常年不看电影电视和娱乐视频，所以对柯南的这个情境还是因为学生课间看手机视频时偶尔瞟了几眼记得有个情节是基德嘲笑柯南时说的一段话，这次之所以没有遵循理科原则：严谨，引用必须准确，实在是因为想通过这个现身说法的形式说下自己的想法。我的想法就是这段话作为核心引出的研究不是本文的内容，而仅仅是材料，是一个即使引用不准确也能完全服务于这段文字所要讨论的东西，所以还是抓核心、重用心分析、轻记忆吧。

6.3 核外电子变化与电子式

前面一直在利用金属活动顺序表进行反应分析。那么是什么决定了金属元素的活泼性呢？元素的性质可以从元素的组成结构上找到原因。

在对元素原子的性质了解基础上才能够对化合物电子的变化进而形成化学键的内容有更加深入的了解。

6.3.1 周期表中的第三种对比

高中阶段对元素的性质研究只要求掌握到最外层电子的变化这个层次上。而最外层电子的变化又与两个相互冲突的因素相关：原子半径、核内质子数。而过渡元素的原子构成比较复杂，高中阶段的研究重心仍然放在主族元素上。

1. 物质构成与元素的活泼性

保持化学性质的最小微粒是分子。化学变化中的最小微粒是原子。原子由位于核心的原子核和核外电子共同组成。原子核占原子体积的很小一部分但集中了原子几乎全部的质量，经常形象比喻为蚂蚁与足球场的差距，也可以用芝麻与大象的体积差距进行比喻。

正因为原子构成的特殊性，在化学反应中带有负电性质量可以忽略并且围绕原子核高速运转的电子通过得失或者共用关系使不同的原子相互结合生成形形色色的分子。

而位于原子核心由电中性的中子和正电性的质子共同组成的原子核尽管可以吸引电子，但因其体积过小，自身并不参与化学反应过程。原子核发生变化的过程在原子物理中进行详细描述，不是高中化学的任务。

原子核带有正电可以吸引核外高速运转的电子。核内的质子数越多原子核的正电性越强，核对电子的吸引能力越强，原子就越容易得到电子表现出非金属性（氧化性）；反之，核内质子数越少，原子核对电子吸引能力越弱，越难得电子，非金属性越弱（氧化性越弱），同时失电子能力增强，金属性增强（还原性增强）。这是影响原子化学性质的第一个因素，尽管原子核没有直接参与化学反应过程，但可以通过对电子的吸引间接影响化学反应过程。

因为高中化学仅仅研究最外层电子的变化，且最外层电子最终达到稀有气体结构（核外只有一个电子层，最外层达到 2 电子；核外有多个电子层，最外层达到 8 电子）形成稳定结构，就不再进行反应。由此，原子核外的电子层数越多，原子核距离最外层电子的距离（原子半径）越大其吸引能力越弱，原子就越难得到电子（越容易失去电子）；核外电子层数越少原子半径越小，原子核对最外层电子吸引能力越强，原子就越容易得到电子（越难失去电子）。

元素原子的性质由核内质子数与原子层数（原子半径）两个因素共同影响。

艾氏学习法强调抓核心，用心分析。学习这部分知识的小核心就是：元素原子得失电子能力与核内质子数和电子层数即原子半径这两个因素相关。如果是学习竞赛或者有更高要求的学生，很明显这个核心是值得商榷甚至应该改变的。

以周期表中第三周期（第三横行，11～18 号元素）为例。

11 号元素金属钠的核外有 3 个电子层，其电子数依次为 2、8、1。由此可以快速判断金属钠可以失去最外层的一个电子形成稀有气体 Ne（10 号元素）的结构，其最高正化合价就是 +1；也可以通过最外层再得到 7 个电子形成稀有气体 Ar（18 号元素）的结构，其最低负价为-7价。元素原子最外层电子数与元素可形成的最高正化合价和最低负化合价相关，称作价电子。因钠是金属元素，金属的特点是不能得到电子，通过价电子判断后可以得知金属钠最高正价为+1，不存在负价物质。

17号元素非金属氯的核外有3个电子层，其电子数依次为2、8、7。通过价电子的判断方法可知其最高正化合价为+7，最低负化合价为-1。氯是非金属元素可以出现负价情况。

从11~17号元素，核外电子层数相同原子半径几乎相同，核内质子数由左至右依次增加。综合两个因素共同影响，由左至右原子核对最外层电子吸引能力逐渐增强，得电子能力逐渐增强（失电子能力逐渐减弱）；非金属性逐渐增强（金属性逐渐减弱）；氧化性逐渐增强（还原性逐渐减弱）。由左至右原子核对最外层电子吸引逐渐增强同时也导致原子半径略微减小，这个影响在原子半径比较的内容中应用更加广泛。

这样的比较方法在层数相同的时候并不会造成太大的干扰。但是针对周期表中第一纵行（碱金属元素）进行分析就会发现，元素由上至下核内质子数逐渐增加，原子核对最外层电子吸引能力逐渐增强；同时随着层数增加、原子半径逐渐增大，原子核对最外层电子的吸引能力逐渐减弱。这就造成了两个影响因素的冲突，这也是判断元素性质的一个困扰点。

2. 利用周期表中元素的位置判断

原子核内的质子数和原子层数（原子半径）共同影响原子核对最外层电子的吸引能力。当层数增加时，半径的影响因素一般强于核内质子数增加的影响；层数相同时，尽管半径也会发生改变，但主要影响因素是核内的质子数多少。

可以借助金属与非金属分界区对元素进行区域划分。周期表中最后一列是稀有气体不参与比较。从分界区开始越靠近周期表左下方的元素失电子能力越强，金属性越强；越靠近右上方的元素得电子能力越强，非金属性越强。

周期表中最右上方的元素F就是得电子能力最强，非金属性最强的元素。可以由这个位置推论判断F_2O_3中F呈现负价，氧元素只能呈现正价。

O和Cl两个元素都位于右上方相同的区域，可以参照HClO中的元素价态判断O的非金属性强于Cl。这也佐证了当层数不同时，往往层数（原子半径）的影响大于质子数的影响。

周期表中最左下方的元素是金属Fr。但因为Fr具有放射性，常常有人认为最强的金属应该是Cs，这样的思考也比较合理。

Na与Ca位于分界区左下的相同区域，借助金属活动顺序表可知金属性Ca强于Na。同样佐证了层数的影响比质子数的影响更明显。

由此借助周期表的元素位置进行判断有：金属性判断遵循"左下下为主"；非金属性的判断遵循"右上上为主"的原则。周期表中越靠近左下区域的元素越容易失电子参与化学反应；越靠近右上方的元素越容易得到电子参与化学反应。这样容易得到或者失去电子的元素称作活泼元素，活泼元素集中在周期表的左下和右上的区域。位于分界区的元素得失电子能力都比较弱，发生化学反应相对都比较困难。

区域的划分可以直观并快速简单判断元素的性质，但要进行更加准确的判断则需要定量地研究。

3. 利用电负性的第三种判断方法

电负性作为衡量两个不同原子形成化学键时吸引电子能力的相对强弱标度可更加准确

地用于判断元素的活泼性，一些常见元素的电负性数值如下（测定方式不同，不同版本的电负性数值精确值会略有不同）：

氢 2.1

锂 1.0　　铍 1.57　　硼 2.04　　碳 2.55　　氮 3.04　　氧 3.44　　氟 4.0

钠 0.93　　镁 1.31　　铝 1.61　　硅 1.90　　磷 2.19　　硫 2.58　　氯 3.16

钾 0.82　　钙 1.00

锰 1.55　　铁 1.83　　镍 1.91　　铜 1.9　　锌 1.65

电负性数值 1.8 作为金属与非金属的分界标准。电负性小于 1.8 的元素一般是金属元素，其数值越小表示金属性越强，反应中越容易失去电子。所有的金属元素中 Li 可以作为一个参照标准，电负性数值小于 Li 的可以归为活泼金属。电负性大于 1.8 的一般是非金属元素，其电负性数值越大代表非金属性越强，反应中越容易得到电子。电负性最大的元素是 F，也是周期表中非金属性最强的元素。

电负性的一般变化规律是：同周期元素由左至右电负性逐渐增大；同主族元素由上至下电负性数值逐渐减小。

电负性接近 1.8 的元素兼具金属和非金属的共同性质。其中最为典型的是金属铝，其电负性为 1.61，是典型的两性元素，可以与强酸、强碱反应

$2Al + 6HCl == 2AlCl_3 + 3H_2\uparrow$；$2Al + 2NaOH + 2H_2O == 2NaAlO_2 + 3H_2\uparrow$

其余电负性接近 1.8 的元素尽管不是典型的两性元素，但都或多或少具有两性的潜质。金属铁的电负性 1.83，尽管高中并没有涉及其与碱的反应，但阻止不了实验室中用金属铁与熔融氢氧化钠可以得到铁酸钠（$NaFeO_2$）的事实。

本节选用的电负性表是鲍林根据大量实验数据得到的数值，综合参照了同一元素的多个反应，适用范围更加广泛。但正因为是参照大量实验得到的数据，对一些特殊性的适用就显示出局限性，如 NH_2Cl（氯胺）与水的反应。

$$NH_2Cl + H_2O == HClO + NH_3\uparrow$$

该反应不是氧化还原反应，氯胺中 N 的价态为 -3 价，Cl 的价态为 +1 价。这就与鲍林的电负性表产生了矛盾，究其原因尽管单独对比 N 与 Cl 的电负性应该是 N 的数值更大非金属性更强，但因氮气中含有稳定的氮氮三键使其性质稳定，因此综合数值上 Cl 的电负性更大。但氮与氯直接结合时，要注意氮的电负性强于氯，呈现负价。高中的特例很少，氯胺是最典型的一个。

电负性的用处不仅仅是判断元素的金属性和非金属性的强弱，更能简化化学键的判断。

6.3.2　电子式极速书写方式

任何元素原子最外层都有达到 8 电子稳定结构的要求。不同原子通过最外层电子的得失或共用达到 8 电子稳定结构进而形成形形色色的分子。电子式就是用"·"或"×"的符号表示原子最外层电子及其变化的表述形式。

书写电子式时因为细节要求比较多，因此书写时非常容易混淆。下面分组研究不同类型典型物质的电子式书写及要求。

1. 单个原子的电子式书写

电子式用来表示原子最外层电子及其变化，内层电子不管。单个原子没有发生化学变化，因此书写电子式时只需要注意"先四周、再成对"的原则即可。如第三周期元素原子

电子式的书写。

钠：Na·；镁：×Mg×；铝：·Al·

硅：·Si·；磷：·P×；硫：·S×；氯：·Cl×

单原子最外层电子可以用"·"，也可以用"×"表示，主要是为了更好区分形成化合物过程电子的来源，没有严格规定金属元素只能用"·"或"×"。

电子式表示原子最外层电子时，只能够在平面进行表述，只有上下左右四个位置可以书写，因此遵循"先四周、再成对"的原则。

2. 简单化合物的电子式书写

电子式的书写很多时候要依据一些典型电子式的记忆，比如书写 CS_2 的电子是就需要参照 CO_2 的电子式书写过程，这样还是无法避免大量的记忆。

采用电负性的判断方法可以快速提升电子式的书写速度，并且能够快速判断化学键及化合物的类型。

两个原子电负性相同形成的是非极性共价键，就如同拔河比赛中两个选手势均力敌一样；如果电负性差值较大，形成的就是极性共价键，就如同拔河比赛中一个人稍稍占上风，胜利的天平就会倾斜一样；电负性差值大于 1.7 形成的就是离子键，就如同拔河比赛完全不在一个重量级上的效果一样。

NaCl、HCl、$MgCl_2$、$BeCl_2$、Na_2O、CO_2、N_2 这类简单物质的电子式书写先找到电负性最大的那个元素作为电子式书写的核心

NaCl 中 Cl 的电负性大，先完成其电子式 ×Cl×，然后利用电负性表判断 Na 与 Cl 的电负性差值大于 1.7，Na 与 Cl 之间通过得失电子关系形成离子键，结合生成离子型化合物，因此只需要将钠原子的最外层电子去掉得到钠离子的电子式与氯原子得到一个电子形成的氯离子电子式放在一起就可以得到氯化钠的电子式为：$Na^+[:Cl:]^-$。

HCl 的电负性差值小于 1.7，两者通过极性共价键形式形成共价化合物。因为电负性大的 Cl 最外层缺少一个电子就达到 8 电子稳定结构，因此电负性小的 H 等量提供电子与 Cl 共用，电子式为 H:Cl: 。

$MgCl_2$ 电负性差值大于 1.7，以离子键形成离子型化合物。两个电负性大的氯各需 1 个电子才能达到 8 电子稳定结构，镁可以失去最外层的 2 个电子，电子式为：$[:Cl:]^- Mg^{2+} [:Cl:]^-$ 。

$BeCl_2$ 的电负性产值小于 1.7，以极性共价键形成共价型化合物。两个电负性大的 Cl 各需 1 个电子达才能到 8 电子稳定结构，与 Be 通过共用电子形式结合：Cl:Be:Cl 。通过这个电子式学习需要强调的是书写电子式时单个原子单独表示不能够合并，同时注意高中阶段电子式的书写必须保证电负性大（得电子能力强）的元素达到 8 电子，高中阶段可以出现电负性小的元素最外层达不到 8 电子结构的情况。提示氯化铝的电子式可以参照 $BeCl_2$ 的方法书写，将三个氯分别放在铝元素的上、左、右三个位置，CH_4 的电子式书写就是用 4 个 H 将 C 的上下左右四个位置占满。

Na_2O 初判断电负性差值大于 1.7，以离子键形式形成离子型化合物。单个原子单独

表示，电子式为：Na$^+$[:Ö:]$^{2-}$Na$^+$。

CO_2电负性差值小于1.7，以极性共价键形成共价型化合物。电子式为:Ö::C::Ö:。这个电子式的书写提示电负性大的元素形成共价化合物时最外层缺几个电子就提供几个电子用于共用，电负性的元素原子等量提供电子形成共用电子对。

N_2两个原子电负性相同，以非极性共价键形式结合。但要注意N_2是单质而非化合物，不能分为离子型或共价型。氮最外层5电子，需3个电子才能达到8电子稳定结构，因此需要提供3电子用于共用，另外一个氮等量提供，电子式为：:N⋮⋮N:。

小结一下：通过电负性差值判断化学键及化合物类型；以电负性数值大的元素为核心书写电子式；电负性差值过大则以得失电子形式书写电子式，电子式中有中括号和价态表示；电负性差值小的则等量提供电子放在中间形成共价键。

3. 复杂化合物的电子式书写

HClO中电负性最大的是O元素，以其为核心书写电子式，提供电子的有H、Cl两个元素原子分别写在O的两侧，根据电负性判断化学键类型为共价键。因为O最外层需两个电子才能达到8电子稳定结构，因此左右各提供一个电子用于共用，H、Cl分别等量提供电子共用，完成第一步的电子式书写

$$\overset{××}{\underset{××}{O}} \longrightarrow H \overset{×}{\underset{×}{:}} O \overset{×}{\underset{×}{:}} Cl$$

用步骤书写的方法避免细节丢分，最终一定要补全电负性小的元素的剩余电子。H最外层只有一个电子，但氯的最外层有7个电子，提供一个与氧共用后，剩余的电子尽量成对表示为 H:Ö:Cl:。

NaClO表面与HClO很像，可以参照HClO的电子式书写过程，只是注意金属钠与氧的电负性差值大于1.7，是得失电子关系形成离子键 Na$^+$[:Ö:Cl:]$^-$，形成的化合物中含有离子键和极性共价键，化合物类型属于离子型化合物。

H_2O_2类化合物的电子式书写可以先进行约分为(HO)$_2$，写出一半的电子式为 H:Ö×，再补充另外一半 H:Ö:Ö:H，Na_2O_2的电子式书写参照H_2O_2可知为 Na$^+$ [:Ö:Ö:]$^{2-}$ Na$^+$。

氨气 H:N:H 与氯化氢 H:Cl: 的电子式很容易书写，两者相遇立即反应产生白
　　　　H

烟，生成的氯化铵电子式 [H:N:H]$^+$[:Cl:]$^-$ 属于高中比较特殊的一个，没有金属但
　　　　　　　　　　　　H
可以形成离子型化合物。

最新的思考和叮嘱：

（1）电子式是一个已经接近过时的东西，现在更加流行用轨道杂化理论去解释物质的形成。确实从专业角度看很多电子式形式表示物质形成尽管可以解释物质的大部分性质，但很不严谨，电子式的弊端很多。

但电子式的学习很适合初学化学者快速掌握一种分析方法，对物质性质的学习很有帮

助；电子式的学习很锻炼思维能力。

因此，高考并没有放弃对电子式的考查。

（2）电子式想传达的一些隐含信息至少应该有：所有元素原子都会趋向于 8 电子的稳定结构。因此尽管高中阶段最流行的 $AlCl_3$ 电子式如文中所述，但 Al_2Cl_6 的电子式形式也渐渐流行起来，更加合理。Al_2Cl_6 的电子式这里不描述了，只是简单说下 $AlCl_3$ 中 Al 利用另外一个 $AlCl_3$ 中氯最外层的成对电子通过配位键达到 8 电子稳定结构。当然这样的结构更合理，但在高中教材改革前，高考对这样明显更合理却与教材冲突的考点肯定要避免考。所以关于 $AlCl_3$ 的组成与电子式的争论可以停了，主要看你研究的方向是什么，再确定你更喜欢哪个。

（3）总结一下电子式书写的小技巧。

先找到中心原子，AB_n 型的以 A 为中心原子，然后在上下左右四个空间位置做好空间布局。简称为：布局。

再以得电子强的元素原子为核心，得电子强的元素原子缺几个电子就平均分布在该原子和与之结合的原子之间，与之结合的原子等量提供电子共用。简称为：共用。

之后补足所有原子最外层剩余的电子。简称为：补足。这里需要注意补足的电子尽量优先成对。

最后，高中阶段除了氯化铝、氯化铍外只要有金属就会有电子得失，就要标注金属的正价，并将非金属用方程式号——"［　］"扩起来并标注价态。简称为：校正。

当然实际上除了氯化铝、氯化铍外也会有金属形成的共价化合物，但这里说的是技巧范畴。

第四篇　艾氏学习法帮你扫除高二难点

第七章　化学反应速率与平衡

　　化学反应原理是高中化学四大板块中最难讲也是最难学的部分，因为这里更加侧重分析过程推导，而非简单的知识记忆，且与其他章节表面关联度小，影响参数多，反应过程繁复。可偏偏在高考中对于这块知识的考查雷打不动地出现，命题又屡屡创新，让考生苦不堪言。

　　事实上，化学反应速率与平衡是原理部分的开端，后面的溶液中离子关系等内容正是建立在这个基础之上。但很可惜，由于学习难度大，学生们往往浅尝辄止，无法抓住问题的关键，因此本节会侧重对核心问题的探究，帮助学生更快掌握分析问题的方法。

　　开篇再次强调艾氏学习法就是抓住核心，当然这个核心是适合高中阶段的定义、定理；用心分析，分析过程时时以核心为指导尽量全面，尽量能够创造出更多的独特的总结和技巧；轻简单记忆，包括在分析过程中形成的结果记忆也不应该成为重点。

7.1　影响化学反应速率的核心因素

　　反应速率的绝对因素是内因，也就是物质本身的性质。将一个反应的过程放慢为任何反应都是先由反应物分子吸热断键——→中间体（活化分子）——→放热合键形成生成物的过程，就可以从中提取出关于影响速率的最核心因素就是单位体积内活化分子数目的改变。因为是影响速率的因素，因此与本身性质无关，只考虑外界条件改变如何改变活化分子进而改变速率。

　　做速率计算则是另外一个问题。化学反应速率可以有至少两种的计算公式表述，但其核心都是用来表示单位时间、单位体积内，对象物质的改变量。

7.1.1　速率计算

　　强调核心：化学反应速率是指单位时间、单位体积内参与反应的物质的改变量。

　　用心分析：这个物质改变是什么物质？反应物和生成物。而改变是增加还是减少？因此化学反应速率在高中阶段应该分得更加清楚一些。

　　以合成氨反应为例进行说明：$N_2(g) + 3H_2(g) \rightleftharpoons 2NH_3(g)$　$\Delta H < 0$。正反应方向为氮气与氢气消耗生成氨气的方向；逆反应方向则是氨气分解生成氮气与氢气的方向。

　　因此仅针对氮气研究，就应该有正反应速率、逆反应速率、等效平均反应速率之分。初学者并没有接触到这些分类概念，只是把精力用在了数值计算上，因此造成了学习困难。

　　【例题7-1】某温度，1mol N_2 与 3mol H_2 在体积2L的密闭容器内发生反应，测得实验数值如下，请计算0～2min氮气的平均反应速率及氢气的平均反应速率。

时间/min	0	5	10	15	20	…
$n(NH_3)$/mol	0	0.6	1.0	1.2	1.2	…

相信受过部分高中训练的学生第一印象就是列三段式，觉得这是一个非常简单的计算。我在艾氏学习法中反复阐述用心分析。下面的分析过程不是简单给出答案或者解析过程，因为这本书的宗旨是学习方法而不是教辅。

列出三段式：

$$N_2(g) + 3H_2(g) \rightleftharpoons 2NH_3(g) \quad \Delta H < 0$$

投料量　　　　　　　1mol　　3mol　　0mol　　（题干隐含投料中没有生成物）

0～5min 反应量　　　↓x　　↓$3x$　　↑$2x$

5min 时剩余量　　　 $1-x$　　$3-3x$　　$0+2x$

依据题干 5min 时剩余的氨气为 0.6mol，由此知 $2x = 0.6$mol，解得 $x = 0.3$mol。

按照高中教学的速率计算公式代入：

$$v(N_2) = \frac{\Delta c(N_2)}{\Delta t} = \frac{\left(\frac{x\,\text{mol}}{2L}\right)}{5\text{min}} = \frac{\left(\frac{0.3\,\text{mol}}{2L}\right)}{5\text{min}} = 0.03\,\text{mol}/(L \cdot \text{min})$$

再根据速率比等于系数比：

$$\frac{v(N_2)}{v(H_2)} = \frac{0.03\,\text{mol}/(L \cdot \text{min})}{v(H_2)} = \frac{1}{3}, \quad \therefore v(H_2) = 0.09\,\text{mol}/(L \cdot \text{min})。$$

以上部分可以叫作解析过程，能否解决问题？绝对可以，而且可以得到满分。但是这个题被浪费了，还没有用心分析过程啊。

时间/min	0	5	10	15	20	…
$n(NH_3)$/mol	0	0.6	1.0	1.2	1.2	…

这个数据检测的是 $N_2(g) + 3H_2(g) \rightleftharpoons 2NH_3(g) \quad \Delta H < 0$。合成氨是公认的最典型的可逆反应，也就是同一条件反应正向与逆向同时进行。从数据中也能得出这个意思。

重新列三段式，此次我将按照表中数值开列整个过程：

$$N_2(g) + 3H_2(g) \rightleftharpoons 2NH_3(g) \quad \Delta H < 0$$

投料量　　　　　　　1mol　　　3mol　　　0mol

0～5min 反应量　　　↓0.3　　 ↓0.9　　　↑0.6

5min 时剩余量　　　 0.7　　　2.1　　　0.6

5～10min 反应量　　 ↓0.2　　 ↓0.6　　　↑0.4

10min 时剩余量　　　0.5　　　1.5　　　1.0

10～15min 反应量　　↓0.1　　 ↓0.3　　　↑0.2

15min 时剩余量　　　0.4　　　1.2　　　1.2

15～20min 反应量　　↓0　　　 ↓0　　　　↑0

20min 时剩余量　　　0.4　　　1.2　　　1.2

通过这样一个表面看起来比较繁多的三段式开列，至少能够读出如下信息：

（1）单位时间单位体积内氮气的减少量逐渐降低。这也正是后面要说到的随着反应进行，反应物浓度降低、反应速率逐渐减小的内容。

（2）每一段的反应都是按比例关系进行的，都是在相同时间、相同体积内，因此速率比等于系数比的结论实在是太正常不过的事情了。

（3）15～20nim 之间各组分的量都没有改变，说明反应达到平衡状态，反应物与生成物同时存在于同一个体系中。这也是平衡标志的一个重点内容。

化学知识不应该是割裂的，用心分析能够触类旁通真正做到举一反三。

如果用化学反应速率的意义去分析而不是用公式计算，速率计算不仅变得更加简单，甚至可以推论出非常实用的小技巧。

化学反应速率的意义是单位时间单位体积内物质的改变量。因此计算 0～5min 氮气的反应速率就可以得出：时间 5min，体积 2L，改变量是 0.3mol，即使口算也可以计算出氮气的反应速率为 0.03mol/(L·min)。时间 5min，体积 2L，氢气改变量是 0.9mol，口算氢气反应速率为 0.09mol/(L·min)。时间 5min，体积 2L，氢气改变量是 0.6mol，口算氢气反应速率为 0.06mol/(L·min)。

若用每一个物质的反应速率除以自身的系数则会得到基础速率：

$$\frac{v(N_2)}{1} = \frac{0.03\text{mol}/(L·\text{min})}{1} = 0.03\text{mol}/(L·\text{min})$$

$$\frac{v(H_2)}{3} = \frac{0.09\text{mol}/(L·\text{min})}{3} = 0.03\text{mol}/(L·\text{min})$$

$$\frac{v(NH_3)}{2} = \frac{0.06\text{mol}/(L·\text{min})}{2} = 0.03\text{mol}/(L·\text{min})$$

是不是很有趣？这个知识内容是大学的，但高中学生通过推导能够得出这个结论，并且能够运用这个小技巧快速解决不同条件下不同反应速率谁快谁慢的对比。

但是这个例题中还有一个隐藏很深的内容需要找到，那就是合成氨是典型的可逆反应，平衡时反应物与生成物同时存在，因此上面所求的反应速率只能代表等效平均反应速率与正逆反应速率不同。

这里再次开列三段式：

	$N_2(g)$	+	$3H_2(g)$	$\rightleftharpoons$	$2NH_3(g)$	$\Delta H < 0$
投料量	1mol		3mol		0mol	
0～5min 正向反应量	↓a		↓3a		↑2a	
0～5min 逆向反应量	↑b		↑3b		↓2b	
0～5min 反应量	↓a−b=0.3		↓3a−3b=0.9		↑2a−2b=0.6	
5min 时剩余量	0.7		2.1		0.6	

化学平衡是一个动态的平衡过程，只要存在反应物就会有正向反应，只要存在生成物就会存在逆向反应。

平时计算的都是等效的平均反应速率，但影响速率的因素却要分析条件改变瞬间对正逆反应速率的影响，这就是这部分知识学起来困难的原因。因为速率影响因素的小核心悄悄改变了。

7.1.2 影响速率的因素

影响速率因素的核心：单位体积内的活化分子数目。改变单位体积内的活化分子数目的方法包括改变分子总数和活化分子百分数两种方法。条件改变对速率的改变是瞬间完成的。

活化分子是什么？简单地说就是那些高能量的能够发生化学反应的分子。必须明确对可逆反应速率的研究有几个重点：所有分子的能量不同，只有那些高能量的分子才能够发生化学反应，这类分子叫作活化分子；一定温度（能量）条件下，活化分子的百分数是不发生改变的，但所有分子不能都转化为活化分子；活化分子间相互接触发生化学反应的碰撞叫作有效碰撞。

将活化分子进行高中化的处理：所谓活化分子就是那些吸收能量使旧键断开生成的中间体分子。活化分子有两个来源：反应物和生成物。活化分子数的多少由两个因素决定：单位体积反应物或生成物的多少（浓度）和活化分子百分数（能量）。

其他条件不变只加入反应物瞬间，反应物的浓度增加。但此时温度（能量）未发生改变，因此反应物的活化分子百分数没改变。最终因瞬间反应物浓度增大造成反应物提供的活化分子数目增多的结果，因此瞬间加入反应物，正反应速率增大。

而加入反应物瞬间，生成物的浓度并未改变。同时因温度（能量）未改变，生成物提供的活化分子百分数不变。由此生成物提供的活化分子数目未改变，因此瞬间加入反应物，逆反应速率不变。

利用同样的方法可以分析瞬间减少反应物、瞬间加入生成物、瞬间减少生成物这类条件改变对正逆反应速率的影响。

增大压强条件对速率的影响则必须借助理想气体状态方程才能够得以解决。根据理想气体状态方程 $pV=nRT$，增加压强的方法有很多，如改变物质的量、缩小体积、升高温度。温度后面有单独的研究，因此高中阶段增大压强的方法中不包括温度改变这种方法，单独加入某一反应物与某一生成物的改变已经讨论过。因此压强增大的方法实际只剩下反应物与生成物共同增加或缩小体积这两种办法，而无论是哪种途径造成的压强增大都可以通过将理想气体公式变形为：

$$p = \frac{nRT}{V} \approx \frac{n}{V} = c_{气}$$

通过这个变形公式得出应用方法：无论何种途径造成最终结果都等效于气体浓度的改变。因此对于合成氨反应增大压强等效于同时增大反应物与生成物浓度。

瞬间增大压强，反应物浓度增加，因温度（能量）不变所以活化分子百分数不变，但活化分子总数增加，正反应速率增大。瞬间增大压强，生成物浓度增加，因温度（能量）不变所以活化分子百分数不变，但活化分子总数增加，逆反应速率增大。

需要注意压强只等效于气体浓度，对非气体不适用。

瞬间升温对反应速率的影响。瞬间升温，反应物的浓度不变，因温度（能量）升高导致更多的分子能量增加转化为活化分子从而活化分子百分数增大，因此反应物提供的活化分子数目增大，正反应速率增大；升温瞬间，生成物的浓度不变，因温度（能量）升高导致更多的分子能量增加转化为活化分子从而活化分子百分数增大，因此生成物提供的活化分子数目增大，逆反应速率增大。

加入催化剂对反应速率的影响。加入催化剂瞬间，反应物与生成物的浓度都未改变，但催化剂因降低活化能而起到了等效于增加能量的效果，因此会同时改变反应物与生成物的活化分子百分数，进而改变反应物与生成物提供的活化分子数。因此加入催化剂的瞬间正逆反应速率都增大。

这里一直研究的是瞬间条件改变对反应速率的影响问题，千万不要从平衡移动角度考虑。一定要抓住影响化学反应速率的核心。

再来分析一个容易产生错误的问题。加入 He 这样无关气体对反应速率的影响。恒温恒容条件下，因加入 He 对反应物与生成物的浓度都不产生影响，同时加入 He 这类无关气体也不会改变能量，因此加入 He 瞬间正逆反应速率都不改变。

很多初学者认为恒温恒容加入 He 这样的无关气体不是压强增大了吗？怎么会对平衡不产生影响呢？这就是没有抓住影响化学反应速率的核心是活化分子的体现。

恒温恒容加入 He，根据理想气体状态方程有：

$pV=nRT$[恒温恒容]$\Rightarrow p \approx n$ 也就是压强与气体的物质的量成正比关系。

$$p_{N_2} \approx n_{N_2} \& p_{H_2} \approx n_{H_2} \& p_{NH_3} \approx n_{NH_3} \& p_{He} \approx n_{He}$$

$$\therefore p_{(N_2+H_2+NH_3)} \approx n_{(N_2+H_2+NH_3)}$$

$$p_{(N_2+H_2+NH_3)+He} \approx n_{(N_2+H_2+NH_3)+He}$$

因此恒温恒容加入 He 这样无关气体，增大的是总压强，而影响反应体系的体系分压没有改变。因此这类问题还是抓住核心去解决才不会产生迷惑。

恒温恒压加入 He 这样无关气体，根据 $pV=nRT$ 可知恒压条件必然造成体系的体积增大。恒温恒压加入 He 这类无关气体，反应物与生成物的浓度因体积增大而减小，温度（能量）不变活化分子百分数不变，最终反应物与生成物提供的活化分子数都减小，正逆反应速率都减小。

这部分分析结束，还要再次强调条件改变对速率的影响是瞬间完成的。

【例题 7-2】对于可逆反应 $N_2(g)+3H_2(g) \rightleftharpoons 2NH_3(g)$　　$\Delta H<0$，下列研究目的和示意图相符的是（　　）。

	A	B	C	D
研究目的	压强对反应的影响（$p_2>p_1$）	温度对反应的影响	平衡体系增加 N_2 对反应的影响	催化剂对反应的影响
图示	NH₃的体积分数 p_2 p_1 时间	速率 $v_正$ $v_逆$ 时间	速率 $v_正$ $v_逆$ 时间	混合气体总压强 有催化剂 无催化剂 时间

【答案】C

A 选项涉及的条件改变是压强增大，通过前面分析可知，压强增大等效于气体浓度增大。增大压强瞬间能量不变。因此压强增大，正、逆速率都增大。速率快在图像上表示为斜率的增大，可以判断 A 错。

B 温度改变瞬间因能量增加，瞬间反应物与生成物的活化分子百分数都增大，因此正、逆反应速率都增大，可以判断 B 错。

D 加入催化剂瞬间等效于能量增加而使反应物与生成物的活化分子百分数增大，因此反应物与生成物提供的活化分子数增加，正、逆速率都增大。速率增大在图像上表示为斜率增大，可以判断 D 错。

因为本书是学习方法用书并不是技巧书，也不是教辅，因此多因素同时对一个反应的影响以及更多的图像问题在这里不做详细描述。

7.2 勒夏特列原理并不是最好的平衡移动判断方法

化学平衡移动的核心：对于一个已经建立的平衡，条件改变瞬间，原有的浓度熵与平衡常数之间微妙的相等关系被打破，于是造成平衡的移动去寻求再次相等的关系。

初学者觉得难是因为条件影响是瞬间完成，而实际讨论却是后续的影响，分不清瞬间还是影响结果才是这部分感觉难的主要问题所在。

7.2.1 条件改变瞬间对平衡移动方向的影响

平衡移动的核心：对于任何反应 $mA+nB \rightleftharpoons pC+qD$ 的反应都有 $\dfrac{c^p(C) \times c^q(D)}{c^m(A) \times c^n(B)} = K$。

左面的表达式被称作浓度熵，是用生成物的浓度积与反应物的浓度积相除所得到的结果，常常用字母 Q_c 表示。等式右侧的 K 叫作特定反应的化学平衡常数，代表特定温度下某一反应的进行程度，K 值越大说明反应正向程度越大，反应越完全。

$Q_c > K$ 平衡逆向移动

$Q_c < K$ 平衡正向移动

$Q_c = K$ 平衡不移动

① 针对所有带可逆号的反应都会有这样的公式应用和变化关系。

② 这个公式判断的仍然是条件改变瞬间的影响。

③ 温度不变，K 值不会改变。

为了便于大家的理解，采取多次用到的类比法辅助记忆。

Q_c 可以看作实际成绩，K 是及格线 60 分。总分改为 150 分的时候，及格线就变为了 90 分，所以就有了温度改变，K 也会改变的提法。

注意：这是最容易出现问题的地方，温度改变，K 一定变，但 K 值的改变与温度不完全是正向的线性关系，要根据反应的吸放热情况具体确定，可记忆为升高温度平衡向吸热方向移动。

教学与学习过程中，由于大家都更关注解决实际问题，就会忽略条件瞬间改变与持续变化及最终结果之间的关联，往往把这三个阶段混为一谈。当问题积攒越来越多，就只好借助于被神化的勒夏特列原理。其内容可表述为：其他条件不变，只改变影响平衡的某一条件，平衡向削弱这种改变的方向移动。表面上这个原理很好用，只可惜在应对大考中的创新题型时，实用性并没有那么强。

勒夏特列原理毕竟是浓度熵公式的文字表述，其中隐含的信息很难被捕捉到，例如对于合成氨 $N_2(g)+3H_2(g) \rightleftharpoons 2NH_3(g)$ $\Delta H < 0$ 反应，恒温恒容的条件下加入 He 后氮气的转化率及体积分数变化的设问往往成为难题。

抓住核心用心分析。

第一个分析也是这里面所用文字最多，获取信息及提炼技巧最多的一个分析过程。

合成氨反应如果没有明确反应环境及初始投料都代表的是恒温恒容条件，初始加入 1mol N_2 与 3mol H_2 达到平衡后再改变条件。尽管大型考试会将这些内容明确在题干中，但平时的课上讲解很难有老师反复强调这个约定俗成的初始条件。

合成氨按照理想的初始条件，理想投料达到平衡后再加入氮气。

1. 平衡移动方向

根据公式 $\dfrac{c^2(NH_3)}{c^1(N_2)\times c^3(H_2)}=K$ 判断，加入氮气瞬间因温度不变，所以 K 不变。

由恒容条件所以有 $c(N_2)=\dfrac{n(N_2,\uparrow)}{V}$ $c(H_2)=\dfrac{n(H_2,不变)}{V}$ $c(NH_3)=\dfrac{n(NH_3,不变)}{V}$

所以 $\dfrac{c^2(NH_3)}{c^1(N_2,\uparrow)\times c^3(H_2)}<K$ 判断平衡正向移动。

勒夏特列原理的第一条应用正是源于这样的分析过程：其他条件不变，增加某一反应物或减少某一生成物，平衡正向移动。很可惜，笔者见到的多数笔记或教学参考中，对这一条的描述都少了"某一"两个字，于是造成了学习的混乱。这在后面的等效平衡部分会得以体现。

2. 平衡移动后再次达到平衡转化率的分析

先明确什么是转化率？转化率就是转化量在投料量中的占比。再明确转化率增大还是减小的对比对象是谁？不要盲目对比，这里说的转化率改变是与 1mol N_2、3mol H_2 投料恒温恒容条件所达到的一次平衡时的对比。

投料关系，因条件改变仅仅是加入氮气，因此氮气投料量增加，氢气投料量不变。

转化量关系，平衡正向移动，氮气与氢气的转化量都增加，也就是有更多的氮气和氢气转化为氨气。

因此氢气的转化率 $\alpha(H_2)=\dfrac{\Delta n(H_2,\uparrow)}{n_0(H_2,不变)}$，$\therefore$ 氢气的转化率 $\uparrow$。这个计算公式中分子代表转化量，分母表示投料量。氢气的转化率与平衡移动方向一致，正向移动转化率增大。这可以算是一个小技巧：正向移动转化率增大，尽管下一个分析会否定这个技巧，但除了下一个分析的情况，其余情况应用这个技巧还是很快且准确的。

氮气转化率 $\alpha(N_2)=\dfrac{\Delta n(N_2,\uparrow)}{n_0(N_2,\uparrow)}$，$\therefore$ 表面无法判断。

实际应用数学的极值法仍然可以轻松得出答案。让 N_2 无限制加入，而氢气因投料量不变，因此氢气极限反应量就是完全消耗，而此时 N_2 最大反应量也就确定为 1mol。

因此 $\lim\limits_{+\infty}\alpha(N_2)=\dfrac{1\text{mol 转化量}}{(1+x)\text{mol 投料量}}=\lim\limits_{+\infty}\dfrac{1}{1+x}=0$

这样就解决了氮气转化率改变的问题，最终氮气的转化率降低。这个技巧可总结为：加谁谁减小。和分析氢气时得出的结论放在一起就是判断转化率的一个不错的技巧。

尽管"转化率与平衡移动方向一致，加谁谁减小"在非常特殊的情况下确实有待商榷，但这属于数学问题，不在这里讨论。

至于为什么不谈氨气的转化率，是因为氨气没有投料，因此没有转化率可言，无论反应量是多少，其投料为 0，因此转化率的说法失去了意义。

3. 再次平衡时各组分浓度比的分析

（1）反应达到平衡后，恒容再加入氮气瞬间，各组分浓度改变情况为：

$$c(N_2)=\dfrac{n(N_2,\uparrow)}{V}\quad c(H_2)=\dfrac{n(H_2,不变)}{V}\quad c(NH_3)=\dfrac{n(NH_3,不变)}{V}$$

平衡正向移动对各组分浓度的影响为：

$$c(N_2)=\dfrac{n(N_2,\downarrow)}{V}\quad c(H_2)=\dfrac{n(H_2,\downarrow)}{V}\quad c(NH_3)=\dfrac{n(NH_3,\uparrow)}{V}$$

再次平衡时各组分浓度的最终改变为：

$$c(N_2) = \frac{n(N_2,\text{先}\uparrow\text{再}\downarrow\text{平衡时?})}{V}$$

$$c(H_2) = \frac{n(H_2,\text{先不变不}\downarrow\text{平衡时}\downarrow)}{V}$$

$$c(NH_3) = \frac{n(NH_3,\text{先不变不}\uparrow\text{平衡时}\uparrow)}{V}$$

因此再次平衡时对比各组分浓度比有：

$$\frac{c(H_2) = \frac{n(H_2,\text{先不变不}\downarrow\text{平衡时}\downarrow)}{V}}{c(NH_3) = \frac{n(NH_3,\text{先不变不}\uparrow\text{平衡时}\uparrow)}{V}}, \therefore \downarrow 。$$

$$\frac{c(N_2) = \frac{n(N_2,\text{先}\uparrow\text{再}\downarrow\text{平衡时?})}{V}}{c(H_2) = \frac{n(H_2,\text{先不变不}\downarrow\text{平衡时}\downarrow)}{V}}, \therefore \uparrow 。$$ 因为正向移动等量消耗，但氮气在条件改变时有补充，也比较容易理解。

$$\frac{c(N_2) = \frac{n(N_2,\text{先}\uparrow\text{再}\downarrow\text{平衡时?})}{V}}{c(NH_3) = \frac{n(NH_3,\text{先不变不}\uparrow\text{平衡时}\uparrow)}{V}}$$

利用浓度熵公式与极限法可以解决这个问题并且能够总结出一个推论技巧：果不抵因。

加入氮气平衡移动的最终结果仍然是浓度熵与 K 相等，此时有：

$$\frac{c^2(NH_3,\uparrow)}{c^1(N_2,?) \times c^3(H_2,\downarrow)} = K$$ 将等式变形为 $c^1(N_2,?) \times \frac{c^2(NH_3,\uparrow)}{c^3(H_2,\downarrow)} = K$ 就可以得出氮气浓度增加的必然结论。

追踪氮气浓度改变有：条件改变瞬间 $c(N_2)$ 增加，平衡正向移动 $c(N_2)$ 减小，最终再次平衡 $c(N_2)$ 增加。技巧为：果（再次平衡的结果）不抵因（条件改变）。

若氮气无限量加入，受到理想投料 1mol N_2 与 3mol H_2 限制，最多生成 NH_3 的量为 2mol，因此 $\frac{c(N_2)}{c(NH_3)}$ 比值增加，这也符合"果不抵因"的技巧。

这里将平衡移动问题中几个难点加以详细说明，其余的变量及影响不做说明。

(2) 增大压强或缩小体积对平衡移动的影响。

前文已经提到根据理想气体公式有 $pV = nRT \Rightarrow p = \frac{nRT}{V}$。恒温条件，增大压强等效于气体浓度增大。

因此，增大压强有 $\frac{4c^2(NH_3)}{2c^1(N_2) \times 8c^3(H_2)} < K$，条件改变瞬间平衡正向移动。

多次分析推导出勒夏特列原理第二条应用：其他条件不变，增大体系压强或减小体积，平衡向着气体分子数小的方向移动。

(3) 升高温度

温度改变，K 改变。条件改变瞬间各组分浓度不变，因此有 $\frac{c^2(NH_3)}{c^1(N_2) \times c^3(H_2)} \neq K$。

这时只能根据前文给出的结论：升高温度，平衡向吸热方向移动判断。合成氨是放热反应，因此平衡逆向移动。

继续分析，逆向移动的原因是因为 $\dfrac{c^2(NH_3)}{c^1(N_2) \times c^3(H_2)} > K$，又因为浓度熵不变，因此可知对于合成氨反应升高温度，平衡逆向移动，K 减小。

总结一个小技巧：温度改变，平衡正向移动 K 增大，逆向移动 K 减小。

勒夏特列的第三条应用已经被用到了：升高温度，平衡向吸热方向移动。

（4）加入催化剂

加入催化剂瞬间，反应物与生成物的浓度都不改变，因温度不变，K 不变。由此可知加入催化剂并不影响平衡的移动。

这个条件改变还要多总结一下：加入催化剂只能够等量改变正、逆反应速率，但不影响平衡。

（5）恒温恒容与恒温恒压加入 He

恒温恒容加入 He，各组分浓度不变，浓度熵不变；温度不变，K 不变，平衡不移动。千万不要舍本逐末去分析此时压强增大了啊！没错，增大的是总压强，影响平衡的体系分压并没有改变。

恒温恒压加入 He，根据 $pV = nRT \Rightarrow V \approx n$，所以总体积增大，气体均匀分散必然造成各组分的浓度减小；温度不变，K 不变。

因此有 $\dfrac{\frac{1}{4}c^2(NH_3)}{\frac{1}{2}c^1(N_2) \times \frac{1}{8}c^3(H_2)} > K$ 平衡逆向移动。

最后结案陈词下：

为勒夏特列洗脱罪名。勒夏特列原理翻译后的意思是：其他条件不变，只改变影响平衡的某一条件，平衡向着削弱这种改变方向移动。勒夏特列原理首先明确说到改变的条件必须能够影响平衡，恒温恒容加入 He 不符合这个特征；其次明确说到只改变某一条件，同时改变多个条件怎样分析，人家没说；最后说到向着削弱这种改变方向移动，削弱意味着和楞次定律一样都在做无法扭转趋势的微弱抵抗，不能改变条件的改变。用另一种表达方式就是平衡是有限的移动，果不抵因。

【例题 7-3】原料气 H_2 可通过反应 $CH_4(g) + H_2O(g) \rightleftharpoons CO(g) + 3H_2(g) \quad \Delta H = ?$ 获取，已知该反应中，当初始混合气中的 $\dfrac{n(H_2O)}{n(CH_4)}$ 恒定时，温度、压强对平衡混合气 CH_4 含量的影响如图 7-1 所示。

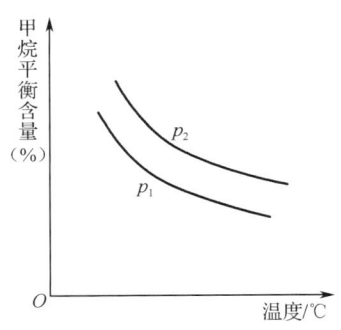

图 7-1 温度、压强对平衡混合气 CH_4 含量的影响

① 图中，两条曲线表示压强的关系是：p_1 _____ p_2（填">"、"="或"<"）。

② 该反应为_____反应（填"吸热"或"放热"）。

因该题的图像涉及两个变量，所以需要作一条辅助线进行判断，如图 7-2 所示。

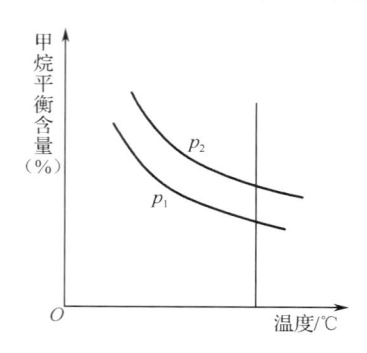

图 7-2 温度、压强对平衡混合气 CH_4 含量的影响

利用表格强化分析的逻辑过程，可以制得表 7-1。

表 7-1 平衡移动判断标准解题步骤表

瞬间条件改变	平衡移动方向	后续影响
横轴左到右 升高温度	?	纵轴代表甲烷含量 减小
参照所做等温线 增大压强	逆向	甲烷增加

由上边表格可以得出结论：

（1）升高温度，平衡正向移动才能得到甲烷含量减小的结果，由此可判断该反应为吸热反应。

（2）增大压强，平衡逆向移动，甲烷含量增加，由图可知 $p_2 > p_1$。

7.2.2 放弃等效平衡才是学透等效平衡的好方法

所谓等效平衡是无论最初的投料如何，反应平衡时达到相同的效果的过程。这一类问题最终关注的是平衡时的效果，而前面提到的平衡移动问题研究的是条件改变瞬间对平衡进行方向的影响，能够注意到其中的区别是解决等效平衡的第一步。

在进行这类问题的研究时，等效只是一个判断过程。等效平衡最核心的思想就是：如果一个问题涉及多个变量的同时改变，那么先解决一个变量，再去解决另外一个变量。就像一个月提高 30 分很困难，但每天提高 1 分还是很容易实现的，万一这个月有 31 号呢，不就有了意外的收获嘛！一个反应难以进行就分拆为 2 个或多个容易进行的过程，这不就是催化剂的作用嘛！

等效平衡研究的核心：无论途径怎样改变，通过等效变换的方法得到的最终结果与一次平衡对比变量。

1. 恒温恒容，双向投料的同一平衡

恒温恒容条件，合成氨反应投料为 1mol N_2 与 3mol H_2 反应达到平衡。如果投料改为只加入 2mol NH_3 会得到什么结论呢？

根据三段式进行计算只加入反应物的情况：

$$N_2(g) + 3H_2(g) \rightleftharpoons 2NH_3(g) \quad \Delta H < 0$$

投料   1mol 3mol 0mol
反应量 x mol $3x$ mol $2x$ mol
平衡时 $1-x$ $3-3x$ $2x$

代入浓度熵计算公式有 $\dfrac{c^2(NH_3)}{c(N_2) \times c^3(H_2)} = \dfrac{\left(\dfrac{2x}{V}\right)^2}{\left(\dfrac{1-x}{V}\right) \times \left(\dfrac{3-3x}{V}\right)^3} = K$

根据三段式进行计算只加入生成物的情况：

$$N_2(g) + 3H_2(g) \rightleftharpoons 2NH_3(g) \quad \Delta H < 0$$

投料   0mol 0mol 2mol
反应量 y mol $3y$ mol $2y$ mol
平衡时 y $3y$ $2-2y$

代入浓度熵计算公式有 $\dfrac{c^2(NH_3)}{c(N_2) \times c^3(H_2)} = \dfrac{\left(\dfrac{2-2y}{V'}\right)^2}{\left(\dfrac{y}{V'}\right) \times \left(\dfrac{3y}{V'}\right)^3} = K'$

因为恒温条件，所以有 $K = K'$，因为恒容，有 $V = V'$，联立上面两个浓度熵公式：

$\dfrac{\left(\dfrac{2x}{V}\right)^2}{\left(\dfrac{1-x}{V}\right) \times \left(\dfrac{3-3x}{V}\right)^3} = \dfrac{\left(\dfrac{2-2y}{V'}\right)^2}{\left(\dfrac{y}{V'}\right) \times \left(\dfrac{3y}{V'}\right)^3}$，推出 $\dfrac{(2x)^2}{(1-x) \times (3-3x)^3} = \dfrac{(2-2y)^2}{y \times (3y)^3}$，得出 $x = 1 - y$。

由此知，两种投料在恒温恒容条件下最终达到相同的平衡状态。

就像只发生在氢离子与氢氧根离子之间的这一类特殊的复分解，被称作酸碱中和反应一样；就像氧化还原反应中反应物同一元素的不同价态转化为生成物中同一的中间价态叫作归中反应一样；合成氨反应中这种无论投料和条件如何改变，最终达到相同平衡状态称作等效平衡。

同一平衡是等效平衡中最经典也最特例的一个，其具有无可替代的特性——正向投料时氮气或氢气的转化率（生成物未投料，不存在转化率）都是 x；而逆向投料时氨气的转化率（反应物未投料，无转化率）是 y。两个转化率的和正好为 1，也就是 100%，这正是同一平衡独一无二的标志。

还是针对合成氨，如果正向投料时反应物加倍，是否还是等效平衡呢？

这就要根据反应条件进行判断了，然而，影响平衡移动的条件太多，该从何处入手分析呢？

类似的，马上开学了，突然发现数学作业并没有写完，更可怕的是语文的作文根本一笔未写，而最令人崩溃的是居然又翻出了英语这个本来认为根本不存在的作业。当所有的事情都堆在一起时，应该怎么办？

放松心态很重要，这有助于克服急躁和畏难情绪。接下来只需要先处理手边的事情，再处理下一件，然后是下一件，一件一件地处理是最笨也是最有效的方法。

所以，当出现多个条件改变的时候，给这些条件改变排个序，只把影响平衡的条件放在最后考虑就行了。这个排序的依据就是"平衡是有限移动的"，只能有限削弱条件改变。

2. 恒温恒容条件，投料加倍

别忘了理想的投料是 1mol N_2 和 3mol H_2。根据三段式：

$$N_2(g) + 3H_2(g) \rightleftharpoons 2NH_3(g) \quad \Delta H < 0$$

投料	1mol	3mol	0mol
反应量	x mol	$3x$ mol	$2x$ mol
平衡时	$1-x$	$3-3x$	$2x$

反应达到平衡后再加入 1mol N_2 和 3mol H_2。先让这些新加入的物质自娱自乐一会吧。相同的温度、相同的体积、相同的投料，实在找不出任何理由不达到同一个平衡状态。于是根据再次加入物质列出三段式：

$$N_2(g) + 3H_2(g) \rightleftharpoons 2NH_3(g) \quad \Delta H < 0$$

投料	1mol	3mol	0mol
反应量	x mol	$3x$ mol	$2x$ mol
平衡时	$1-x$	$3-3x$	$2x$

其结果就是后加入的物质对整个体系的影响就是其自行达到平衡后使得体系中反应物和生成物的物质的量都加倍。于是就出现了：

$$c(N_2) = \frac{n(N_2)}{V} \Rightarrow c'(N_2) = \frac{2n(N_2)}{V} = 2c(N_2)$$

$$c(H_2) = \frac{n(H_2)}{V} \Rightarrow c'(H_2) = \frac{2n(H_2)}{V} = 2c(H_2)$$

$$c(NH_3) = \frac{n(NH_3)}{V} \Rightarrow c'(NH_3) = \frac{2n(NH_3)}{V} = 2c(NH_3)$$

之后代入浓度熵公式，处理有限平衡移动的影响：

$$\frac{4c^2(NH_3)}{2c(N_2) \times 8c^3(H_2)} < \frac{c^2(NH_3)}{c(N_2) \times c^3(H_2)} = K$$

平衡在加倍的基础上再有限正向移动，这就是所谓的等效平衡的思想，其设问常常落于转化率的变化或各组分的浓度比上。

无论哪种初始投料，刚开始的一瞬间转化率都是 0。原投料达到一次平衡时才存在一个确定的转化率，这个转化率就是对比参照点。投料加倍，如果未发生后续的平衡移动，则以氮气为例的转化率并未发生改变：

$$\alpha(N_2) = \frac{转化量}{投料量} = \frac{x \text{ mol}}{1 \text{mol}} = \alpha'(N_2) = \frac{转化量}{投料量} = \frac{x \text{ mol} + x \text{ mol}}{1\text{mol} + 1\text{mol}}$$

但这个加倍点并非最终的状态，而是有限平衡移动前的一种假想状态，之后平衡有限地正向移动，则有 $\alpha'(N_2) = \frac{转化量}{投料量} = \frac{(x \text{ mol} + x \text{ mol})\uparrow}{1\text{mol} + 1\text{mol}}$，转化率相比原投料增大。

3. 恒温恒压，投料加倍

按照逐个处理的等效思想，反应物的投料加倍必然造成反应物与生成物最终的加倍效果，之后再研究有限的平衡移动方向问题。

处理平衡移动问题建议淡化勒夏特列原理这一表面简单实际并不好用的技巧，一切关于平衡的问题全都转换到浓度熵与 K 的关系上，根据 $pV = nRT$，恒温恒压条件有 $V \approx n$，物质的量加倍，容器体积也加倍，最终结果各组分浓度不变。

各组分浓度不变，则浓度熵不变。恒温条件下 K 不变，因此平衡不发生移动，转化率与各组分的浓度比不改变。

4. 绝热体系

绝热体系，顾名思义就是杜绝热量交换的体系。

合成氨是放热反应，反应放出的热对反应过程起到自加热的作用。边反应边加热，这样的反应过程分析起来十分困难。

如果先不考虑反应中的自加热过程，与恒温恒容条件相同投料对比，所达到的平衡为同一平衡。之后再研究温度对平衡的影响：升高温度，平衡向吸热方向也就是逆向移动。

至于转化率与各组分浓度的对比分析这里就不再赘述了。

5. 理想投料恒温恒容与恒温恒压条件的对比

以理想投料恒温恒容作为参照点。恒温恒容达到平衡后压强会怎样变？这是讨论这个问题的关键点。

再次利用公式 $pV=nRT \Rightarrow p \approx n$，随着反应进行，气体总物质的量减小，导致体系压强减小。

只需要对恒温恒容条件的平衡进行加压（恢复原压强）处理就可以得到恒温恒压的平衡体系，而加压合成氨有限正向移动。

条件改变，平衡发生的是有限移动。等效平衡仅仅是一种处理平衡问题的方法。

等效平衡中投料整体改变的问题，可以采用"投料加倍，先整体加倍，再研究有限平衡移动"的思路进行分析。

(1) $C(s) + H_2O(g) \rightleftharpoons CO(g) + H_2(g)$ $\Delta H > 0$ 水煤气制取中的等效平衡问题。

1mol C 与 1mol H_2O 恒温恒容反应达到平衡后，再加入 1mol H_2O，对原平衡有何影响？

以原平衡作为参照点，逐个进行分析：首先，C 为固体，没有浓度，不影响平衡；加入 H_2O 等效于反应物加倍与合成氨的分析完全一样，反应物加倍，最终生成物也加倍；最后再考虑平衡的移动方向 $\dfrac{2c(CO) \times 2c(H_2)}{2c(H_2O)} > \dfrac{c(CO) \times c(H_2)}{c(H_2O)} = K$，平衡逆向移动。

等效平衡没有想象的那么难，但是分不清楚参照对比点很容易造成迷惑。加入水的瞬间平衡确实是向正向移动，最终设问比较的是两次平衡状态而非瞬间改变，这就是容易乱的原因。

恒温恒压反应平衡后，再加入 1mol H_2O，参照合成氨的分析，各组分浓度不变，平衡等效不移动。

针对这个反应再引入一个新的条件：加入 He——与反应不相干的气体。

恒温恒容加入氦气，因投料未改变只需研究平衡的有限移动，这就必须用到浓度熵与 K 的关系比较。温度不变，K 不变，各组分浓度不变，浓度熵不变，平衡也不发生改变。

恒温恒压加入 He，则气体总物质的量增加，使得容器体积增大，进而使各组分浓度减小，导致 $\dfrac{\frac{1}{2}c(CO) \times \frac{1}{2}c(H_2)}{\frac{1}{2}c(H_2O)} < \dfrac{c(CO) \times c(H_2)}{c(H_2O)} = K$，平衡正向移动。

判断平衡移动方向，回归根本——利用 Q_c 与 K 的关系判断。尤其针对加入 He 这类的平衡移动判断，利用勒夏特列原理进行快速判断容易造成总压强与平衡体系分压两个概念的混淆导致判断错误。

(2) $H_2(g) + I_2(g) \rightleftharpoons 2HI(g)$

这个反应不再赘述前面熟悉的内容，只针对恒温恒容投料反应物加倍这一个条件进行研究。恒温恒容反应物加倍，不考虑平衡移动，最终剩余的反应物与生成物都加倍。利用浓度熵与 K 判断平衡移动方向 $\dfrac{4c^2(\text{HI})}{2c(\text{H}_2) \times 2c(\text{I}_2)} = \dfrac{c^2(\text{HI})}{c(\text{H}_2) \times c(\text{I}_2)} = K$，平衡不移动。

(3) $2\text{NO}_2(\text{g}) \rightleftharpoons \text{N}_2\text{O}_4(\text{g})$ $\Delta H < 0$

这个反应同样不讨论前面熟知的内容，只针对该反应本身表现出的特征进行研究。

条件改变①，恒温恒容 2mol NO_2 反应达到平衡后再加入 1mol N_2O_4：

先定参照对比点为 2mol NO_2 投料达到的一次平衡；再利用同一平衡概念判断加入 1mol N_2O_4 与加入 2mol NO_2 属于同一平衡，并达到相同的平衡状态；最终确定该条件改变等效于反应物加倍。

反应物加倍，最终反应物与生成物都加倍 $\dfrac{2c(\text{N}_2\text{O}_4)}{4c^2(\text{NO}_2)} < \dfrac{c(\text{N}_2\text{O}_4)}{c^2(\text{NO}_2)} = K$，平衡有限正向移动。

应用"平衡有限移动"的思想或"果不抵因"的结论，最终 $c(\text{NO}_2)$ 增大，体系颜色加深，$\dfrac{c(\text{N}_2\text{O}_4)}{c(\text{NO}_2)}$ 因最终等效加倍后正向移动，所以增大。

条件改变②，恒温恒压 2mol NO_2 反应达到平衡后再加入 1mol N_2O_4：

根据前面分析，再加入 1mol N_2O_4 等效于最终反应物和生成物都加倍，但因恒压条件，所有物质加倍后，容器体积也加倍，各组分浓度不变，平衡不移动。

(4) $\text{PCl}_5(\text{g}) \rightleftharpoons \text{PCl}_3(\text{g}) + \text{Cl}_2(\text{g})$

还是针对特征条件改变进行研究：2mol PCl_5 达到平衡生成 0.4mol PCl_3。平衡后减少 1mol PCl_5，则生成的 PCl_3 应该为多少？

平衡后减少 1mol PCl_5，反应物投料减半，不考虑有限平衡移动的影响，则有最终剩余的反应物与生成物均减半，生成的 PCl_3 应该为 0.2mol。

再研究有限平衡移动的影响 $\dfrac{\frac{1}{2}c(\text{PCl}_3) \times \frac{1}{2}c(\text{Cl}_2)}{\frac{1}{2}c(\text{PCl}_5)} < \dfrac{c(\text{PCl}_3) \times c(\text{Cl}_2)}{c(\text{PCl}_5)} = K$，平衡有限正向移动，使 $\text{PCl}_3 > 0.2$mol，因为是有限移动所以 $0.2\text{mol} < \text{PCl}_3 < 0.4\text{mol}$。

(5) $\text{CH}_3\text{COOH}(\text{aq}) \rightleftharpoons \text{CH}_3\text{COO}^-(\text{aq}) + \text{H}^+(\text{aq})$

研究与等效平衡相关的内容前，先确定加水对醋酸电离平衡的影响。

加入水，判断有限平衡移动方向。

$$\dfrac{\frac{1}{2}c(\text{CH}_3\text{COO}^-) \times \frac{1}{2}c(\text{H}^+)}{\frac{1}{2}c(\text{CH}_3\text{COOH})} < \dfrac{c(\text{CH}_3\text{COO}^-) \times c(\text{H}^+)}{c(\text{CH}_3\text{COOH})} = K$$

为有限正向移动，即所谓的弱电解质电离遵循"越稀越电离"的说法。

醋酸电离达到平衡再加入冰醋酸（纯净的乙酸，醋酸是乙酸水溶液的俗名），对醋酸的电离度会造成什么样的影响？

加入冰醋酸，就是反应物加倍，最终反应物与生成物都加倍，利用浓度熵与 K 判断有限平衡移动方向 $\dfrac{2c(\text{CH}_3\text{COO}^-) \times 2c(\text{H}^+)}{2c(\text{CH}_3\text{COOH})} > \dfrac{c(\text{CH}_3\text{COO}^-) \times c(\text{H}^+)}{c(\text{CH}_3\text{COOH})} = K$，平衡有限

逆向移动，所以 $\alpha(CH_3COOH) = \dfrac{电离量\downarrow}{投料量}\alpha$ 减小。尽管最终结果与前面总结的转化率判断技巧（转化率与平衡移动方向一致，加谁谁减小）相符合，但是建议平衡部分学的不透的，初期少用技巧，多用公式判断。

在等效平衡中还有一个技巧就是：将所有生成物转化为反应物，如果等效于反应物投料加倍就用加压思想分析；如果等效于反应物减半就用扩大体积的思想分析。尽管这个技巧很好用，但对于初学者判断溶液体系容易造成混乱，因此就没在这里强调。

最后总结一下：所谓的等效平衡其实就是当一个反应受到多个因素影响时，不容易进行简单判断，就逐步分析。

第八章 溶液中的离子关系

气态体系的平衡问题在溶液中依然存在。溶液由两部分构成即溶质与溶剂。因为溶剂水的存在会对溶液中的氢离子或氢氧根离子浓度造成影响，因此溶液中的离子关系往往成为高中化学的一个难点，也是大型考试命题的偏爱点。

解决溶液中的离子关系核心就是找到各个离子的来源。

8.1 4x 理论破解 pH 计算

溶液由溶质与溶剂两部分共同构成。而 pH 是衡量溶液中氢离子浓度的标准，区分好氢离子的来源是解决 pH 计算的不二法宝。

这部分内容的核心是：溶液中的氢离子一定会由水提供，而溶质对氢离子的影响究竟是提供另外的氢离子还是消耗水电离的氢离子？

8.1.1 纯水的 pH 计算与电离程度

"The simplest is the best" 这是最初太空杯的广告语，借用到这里可以说成对最简单、最纯净的水的研究正是解决 pH 计算的重要突破点。

水是高中阶段最弱的电解质，电离程度极小，甚至让人怀疑其能否导电。很多地方都说纯水不导电这是完全错误的。纯水可以导电，只是导电能力极其微弱，微弱到几乎不导电的程度。

$$H_2O(aq) \rightleftharpoons H^+(aq) + OH^-(aq) \quad \Delta H > 0$$

水的电离是一个可逆反应，存在平衡，因此有 $\dfrac{c(H^+) \times c(OH^-)}{c(H_2O)} = K$。

配置溶液时，1L 溶液的体积与 1L 水的体积不相等。但做估算时，1L 水中加入溶质其体积几乎不发生改变，因此可以认为 1L 溶液的体积等于 1L 水的体积。

$$1L\ aq \approx 1L\ H_2O$$

$$1L\ H_2O = 1\,000mL \approx 1\,000g$$

$$n(H_2O) = \dfrac{m}{M} = \dfrac{1\,000g}{18g/mol} = \dfrac{1\,000}{18}mol$$

$$\therefore c(H_2O) = \dfrac{n(H_2O)}{V(aq)} = \dfrac{\left(\dfrac{1\,000}{18}mol\right)}{1L} = \dfrac{1\,000}{18}mol/L$$

任何溶液中，水的浓度都几乎为常数，因此关于水的浓度熵公式可以转化为：
$$c(H^+) \times c(OH^-) = K \times c(H_2O) = K_w$$

K_w 被称作水的离子积常数。

因水的电离是吸热反应，升高温度平衡正向移动，K 增大。其数值常温（25℃）为 1×10^{-14}，90℃左右其数值为 1×10^{-12}。

常温，纯水体系中因 $H_2O(aq) \rightleftharpoons H^+(aq) + OH^-(aq)$ $\Delta H < 0$，所以电离的氢离子与氢氧根离子浓度相同，可假设为 x mol/L。

代入浓度熵公式有 $c(H^+) \times c(OH^-) = K_w$，$\therefore x \times x = 1 \times 10^{-14}$，$\therefore x = 1 \times 10^{-7}$ mol/L。常温纯水中氢离子浓度与氢氧根离子浓度相等都为 1×10^{-7} mol/L。（90℃的可以计算其数值为 1×10^{-6} mol/L）

溶液中的氢离子与氢氧根离子来源都是水，其浓度相同，这样的溶液定义为中性溶液。

无论溶液是否为中性，溶液中的氢离子浓度标度可以用 pH 表示，pH 的计算公式为：
$$pH = -\lg c(H^+)(aq)$$

对于常温的纯水体系其 pH 为：$pH = -\lg c(H^+)(aq) = 7$

此时水的电离度为：$\alpha(H_2O) = \dfrac{电离量}{投料量} = \dfrac{1 \times 10^{-7} \text{mol/L}}{\left(\dfrac{1\,000}{18} \text{mol/L}\right)}$

而对于同样是中性的高温（90℃左右）纯水体系有：
$$pH = -\lg c(H^+)(aq) = 6$$
$$\alpha(H_2O) = \dfrac{电离量}{投料量} = \dfrac{1 \times 10^{-6} \text{mol/L}}{\left(\dfrac{1\,000}{18} \text{mol/L}\right)}$$

因此说 pH=7 的溶液未必就是中性溶液。

要注意区分 pH 与溶液酸碱性并非同一概念。

8.1.2 常温酸、碱溶液的 pH 计算

pH 计算的核心是以溶液中氢离子浓度为标准的。而这部分内容的核心就是：溶液中氢离子的来源。

要明确什么是酸碱性溶液，不要把酸碱性溶液与 pH 简单联系。只有在常温时 pH=7 的溶液才表示溶液中 $c(H^+)(aq) = c(OH^-)(aq)$，才是中性溶液；常温 pH<7 的溶液表示溶液中 $c(H^+)(aq) > c(OH^-)(aq)$ 为酸性溶液；常温 pH>7 的溶液表示溶液中 $c(H^+)(aq) < c(OH^-)(aq)$ 为碱性溶液。而当温度改变为 90℃，pH=6 就可以表示溶液中 $c(H^+)(aq) = c(OH^-)(aq)$，此时 pH=7 的溶液则用来表示 $c(H^+)(aq) < c(OH^-)(aq)$ 的碱性溶液。

1. 常温 0.01mol/L 的 HCl 溶液

该溶液由溶质 HCl 与溶剂水共同组成。溶质 HCl 完全电离 $HCl = H^+ + Cl^-$，能够提供氢离子与氯离子；水部分电离 $H_2O(aq) \rightleftharpoons H^+(aq) + OH^-(aq)$，能够提供氢离子与氢氧根离子。

溶液中存在的离子及其来源与数值依次为：
$$c(H^+)(aq) = c(H^+)(HCl) + c(H^+)(水) = 0.01 \text{mol/L} + x \text{mol/L}$$
$$c(OH^-)(aq) = c(OH^-)(水) = x \text{mol/L}$$

$$c(\text{Cl}^-)(\text{aq}) = c(\text{Cl}^-)(\text{HCl}) = 0.01 \text{mol/L}$$

代入离子积公式的数值一定是溶液中的氢离子浓度而非水电离的氢离子浓度,这个必须弄清楚,处理这部分问题的易错点也正在这里。因此:

$$c(\text{H}^+)(\text{aq}) \times c(\text{OH}^-)(\text{aq}) = K_w$$

$$\therefore [c(\text{H}^+)(\text{HCl}) + c(\text{H}^+)(水)] \times c(\text{OH}^-)(\text{aq}) = K_w$$

$$\therefore [0.01 + x] \times x = 1 \times 10^{-14}$$

正常水的电离数值为 $1 \times 10^{-7} \text{mol/L}$,因此可近似计算 $0.01 + x \approx 0.01$,

因此,可解 $x = 1 \times 10^{-12} \text{mol/L}$。

由此可以判断该溶液的相关计算问题:

$\text{pH} = -\lg c(\text{H}^+)(\text{aq}) = -\lg[c(\text{H}^+)(\text{aq}) + c(\text{H}^+)(水)] = -\lg[0.01 + x] \approx 2$

$c(\text{H}^+)(水) = c(\text{OH}^-)(水) = 1 \times 10^{-12} \text{mol/L}$

$c(\text{H}^+)(水) \times c(\text{OH}^-)(水) = 1 \times 10^{-12} \times 1 \times 10^{-12} < K_w$

$$\alpha(\text{H}_2\text{O}) = \frac{电离量}{投料量} = \frac{1 \times 10^{-12} \text{mol/L}}{\frac{1\,000}{18} \text{mol/L}}$$

2. 常温 0.01mol/L NaOH 与常温 0.005mol/L Ba(OH)$_2$ 溶液计算

经过前面的计算过程分析,很容易找到解决问题的核心即找到溶液中氢离子与氢氧根离子的来源。

两个溶液都是碱性溶液即溶质都是能够提供氢氧根离子的强碱,且两个溶液中溶质提供的氢氧根离子的浓度都为 0.01mol/L [Ba(OH)$_2$一个分子能够电离出 2 个氢氧根离子]。

因此,溶液中存在的离子来源及其数值依次为:

$$c(\text{H}^+)(\text{aq}) = c(\text{H}^+)(水) = x \text{mol/L}$$

$$c(\text{OH}^-)(\text{aq}) = c(\text{OH}^-)(水) + c(\text{OH}^-)(碱) = x \text{mol/L} + 0.01 \text{mol/L}$$

代入离子积公式,注意选取标准是溶液中的氢离子和氢氧根离子浓度,有:

$$c(\text{H}^+)(\text{aq}) \times c(\text{OH}^-)(\text{aq}) = K_w$$

$$\therefore c(\text{H}^+)(\text{aq}) \times [c(\text{OH}^-)(水) + c(\text{OH}^-)(碱)] = K_w$$

$$\therefore x \times [0.01 + x] = 1 \times 10^{-14}$$

解得 $x \approx 1 \times 10^{-12} \text{mol/L}$

相关的数值计算结果如下:

$\text{pH} = -\lg c(\text{H}^+)(\text{aq}) = -\lg c(\text{H}^+)(水) = -\lg x \approx 12$

$c(\text{H}^+)(水) = c(\text{OH}^-)(水) = 1 \times 10^{-12} \text{mol/L}$

$c(\text{H}^+)(水) \times c(\text{OH}^-)(水) = 1 \times 10^{-12} \times 1 \times 10^{-12} < K_w$

$$\alpha(\text{H}_2\text{O}) = \frac{电离量}{投料量} = \frac{1 \times 10^{-12} \text{mol/L}}{\frac{1\,000}{18} \text{mol/L}}$$

3. 常温 0.05mol/L HCl 与 0.05mol/L NaOH 按 2∶3 或 3∶2 或等体积混合的计算

第一种情况:按 2∶3 混合,此时混合溶液中过量的是氢氧化钠,该溶液呈现碱性。将这个分析过程简化为:等量的酸、碱中和后,等效于在中性溶液中加入氢氧化钠。因此溶液中的氢离子来源只有水的电离,氢氧根离子的来源则由水电离及溶质氢氧化钠(过量的部分)共同提供。

现在需要确定过量的氢氧化钠提供了多少氢氧根离子?

假设盐酸与氢氧化钠的体积分别为 $2V\text{L}$ 与 $3V\text{L}$，根据 $HCl+NaOH=\!=\!=NaCl+H_2O$ 可计算过量氢氧化钠为：

$$\frac{0.05\text{mol/L}\times 3V\text{L}-0.05\text{mol/L}\times 2V\text{L}}{3V\text{L}+2V\text{L}}=0.01\text{mol/L}$$

因此有：

$$c(H^+)(\text{aq})=c(H^+)(\text{水})=x\,\text{mol/L}$$

$$c(OH^-)(\text{aq})=c(OH^-)(\text{水})+c(OH^-)(\text{碱})=x\,\text{mol/L}+0.01\text{mol/L}$$

其余的计算过程与前面一致就不再赘述。

第二种情况：两者等体积混合，恰好 1∶1 结合，等效于溶液中没有加入氢离子或氢氧根离子。这种情况的分析参照纯水体系。

第三种情况：3∶2 混合。等效于溶液中加入 HCl。参照 2∶3 分析可知最终溶液中剩余的 HCl 为 $\dfrac{0.05\text{mol/L}\times 3V\text{L}-0.05\text{mol/L}\times 2V\text{L}}{3V\text{L}+2V\text{L}}=0.01\text{mol/L}$

因此有：

$c(H^+)(\text{aq})=c(H^+)(\text{HCl})+c(H^+)(\text{水})=0.01\text{mol/L}+x\,\text{mol/L}$

$c(OH^-)(\text{aq})=c(OH^-)(\text{水})=x\,\text{mol/L}$

参照第一个分析，这里就不再赘述。

4. $pH=2$ 的 CH_3COOH 溶液的计算

从对强酸、强碱及强酸与强碱的混合溶液可以得出通法即以水电离的氢离子浓度为 $x\,\text{mol/L}$ 作为解决问题的核心。仍然应用 $4x$ 的定位方法进行处理：

$$c(H^+)(\text{aq})=c(H^+)(\text{醋酸})+c(H^+)(\text{水})=y\,\text{mol/L}+x\,\text{mol/L}$$

$$c(OH^-)(\text{aq})=c(OH^-)(\text{水})=x\,\text{mol/L}$$

之所以这里引入第二个未知数 y 是因为 $CH_3COOH \rightleftharpoons CH_3COO^-+H^+$，醋酸是弱电解质，不能够完全电离，由醋酸电离提供的氢离子浓度未知。但这个未知数并不影响最终的计算结果。

标准步骤化，将以上数值代入离子积公式与 pH 计算公式：

$$c(H^+)(\text{aq})\times c(OH^-)(\text{aq})=K_w$$

$\therefore [c(H^+)(\text{醋酸})+c(H^+)(\text{水})]\times c(OH^-)(\text{aq})=K_w$

$\therefore [y+x]\times x=1\times 10^{-14}$

$$pH=-\lg c(H^+)(\text{aq})=-\lg[y+x]=2$$

解得 $x+y=1\times 10^{-2}\text{mol/L}$，进而代入方程可以解得 $x=1\times 10^{-12}$。

当 x 数值解决后，其余问题也就失去讨论的意义了。并且由这个计算可以拓展到给定 pH 的酸、碱溶液的计算，这里也不再赘述。

5. 关于 $pH=12$ 的 Na_2CO_3 溶液的计算

同样是给定 pH 的溶液计算，但溶质已不再是酸或者碱。从对溶液酸碱性的分析入手，碱性溶液的含义是溶液中的氢氧根离子多于氢离子，并非溶液中一定要存在碱。前面的方程式分析也探究过盐类水解的问题，这些内容都是有机联系在一起的。

现在，只从这个特定溶液入手分析，即使前面的方程式分析不记得也没有关系。

先确定第一个问题：溶液碱性的原因是溶液中的氢氧根离子多于氢离子。

再确定氢离子和氢氧根离子的来源：溶质碳酸钠不存在氢离子或氢氧根离子，因此无法提供任何一个离子；溶剂水尽管能够同时提供氢离子和氢氧根离子，但这种提供是等量的，无法造成氢氧根离子多于氢离子的结果，接着进行推理：一定是溶质消耗了水提供的部分氢离子造成最终溶液中氢氧根离子多于氢离子的结果。

好了，原因找到了，可以不必写出方程式，直接进入离子来源判断并解决问题：
$$c(H^+)(aq) = c(H^+)(水) - c(H^+)(消耗) = x\,mol/L - y\,mol/L$$
$$c(OH^-)(aq) = c(OH^-)(水) = x\,mol/L$$

之后同样是运用离子积公式与 pH 计算公式解决
$$c(H^+)(aq) \times c(OH^-)(aq) = K_w$$
$$\therefore (x-y) \times x = 1 \times 10^{-14}$$
$$pH = -\lg c(H^+)(aq) = -\lg[x-y] = 12，解得\ x-y = 1 \times 10^{-12}\,mol/L。$$

进而计算可求 $x = 1 \times 10^{-2}\,mol/L$

关于该溶液的数值计算解决完后，还要重点强调下：该溶液中由水电离的氢离子浓度为 $1 \times 10^{-2}\,mol/L$，但部分氢离子被溶质消耗，因此最终剩余的氢离子浓度小于水电离的氢离子浓度，其数值为 $1 \times 10^{-12}\,mol/L$，因此该溶液 pH 为 12。

且补充回第一个分析提到的
$$c(H^+)(水) \times c(OH^-)(水) = 1 \times 10^{-2} \times 1 \times 10^{-2} > K_w$$

6. 关于 pH=12 的 $NaHCO_3$ 溶液的计算问题

在进行分析之前，先进行两点提示：①没必要讨论什么样浓度的碳酸氢钠溶液的 pH 才能达到 12，更不用强调常温碳酸氢钠饱和溶液碱性没有这么强。选取 pH 为 12 只是为了能够增强与其他溶液的对比，为了减少数值计算的干扰。如果觉得这个数值很难有说服力，很难和实际相符，请自行将 pH 改为 8 再计算；②请细心读题分析，不要简单认为碳酸氢钠属于酸式盐，组成中含有氢离子就盲目认为该溶液应该呈现酸性。当然也不用非要去研究这个物质在溶液中电离与水解的程度关系，在 $4x$ 理论的技巧中，就是要针对这类问题单独研究，避免其他因素的干扰，最快速、最准确地解决问题。

铺垫结束，直接进入正题，依据限定，该溶液 pH 为 12 是碱性溶液：

(1) 碱性溶液意味着溶液中的氢氧根离子浓度多于氢离子浓度。

(2) 溶质碳酸氢钠无法提供氢氧根离子（如果在这个问题上提出溶质能够提供氢离子的，个人建议要在后续的做题训练中强化读题能力训练，否则很容易出现"一答就错、一看答案就会"的被动情况）；溶剂水等量提供氢离子与氢氧根离子。

(3) 溶质体现为消耗水电离的氢离子才会造成溶液中氢氧根离子多于氢离子的情况。因此：
$$c(H^+)(aq) = c(H^+)(水) - c(H^+)(消耗) = x\,mol/L - y\,mol/L$$
$$c(OH^-)(aq) = c(OH^-)(水) = x\,mol/L$$

同样是运用离子积公式与 pH 计算公式解决：
$$c(H^+)(aq) \times c(OH^-)(aq) = K_w$$
$$\therefore (x-y) \times x = 1 \times 10^{-14}$$
$$pH = -\lg c(H^+)(aq) = -\lg[x-y] = 12$$

进而计算可求 $x = 1 \times 10^{-2}\,mol/L$

x 解决也就代表一切可以探究的问题都已经得到解决。好吧！再强调一次：这个技巧的核心点就是假设由水电离的氢离子为 $x\,mol/L$ 然后分析溶质对水电离出氢离子、氢氧根的影响。

7. 关于 pH=2 的 NaHSO₃ 溶液的计算问题

不要简单和上面的溶液进行对比。我用了大量篇幅进行分析，就是希望读这本书的人能够静下心来，针对具体问题进行具体分析，千万不要简单盲目类比，否则就会堕入化学学科的圈套——表面很像的现象实际原因千差万别。

真诚建议，可以休息下眼睛，把这本书放下，脑子里演绎一下计算过程，计算出你所需要的数值，然后再和我后面计算的结果对应。

(1) pH=2 说明溶液呈现酸性，也就意味着溶液中的氢离子浓度大于氢氧根离子浓度。

(2) 水等量电离出氢离子和氢氧根离子，无法造成氢离子多于氢氧根离子的结果；溶质属于酸式盐，本身存在氢离子。

(3) 溶质最终影响体现为电离出氢离子造成溶液中氢离子多于氢氧根离子而使溶液呈现酸性。由此：

$$c(H^+)(aq)=c(H^+)(水)+c(H^+)(提供)=x\,mol/L+y\,mol/L$$
$$c(OH^-)(aq)=c(OH^-)(水)=x\,mol/L$$

同样是运用离子积公式与 pH 计算公式解决：

$$c(H^+)(aq) \times c(OH^-)(aq)=K_w$$
$$\therefore (x+y) \times x = 1 \times 10^{-14}$$
$$pH=-\lg c(H^+)(aq)=-\lg[x+y]=2$$

进而计算可求 $x+y=1\times 10^{-2}\,mol/L$，所以 $x=1\times 10^{-12}\,mol/L$。$x$ 的数值被确定后后续的所有数值运算都是水到渠成的，没必要再占用篇幅了。

与上一个溶液进行对比，同样是酸式盐，水电离的程度却相差悬殊。

对 NaHSO₃ 溶液的数值分析，也可以反过来促进弱酸酸式盐电离水解程度的比较记忆。

现在略提一下：NaHCO₃ 是典型的水解程度大于电离程度的酸式盐，而 NaHSO₃ 是电离程度大于水解程度的酸式盐。这也是为了下一节具体分析溶液中的离子关系做的铺垫。强调一下：弱酸酸式盐在溶液中电离水解两个过程同时存在，但程度不同。

毕竟由水电离的氢离子计算及 pH 计算属于一个比较容易产生错误的知识内容，本节用了大量力气，通过多个物质分析以期让读者真正掌握这类问题分析的核心就是氢离子的来源。

分析过程始终以水电离的氢离子浓度（之所以选取这个离子，确实也是出于功利性的考虑，毕竟命题中涉及水电离的氢离子浓度还是主流的！）假设为 x 为 mol/L 为核心。然后分析溶质对氢离子和氢氧根离子有何种影响，进而利用离子积公式与 pH 计算公式解决关于由水电离氢离子、溶液中氢离子、pH 乃至水的电离程度的问题。

将前面的部分案例再加上一些新的案例编制成一个如表 8-1 所示的表格。

表 8-1　4x 技巧破解水电离氢离子浓度表

溶液（常温）	$c(H^+)$（水）	$c(OH^-)$（水）	$c(H^+)$（溶液）	$c(OH^-)$（溶液）	溶质的影响
0.01mol/L HCl	x	x	$x+0.01$	x	提供氢离子
0.01mol/L NaOH	x	x	x	$x+0.01$	提供氢氧根离子
pH=2 CH₃COOH	x	x	$x+y$	x	提供氢离子
pH=12 NH₃·H₂O	x	x	x	$x+y$	提供氢氧根离子

（续表）

溶液（常温）	$c(H^+)$（水）	$c(OH^-)$（水）	$c(H^+)$（溶液）	$c(OH^-)$（溶液）	溶质的影响
pH=12 NaF	x	x	$x-y$	x	消耗氢离子
pH=2 NH$_4$Cl	x	x	x	$x-y$	消耗氢氧根离子
pH=12 NaHCO$_3$	x	x	$x-y$	x	消耗氢离子
pH=2 NaHSO$_3$	x	x	$x+y$	x	提供氢离子
pH=12 Na$_2$CO$_3$与NaOH混合溶液	x	x	x	$x+y$	碱性溶液 提供氢氧根离子
pH=12 Na$_2$CO$_3$与NaHCO$_3$ 等量混合溶液	x	x	$x-y$	x	碱性溶液 消耗氢离子
pH=2 CH$_3$COOH与CH$_3$COONa 等量混合溶液	x	x	$x+y$	x	酸性溶液 提供氢离子
			pH		
	乘积$\neq K_w$		乘积$=K_w$		

我在不停地追求着更快，写书前是这个 $4x$ 的技巧。写到这个技巧结尾的时候，我又将这个技巧做了进一步研究。但千万别放弃前面的基础，否则只用最后一个技巧真的就是"空中楼阁"，不一定好用。

这个最新的技巧归结为以下几个字："有，则小；无，则大"。来翻译一下这句话，其实也是个步骤化的思想。以 pH=2 的 CH$_3$COOH 及 pH=2 的 MgCl$_2$ 溶液为例。

先确定溶液酸碱性：pH=2，酸性溶液，溶液中氢离子多。

再确定数值：pH=2 根据公式 pH=-lg(H$^+$)（溶液）

可知：$c(H^+)$（溶液）$=1\times10^{-2}$ mol/L $c(OH^-)$（溶液）$=1\times10^{-12}$ mol/L

然后确定溶质 CH$_3$COOH 中有 H$^+$，所以该溶液中由水电离的氢离子浓度选择上述两个数值中小的那个即 1×10^{-12} mol/L。

确定溶质 MgCl$_2$ 中不存在 H$^+$，所以该溶液中由水电离的氢离子浓度选择上述两个数值中大的那个即 1×10^{-2} mol/L。

是不是对于刚才表格中最后两列还不是十分清楚呢？在本节最后这部分，回述一下整个过程，然后给出一个特例，补全这个技巧。

以 pH=2 的 CH$_3$COOH 与 CH$_3$COONa 等量混合溶液。先确定溶液呈现酸性，意味着溶液中氢离子多。

溶质 CH$_3$COOH 中有氢离子（请原谅我没看到 CH$_3$COONa），所以该溶液中由水电离的氢离子浓度选取根据 pH 计算出的两个数值 1×10^{-2} 与 1×10^{-12} 中小的那个数值，即由水电离的氢离子浓度为 1×10^{-12} mol/L。将数值整理一下：

由水电离的氢离子=由水电离的氢氧根离子=$x=1\times10^{-12}$ mol/L

溶液中氢氧根离子浓度=由水电离=$x=1\times10^{-12}$ mol/L

溶液中氢离子浓度=由水电离+醋酸提供=$x+y=1\times10^{-2}$ mol/L（根据离子积公式）

再可推可以知道当醋酸与醋酸钠等量混合时，醋酸的电离程度（提供氢离子）大于醋酸根的水解程度（消耗氢离子），因此对水的电离仍然是抑制作用，水的电离程度仍然比纯水低。

这个最新的技巧其实就是对 $4x$ 理论的极简化。建议大家平时用逐步分析的步骤，大考时用上面的表格形式，平时课上做题时再用这个最新技巧"嘚瑟"。这个技巧的来源是对溶液的分析。对烦琐分析过程不停简化就形成极简的技巧，但每一次简化都会突出一些内容而规避一些内容，形成最终技巧时，难免会忽略了个别情况，下面用第 8 个溶液分析作为这个技巧的终极补丁。

8. pH=7 的 CH_3COONH_4 溶液分析

（1）确定溶液为中性，则说明溶液中氢离子与氢氧根浓度相等。

（2）等量提供氢离子与氢氧根离子；溶剂不提供氢离子也不提供氢氧根离子。请不要停下来，特例就在这里！溶质的阴离子可以消耗氢离子，溶质的阳离子可以消耗氢氧根离子。这个分析可以参照表格中关于醋酸钠和氯化铵的分析（这个知识点关联的是弱电解质的内容及盐类水解的内容）。

（3）溶液中性证明溶质等量消耗了氢离子与氢氧根离子。整理数值为：

溶液中氢离子＝水电离－溶质消耗

溶液中氢氧根离子＝水电离－溶质消耗

由此可知，该溶液尽管是中性溶液，尽管常温计算结果有：

$c(H^+)(aq) = c(OH^-)(aq) = 1 \times 10^{-7}$ mol/L

但要注意此溶液中 $c(H^+)$（水）＝$c(OH^-)$（水）＞1×10^{-7} mol/L 水的电离程度比纯水要大。

不停地积极探索，希望大家在不同的知识点上都能找到最适合你的方法。$4x$ 计算到这里做了一个了结，也简单了解了弱电解质的电离和盐类水解，那么这些溶液中除了研究水电离的氢离子浓度外，可不可以比较一下彼此间的大小关系呢？

8.2 三层次比较溶液中离子关系

溶液由两部分构成：溶质和溶剂。其中溶剂水等量电离出氢离子与氢氧根离子，溶质按组成比例形成阴、阳离子。以 NaCl 溶液为例进行说明。

溶剂水的微弱电离：$H_2O \rightleftharpoons H^+ + OH^-$

溶质的完全电离：$NaCl = Na^+ + Cl^-$

无论是溶剂还是溶质，都是等量电离出阴、阳离子的，但溶质的电离程度是完全电离，也就是 100% 电离。而溶剂水则是微弱电离，上一节计算过纯水常温的电离程度微弱到了一个夸张的数值。

由此很容易比较出溶液中所存在的四个离子关系为：

$n(Na^+) = n(Cl^-) > n(H^+) = n(OH^-)$

因为是在同一个溶液中，处于相同的体积，所以浓度关系与物质的量关系相同：

$c(Na^+) = c(Cl^-) > c(H^+) = c(OH^-)$

溶液中离子浓度关系比较的核心是：电离或水解的程度。有点类似于古代的等级划分，"刑不上大夫，礼不下庶人"。

8.2.1 单一溶质溶液中的离子浓度关系

单一溶质的溶液中离子浓度关系的比较核心：完全电离产生的离子作为第一等级，部分电离或水解产生的离子作为第二等级，水的微弱电离作为第三等级。先按照等级比较，然后再进行等级内部的比较。

1. 简单正盐溶液中的离子关系

比较溶液中离子浓度关系可以从溶质与溶剂的电离程度角度进行比较,只是比较的时候不要太快,要注意溶质的组成是否对比较关系造成影响。比如 Na_2SO_4 溶液中离子关系的比较。

溶剂水的微弱电离:$H_2O \rightleftharpoons H^+ + OH^-$

溶质的完全电离:$Na_2SO_4 = 2Na^+ + SO_4^{2-}$

因溶质能够 1∶2 提供阴、阳离子,所以有 $c(Na^+) > c(SO_4^{2-}) > c(H^+) = c(OH^-)$。如果不注意的话,这个比较关系很容易被粗心写作 $c(Na^+) = c(SO_4^{2-}) > c(H^+) = c(OH^-)$,尽管这个错误的关系式看起来要舒服得多,但它违反了真实规律。

另外一个经典的案例就是 $BaSO_4$ 饱和溶液中的离子关系问题。

之所以说是经典案例,是因为分析过程容易矫枉过正地认为 $BaSO_4$ 不存在溶液状态。硫酸钡是难溶物,难溶物的界定就是溶液中的溶解度小于 0.01g,但绝不是不溶。这也是学习电解质知识时遗留的问题。

硫酸钡是难溶物,溶解度很小,但溶解的部分能够完全电离属于强电解质,因此该溶液中的离子关系为 $c(Ba^{2+}) = c(SO_4^{2-}) > c(H^+) = c(OH^-)$。

2. 强酸溶液中的离子浓度关系

参照前面的分析过程,首先要对溶质和溶剂的电离程度进行对比,然后是要注意溶质的组成结构。进入酸、碱溶液就要开始注意溶质和溶剂之间的相互影响了。如盐酸溶液中:

溶剂水的微弱电离:$H_2O \rightleftharpoons H^+ + OH^-$

溶质的完全电离:$HCl = H^+ + Cl^-$

参照刚才的比较关系,可以得到 $c(H^+) = c(Cl^-) > c(H^+) = c(OH^-)$,因未标记氢离子究竟由溶质还是溶剂提供,因此在溶液中将相同的离子进行合并统一表述,上面的比较关系则转化为 $c(H^+) > c(Cl^-) > c(OH^-)$。从这个例子开始因为出现了相同离子合并表述的问题,因此大家更要留心注意。

3. 强碱溶液中的离子浓度关系

与强酸一样,强碱溶液中也存在着合并离子的问题,于是对于 NaOH 溶液的分析如下:

溶剂水的微弱电离:$H_2O \rightleftharpoons H^+ + OH^-$

溶质的完全电离:$NaOH = Na^+ + OH^-$

氢氧根离子由溶质和溶剂共同提供,因此有 $c(OH^-) > c(Na^+) > c(H^+)$。

相信对于 NaOH 溶液的比较,尽管结论看起来比较别扭,但没有违反真正的浓度关系,还是比较容易接受的,那么对于 $Ba(OH)_2$ 溶液中的离子浓度关系可以脑补比较过程直接得出结论了吗?这个训练很有必要,后面的也要借助这个比较的分析过程。

$Ba(OH)_2$ 中离子关系为 $c(OH^-) \gg c(Ba^{2+}) > c(H^+)$。请不要先认定存在印刷错误,之所以用了两个大于号,是想通过这种非正常的方式表述一些思想:按照溶质的组成关系就已经可以判断氢氧根离子多于钡离子,且氢氧根离子还有一部分源于溶剂提供。

4. 一元弱酸、弱碱溶液中的离子浓度关系

这个分析过程早就隐含在对 $BaSO_4$ 溶液的分析过程中。以醋酸和氨水这两个考试中高频出现的物质为例进行说明。对于醋酸溶液的分析:

溶剂水的微弱电离：$H_2O \rightleftharpoons H^+ + OH^-$

溶质的部分电离：$CH_3COOH \rightleftharpoons H^+ + CH_3COO^-$

进行程度分析时应该借助更具有说服力的电离常数，但进行简单的离子比较，每次都借助这个数值不仅麻烦而且也会增加学习的心理负担。将知识做减法，反正水是高中阶段最弱的弱电解质，其余的物质电离程度都会远超水，那么，干脆就用1%（实际很多弱电解质的电离程度是达不到这个数值的）作为弱电解质的电离程度。

于是这个比较关系就可以表示为：$c(H^+) \gg c(CH_3COO^-) > c(OH^-)$。

相信这样的两个大于号的表述已经不再陌生了，之后的表述中这样的传达形式将会减少甚至消失，毕竟一个比较关系中出现">>"这样的符号还是比较麻烦的。同时强调一下尽管对于水的微弱电离已经有了充分认识，但还是建议每次比较都将水的电离方程式写出来，水的电离在后面的复杂溶液比较中作用会越来越大。

至于氨水溶液中的离子关系，只需要写出来就好 $c(OH^-) > c(NH_4^+) > c(H^+)$。

尽管标题是溶液中的离子浓度关系，但命题为了增加难度往往会加上一些大家有能力处理但会比较陌生的点，比如氨水中 $NH_3 \cdot H_2O$ 的浓度应该排在哪里？对氨水溶液进行分析：

溶剂水的微弱电离：$H_2O \rightleftharpoons H^+ + OH^-$

溶质的部分电离（电离程度约1%）：$NH_3 \cdot H_2O \rightleftharpoons NH_4^+ + OH^-$

于是有 $\underset{1-1\%}{c(NH_3 \cdot H_2O)} > \underset{1\%+水}{c(OH^-)} > \underset{1\%}{c(NH_4^+)} > \underset{水}{c(H^+)}$

对于数字敏感度较低的同学也可以参照这样的数值标记的方法更好地掌握溶液中的离子关系问题。

5. 能够发生水解反应的盐

电解质部分讲解过强弱电解质的概念。这里偷换弱电解质的概念，将在溶液中不能够完全电离表述为在溶液中分子与离子必须同时存在，之后就更容易理解盐类水解了。习惯的分析方法是强酸弱碱盐、强碱弱酸盐"谁弱谁水解"，弱酸弱碱盐"都弱都水解"，强酸强碱盐不水解。但这个方法的弊端就是区分盐的种类就够烧脑了，过于烦琐。

现在延续被偷换的弱电解质的定义，先确定高中阶段所有的可溶盐都是强电解质，在溶液中都能够完全电离为阴、阳离子。之后盐电离出的阴、阳离子分别与水电离的氢离子或氢氧根离子结合能够生成弱电解质的就能够水解。

如 CH_3COONa（醋酸钠）是可溶盐，是强电解质，于是溶液中存在：

溶剂水的微弱电离：$H_2O \rightleftharpoons H^+ + OH^-$

溶质的完全电离：$CH_3COONa = CH_3COO^- + Na^+$

根据弱电解质定义：溶液中分子与离子必须同时存在。溶质盐电离的阳离子钠离子、阴离子醋酸根分别与水电离的氢离子、氢氧根离子结合，分别生成醋酸、氢氧化钠。氢氧化钠是强电解质在溶液中完全电离，这种结合无法实现，醋酸是弱酸弱电解质，溶液中必须存在分子，因此会出现该溶液中的第三个方程式。

溶质的部分水解：$CH_3COO^- + H_2O \rightleftharpoons CH_3COOH + OH^-$

因为弱电解质在溶液中分子与离子必须共存，因此醋酸根不能完全水解，方程式使用可逆号（盐类的水解都是微弱的过程）。同时因这个水解的产物是酸与碱，酸碱中和反应是最完全、最容易的反应。因此决定了这个反应必须进行，但程度很小，我们也以1%去计量，数字化的思想有利于后续的离子浓度比较问题的处理。将以上的三个反应按照反应程度进行排序：

溶质的完全电离（100%）：$CH_3COONa = CH_3COO^- + Na^+$

溶质的部分水解（1%）：$CH_3COO^- + H_2O \rightleftharpoons CH_3COOH + OH^-$

溶剂水的微弱电离：$H_2O \rightleftharpoons H^+ + OH^-$

于是得出溶液中的离子浓度关系为：

$$\underset{100\%}{c(Na^+)} > \underset{1-1\%}{c(CH_3COO^-)} > \underset{1\%+水}{c(OH^-)} > \underset{1\%}{c(CH_3COOH)} > \underset{水}{c(H^+)}$$

为了便于后续的表述，从这个分析开始弃去数值比较的方法，用一种新的标记方法进行表述。

$$c(Na^+) > c(CH_3COO^-) > |c(OH^-) > c(CH_3COOH) > |c(H^+)$$

第一个竖线前表示溶质分子或离子，竖线后表示微弱电离或水解产生的粒子，第二条竖线后表示水微弱电离产生的氢离子或氢氧根离子。

再解决前面可能存在的疑问。水的浓度因为过大（参照 pH 计算部分），在任何的离子比较关系中都不出现；书写水解方程式时因水是高中阶段最弱的弱电解质，因此不能拆分，要以分子形式体现。

对于 NH_4Cl 溶液也是这样的分析过程，可以得出溶液中的离子关系为：

$$c(Cl^-) > c(NH_4^+) > |c(H^+) > c(NH_3 \cdot H_2O) > |c(OH^-)$$

6. 能够发生多步水解的盐：Na_2CO_3 类

利用上面的分析过程，再一次进行分析。

溶质的完全电离：$Na_2CO_3 = 2Na^+ + CO_3^{2-}$

溶质的部分水解：第一步微弱水解 $CO_3^{2-} + H_2O \rightleftharpoons HCO_3^- + OH^-$

第二步更加微弱的水解 $HCO_3^- + H_2O \rightleftharpoons H_2CO_3 + OH^-$

溶剂水的微弱电离：$H_2O \rightleftharpoons H^+ + OH^-$

与前面的溶液相比较，这类溶液的特点在于阴离子的水解需要多步完成。第一步的程度约为 1%，第二步的程度是上一步的 1% 即约为万分之一。对于碳酸钠的水解方程式正因为第二步进行的程度过于微弱，因此生成的碳酸没有拆分为水和二氧化碳的形式。根据上面的反应顺序进行离子浓度排序如下：

$$c(Na^+) > c(CO_3^{2-}) > |c(OH^-) > c(HCO_3^-) > c(H_2CO_3) > |c(H^+)$$

7. 关于 $(NH_4)_2SO_4 = 2NH_4^+ + SO_4^{2-}$ 溶液的离子关系比较

同样的分析过程，但需要心细一点，否则很容易造成失误。

溶质的完全电离：$(NH_4)_2SO_4 = 2NH_4^+ + SO_4^{2-}$

溶质的部分水解：$NH_4^+ + H_2O \rightleftharpoons NH_3 \cdot H_2O + H^+$

溶剂水的微弱电离：$H_2O \rightleftharpoons H^+ + OH^-$

进行最终排序为：$\underset{2\times(1-1\%)}{c(NH_4^+)} > \underset{1}{c(SO_4^{2-})} > |\underset{1\%\times2+水}{c(H^+)} > \underset{1\%\times2}{c(NH_3 \cdot H_2O)} > |\underset{水}{c(H^+)}$

分清反应进行的程度，按照程度进行排序，然后细心一点，这类问题都可以轻松解决。硫酸铵注意的就是铵根与硫酸根 2:1 电离，而铵根的水解程度仅仅约为 1%。对于复杂的溶液就是将这样的分析方法继续渗透。

8.2.2 酸式盐溶液及复盐溶液中的离子关系比较

1. 关于 $NaHSO_4$ 溶液中离子浓度关系

分析方法和前面提到的方法一致：对溶液中的反应按照程度进行排序。

溶质的完全电离：$NaHSO_4 = Na^+ + H^+ + SO_4^{2-}$

溶剂水的微弱电离：$H_2O \rightleftharpoons H^+ + OH^-$

进行离子浓度排序时细心一点就好：$c(H^+) > c(Na^+) = c(SO_4^{2-}) > |$ 无物质 $| c(OH^-)$。

尽管这个最终的结果看起来不是很和谐，但这个是正确的离子浓度关系。其中稍难的点在于氢离子与钠离子的比较，尽管大家自己分析也能够得出结论，但在大考时极可能因为没有时间进行分析过程的演绎而漏选。

2. 关于 $NaHCO_3$ 溶液中离子浓度关系

$NaHCO_3$ 俗名小苏打，其溶液呈现碱性，这个基础知识如果不知道会对后续的分析造成困扰。了解这个之后仍然是对标准步骤的分析：

溶质的完全电离：$NaHCO_3 = Na^+ + HCO_3^-$

溶质的部分水解及电离：微弱水解 $HCO_3^- + H_2O \rightleftharpoons H_2CO_3 + OH^-$

微弱电离 $HCO_3^- \rightleftharpoons H^+ + CO_3^{2-}$

溶剂水的微弱电离：$H_2O \rightleftharpoons H^+ + OH^-$

因为弱电解质的要求就是分子与离子必须共存，因此碳酸氢根在溶液中同时存在电离和水解两个过程。同时因为碳酸氢钠溶液呈现碱性，可以判断该溶液中水解程度大于电离程度，但都是 1‰ 左右，仍然强于最微弱电离的水，因此溶液中的离子关系有：

$c(Na^+) > c(HCO_3^-) > |[c(OH^-) > c(H_2CO_3)] > [c(H^+) > c(CO_3^{2-})]| >$ | 无物质

溶液呈现碱性，因此在第二等级（层次）比较中优先写水解生成的离子然后是电离出的离子。因为同种离子合并，所以最终水微弱电离的氢离子与氢氧根离子才不会出现。

这个溶液中的离子关系分析难度并没有增加太多，只是分析过程要求更加严谨，且最终的表达形式看起来更加匪夷所思罢了。

3. 关于 $NaHSO_3$ 溶液中离子浓度关系

该溶液呈现酸性，这个知识点隐含在教材中，命题时一般通过溶液酸碱性，pH，指示剂变色等形式进行提示。因此可以参照 $NaHCO_3$ 溶液进行分析，不同点在于此溶液中溶质的阴离子电离程度大于水解程度。

溶质的完全电离：$NaHSO_3 = Na^+ + HSO_3^-$

溶质的部分水解及电离：微弱电离 $HSO_3^- \rightleftharpoons H^+ + SO_3^{2-}$

微弱水解 $HSO_3^- + H_2O \rightleftharpoons H_2SO_3 + OH^-$

溶剂水的微弱电离：$H_2O \rightleftharpoons H^+ + OH^-$

其余分析过程如上，最终结果为：

$c(Na^+) > c(HSO_3^-) > | c(H^+) > c(SO_3^{2-}) > | c(OH^-) > c(H_2SO_3)$

对于其他的酸式盐溶液不必过分担心，除了上面提到的这两个，其余的酸式盐溶液进行离子比较时题干都需要给出一定提示以利于判断电离与水解的程度。

4. 关于 $KAl(SO_4)_2$ 溶液中离子浓度关系

溶质的完全电离：$KAl(SO_4)_2 = K^+ + Al^{3+} + 2SO_4^{2-}$

溶质的部分水解：$Al^{3+} + 3H_2O \rightleftharpoons Al(OH)_3 + 3H^+$

溶剂水的微弱电离：$H_2O \rightleftharpoons H^+ + OH^-$

溶液中的离子关系为：$c(SO_4^{2-}) > c(K^+) > c(Al^{3+}) > |c(H^+) > |c(OH^-)$

这个分析过程意义在于注意生成碱的水解过程，高中不要求分步分析。

5. 关于 $(NH_4)_2Fe(SO_4)_2$ 溶液中离子关系问题

再复杂的溶液仍然可以遵循分析过程，尤其对这种稍微陌生的物质，不要简单判断更不要简单认为很难。按照分析过程整理程度顺序：

溶质的完全电离：$(NH_4)_2Fe(SO_4)_2 = 2NH_4^+ + Fe^{2+} + 2SO_4^{2-}$

溶质的部分水解：$Fe^{2+} + 2H_2O \rightleftharpoons Fe(OH)_2 + 2H^+$

$NH_4^+ + H_2O \rightleftharpoons NH_3 \cdot H_2O + H^+$

溶剂水的微弱电离：$H_2O \rightleftharpoons H^+ + OH^-$

溶液中的离子关系为：$\underset{2}{c(SO_4^{2-})} > \underset{2(1-1\%)}{c(NH_4^+)} > \underset{1-1\%}{c(Fe^{2+})} > \underset{2\times1\%+1\%+水}{|c(H^+)} > \underset{水}{|c(OH^-)}$

之所以不去进行水解产物—水合氨与氢氧化亚铁对比：一方面是氢氧化亚铁形成固体微小颗粒不易计算浓度；另一方面是铵根与二价铁的微弱水解程度需要根据电离常数计算，我们一直用的1%的思想无法代替真实的电离或水解程度。

不过也无须担心这个比较分析的方法是否适用，对于题干中给出的是浓度极浓或者极稀的溶液，以及给出各物质的电离常数表的题目需要进行大量数值运算才能最终确认各离子浓度关系。这也正是为什么很多我所讲到的其他的比较方法也能够解决绝大部分大考试题，却被一些专家用实验数据喷得体无完肤的原因。

离子浓度关系的大考命题着重于考查考生的分析能力和学科素养，但又不能违背实验事实。因此大考中或者遵循这样的三个层次思想，或者给出实验数值但规避同一层次内或者可能出现层次跨越的复杂比较。

于是再去争论非常稀的NaH_2PO_4溶液（pH＜7）中按照前面给出的三层次比较应该是：

$c(Na^+) > c(H_2PO_4^-) > |c(H^+) > c(HPO_4^{2-}) > c(PO_4^{3-}) > c(OH^-) > c(H_3PO_4)|$

而实际测定结果却可能出现$c(PO_4^{3-}) < c(H_3PO_4)$的情况。这也非常正常，首先弱酸酸式盐电离与水解同时存在，电离为主溶液呈现酸性，水解为主溶液呈现碱性，但高中阶段只能说为主，究竟相差多少毫无信息来源；另一方面$H_2PO_4^-$类的一步电离微弱，二步电离更加微弱，微弱到什么程度高中也没有信息来源。

已经完成了多个类型的讲述，相信分析过程已经完全无忧了。可不可以将以上的分析过程简化为技巧呢？下一组混合溶液的分析过程结束时，希望阅读这一节的读者能够找到隐藏在分析过程之后的技巧方法。

8.2.3 混合溶液中的离子浓度关系

1. 醋酸与NaOH 2∶1混合溶液中的离子浓度关系

前面的分析过程是针对具体的稳定的溶液进行分析。而醋酸与NaOH在溶液中并不能够共存，因此需要先完成化学反应，对最终稳定的溶液状态进行分析。

$$CH_3COOH + NaOH = CH_3COONa + H_2O$$

投料量为2∶1，实际反应却是等量进行，因此可以判断该溶液为醋酸与醋酸钠等量的混合溶液。

处理混合溶液问题的首要分析就是要让溶液中能够发生的反应完成反应过程，以确定真是稳定的溶液组成。之后按照程度层次进行分析：

溶质的完全电离：$CH_3COONa = CH_3COO^- + Na^+$

溶质的部分水解与电离：微弱电离 $CH_3COOH \rightleftharpoons CH_3COO^- + H^+$

微弱水解 $CH_3COO^- + H_2O \rightleftharpoons CH_3COOH + OH^-$

溶剂水的微弱电离：$H_2O \rightleftharpoons H^+ + OH^-$

根据前面对弱酸酸式盐溶液的分析知道，同时存在的电离与水解过程需要确定其程度大小才能够进行后续比较。

后续的分析从酸性溶液开始，可知该溶液中存在的电离程度大于水解程度，于是有：

$$c(CH_3COO^-) \underset{1+1\%}{>} c(Na^+) > c(CH_3COOH) \underset{1-1\%}{>} |c(H^+) \underset{水}{>} |c(OH^-)$$

电离程度大于水解程度，因此醋酸根等效于最终浓度比初始增加，而醋酸浓度比初始减少。可以等效于只考虑微弱电离过程。类似的混合溶液比较常考的还有氨水与 HCl 以 2∶1 形式混合呈现碱性；HCN 与 NaOH 以 2∶1 混合溶液呈现碱性等。

2. 醋酸与 NaOH 以 1∶2 混合的溶液中的离子浓度关系

混合溶液的最初判断是先进行反应以确定稳定的溶质。根据前面的方程式及比例关系可以确定该溶液的溶质为 CH_3COONa 与 NaOH 等量混合溶液。

溶质的完全电离：$CH_3COONa = CH_3COO^- + Na^+$

$NaOH = Na^+ + OH^-$

溶质的部分水解：$CH_3COO^- + H_2O \rightleftharpoons CH_3COOH + OH^-$

溶剂水的微弱电离：$H_2O \rightleftharpoons H^+ + OH^-$

由此可以得出溶液中的离子关系为：

$$c(Na^+) \underset{2}{>} c(OH^-) \underset{1+1\%}{>} c(CH_3COO^-) \underset{1-1\%}{>} |c(CH_3COOH)| \underset{1\%}{>} c(H^+) \underset{水}{}$$

合并以上两个分析过程，将这个过程进行拓展。醋酸中逐滴加入 NaOH 至少可以得到醋酸与氢氧化钠 2∶1、1∶1、1∶2 三个特殊点的混合溶液的离子浓度比较关系，并且可以统一到一个相同的公式进行表述，仍然提醒技巧用来娱乐，分析才是王道。

溶质存在形式（100% 级别）＞（H^+/OH^-）＞1% 水解/电离产物＞（OH^-/H^+）

2∶1 混合溶液为醋酸与醋酸钠 1∶1 混合溶液（电离程度大呈酸性），代入这个技巧公式有：

CH_3COOH、CH_3COO^-、Na^+ ＞ CH_3COO^-（电离程度大）/CH_3COOH（水解程度小）同种离子合并，然后插入 H^+ 或 OH^-，所以：

$c(CH_3COO^-) > c(Na^+) > c(CH_3COOH) > [c(H^+)] > [c(OH^-)]$（此处的方括号表示插入的方式与技巧）

1∶1 混合溶液为醋酸钠溶液，代入技巧公式：

CH_3COO^-、Na^+ ＞ CH_3COOH（水解产物）

然后插入 H^+ 或 OH^-，进一步整理：

$c(Na^+) > c(CH_3COO^-) > [c(OH^-)] > c(CH_3COOH) > [c(H^+)]$

1∶2 混合溶液为醋酸钠与氢氧化钠 1∶1 混合溶液，代入技巧公式：

CH_3COO^-、Na^+、Na^+、OH^- ＞ CH_3COOH（水解产物）

然后插入 H^+ 或 OH^-，进一步整理：

$c(Na^+) > c(OH^-) > c(CH_3COO^-) > c(CH_3COOH) > [c(H^+)]$

这个技巧公式运用就是按照程度分层的思想。第一步最大的是溶液中的溶质，完全电离的写作离子形式，不能够完全电离的写作分子形式；第二步写出电离或水解产物，同时存在电离或水解的，程度大的产物浓度大；第三步补全氢离子或氢氧根离子，溶质中有的就合并在一起，没有的两个中大的填在溶质与产物之间，小的填写在最后。

这个公式形成后，为了能够通用，需要进行下一个混合溶液的分析。

3. 二氧化碳逐渐通入 NaOH 溶液

根据反应方程式：　　$CO_2 + 2NaOH \rightleftharpoons Na_2CO_3 + H_2O$

$$CO_2 + Na_2CO_3 + H_2O \Longleftrightarrow 2NaHCO_3$$

可知随着二氧化碳的通入可以形成的第一个特殊点是1∶2的混合点，即关于Na_2CO_3溶液中的离子关系比较（分析过程见前文），代入技巧公式再整理：

$$c(Na^+) > c(CO_3^{2-}) > [c(OH^-)] > c(HCO_3^-) > c(H_2CO_3) > [c(H^+)]$$

第二个特殊点为1∶1的混合点，此时溶液为$NaHCO_3$溶液，代入技巧公式：

Na^+、$HCO_3^- > H_2CO_3/CO_3^{2-}$，碳酸氢钠溶液呈碱性，水解为主。然后插入$H^+$或$OH^-$，进一步整理有：

$$c(Na^+) > c(HCO_3^-) > [c(OH^-)] > c(H_2CO_3) > [c(H^+)] > c(CO_3^{2-})$$

对于碳酸氢钠这个酸式盐溶液中离子浓度关系的梳理可以进一步总结。针对这类溶液的顺序除了前面提到的公式解读外，还要增加一条即弱酸酸式盐溶液中程度大的写在氢离子与氢氧根离子浓度之间，程度小的产物写在最后（可以戏谑地说成弱酸酸式盐长尾巴）。

除了以上提到的两个特殊点外二氧化碳与NaOH 1∶3混合溶液也很有必要提一下。1∶3混合溶液经分析可知为碳酸钠与氢氧化钠1∶1混合溶液。代入技巧公式：

$$Na^+、CO_3^{2-}、Na^+、OH^- > HCO_3^- \longrightarrow H_2CO_3$$

整理时注意：原溶质中的离子关系可以利用溶质组成进行快速判断及Na_2CO_3与NaOH 1∶1混合时，钠总计有1×2+1×1=3，其余离子都是下角标为1，所以整理：

$$c(Na^+) > c(OH^-) > c(CO_3^{2-}) > c(HCO_3^-) > c(H_2CO_3) > [c(H^+)]$$

实际监测数值会因溶液过于稀而使得$c(H_2CO_3) < c(H^+)$不在高中研究范畴。

再稍作提示的就是氢氧根离子的位置：因为溶质中存在氢氧根离子，因此氢氧根离子的浓度源于溶质电离与水的微溶电离，因此介于钠离子与碳酸根离子之间。

最后一个关于这个混合溶液的特殊点就是二氧化碳与氢氧化钠2∶3的混合点。根据两个反应方程式联立可以判断此溶液为Na_2CO_3与$NaHCO_3$两者1∶1的混合溶液，根据上面分析立刻可以知道钠离子浓度最大。代入技巧公式整理：

$$c(Na^+) > c(HCO_3^-) > c(CO_3^{2-}) > c(OH^-) > c(H_2CO_3) > [c(H^+)]$$

这个过程的难点在于碳酸氢根离子与碳酸根离子浓度的确定。碳酸氢钠水解程度大于电离程度，可以忽略其电离过程（程度小），碳酸根离子水解能够生成碳酸氢根离子对碳酸氢根离子起到补充作用，因此碳酸氢根离子的浓度大于碳酸根离子的浓度。建议这个溶液的分析能够多进行几次，毕竟多个微弱层次的对比在这个溶液中体现的比较充足。

4. $NaHCO_3$与$Ca(OH)_2$以3∶5的混合溶液

首先必须确定该溶液的溶质组成。初始投料的溶质能够完全电离，因此溶质中存在的离子有：$3Na^+$、$3HCO_3^-$、$5Ca^{2+}$、$10OH^-$。

这些离子之间最先发生的反应是$HCO_3^- + OH^- = CO_3^{2-} + H_2O$，反应后溶液中的碳酸氢根离子被完全消耗，但氢氧根离子过量，会有7的剩余，同时生成3的碳酸根离子。

之后发生$Ca^{2+} + CO_3^{2-} = CaCO_3\downarrow$的反应，因为钙离子过量，因此上一步生成的碳酸根离子被完全消耗，剩余钙离子。经过上述反应，溶液中最终剩余的离子为：$3Na^+$、$7OH^-$、$2Ca^{2+}$。

之所以最后提这个混合溶液是因为简单按比例的混合溶液会处理，但往往这种最简单的溶液中离子浓度比较容易被想复杂了，所以最后提一下。

无论是单一还是混合溶液，无论是电离还是水解影响，都可以应用标准的程度分析过程比较溶液中的离子关系。这种从程度分析角度的比较可以叫作"三层次分析"方法。技巧公式脱胎于三层次分析叫作"画框法"，意思就是应用时可以画两个框，前一个填写溶液中的离子或分子，后一个填写溶质离子或分子的电离或水解的产物（多步水解，第一步大于第二步），然后将氢离子或氢氧根离子一个填写在两个框之间，另一个填在最后。如果是弱酸酸式盐，仍然用这个技巧，只是将电离或水解中不为主的填写在最后（长尾巴）。

逐步分析产生技巧可以提升学习和答题的效率。但是只要技巧和方法，没有分析过程就是空中楼阁，真心希望大家多学技巧提升效率，但不要为了技巧而技巧，那样会得不偿失。下一节的溶液中离子守恒关系，也希望大家先做两个题，总结后再阅读，这样才能更有效地吸收。

第九章 公式化、标准化离子守恒关系

溶液中的离子除了浓度大小关系不同外，还存在一些很有意思的守恒关系。这些守恒关系的联立还能够得出一些新的守恒问题。这些问题同样是大考的难点、重点及容易失分点。

艾氏学习法就是抓核心、用心分析、轻简单记忆。而溶液中离子守恒问题的核心有：

（1）溶液带电，整体电中性，溶液中所有阳离子带有的正电荷的总量等于所有阴离子带有的负电荷的总量。

（2）在水中加入溶质，尽管水的存在会改变溶质的形态、浓度，但无法改变溶质中非氢、非氧元素的组成比例关系。

（3）水电离出等量氢离子与氢氧根离子。

9.1 溶液中的电荷守恒关系

平时喝水、吃饭、呼吸从来不会担心会被电死！究其原因不是因为这些物质不带电，而是接触的绝大多数物质整体呈现电中性。

高中化学中关于电荷守恒问题的讨论正是建立在溶液整体电中性的基础上。

溶液中所有正电性粒子带有正电荷总量与所有负电性粒子带有的负电荷总量相等，溶液整体最终呈现电中性。这就是电荷守恒的原理。

电荷守恒的核心：找全带电粒子，注意带电粒子的带电量。

1. Na_2SO_4 溶液的电荷守恒表示

溶液由溶质和溶剂两个部分构成。

溶质完全电离：$Na_2SO_4 = 2Na^+ + SO_4^{2-}$

溶剂水的微弱电离：$H_2O \rightleftharpoons H^+ + OH^-$

用计算公式的形式表示电荷守恒关系为：

$$n(Na^+) + n(H^+) = n(OH^-) + 2 \times n(SO_4^{2-})$$

这里需要注意的是 1 个硫酸根带有 2 单位负电荷，因此硫酸根的物质的量需要乘 2，而其他离子的系数为 1。可以简单记为"价态为系数"。

因为这些粒子存在于相同体积溶液，因此物质的量的关系与浓度关系一致：

$$c(Na^+) + c(H^+) = c(OH^-) + 2 \times c(SO_4^{2-})$$

书写电荷守恒必须注意的是公式表述的是阴、阳离子的带电量相等而非阴、阳离子的个数关系。

2. CH₃COONa 溶液

先分析溶液中存在的阴、阳离子：

溶质的完全电离：$CH_3COONa = CH_3COO^- + Na^+$

溶质的部分水解：$CH_3COO^- + H_2O \rightleftharpoons CH_3COOH + OH^-$

溶剂水的微弱电离：$H_2O \rightleftharpoons H^+ + OH^-$

根据方程式可以确定所有带电粒子后，将带电粒子代入电荷守恒：

$$c(Na^+) + c(H^+) = c(OH^-) + c(CH_3COO^-)$$

3. Na₂CO₃ 溶液中的电荷守恒

溶质的完全电离：$Na_2CO_3 = 2Na^+ + CO_3^{2-}$

溶质的部分水解：第一步微弱水解 $CO_3^{2-} + H_2O \rightleftharpoons HCO_3^- + OH^-$

第二步更加微弱的水解 $HCO_3^- + H_2O \rightleftharpoons H_2CO_3 + OH^-$

溶剂水的微弱电离：$H_2O \rightleftharpoons H^+ + OH^-$

标准分析后然后代入电荷守恒公式：

$$c(Na^+) + c(H^+) = c(OH^-) + 2c(CO_3^{2-}) + c(HCO_3^-)$$

用心分析到这里，可以进行思维训练，总结出一个更快的技巧了：

先写出溶液中溶剂提供的两种带电粒子 $c(H^+) = c(OH^-)$

按照带电性补充溶质提供的离子 $c(Na^+) + c(H^+) = c(OH^-) + c(CO_3^{2-})$

补充溶质离子水解或电离产生的带电粒子：

$$c(Na^+) + c(H^+) = c(OH^-) + c(CO_3^{2-}) + c(HCO_3^-)$$

将带电粒子的带电量作为系数：

$$c(Na^+) + c(H^+) = c(OH^-) + 2c(CO_3^{2-}) + c(HCO_3^-)$$

这样就不需要将每一个分步方程式写出来，直接在一个公式中按步骤依次补充直至全部完成即可。

4. 其他溶液中的电荷守恒书写及应用

硫酸铵溶液中的电荷守恒 $c(NH_4^+) + c(H^+) = c(OH^-) + 2 \times c(SO_4^{2-})$

电荷守恒是溶液中三个守恒关系中最简单，同时也是变化最大的。将上面得到的守恒关系稍加利用就可以得到 $c(NH_4^+) + c(H^+) > c(OH^-) + c(SO_4^{2-})$ 的推论。

在结合铵根水解使溶液呈现酸性的知识，就会继续推论出：因 $c(H^+) > c(OH^-)$ 溶液呈现酸性，所以有 $c(NH_4^+) < 2c(SO_4^{2-})$。又因水解是微弱的所以 $c(SO_4^{2-}) < c(NH_4^+) < 2c(SO_4^{2-})$

醋酸铵溶液的电荷守恒为 $c(NH_4^+) + c(H^+) = c(OH^-) + c(CH_3COO^-)$。高中阶段认为该溶液呈现中性，因此有 $c(H^+) = c(OH^-)$，由此推出 $c(NH_4^+) = c(CH_3COO^-)$。

对醋酸铵溶液的分析进行拓展就是醋酸与氢氧化钠混合溶液，以及二氧化碳通入 NaOH 溶液之类的混合溶液中离子关系判断的原型。

醋酸中逐滴加入 NaOH 过程分析，滴入少量 NaOH，溶液仍然呈酸性，根据电荷守恒：

$$c(Na^+) + c(H^+) = c(OH^-) + c(CH_3COO^-)$$

溶液酸性有 $c(H^+) > c(OH^-)$，∴ $c(Na^+) < c(CH_3COO^-)$。

继续滴加 NaOH 至中性则有 $c(H^+) = c(OH^-)$，∴ $c(Na^+) = c(CH_3COO^-)$。

继续滴加 NaOH 至与醋酸 1∶1，此时是醋酸钠溶液，因醋酸根离子水解而呈现碱性，

所以必然有 $c(H^+) < c(OH^-)$，∴ $c(Na^+) > c(CH_3COO^-)$。

通过这个分析不是想引入只适合四个一价离子的"两阳不能大于两阴"的流传广泛但稍有不慎就导致错误的技巧（不适合溶液中非只有四个一价离子的体系），而是希望学生生学习过程中能够养成对比分析、总结的习惯。

二氧化碳持续通入 NaOH 溶液，少量二氧化碳通入，溶液为碱性的 NaOH 与 Na_2CO_3 混合溶液。根据电荷守恒公式：$c(Na^+) + c(H^+) = c(OH^-) + 2c(CO_3^{2-}) + c(HCO_3^-)$

至少可以推论出：

$c(H^+) < c(OH^-)$，∴ $c(Na^+) > 2c(CO_3^{2-}) + c(HCO_3^-) \Rightarrow c(Na^+) > c(CO_3^{2-}) + c(HCO_3^-)$

继续通入二氧化碳至溶液恰好生成 Na_2CO_3，关于该溶液的分析没有特色，不做讨论。

再继续通入二氧化碳至溶液恰好生成 $NaHCO_3$ 溶液，仍然是碱性，仍然不具特色，不讨论。

再通入二氧化碳，∵ $CO_2 + H_2O \rightleftharpoons H_2CO_3$，所以可以通入二氧化碳直至中性：

$c(H^+) = c(OH^-)$，∴ $c(Na^+) = 2c(CO_3^{2-}) + c(HCO_3^-) \Rightarrow c(Na^+) > c(CO_3^{2-}) + c(HCO_3^-)$ 如果能够继续通入二氧化碳至溶液呈酸性，则有：

$c(H^+) > c(OH^-)$，∴ $c(Na^+) < 2c(CO_3^{2-}) + c(HCO_3^-)$

此时没有实验检测数据或者题干提示，无从判断 $c(Na^+)$ 与 $c(CO_3^{2-}) + c(HCO_3^-)$ 的关系。

最后再叮嘱：书写电荷守恒时始终要注意该守恒针对的是溶液中所有带电粒子带有正、负电荷总量相等，而非粒子个数关系。

9.2 溶液中的物料守恒关系

物料守恒，顾名思义就是物质投料的守恒，实质就是元素的守恒。明白了这个之后物料守恒的处理相对于电荷守恒则更为容易。

溶液由两部分构成，溶质和溶剂，因为溶剂水可以提供氢、氧两种元素，因此物料守恒的核心就是物质投料除去氢、氧元素以外的其他元素的守恒。

1. 单一溶液的物料守恒

以 NaCl 溶液为例。溶质是钠元素与氯元素的等量组成关系，因此无论是浓溶液还是稀溶液，溶剂水提供的氢、氧两种元素都无法改变这种等量关系，所以在氯化钠溶液中必然存在 $c(Na^+) = c(Cl^-)$ 这样的等式关系。

对于 CH_3COONa 这样的单一溶液，溶质的组成关系中，醋酸根离子与钠离子等量。无论是浓溶液还是稀溶液都不会改变醋酸根离子与钠离子的组成关系。

如果没有其他影响，在溶液中醋酸根离子与钠离子的关系就会遵循氯离子与钠离子一样的关系，始终维持等量。

很不幸的是因为醋酸是弱电解质，因此醋酸根必然存在着水解的过程：

$$CH_3COO^- + H_2O \rightleftharpoons CH_3COOH + OH^-$$

致使溶液中的钠离子浓度大于醋酸根浓度（参看前面的溶液中的离子浓度关系）。同时万幸的是这种水解过程也遵循了元素的守恒关系，即减少的醋酸根离子等量生成了醋酸，因此溶液中的物料守恒关系可以写作：

$$c(\mathrm{Na^+}) = c(\mathrm{CH_3COO^-})_{1-1\%} + c(\mathrm{CH_3COOH})_{1\%}$$

再以 $\mathrm{Na_2CO_3}$ 溶液为例，探究溶液中的物料守恒该如何书写。用心分析也许会有不一样的发现，下面就是一个技巧的形成过程。但也要叮嘱一下，技巧只是技巧，不要代替核心与用心的分析过程。

首先确定溶质是由钠离子与碳酸根按 2∶1 组成的，这样的组成比例不会受到溶液浓度的影响，因此可以初步确定，溶液中存在 $c(\mathrm{Na^+}) = 2c(\mathrm{CO_3^{2-}})$ 关系。

再次确认，溶液中的碳酸根部分发生水解（程度约为 1%），因此上述的关系不能够真的在溶液中成立。

微弱水解：$\mathrm{CO_3^{2-}} + \mathrm{H_2O} \rightleftharpoons \mathrm{HCO_3^-} + \mathrm{OH^-}$

更加微弱的水解：$\mathrm{HCO_3^-} + \mathrm{H_2O} \rightleftharpoons \mathrm{H_2CO_3} + \mathrm{OH^-}$

根据碳元素守恒可知，溶液中碳酸、碳酸氢根、碳酸根的总量等于原溶质提供的碳酸根。对于这个还不是十分清楚的，有必要利用下数学计算了。

以初始溶质的投料记为 1，最终溶液中存在的碳酸根为 $1-x$（其中，x 为发生水解的碳酸根的量），同时生成碳酸氢根的量为 x（等量生成）。

溶液中最终存在的碳酸氢根的量为 $x-y$（其中，y 为第二步水解的量），同时生成碳酸的量为 y。

则溶液中三者之和等于 1。这一段计算其实就是碳元素的守恒过程。

经过两次确认，最终的物料守恒关系式可以表述为：
$$c(\mathrm{Na^+})_2 = 2[c(\mathrm{CO_3^{2-}})_{1-x} + c(\mathrm{HCO_3^-})_{x-y} + c(\mathrm{H_2CO_3})_y]$$

针对这个守恒关系式，只有一个小小的提醒：倍数 2 一定是所有含碳粒子整体的倍数。

同栏如前，每一次这样的分析过程过于烦琐，因此训练一两个之后可以开始浓缩技巧了。三步法书写正确的物料守恒关系式：

确定溶质的阴、阳离子：$c(\mathrm{Na^+}) = c(\mathrm{CO_3^{2-}})$

确定溶质的组成关系：$c(\mathrm{Na^+}) = 2c(\mathrm{CO_3^{2-}})$

确定阴、阳离子的所有存在形式：$c(\mathrm{Na^+}) = 2[c(\mathrm{CO_3^{2-}}) + c(\mathrm{HCO_3^-}) + c(\mathrm{H_2CO_3})]$

用这样的步骤法处理一下硫酸铵、碳酸氢钠这两个溶液得到的答案如下：

$(\mathrm{NH_4})_2\mathrm{SO_4}$：

第一步：$c(\mathrm{NH_4^+}) = c(\mathrm{SO_4^{2-}})$

第二步：$c(\mathrm{NH_4^+}) = 2c(\mathrm{SO_4^{2-}})$

第三步：$[c(\mathrm{NH_4^+}) + c(\mathrm{NH_3 \cdot H_2O})] = 2c(\mathrm{SO_4^{2-}})$

$\mathrm{NaHCO_3}$：

第一步：$c(\mathrm{Na^+}) = c(\mathrm{HCO_3^-})$

第二步：$c(\mathrm{Na^+}) = c(\mathrm{HCO_3^-})$

第三步：$c(\mathrm{Na^+}) = [c(\mathrm{HCO_3^-})_{1-x-y} + c(\mathrm{H_2CO_3})_x + c(\mathrm{CO_3^{2-}})_y]$

书写碳酸氢钠这类酸式盐溶液的物料守恒，容易出现的错误是只关注水解，忽略了电离产物碳酸根离子。

注意：盐溶液都可以轻松写出物料守恒的关系式，但酸、碱溶液因阳离子都是氢离子（阴离子都是氢氧根离子），会受到水的影响（浓度影响），因此不存在物料守恒之说。

2. 混合溶液的物料守恒

醋酸与氢氧化钠的混合是已经比较熟悉的示例了，还是以这个为例。

1∶1 混合时，确定溶液最终剩余的溶质只有醋酸钠，因此可以代入刚才的技巧公式：

确定溶质的阴、阳离子：$c(Na^+) = c(CH_3COO^-)$

确定溶质的组成关系：$c(Na^+) = c(CH_3COO^-)$

确定阴离子、阳离子的所有存在形式：$c(Na^+) = [c(CH_3COO^-) + c(CH_3COOH)]$。

按 1∶2 混合时，确定溶液中最终的溶质为醋酸钠与氢氧化钠为 1∶1：

确定溶质的阴、阳离子：$c(Na^+) = c(CH_3COO^-)$

确定溶质的组成关系：$c(Na^+) = 2c(CH_3COO^-)$

确定阴、阳离子的所有存在形式：$c(Na^+) = 2[c(CH_3COO^-) + c(CH_3COOH)]$

按 2∶1 混合，确定溶液中最终的溶质为醋酸与醋酸钠 1∶1 混合溶液。溶液中既有盐又有弱酸，遵循前面提到的原则，酸、碱没有物料守恒，存在物料守恒的是盐溶液。

确定溶质盐的阴、阳离子：$c(Na^+) = c(CH_3COO^-)$

确定溶质盐的组成关系：$c(Na^+) = c(CH_3COO^-)$

确定阴、阳离子的所有存在形式：$\underset{1}{c(Na^+)} = [\underset{1-x}{c(CH_3COO^-)} + c(CH_3COOH)]$

对于存在弱酸弱碱的溶液要最终确认其对物料守恒的影响。该溶液中无法确认醋酸的来源，因此需要将弱酸的浓度一并加入等式，则有：

$$2\underset{1}{c(Na^+)} = [\underset{1-x}{c(CH_3COO^-)} + \underset{1+x}{c(CH_3COOH)}]$$

再设定一个具体的混合溶液的典型示例：二氧化碳与氢氧化钠 2∶3 混合溶液。首先确认溶液中溶质的组成为碳酸钠与碳酸氢钠 1∶1 混合溶液，代入标准的技巧公式。（真实书写过程没必要非得按三步表示，思维可分三步分析，书写时则一步完成）

确定溶质盐的阴、阳离子：$c(Na^+) = c(CO_3^{2-}) + c(HCO_3^-)$

确定溶质盐的组成关系：$2c(Na^+) = 3[c(CO_3^{2-}) + c(HCO_3^-)]$

确定阴、阳离子的所有存在形式：

$$2c(Na^+) = 3[c(CO_3^-) + c(HCO_3^-) + c(H_2CO_3)]$$

该溶液不存在弱酸或弱碱分子，无须最后的校正过程。

9.3　溶液中的质子守恒关系

所谓的质子守恒，其实质是指由水电离的氢离子浓度始终等于由水电离的氢氧根离子浓度，毕竟水是等量电离出氢离子与氢氧根离子的。

因为氢离子中无中子与电子，可以用"质子"这个概念代替氢离子，进而用质子守恒这一概念指代溶液中由水电离的氢离子与氢氧根离子的等量关系。

但是实际运用过程中，质子守恒的外延往往被扩大，存在弱酸或弱碱分子的溶液因为氢离子或氢氧根离子不仅源于水的电离，还包括溶质提供。因此这类溶液中的质子守恒已经脱离本意，代表的是溶液中加和的数学计算关系。

质子守恒问题的核心：盐溶液中存在质子守恒，溶液中有酸、碱的存在质子守恒仅仅是一种数学的加和思想。

1. 单一盐溶液的质子守恒关系

氯化钠溶液为例：

溶剂水的微弱电离：$H_2O \rightleftharpoons H^+ + OH^-$

溶质的完全电离：$NaCl = Na^+ + Cl^-$

溶质电离的阴、阳离子对水的电离毫无影响，因此质子守恒表示为 $c(H^+) = c(OH^-)$。

对于醋酸钠这样的溶液分析如下：

溶剂水的微弱电离：$H_2O \rightleftharpoons H^+ + OH^-$

溶质的完全电离：$CH_3COONa = CH_3COO^- + Na^+$

溶质电离的阴离子可以发生水解反应：$CH_3COO^- + H_2O \rightleftharpoons CH_3COOH + OH^-$

水电离的氢离子与氢氧根离子可以得出结论：水电离的一部分氢离子以氢离子的形式存在于溶液中，而另一部分则以醋酸的形式存在于溶液，因此有：

$$c(H^+)(水) = c(OH^-)(水)$$

$$\therefore c(H^+)(aq) + c(CH_3COOH) = c(OH^-)(aq)$$

同样的方法可以分析出 NH_4Cl 溶液中的质子守恒表述方式为：

$$c(H^+)(aq) = c(OH^-)(aq) + c(NH_3 \cdot H_2O)$$

再一个经典的案例莫过于 Na_2CO_3 了。对该溶液分析如下：

溶剂水的微弱电离：$H_2O \rightleftharpoons H^+ + OH^-$

溶质的完全电离：$Na_2CO_3 = 2Na^+ + CO_3^{2-}$

溶质电离的阴离子可以发生水解反应：

$$CO_3^{2-} + H_2O \rightleftharpoons HCO_3^- + OH^-；HCO_3^- + H_2O \rightleftharpoons H_2CO_3 + OH^-$$

经过分析可知水电离的氢离子以三种形式存在于溶液中：一部分直接体现为氢离子形式；另一部分以 HCO_3^- 形式存在于溶液中（等效于 1 个 HCO_3^- 中包含 1 个水电离的氢离子）；最后一部分则以 H_2CO_3 形式存在于溶液中（等效于 1 个 H_2CO_3 中包含 2 个水电离的氢离子）。

因此，该溶液中的质子守恒可以表述为：

$$c(H^+)(aq) + c(HCO_3^-) + 2c(H_2CO_3) = c(OH^-)(aq)$$

书写质子守恒的难点在于表达式中没有标明是源于溶液的还是水的电离，因此容易混淆。因此强烈建议无论是用心分析过程还是大型考试答题，这类问题必须注明氢离子或氢氧根离子究竟是水电离的还是溶液的。

总结关于单一盐溶液中的质子守恒书写技巧：先写出氢离子等于氢氧根离子，之后将阴离子水解的产物加到有氢离子一端（加的氢离子个数作为系数），将阳离子水解产物加到有氢氧根离子一端（加的氢氧根离子的个数作为系数）。

作为技巧检验，可以试一下 $Na_2C_2O_4$ 的质子守恒书写：

$$c(H^+)(aq) = c(OH^-)(aq)$$

$$c(H^+)(aq) + c(HC_2O_4^-) + 2c(H_2C_2O_4) = c(OH^-)(aq)$$

最终作为答案出现时，习惯上氢离子与氢氧根离子不会出现标明状态的符号。

2. 弱酸酸式盐溶液的质子守恒书写

以 $NaHCO_3$ 溶液为例。分析过程如下：

溶剂水的微弱电离：$H_2O \rightleftharpoons H^+ + OH^-$

溶质的完全电离：$NaHCO_3 = Na^+ + HCO_3^-$

溶质提供的碳酸氢根离子存在着电离与水解两个过程都会对氢离子在浓度上产生干扰。

微弱水解：$HCO_3^- + H_2O \rightleftharpoons H_2CO_3 + OH^-$

微弱电离：$HCO_3^- \rightleftharpoons H^+ + CO_3^{2-}$

综上分析可以得出结论：溶液中的氢离子由来源为水电离的氢离子及碳酸氢根电离的氢离子两部分构成，而水电离的氢离子又有一部分存在于碳酸氢根水解等量生成的碳酸中，而溶液中的氢氧根离子的来源只是水电离提供的。

因此有：$c(H^+)(aq) + c(H_2CO_3) - c(CO_3^{2-}) = c(OH^-)(aq)$

因为碳酸氢根等量电离出氢离子与碳酸根，因此可以用碳酸根的浓度表示由碳酸氢根提供的氢离子浓度。

整合上面的过程可以将等式转化为 $c(H^+)(aq) + c(H_2CO_3) = c(OH^-)(aq) + c(CO_3^{2-})$，同样这个守恒表达式的难点在于缺标明状态，很难快速准确区分氢离子究竟代表溶液中的还是水电离的，因此建议初学者尽量在表述时标明状态。

弱酸酸式盐溶液中的质子守恒都可以使用这样的方式，可以归结为"左加右减"的方法。这里所提到的"左加右减"是参照 H^+ 而言的。

3. 混合溶液的质子守恒书写

氯化钠与醋酸钠等量混合溶液中，因氯化钠不影响水的电离，因此不会对质子守恒产生干扰；醋酸钠电离出的醋酸根水解会消耗水电离的氢离子，因此该混合溶液的质子守恒与醋酸钠单一溶液的质子守恒书写方式完全一致。

$$c(H^+)(aq) + c(CH_3COOH) = c(OH^-)(aq)$$

碳酸钠与碳酸氢钠这类混合溶液，因两种溶质电离出的阴离子都会对水电离的氢离子产生影响，同时溶液中的多种粒子间又相互干扰，因此这类质子守恒可以分别写出两个溶质的质子守恒然后按照组成比例加和，体现更多的是数学运算的思想。

碳酸钠溶液的质子守恒：$c(H^+)(aq) + c(HCO_3^-) + 2c(H_2CO_3) = c(OH^-)(aq)$

碳酸氢钠溶液的质子守恒：$c(H^+)(aq) + c(H_2CO_3) = c(OH^-)(aq) + c(CO_3^{2-})$

等量混合加和：$2c(H^+)(aq) + c(HCO_3^-) + 3c(H_2CO_3) = 2c(OH^-)(aq) + c(CO_3^{2-})$

混合溶液的质子守恒书写很难像简单溶液一样迅速完成，同时因为书写任何一个质子守恒相对而言都不容易，所以极容易出现错误。

对于混合溶液完全可以采用另一种数学方法进行快速解决。

碳酸钠与碳酸氢钠等量混合溶液中的电荷守恒：

$$c(Na^+) + c(H^+) = c(OH^-) + 2c(CO_3^{2-}) + c(HCO_3^-)$$

物料守恒：$2c(Na^+) = 3[c(CO_3^{2-}) + c(HCO_3^-) + c(H_2CO_3)]$

联立两个方程式：电荷守恒乘2倍减去物料守恒，消去阳离子中的钠离子浓度可以直接得出质子守恒公式。

$$2c(H^+)(aq) = 2c(OH^-)(aq) + c(CO_3^{2-}) - c(HCO_3^-) - 3c(H_2CO_3)$$

4. 复杂混合溶液的质子守恒书写

以醋酸与氢氧化钠 1∶2 的混合溶液的组成为 CH_3COONa 与 $NaOH$ 等量混合溶液为例。

溶液中水电离的氢离子一部分以氢离子形式留在溶液中，另一部分与醋酸根生成醋酸。

溶液中的氢氧根离子则由水电离的氢氧根离子与氢氧化钠提供的氢氧根离子共同构成。因此有：

$c(H^+)(水) = c(H^+)(aq) + c(CH_3COOH)$；$c(OH^-)(水) = c(OH^-)(aq) - c(OH^-)(NaOH)$

这里需要注意一下，尽管溶质 NaOH 可以等量电离出钠离子与氢氧根离子，但最终的混合溶液是醋酸钠与氢氧化钠等量混合溶液。这也就意味着，氢氧化钠提供的氢氧根离子一半用于与醋酸中和生成水，另一半以氢氧根离子形式留在溶液中，因此有：

$$c(OH^-)(NaOH) = \frac{c(Na^+)}{2} = \frac{2[c(CH_3COO^-) + c(CH_3COOH)]}{2}$$

上述过程计算钠离子浓度，实际借助了物料守恒公式。最终整合得出质子守恒关系式为：$c(H^+)(aq) = c(OH^-)(aq) - c(CH_3COO^-) - 2c(CH_3COOH)$

这样的分析过程过于烦琐，因此可以采用数学的联立方式，即该溶液中：

电荷守恒：$c(Na^+) + c(H^+)(aq) = c(OH^-)(aq) + c(CH_3COO^-)$

物料守恒：$c(Na^+) = 2[c(CH_3COO^-) + c(CH_3COOH)]$

联立方程式消去钠离子得到质子守恒为：

$$c(H^+)(aq) = c(OH^-)(aq) - c(CH_3COO^-) - 2c(CH_3COOH)$$

溶液中的三个守恒关系之所以感觉难度很大，是因为这三个守恒必须利用到电解质、盐类水解的知识。如果前面的知识内容没有过关就会产生连续错误的点，因此知识的关联度较高，也体现了化学知识是前后关联的特点。

如果细心观察也能够寻找到一些特点：阳离子既有氢离子又有其他阳离子的是电荷守恒；阳离子没有氢离子的是物料守恒；阳离子只有氢离子的是质子守恒。

可以通过阳离子的表述快速判断究竟是哪一种守恒，然后利用分析过程或技巧公式写出守恒方程式。切忌在大考当中只依靠脑子想而不将守恒关系表述成文字，毕竟电荷与物料守恒可以有多种变形。

第十章 电化学

电化学的实质是氧化还原反应。相信很多人对这样的说法深信不疑。确实电化学与氧化还原反应的结合如此紧密，甚至说氧化还原反应没有学透，的确会在电化学学习中遇到困难。

电化学的实质变化是电子定向移动产生的后续变化，仅仅把电化学归为氧化还原反应十分不利于对电化学知识的学习，同时这样的认识也正是学习电化学的困难点所在。现在请打破思想，电子定向移动才是解决电化学问题的核心。

10.1 电子保护金属法学透原电池、电解池及金属保护

平时学习原电池与电解池是割裂的两部分知识。从是否有电源、电极名称不同两个角度对电化学装置进行分类，这是传统的学习方法。而电化学的内在实质就是电能与化学能的相互转化，从电子移动角度重新认识电化学装置，打破原电池与电解池的疆界，才能学透电化学。

10.1.1 没有外接电源的单一装置：原电池

原电池装置的引入往往是从钢铁腐蚀及锌铜原电池开始的，然后引出正、负极概念及电极方程式书写。

我们对电化学的重构，也正是起源于这两个典型的装置。

遵循艾氏学习法：抓核心即电子的定向移动，用心分析电子定向移动的过程。

1. 钢铁冶炼、腐蚀及原电池原理

钢铁作为现在使用最广泛的材料备受人们青睐。相比于铁而言，钢铁这样的合金除了熔点低于组成金属利于加工外，其余性能几乎都会得到提升。因此在冶炼金属铁的四个反应中，碳还原氧化铁的反应备受关注：

氢气还原法：$Fe_2O_3 + 3H_2 \xrightarrow{高温} 2Fe + 3H_2O$。该种方法尽管没有杂质残留，避免了后续除杂的困扰，但因氢气容易产生爆炸且后期加工成钢铁还需要与碳形成合金，因此这个反应更加适合化工实验研究而非工业生产。

活泼金属还原法：$Fe_2O_3 + 2Al \xrightarrow{高温} 2Fe + Al_2O_3$。该反应属于大量放热的反应，反应放出的热足以使生成的铁熔化滴落，同时因为金属铝的活泼性强于铁，冶炼铝的难度大于铁。因此该反应相对于工业冶炼而言更适合于焊接。

高炉炼铁：$Fe_2O_3 + 3CO \xrightarrow{高温} 2Fe + 3CO_2$。从字面就不难看出，这个反应曾经大量应用于工业生产，但为增加CO的转化率人们想了无数办法，其中最有影响力的就是人们盲信通过增加冶炼炉的高度可以提高CO的转化率。然而这种鸡同鸭讲的想法根本无法实现最初的设想，出炉尾气中依旧含有大量的CO。这个工业过程也经常应用于工业流程实验，出炉气主要含有CO、CO_2气体。

碳还原法：$2Fe_2O_3 + 3C \xrightarrow{高温} 4Fe + 3CO_2$。工业中的冶炼目的是得到铁，为保证铁的产率，加入的碳往往是稍稍过量的。因此一方面尾气中仍然不可避免地含有CO，另一方面因为加入的碳过量，最终得到了性能更加优越的钢铁。由此这个反应渐渐成为工业生产的主流。

工业冶炼得到的钢铁实际就是由铁与碳形成的合金。金属铁相对而言谈不上活泼也谈不上不活泼，相对于钠这样的金属而言，其反应能力要逊色得多。但是放到时间的长河中，铁失去电子形成金属阳离子（也叫作钢铁的腐蚀）的过程也不是那么难以实现，尤其在空气中大量存在着氧气的地球环境中。尽管空气中氧气的含量并不高，但所谓的含量不高仅仅是说单位体积内，整个大气中氧气的总含量还是相当惊人的。

铁的相对活泼性，加上氧气的强氧化性。两者一拍即合，钢铁中的铁与空气中的氧气缓慢氧化（这种缓慢只是相对于一代人的存活时间而言，放到整个历史进程中，这个反应的速度就显得不那么缓慢了）使铁失去电子就是所谓的钢铁腐蚀。因这种腐蚀源于铁与氧气之间的化学反应因此也被称作化学腐蚀。

现在比较认同的反应过程为：

$2Fe + 3O_2 =\!=\!= Fe_2O_3$，这个过程也可以叫作缓慢氧化过程，氧气充分得电子，铁有足够时间充分失电子，形成红色的氧化铁。

$3Fe + 2O_2 \xrightarrow{点燃} Fe_3O_4$，这个反应因有了点燃（或高温）条件，反应速率得以加快。短时间迅速完成的反应使得铁很难及时充分失去电子，因此形成复杂的氧化物：黑色的磁性四氧化三铁（初中将这个物质简单粗暴地拆为氧化铁和氧化亚铁等量组成的氧化物）。

为了能够将后续问题阐述得更加简洁，现在插入一个物理学公式 $F = ma$。其中 F 为力的大小，m 是物质的质量，a 则是加速度。尽管下面的问题阐述可以有很多种方法，我更加青睐于这个方式类比。

为了更好地阐述，还需要回顾一个问题：物质导电的原因是什么？

对于金属导线（金属单质）而言导电的原因是存在自由移动的电子。溶液之所以能够导电则是因为溶质提供了可自由移动的阴、阳离子（水的电离过于微弱，所能提供的自由移动的阴、阳离子可以完全忽略，这也是纯水导电能力差到往往让人很想把纯水从电解质的行列抹去的原因）。相对于溶液中自由移动的阴、阳离子而言，几乎不考虑质量的自由电子在导电性上不是略胜一筹，而是以绝对优势占据主导地位。

钢铁中铁与碳紧密接触。当钢铁置于潮湿的环境中，钢铁表面存在着溶有空气的水甚至可以叫作空气溶液。钢铁内部的铁尽管无法接触到空气溶液，但一部分与碳紧密连接的铁起到了导线的作用，将内部金属铁的电子传导到碳的表面，与空气溶液接触的碳转手将内部铁通过导线传导来的电子直接送给空气溶液。如图 10-1 所示。

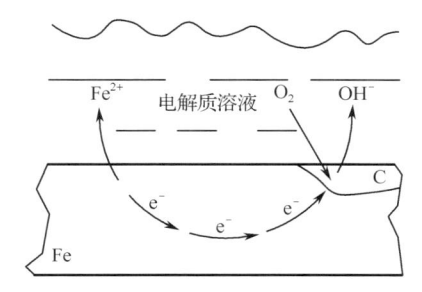

图 10-1　钢铁的电化学腐蚀示意图

空气溶液中的溶质是空气，空气的组成主要是氮气，然后是氧气，其余那些微不足道的组成就忽略吧。溶质中氧气具有强氧化性，可以得到电子。同时空气溶液的溶剂水电离的阳离子氢离子也具备得电子能力，因此碳表面得电子的反应有：

$O_2 + 4e^- = 2O^{2-}$。溶液通过吸收空气，进而促进空气中的氧气得电子，同时促使铁失去电子被腐蚀，因此称为吸氧腐蚀。

$2H^+ + e^- = H_2$。水电离的氢离子得电子生成氢气，以气体形式逸出，同时促使金属铁失电子被腐蚀，因此称为析氢腐蚀。

不要对氢气没有气体符号耿耿于怀，水的电离过于微弱产生的氢离子真心微不足道，相对于氧气的得电子而言，这个反应能够写在这里已经赚足面子了，硬要强调气体符号有点不合适吧！

尽管水提供的氢离子不足以撼动氧气得电子的主体地位，但其可以静待氧气得电子后发生后续反应：$O^{2-} + H_2O = OH^- + OH^-$。之所以写两个氢氧根离子在于其中一个源于水电离的氢离子与氧离子的结合，另一个则是反应后的余料，同时因为水是微弱电离，没有能力提供更多的氢离子，因此氧离子只能形成氢氧根离子无法继续反应生成水。于是在碳表面得电子的主体反应可以最终以总方程式的形式表示为：

$$O_2 + 4e^- + 2H_2O = 4OH^-$$

这个反应的发生因内部铁没有与空气中的氧气直接接触，失去的电子通过铁导线定向移动传递给溶液中的氧气，因此被称作电化学腐蚀过程。

对电化学腐蚀进行一次梳理分析：

内部的铁等效于电源的负极，发生的反应为 $Fe - 2e^- = Fe^{2+}$。高中规定电化学中铁只能够失去 2 个电子生成二价铁，是因为即使铁失去 3 个电子形成三价铁也会立即与大量剩余的铁单质发生归中反应 $2Fe^{3+} + Fe = 3Fe^{2+}$。

铁导线中电子定向移动流向碳形成微弱电流。

碳（存在自由移动电子，本身很难参与反应，作为惰性电极）棒等效于电源的正极。碳棒表面同时发生两个竞争反应：空气溶液中的氧气得电子与溶质水电离的氢离子得电子。这两个反应尽管同时进行，但因水电离的氢离子过于少，直接被忽略掉但并不是不存在。

同样由于导线中导电的是自由移动的电子，因此同时存在的化学腐蚀与电化学腐蚀比较起来简直就是不存在。

钢铁腐蚀过程的原理是电化学原理。但因空气在水中的溶解度过于小，无法形成有效电流，因此只能说铁等效于负极，碳等效于正极。

学习钢铁腐蚀要在程度上与化学电源区分开，后者能够形成稳定的有效的电流。同时也要注意不要把电极方程式简单化，要注意多个反应过程同时存在，一般只研究主要的反应过程。

2. 锌铜原电池

再次强调：电化学的核心是电子的定向移动。

图 10-2 就是锌铜原电池的示意图。锌块表面可以与溶液中的氢离子直接置换发生化学腐蚀。相比于内部的锌，表面的锌只是很少的一部分。因此研究这个电池的时候，往往只注重主要的反应过程，锌表面进行的化学腐蚀经常被无视，久而久之所有讲解过程都已经完全不去研究化学腐蚀过程了。

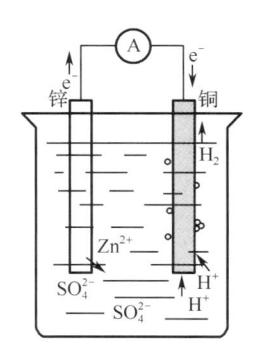

图 10-2　锌铜原电池

内部的锌失去的电子通过导线迅速移动到铜的表面（铜起到了石墨电极的作用，仅仅作为电子的传递者）。溶液中同种电荷相排斥，异种电荷相吸引，正电性的氢离子被从溶液四周吸引到铜的周围得到电子形成氢气离开溶液体系。

锌一端的反应为 $Zn-2e^-=Zn^{2+}$。因为溶液的特点是"均一、稳定"，因此锌一端大量形成的锌离子会向溶液四周移动。同时根据同种电荷相排斥，异种电荷相吸引的原则，溶液中的阴离子（以硫酸根为主）向锌一端移动。

铜棒一端发生的主反应为 $2H^++2e^-=H_2\uparrow$。之所以说是主反应，是因为该溶液的介质是硫酸，存在着大量的氢离子和硫酸根离子。溶液中得电子的粒子包括溶质提供的氢离子与少量溶解在溶液中的氧气，尽管氧气的得电子能力远超氢离子，无奈氢离子占据浓度的优势是氧气无法比拟的。

只要溶液中的氢离子浓度维持对氧的压倒性优势，只要比铁活泼的锌始终存在，导线中就会持续形成稳定的电流。因此这样的装置被称作原电池，失去电子的一极（锌）规定为负极，有物质得电子的一极（铜）称作正极。电池总反应可表述为：$Zn+2H^+=Zn^{2+}+H_2\uparrow$。

参照这个装置，前面提到的钢铁腐蚀经过改造也完全可以作为化学电源使用。铁的作用相当于锌，碳棒等效于铜棒。之所以钢铁发生的是腐蚀级别而没有作为电源，仅仅是因为溶液中主要得电子的是溶解性小的氧气，整体得电子过弱。

如果将空气溶液换作硫酸溶液，通过大量提高溶液中氢离子含量，也可以在导线中得到稳定的电流。想要使其电流强度增大，可以继续增大氢离子浓度，或者将溶液更换为等浓度的硫酸铜溶液，在得电子的离子浓度没有改变的前提下，通过更换为得电子能力更强的铜离子进而增强电流。

同样的原理，两个极棒及溶液都可以任意更换以设计不同强度的化学电池。

学习锌铜原电池时，还要注意到一个现象：尽管铜的活泼性很弱，生活中铜仍可以被腐蚀。而在上述的原电池中铜棒仅仅起到传导电子的作用，其自身的失电子能力远低于导线传导过来的自由电子（或者可以说是锌失去的电子）。

利用这个分析,将锌与铁用导线连接。锌的失电子能力强于铁,锌失去的电子通过导线移动到铁棒上,哪怕溶液是更强氧化性的溶质也很难腐蚀铁。毕竟相对于铁本身失电子而言,硫酸电离出的氢离子更容易得到的是经导线传导过来的电子。这样,铁的腐蚀在另一极(负极)的锌在被完全消耗前将被大大降低,这样的方法经常被用于保护轮船或者水库的钢闸门。

这一工作原理其实是通过牺牲掉负极的锌进而起到保护正极铁的作用。很不幸的是这样的方法被误传为"牺牲阳极的阴极保护法",尽管整个过程与阴、阳极毫无关系,但这样习惯的说法已经并且还会流传很久。

为了使原电池具有更高的效率,双液电池被开发出来,如图10-3所示。其工作原理与锌铜原电池相同,只是增加了一个盐桥。盐桥中添加的是盐,为了使盐能够稳定存在于盐桥中并且能够自由移动,往往盐桥中需要添加琼脂类物质。盐桥的重要作用是使正、负两极的反应完全分开进行以提升效率但同时用牺牲自身的方式又不致使电池断路。

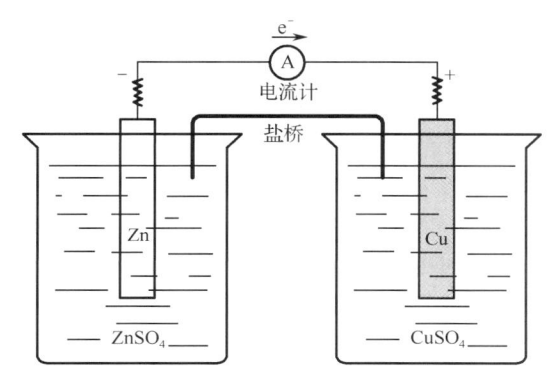

图 10-3 双液电池

图 10-3 装置中:

左池中负极的主要反应为:$Zn - 2e^- = Zn^{2+}$

右池中正极主要反应为:$Cu^{2+} + 2e^- = Cu$

电池的总反应为:$Zn + Cu^{2+} = Zn^{2+} + Cu$

根据同种电荷相排斥、异种电荷相吸引的原则,盐桥中的阳离子被吸引进入正极室,阴离子则进入负极室以平衡两个电极的电压,避免造成一段时间后由于负极不断失电子,负极室整体正电性增强进而吸引电子能力增强;而正极室因电子不断流入,正极室整体负电性增强进而对后续电子进入产生阻碍作用并最终使电子无法定向移动的情况发生。但因这种平衡电压的原理基于盐桥本身的不断消耗,因此盐桥属于高消耗品,现在已经被各种离子交换膜代替(氯碱工业中将对交换膜进行详细阐述)。

10.1.2 外接电源的电化学装置:电解池

电解池与原电池最大的不同在于有了外接电源。实质研究过程,原电池与电解池都是电子定向移动产生的持续变化。

原电池的电子自发起源于活泼的一极(负极)失去的电子,而电解池起源于电源负极源源不断提供电子。因此可以归结为原电池是化学能转化为电能的装置,而电解池则是电能转化为化学能的装置。学习过程中希望能够从电化学本质即电子定向移动角度出发,而不要念念不忘能量转换形式。

电解池的核心:电子起于电源负极,进而引发整个电化学变化。

1. 电解硫酸铜溶液,电解池中最典型的装置

如图 10-4 所示,以石墨这样的惰性电极作为极棒外接电源,溶液介质为硫酸铜溶液就组成了最经典的电解硫酸铜的装置。

电解池不同于原电池的最重要一点就是有了外接电源,电子定向移动起于电源负极(以短线表示)而非两个极棒任何一极,导线中的电子移动方向与物理学中的电流方向正好相反,这也是学习电化学知识的难点所在。

随着电子的定向移动方向对整个装置进行分析:

电子定向移动起点:电源负极。

电子经过导线(自由电子导电)流向与之相连的碳棒,这个碳棒称作阴极。

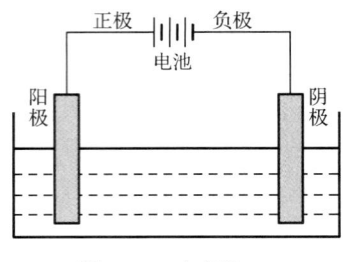

图 10-4 电解池

阴极处的碳棒仅仅起到传递电子的作用,在阴极处可以得到电子的物质有三类:溶质提供的离子、溶剂水电离出的离子、溶解在溶液中的空气。

$$Cu^{2+} + 2e^- = Cu$$
$$2H^+ + 2e^- = H_2 \quad (2H_2O + 2e^- = H_2 + 2OH^-)$$
$$O_2 + 4e^- + 2H_2O = 4OH^-$$

铜离子来源于溶质硫酸铜的完全电离,因浓度大,为阴极的主反应;氢离子来源于溶剂水的微弱电离,因浓度小,一般不予考虑。但长时间电解可造成阴极产生气泡并生成蓝色沉淀的特殊现象,不是长时间电解一般无法观察到此现象;氧气源于空气的溶解,尽管氧气本身具有强氧化性,但因空气溶解性小,且电源源源不断提供电子要求阴极反应迅速完成,这是空气无法做到的,因此电解池中不研究空气中氧气得电子的过程。

经过上面的分析过程可知阴极的主反应为铜离子得电子的反应,水电离的氢离子得电子的电极反应不是探究问题时一般不考虑。

阴极处因电子由电源不断流入,因此整体负电性增强,吸引溶液各处正电荷向阴极移动,同时排斥附近的阴离子离开阴极。这种溶液中的离子移动正是溶液导电的原因。

通过溶液中的阴、阳离子的移动,溶液不停地传递着电子(通过自由移动的离子,溶液中不存在自由电子)。

阳极吸引着大量的阴离子同时排斥着附近的阳离子,阳极棒上主要发生的反应(通过自由移动的离子,溶液中不存在自由电子)为:

$$4OH^- - 4e^- = O_2 + 2H_2O$$

这个反应方程式属于经典的阳极反应方程式。将其逐层分拆,找到这个反应最初的样子。

溶液中可以失电子的离子(阴离子)只有溶质提供的硫酸根和水电离的氢氧根离子。两个阴离子中能够失电子的都是负二价的氧,高中不研究含氧酸根失电子,因此阳极主要反应为:

$$2OH^- - 4e^- = O_2 + 2H^+$$

氢氧根离子来源于水的电离,而水是高中阶段最弱的弱电解质,在离子方程式中不拆,因此:

$$2H_2O - 4e^- = O_2 + 4H^+$$

如果溶液是碱性,生成的氢离子还会与溶液中的氢氧根离子结合生成水,因此高中阶段为了简便起见将水中氧失电子的反应统一写作:

$$4OH^- - 4e^- = O_2 + 2H_2O$$

溶液中的阴离子（该溶液中主要表现为水电离的氢氧根离子）失去电子再经由导线流回正极，完成整个电解过程的闭循环。

电解过程不断消耗溶液中的铜离子（阴离子的主要反应）和水电离的氢氧根离子（阳极的主要反应），溶液中最终剩余的是硫酸根和水电离的氢离子，两者形成了硫酸溶液。离开溶液的离子来源于溶质和溶剂水，最终离开溶液的是铜单质形式和氧气形式，因此要恢复原溶液，按照元素守恒需要补充的是氧化铜。

电解硫酸铜溶液的总反应方程式叠加阴、阳极的方程式可以得出：

$$2CuSO_4 + 2H_2O \xrightleftharpoons{通电} 2Cu + O_2\uparrow + 2H_2SO_4$$

或者用离子方程式表示为：

$$2Cu^{2+} + 2H_2O \xrightleftharpoons{通电} 2Cu + O_2\uparrow + 4H^+$$

电解生成的铜单质附着在极棒上，很难真的以沉淀形式离开溶液，因此生成铜单质的沉淀符号不要求。生成的氧气应该写气体符号，之所以本章节文字直到这里一直忽略对气体符号的处理，正是通过这样的表述形式引起读者的思考：电化学方程式中气体符号是否必须标注？

理论的电极方程式书写，气体符号表示新状态物质的生成，是应该标注的。实际考虑，标注气体符号就意味着反应进行了一段时间，随着反应进行，主要反应与次要反应可能会发生程度改变，因此需要继续进行研究。从这个角度讲，不写气体符号只表示电解最初一段时间两极的主要反应更加合适。不过遵循高中的教学思想，建议还是尽量写气体符号更加规范。

如果对碳极棒电解硫酸铜溶液继续电解，则随着硫酸铜的消耗变为电解硫酸溶液。此时溶液中溶质提供的离子有氢离子和硫酸根离子；溶剂水提供的离子有氢离子与氢氧根离子。

因此阳极方程式为：$4OH^- - 4e^- = O_2\uparrow + 2H_2O(2H_2O - 4e^- = O_2\uparrow + 4H^+)$

阴极方程式为：$2H^+ + 2e^- = H_2\uparrow$

合并两极方程式得到总方程式为：$2H_2O \xrightleftharpoons{通电} 2H_2\uparrow + O_2\uparrow$

电解硫酸溶液等效于电解水，因此该溶液电解一段时间溶液的浓度增大，酸性增强，pH 减小。想要恢复原溶液加水即可。

同时通过电极方程式可以得出：阳极附近 pH 减小，阴极负极 pH 增大，溶液整体 pH 因浓度增大而减小。

将两段电解过程连在一起分析，可知阳极离开溶液的物质始终是氧气，阴极离开溶液的物质前期是铜单质后期是氢气。因此恢复原溶液前期需要补充氧化铜，后期则需要补水。电源提供电量恰好合适时，补充 $Cu(OH)_2$ 也可以恢复原溶液的物质及浓度（氢氧化铜等效于 CuO 与 H_2O 等量组成物）。

2. 电解硫酸铜 2.0 版之电镀池

将电解硫酸铜的装置中阳极材料改为铜棒就会收到不一样的效果。还是以电子定向移动为主线。

电源负极提供电子，电子经过导线定向移动到阴极材料碳棒上。碳棒只负责传递电子，这些电子主要提供给溶液中的铜离子，发生的阴极反应方程式为：

$$Cu^{2+} + 2e^- = Cu$$

溶液中自由移动离子导电。

阳极处发生的主要反应在该装置中则是放电能力更强的金属极棒：

$$Cu - 2e^- = Cu^{2+}$$

联立阴、阳两极无法得到总反应方程式。同时对两极现象及溶液中离子移动方向进行分析可以得到如下结论：

阳极处主要是金属铜失电子形成铜离子，溶液遵循"均一稳定"的特点，主要是生成的铜离子向溶液四周移动；

阴极碳棒附近的铜离子不断消耗，附近溶液颜色变浅，生成红色的铜单质附着在碳棒表面。溶液中的铜离子浓度因为消耗与补充相同，浓度不变。长时间电解的最终结果就是铜棒变细，溶液中的铜离子由阳极定向移动到阴极（一极产生的离子与另一极消耗的离子相同才能称作定向移动）在碳棒表面镀上一层铜，这样的装置就是电镀池。

将电解池的阳极改为其他金属如锌（专有名词是镀层金属），溶液选取浓度较大的硫酸锌（利用浓度优势），阴极处可以使用碳棒或其他材料甚至金属铁（专有名词是镀件）都可以实现镀件上镀锌。

在这里需要梳理下两极的放电顺序：

阴极放电顺序（得电子能力）：强氧化性物质（O_2、Fe^{3+}等）＞Cu^{2+}＞H^+＞Zn^{2+}（金属活动顺序倒置）。

阳极放电顺序（失电子能力）：金属单质（金属活动顺序）＞I^-＞Br^-＞Cl^-＞OH^-＞含氧酸根离子。

以上的顺序是在浓度接近情况下的普遍顺序，其实也就是氧化还原反应能力的比较顺序，实际的放电能力还要综合考虑浓度的影响。

可以这样理解浓度与得失电子能力共同影响着阴、阳极的放电顺序，两个因素中浓度更占优势。同时也需要注意按照放电顺序可以判断出主反应，但学习电化学千万不要放弃全面分析思想，尽管实际问题解决时很少对不为主的反应进行考查，但长时间电解，不为主反应所产生的现象也会得以体现。

10.1.3 精炼铜与氯碱工业

1. 电解硫酸铜 3.0 之精炼铜

经由电镀池过渡，将阳极材料改为粗铜（含有 Zn、Fe、Ag、Pt、Au、泥沙等杂质），溶液仍然采用硫酸铜溶液，阴极材料改为精铜就构成了高阶的电镀池——精炼铜装置。

解决电化学问题的核心就是抓住电子的定向移动进行分析。

电源负极提供电子。电子经过导线流向阴极的精铜，阴极处发生的主要反应为溶质提供的铜离子得电子：

$$Cu^{2+} + 2e^- = Cu$$

溶液中带电离子的定向移动起到导电作用。

阳极处按照放电顺序，依次发生的反应为：

$$Zn - 2e^- = Zn^{2+}$$
$$Fe - 2e^- = Fe^{2+}$$
$$Cu - 2e^- = Cu^{2+}$$

粗铜中的主要成分是铜单质，阳极材料消耗到一定程度需要及时更换极棒，因此铜后金属得不到失电子的机会随同泥沙共同沉淀形成阳极泥。

同时因为得电子能力：$Cu^{2+}>Fe^{2+}>Zn^{2+}$，因此阳极主要反应仍为 $Cu^{2+}+2e^-=Cu$。得电子能力弱的亚铁离子与锌离子只好留在溶液中。

通过连续的电解就可以将粗铜中活泼性强于铜的金属留在溶液中除去，活泼性弱于铜的金属随同泥沙沉淀，最终实现精炼铜的目的。

如果止于这样的分析，就违背了前面一直提到的全面分析思想。如果进行长时间的电解，不难发现阳极不断提供着铜离子、亚铁离子和锌离子，而阴极主要消耗的是铜离子。这就必然造成溶液中的铜离子浓度逐渐减小，而锌离子与亚铁离子浓度逐渐增加，最直观的现象就是溶液的颜色（铜离子在溶液中呈现蓝色）变浅。当溶液颜色变浅到一定程度，还不加以人工干预必然出现因溶液中铜离子大量消耗，铜离子在阴极的放电能力就不再占有优势，必然会有大量的二价铁或锌离子得电子形成单质留在精铜中就无法实现精炼的目的。

因此精炼铜时，当溶液变浅到一定程度需要更换掉原溶液，而不是简单补充。其目的是防止溶液中亚铁与锌离子浓度过高引起精铜纯度降低。即使及时更换溶液也无法完全避免亚铁与锌离子的放电，这也正是工业精炼铜，只能无限提高纯度而无法得到纯铜的原因。

既然是长时间电解造成精炼铜的纯度问题，那么另一个问题也值得研究：一段时间后阴极产生无色气体和蓝色沉淀。其实这个现象早就可以解决了，这个现象源于阴极处主要得电子的是铜离子，水电离的氢离子浓度小且得电子能力弱，因此短时间内可以忽略。随着电解时间加长，水电离的氢离子得电子形成氢气并最终以气体形式逸出，剩余的氢氧根离子与铜离子结合生成蓝色沉淀。

2. 氯碱工业

表面上电解池可以分为很多模型，其实质仍然是电子的定向移动，因此氯碱工业也是电解池的一种，如图10-5所示，也遵循着电子定向移动产生持续变化的规律。所有电化学的难点就在于如何找准电子流向，并且能够对不同电极的反应进行全面分析。

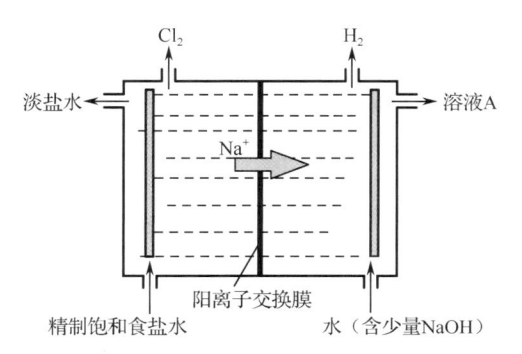

图 10-5 氯碱工业

首先明确氯碱工业属于电解池，必须有外接电源。但是这个图示并没有画出电源，无法像前面提到的模型一样快速找到电子的源头，并且图示中增加了阳离子交换膜，表面难度增加许多。

利用同种电荷相排斥异种电荷相吸引的原则，不难判断溶液中钠离子带有正电会被电子吸引。因此可以判断右侧产生氢气的一极连接电源的负极。

也可以勉强用"正正负负"和"阴阳互补"的简单技巧帮助判断。"正正负负"意思就是原电池溶液中带有正电的粒子向正极移动，带有负电的粒子向负极移动；"阴阳互补"意思是电解池中阴离子向阳极移动，阳离子向阴极移动。以前还用过"阴盛阳衰"的思想，意思是阴极受保护，质量只能不变或增加，阳极失电子，只能质量不变（惰性电极）或减小。

但以上的小技巧可以了解，但最好别再用了，还是回归到用心分析的过程吧！前两个技巧过于侧重主要离子的移动方向，没有关注到同种电荷相互排斥造成极棒附近溶液离子浓度关系改变的情况，因此分析思维过于狭窄，不利于拓展知识与能力，更不利于养成分析思想、培养学科素养。第三个技巧也不建议经常用，毕竟如前论述过的牺牲阳极的阴极保护法中，正极的金属受到了保护，主要失去的是负极通过导线提供的电子，但随着反应时间的延长，正极处不为主的金属失去的电子总数增加而导致正极仍然被腐蚀，这种现象叫作自腐蚀。通过降低负极金属的活性减小保护电流，并通入氧气以增强正极处得电子物质的整体得电子能力，可以使这种自腐蚀现象变得更加明显而利于观察。

继续回到装置分析，负极确定后仍然是前面提到的标准分析步骤：

电源负极提供电子，电子通过导线流向右侧的阴极。因为溶液是饱和食盐水，因此阴极处得电子的主要反应方程式为：

$$2H^+ + 2e^- = H_2\uparrow$$

此处氢离子的来源是溶剂水的电离，因此可写作：

$$2H_2O + 2e^- = H_2\uparrow + 2OH^-$$

溶液中自由移动的离子导电。

左侧阳极处发生失电子的反应为：

$$2Cl^- - 2e^- = Cl_2\uparrow$$

$$4OH^- - 4e^- = O_2\uparrow + 2H_2O(2H_2O - 4e^- = O_2\uparrow + 4H^+)$$

同样参照放电顺序，为保证阳极始终以氯离子失电子为主，反应需要不断补充氯化钠，以保证氯离子在放电能力和浓度上一直占有绝对优势尽量减少氧气的生成。

阳极失去的电子通过导线流回正极实现闭循环，也就完成了整个电解过程。

对整个过程再进行细致的分析。阴极处对来源于水电离产生的氢离子大量消耗，剩余的氢氧根离子无法通过阳离子交换膜（顾名思义，阳离子交换膜只准许阳离子通过）而留在阴极室；阳极大量消耗溶质的氯离子，剩余大量的钠离子通过阳离子交换膜进入阴极室。因此阴极室会随着氢氧根离子剩余逐渐增加，随着钠离子不断移动进入，最终形成氢氧化钠浓溶液。氢氧化钠浓溶液若不及时处理会因其强腐蚀性而损毁设备，因此一段时间后需从阴极室提取氢氧化钠浓溶液。阳离子交换膜的存在，不仅实现了制备氯气与氢气，同时可以得到重要的工业原料氢氧化钠浓溶液。而且通过阻止阴离子的移动进而防止阴极产生的氢氧根离子进入阳极室与生成的氯气发生反应：$Cl_2 + 2OH^- = Cl^- + ClO^- + H_2O$，降低氯气产率。

当然如果想要制备漂白液，仍然使用该装置，撤去阳离子交换膜不失为一个好办法。如果同时能够将图 10-5 的装置左旋 90°，使生成的氯气在逸出过程中充分接触阴极得到的氢氧根离子则会大大提升漂白液的产率。

最后关于金属防护再做一次总结：

金属腐蚀的发生实质是金属单质失电子。无论这种失电子的反应是因为直接的氧化还原反应（化学腐蚀）还是间接的氧化还原反应（电化学腐蚀）引起，最终受到伤害的都是金属单质。因此保护金属，防止腐蚀发生的根本就是不让金属单质失电子。

1. 隔绝法

刷漆、镀层以使金属单质与外界环境隔绝不失为保护金属的最佳方法。

利用电镀的方法进行镀层时,镀层金属的选择直接影响后续的金属保护能力。镀锌的铁的镀层破损后,锌、铁与空气共同构成了原电池装置,其中锌作为负极失去电子,电子经过导线移动到铁电极,防止铁发生腐蚀。

而镀铜的铁的镀层破损后,铁作为负极失去电子经过导线移动到铜棒上不仅无法起到防腐作用,反而加快了铁的腐蚀。

因此镀层金属表面上选择谁都无所谓,但考虑到后续镀层破损的影响,镀锌的铁更好一些。

2. 牺牲阳极的阴极保护法

这个方法在前面已经提到过。注意这个名字自带"坑"的属性。尽管叫作牺牲阳极的阴极保护法,实际与阴、阳极毫无关系,毕竟这个保护方法没有使用到外接电源。

用导线将锌与铁相连接。锌失去电子被消耗,作为负极。铁上有电子流入受到保护作为正极。但是约定俗成的名称还是很难得到改变的。

3. 外接电源的阴极保护法

这种办法就是上面对电解池的分析过程。将金属置于阴极,电源提供的电子经过导线流向阴极,使阴极处的金属受到保护。

如果减小电源电压同时将阴极金属改为更为活泼的金属,同样一段时间后也无法避免因自腐蚀造成的金属极棒损耗。

4. 改变结构法

即将钢铁这样的碳素钢添加镍、铬等元素改变内部金属结构形成不锈钢。

10.2 燃料电池极速电极方程式书写与蓄电池

燃料电池属于自发进行的装置,也就是原电池的装置。电化学装置的分析的方法都遵循电子定向移动产生的后续影响。燃料电池的装置图直接省略,这里只关注最核心的方程式书写问题。

而蓄电池也叫作二次电池,无论是充电还是放电都遵循电子定向移动产生后续影响的分析。蓄电池的特点为没有电源就"自我伤害",有外接电源就"自愈"恢复原状。

这两种电池尽管属于电化学范畴,但实际更加侧重的是电极方程式书写,是以电化学之名而对氧化还原反应的检验。

10.2.1 氢氧燃料电池

与由金属极棒构成的原电池不同,氢氧燃料电池的发生很难像溶液中的置换反应一样自发进行。氢气与氧气的反应需要点燃的条件才能够发生,这个条件又是在电池装置中不允许出现的。因此非常有必要将两个导电的极棒涂满高效的催化剂加速氢与氧之间的反应使反应得以进行。

通入氢气的极棒在高效催化剂的作用下迅速失去电子,是整个电化学装置的电子产生源头,为负极。

$$H_2 - 2e^- = 2H^+$$

氢气失去的电子经由导线流向正极,正极通入的氧气在高效催化剂的作用下迅速得到电子，因为得电子的反应被催化剂加速，使得这种电子定向移动得以最终形成稳定的电流。

$$O_2 + 4e^- = 2O^{2-}$$

以上书写的两极方程式可以说是核心方程式，但并非是最终的电极方程式表达形式。

上面的分析过程并没有提到溶液中的导电离子。正是介质溶液的选择使得不同环境下氢氧燃料电池的电极方程式书写差距很大。

酸性介质环境，大量存在的氢离子尽管对负极反应不会产生影响，但对正极产物氧离子来说，这个影响却是如此巨大。

酸性环境负极方程式：$H_2 - 2e^- = 2H^+$

酸性环境正极方程式：$O_2 + 4e^- = 2O^{2-}$

溶液中存在足量的氢离子，所以 $2O^{2-} + 4H^+ = 2H_2O$。

因此正极方程式写作：$O_2 + 4e^- + 4H^+ = 2H_2O$

碱性介质环境，大量存在的氢氧根离子会结合负极生成的氢离子；同时大量存在的水可以微弱电离出氢离子和氢氧根离子，其电离的氢离子可以迅速消耗正极产物氧离子。因此有：

碱性环境负极方程式：$H_2 - 2e^- = 2H^+$

后续反应为：$H^+ + OH^- = H_2O$

合并方程式得出负极总方程式为：$H_2 - 2e^- + 2OH^- = 2H_2O$

碱性环境正极方程式：$O_2 + 4e^- = 2O^{2-}$

后续反应为：$2O^{2-} + 2H_2O = 2OH^- + 2OH^-$

合并方程式得出正极总方程式为：$O_2 + 4e^- + 2H_2O = 4OH^-$。

中性介质环境（如 NaCl 溶液等）溶液中没有大量氢离子与氢氧根离子的存在，但存在着大量的水。尽管水不会影响负极产物，但会与正极产物结合。

中性环境负极方程式：$H_2 - 2e^- = 2H^+$

中性环境正极方程式：$O_2 + 4e^- = 2O^{2-}$

后续反应为：$2O^{2-} + 2H_2O = 2OH^- + 2OH^-$

合并方程式得出正极总方程式为：$O_2 + 4e^- + 2H_2O = 4OH^-$

由方程式可以看出，中性环境的氢氧燃料电池，负极附近随着氢离子逐渐产生，溶液酸性增强，pH 减小；正极附近因水电离的氢离子大量被氧离子消耗，剩余大量氢氧根离子而使溶液碱性逐渐增强，pH 增大。

但这种变化不用过度担心，毕竟溶液的特点是"均一稳定"，负极产生的大量氢离子向溶液四周移动，同样正极附近大量的氢氧根离子也向溶液四周移动。最终大量的氢离子与氢氧根离子在溶液中相遇再次结合生成水。因此氢氧燃料电池才被称为环保电池。

尽管这样的分析过程更有利于方程式书写的准确性，但在书写速度方面并不占优势。因此有必要归纳一个更加高效的技巧了。这个技巧总结下来为：氢氧产物爱谁谁；调平方程式时"酸用氢离子、碱用氢氧根离子，酸、碱不确定产物谁都行"。

只以碱性环境的两极方程式书写为例阐述，其余的在接下来的燃料电池分析中还要充分讨论。

负极方程式书写：$H_2 - 2e^- =$ 爱谁谁

确定了转移电子数后依据溶液环境进行调平：$H_2 - 2e^- + 2OH^- =$ 爱谁谁

最后就是利用水进行最终确定：$H_2 - 2e^- + 2OH^- = 2H_2O$

正极方程式书写：$O_2 + 4e^- =$ 爱谁谁

选择调平用具：$O_2 + 4e^- =$ 爱谁谁 $+ 4OH^-$

最终水做结案陈词：$O_2 + 4e^- + 2H_2O = 4OH^-$

氢氧燃料电池最后再补充一下：传统的技巧是写出燃料燃烧的总方程式，然后写出正极反应方程式。联立燃烧方程式与正极方程式得出负极反应方程式，这个方法其实也不错。如果这个方法用得比较顺手，可以将第一步改作写出燃烧方程式并结合介质写出总反应方程式。在下一个关于其他燃料的电极方程式书写中就会得以体现。

10.2.2 以乙炔为代表的有机物、氧燃料电池

这里开始大量省略分析过程，直接利用技巧公式进行极速方程式书写过程。但无论怎样写方程式第一步都需要知道这个反应的对象和产物的样子才好进行：

$$\overset{-1}{C_2H_2} + \overset{}{O_2} \longrightarrow \overset{+4}{CO_2} + H_2O$$
$$\uparrow 5e^- \times 2 \quad \downarrow 2e^- \times 2$$

1. 酸性环境的电极方程式书写

负极方程式：$C_2H_2 - 10e^- = 2CO_2$

根据环境选取调平用具：$C_2H_2 - 10e^- = 2CO_2 + 10H^+$

水给予最后一击：$C_2H_2 - 10e^- + 4H_2O = 2CO_2 + 10H^+$

正极方程式：$O_2 + 4e^- =$ 爱谁谁

选择调平用具：$O_2 + 4e^- + 4H^+ =$ 爱谁谁

最终水做结案陈词：$O_2 + 4e^- + 4H^+ = 2H_2O$

这个反应结束要注意：不同学校要求的书写习惯不同，有些习惯时时刻刻关注电荷守恒原则需要将负极方程式乘系数 2，正极方程式乘系数 5 以体现电化学中得失电子总数相等。而这部分文字主要介绍分析过程和学习方法，所以没有最后依据电荷守恒调整两极方程式。

2. 碱性环境的电极方程式书写

负极方程式：$C_2H_2 - 10e^- = 2CO_2$

根据环境选取调平用具：$C_2H_2 - 10e^- + 10OH^- = 2CO_2$

水给予最后一击：$C_2H_2 - 10e^- + 10OH^- = 2CO_2 + 6H_2O$

正极方程式：$O_2 + 4e^- =$ 爱谁谁

选择调平用具：$O_2 + 4e^- =$ 爱谁谁 $+ 4OH^-$

最终水做结案陈词：$O_2 + 4e^- + 2H_2O = 4OH^-$

表面上这个正、负极方程式书写已经搞定，实则不然。要注意此时的溶液环境是碱性环境，负极生成二氧化碳可以与大量存在的氢氧根离子生成正盐。

$$CO_2 + 2OH^- = CO_3^{2-} + H_2O$$

合并方程式负极方程式应写作：$C_2H_2 - 10e^- + 14OH^- = 2CO_3^{2-} + 8H_2O$

这样负极的电极方程式才能够将负极失电子物质及同时连续发生的反应表示清楚，这也是电极方程式要求写总方程式的原因。

学习化学，尽管有很多方法技巧，但请永远不要放弃思考分析的权利。

这里也对前面的原电池进行一个释疑：镁、铝导线连接，介质为氢氧化钠溶液的原电池该如何分析？正常分析电子起于镁，经导线移向铝，之后通过溶液的导电离子定向移动形成闭循环。但实际的分析过程却是：镁不能够与氢氧化钠溶液反应，铝具有两性可以与

氢氧化钠溶液发生反应。

因此这个原电池模型中电子的起源是金属铝（负极），电子经过导线移动向镁（正极）。同时注意负极产物铝离子可以与过量碱直接生成偏铝酸根，因此两极方程式为：

负极方程式：$Al - 3e^- + 4OH^- = AlO_2^- + 2H_2O$ ［产物偏铝酸根部分地区写作 $Al(OH)_4^-$］

正极方程式：$2H_2O + 2e^- = H_2\uparrow + 2OH^-$

有电荷守恒要求的请自行将两根方程式乘相应倍数。

3. 中性环境的电极方程式书写

负极方程式：$C_2H_2 - 10e^- = 2CO_2$

根据环境选取调平用具：$C_2H_2 - 10e^- = 2CO_2 + 10H^+$

水给予最后一击：$C_2H_2 - 10e^- + 4H_2O = 2CO_2 + 10H^+$

正极方程式：$O_2 + 4e^- = $ 爱谁谁

选择调平用具：$O_2 + 4e^- = $ 爱谁谁 $+ 4OH^-$

最终水做结案陈词：$O_2 + 4e^- + 2H_2O = 4OH^-$

中性环境之所以两极分别选取氢离子和氢氧根离子在生成物中调平，是因为溶液中不存在大量的氢离子或氢氧根离子，但随着反应进行可以生成这两种离子。

4. 熔融态金属氧化物（熔融态 CaO 等）及熔融态碳酸盐环境的方程式书写

把这两个归类在一起，是因为这两个环境中都不存在水，既不能用氢离子和氢氧根离子调平，也无法生成这两种离子。

熔融态金属氧化物中大量存在的是金属阳离子和氧离子，调平用具选用氧离子；而熔融态碳酸盐中大量存在的是金属阳离子和碳酸根离子，调平用具选择碳酸根离子。之所以这样选择是因为金属阳离子在熔融态时以自由移动离子形式存在，只有阴离子具有结合产物生成新物质的能力。同样熔融态硝酸盐可以选取硝酸根离子作为调平用具。

熔融态金属氧化物中的电极方程式书写：

负极方程式：$C_2H_2 - 10e^- = 2CO_2$

根据环境选取调平用具：$C_2H_2 - 10e^- + 5O^{2-} = 2CO_2$

水给予最后一击：$C_2H_2 - 10e^- + 5O^{2-} = 2CO_2 + H_2O$

不用担心生成的二氧化碳与水结合生成碳酸的问题，熔融环境，即使能够生成碳酸也会分解释放出二氧化碳。

正极方程式：$O_2 + 4e^- = $ 爱谁谁

选择调平用具：$O_2 + 4e^- = 2O^{2-}$

最终确定：$O_2 + 4e^- = 2O^{2-}$

不必担心负极产生的水会移动到正极影响正极产物，熔融条件水早就以水蒸气形式逸出了。

熔融态碳酸钠中电极方程式书写：

负极方程式：$C_2H_2 - 10e^- = 2CO_2$

根据环境选取调平用具：$C_2H_2 - 10e^- + 5CO_3^{2-} = 2CO_2$

元素守恒最终调平：$C_2H_2 - 10e^- + 5CO_3^{2-} = 2CO_2 + 5CO_2 + H_2O$

这个方程式中没有将两个二氧化碳合并是希望通过这样的表达方式更加关注来源，实际书写方程式时相同物质是要求合并在一起的。并且这种烃类的燃料电池在熔融碳酸盐环境中可以很容易实现二氧化碳的循环参与反应过程。

正极方程式：$O_2 + 4e^- =$ 爱谁谁

选择调平用具：$O_2 + 4e^- = 2CO_3^{2-}$

最终确定：$O_2 + 4e^- + 2CO_2 = 2CO_3^{2-}$

至此，完成了对燃料电池方程式书写的技巧发现。之后遇到所谓的氮气与氢气形成的燃料电池，或者有机物与氧气生成醋酸等的燃料电池方程式书写或判断问题，只需要关注得失电子数目、溶液环境对调平用具选择的影响、最终产物确定这几个方面即可。

燃料电池中得电子强的为正极，但不一定非得是氧气，所以"氧气始终为正极"听一下算了。遇到具体问题还是用心分析好。

10.2.3 蓄电池不用电路图

二次电池，实质就是没有外接电源时自发进行作为原电池，这个时候的首要任务是找到电子的源头即负极；有外接电源存在时，不要着急利用示意图找到电子源头的负极，而是要明白接电源的目的是为了让原电池中被消耗的物质还原回来，以便电池再次使用。

这里仅以酸性铅蓄电池进行分析：$Pb + PbO_2 + 2H_2SO_4 \rightleftharpoons 2PbSO_4 + 2H_2O$。建议这个方程式尽量记下来，尽管这个蓄电池方程式和真正给出的蓄电池方程式有所不同，但这个方程式将更利于分析过程。

铅蓄电池方程式：$Pb + PbO_2 + 2H_2SO_4 \underset{充电}{\overset{放电}{\rightleftharpoons}} 2PbSO_4 + 2H_2O$。

没有外接电源的时候，这些物质中哪一个可以作为电子产生的源头（负极）呢？一定是那个最容易失去电子的物质，除了金属单质 Pb 外，其他物质不具有这样的能力，因此可以确定 Pb 作为电源的负极。

负极电极方程式：$Pb - 2e^- + SO_4^{2-} = PbSO_4$

配平过程与燃料电池的方程式书写相同：确定产物、找到调平用具。将这个判断过程形成技巧就可以总结为：蓄电池中，活泼金属（失电子最强）为负极。

Pb 作为负极，与之反应的 PbO_2 自然只能够作为正极反应物出现。因此正极方程式按照燃料电池电极方程式书写的方法有：

$$PbO_2 + 2e^- + SO_4^{2-} + 4H^+ = PbSO_4 + 2H_2O。$$

有了正极与负极，导线中形成定向移动的电流，作为电源出现。随着对外放电过程持续，Pb、PbO_2 与介质中的硫酸不断被消耗，这就必然导致这个电池无法长时间使用，一段时间后整个体系不再具备提供电能的能力。

当整个体系失去放电能力时，只需要外接电源使原电池的反应逆转，将原物质还原回来，整个体系就又会充满活力，可以再次作为电源使用。而这个外接电源恢复的过程就是所谓的充电过程。

当了解了充电的目的后，不难写出两个反应方程式：

$Pb - 2e^- + SO_4^{2-} = PbSO_4$ 的还原方程式 $PbSO_4 + 2e^- = Pb + SO_4^{2-}$。

这个反应需要从外界得到电子才能够实现，因此必须连接外接电源的负极，也就是作为阴极的反应方程式出现（这也就是技巧中所谓充电过程"负接负"的提法）。

$PbO_2 + 2e^- + SO_4^{2-} + 4H^+ = PbSO_4 + 2H_2O$ 的还原方程式需要将电子释放出去，因此连接电源正极作为阳极反应方程式：$PbSO_4 - 2e^- + 2H_2O = PbO_2 + SO_4^{2-} + 4H^+$。

经过这两个变化不仅恢复了原来的反应物，而且也能够使介质硫酸得以重生。

至于有些表面更加烦琐的蓄电池问题，尤其是那些根本没有活泼金属在蓄电池的反应方程式中出现的，就需要借助充放电的方向进行判断了。

针对上面的技巧再补充几个小技巧：

活泼金属为负极，其产物为阴极反应物；充电时，"负接负，正接正"。

【例题10-1】天津是我国研发和生产锂离子电池的重要基地。锂离子电池正极材料是含锂的二氧化钴（$LiCoO_2$），充电时 $LiCoO_2$ 中 Li 被氧化，Li^+ 迁移并以原子形式嵌入电池负极材料碳（C_6）中，以 LiC_6 表示。电池反应为 $CoO_2 + LiC_6 \underset{充电}{\overset{放电}{\rightleftharpoons}} LiCoO_2 + C_6$ 下列说法正确的是（　　）。

A. 充电时，电池的负极反应为 $LiC_6 - e^- = Li^+ + C_6$

B. 放电时，电池的正极反应为 $CoO_2 + Li^+ + e^- = LiCoO_2$

C. 羧酸、醇等含活泼氢的有机物可用作锂离子电池的电解质

D. 锂离子电池的比能量（单位质量释放的能量）低

【答案】B

表面上无法找到这个蓄电池中最活泼的金属。通过题干信息"充电时 $LiCoO_2$ 中 Li 被氧化"可以确认 LiC_6 为负极，CoO_2 为正极，两者反应是自发的放电过程。这个分析恰好与充、放电提示吻合。

写出负极方程式 $LiC_6 - e^- = C_6 + Li^+$

正极方程式 $CoO_2 + e^- + Li^+ = LiCoO_2$

同时可以判断阴极方程式为负极方程式的还原过程：$C_6 + Li^+ + e^- = LiC_6$。

可以判断阳极方程式为正极方程式的还原过程：$LiCoO_2 - e^- = CoO_2 + Li^+$。

由此确认本题答案为 B。

A. 充电时，电池发生的是得电子的还原反应。

C. Li 较活泼，易与羧酸和醇反应而变质。

D. 所言源于教材，比能量代表单位质量物质的放电能力，锂离子电池的比能量高，这也是现在 Li 电池流行的原因，毕竟 Li 的活泼性强且质量小。

第十一章　有机化学

有机化学的方程式书写方法在第二章中已经进行详细介绍，至于推断方法中的技巧会在后面进行说明，因此本章节的立意在于如何解决高二学习有机化学中几个比较典型的难点问题。

这一部分内容相对于电化学和溶液中离子关系这样的内容而言，其特点是知识之间的关联度没有那么大。

11.1　判断同分异构体

大考中出现同分异构体问题，以判断同分异构体种类最为困难。经常出现很容易写出绝大部分同分异构体，但总是缺失一两种而最终导致用时很长却得不到分的情况。

同分异构体判断的核心：判断有机物中所包含的官能团后，确定同分异构体的判断顺序为：先碳链异构，再位置异构（等效氢的判断），最后是顺反异构。

11.1.1 烃类物质同分异构体判断

甲烷（CH_4）是最简单的烃类物质。

甲烷中 4 个碳氢键无论从键长、键能还是键角角度都毫无差别，因此可以得出第一个重要技巧：同碳上的氢完全等效，如图 11-1 所示。

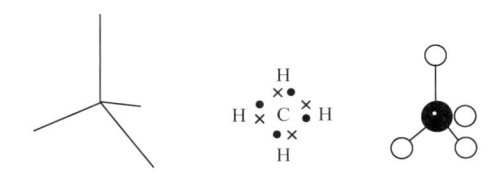

图 11-1　甲烷结构示意图、电子式与球棍模型

乙烷（C_2H_6）相对于甲烷可以认为是甲烷中的任意一个氢（同碳上氢等效）被甲基（—CH_3）代替的产物，因此剩余的 3 个氢完全等效，但与甲基不同。

乙烷中只有 2 个碳，这 2 个碳左右对称，因此这 2 个碳完全等效。每个碳上有 3 个完全等效的氢，2 个碳又完全等效，并且对比每一个碳氢键的键长、键能、键角也毫无差别，如图 11-2 所示。因此可以得出第二个技巧：对称的碳等效，其上的氢也完全等效。

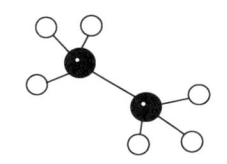

图 11-2　乙烷球棍模型

有了这两个技巧就可以去解决烃类物质的等效氢问题了。

1. 烷烃类物质的同分异构体问题

这一部分不希望用冗长的文字和重复度很高的不同示例进行说明，仅以 C_5H_{12} 的二氯代物种类确定为突破点。

这个问题的分析要两次用到上面提到的技巧。首先确定 C_5H_{12} 的结构并非只有一种。

第一种存在形式是 5 个碳形成直链即正戊烷的结构：$CH_3—CH_2—CH_2—CH_2—CH_3$。

第二种存在形式是从主链摘掉一个碳形成甲基。

这时主链结构由 4 个碳组成，甲基需要与其中的某个碳连接即用甲基取代某个氢。$CH_3—CH_2—CH_2—CH_3$ 中尽管存在着 10 个氢可被甲基取代，实际最多只有 4 种情况会出现——同碳上的氢等效。但这四种情况又因为 4 个碳沿中轴对称，两个端点碳完全等效，2 个中间碳完全等效。

因此甲基只有两种取代情况可以发生，这两种情况中又因为端点取代又生成了直链的正戊烷结构而舍弃，因此实际甲基只能够取代中间 2 个碳上任何一个碳上、任何一个氢，只有一种结构即异戊烷 $CH_3— \underset{\underset{CH_3}{|}}{CH} —CH_2—CH_3$ 生成。

第三种存在形式为从主链中摘取 2 个碳形成 1 个乙基或者 2 个甲基。

摘掉 2 个碳后主链剩余结构为：$CH_3—CH_2—CH_3$。这个结构中间存在着对称轴，因此存在着 2 种碳，2 种等效氢。

乙基连接端点的碳就会形成正戊烷，前面写过；连接中间碳就会形成异戊烷，前面也写过。因比摘掉的 2 个碳无法构成乙基结构。

摘掉的 2 个碳以 2 个甲基形式连入主链，需要按部就班一个接一个连入。第一个甲基无法连在端点（连在端点就是原来的 3 个碳形成 4 个碳的主链），只能连入中间碳形成异丁烷的结构 CH$_3$—CH—CH$_3$，这个结构因 3 个甲基连接在同一个碳上，就像甲烷中的 3
　　　　　　　　　　　　　　　｜
　　　　　　　　　　　　　　CH$_3$

个氢一样，这 3 个甲基完全等效。因此该结构中只存在两种等效氢，最后一个甲基只能在这 2 个等效氢中选择，端点的碳被取代又会生成异戊烷结构。因此最后一个甲基只能通过

　　　　　　　　　　　　　　　　　CH$_3$
　　　　　　　　　　　　　　　　　　｜
代替中间碳上最后一个氢形成新戊烷 CH$_3$—CH—CH$_3$ 的结构。
　　　　　　　　　　　　　　　　　　｜
　　　　　　　　　　　　　　　　　CH$_3$

第一层次的分析到此结束，C$_5$H$_{12}$ 最终确定存在着三种结构。因此问到该物质存在多少种二氯代物，需要对这三种结构分别分析，最后将总数加和。

先分析正戊烷。二氯代物的分析源于一氯代物的梳理。

CH$_3$—CH$_2$—CH$_2$—CH$_2$—CH$_3$ 利用对称轴可以判断存在三种等效氢，因此一氯代物种类有 3 种：

CH$_2$Cl—CH$_2$—CH$_2$—CH$_2$—CH$_3$ 该结构不存在对称轴，因此存在 5 种等效氢，可以生成 5 种二氯代物：

　　　　　Cl
　　　　　｜
(1)　　CH—CH$_2$—CH$_2$—CH$_2$—CH$_3$
　　　　　｜
　　　　　Cl

(2)　　CH$_2$—CH—CH$_2$—CH$_2$—CH$_3$
　　　　　｜　　｜
　　　　　Cl　Cl

(3) CH$_2$Cl—CH$_2$—CHCl—CH$_2$—CH$_3$

(4) CH$_2$Cl—CH$_2$—CH$_2$—CHCl—CH$_3$

(5) CH$_2$Cl—CH$_2$—CH$_2$—CH$_2$—CH$_2$Cl

CH$_3$—CHCl—CH$_2$—CH$_2$—CH$_3$ 结构同样不存在对称轴，可以判断存在 5 种等效氢，可以生成 5 种二氯代物：

(6) CH$_2$Cl—CHCl—CH$_2$—CH$_2$—CH$_3$

(7) CH$_3$—CCl$_2$—CH$_2$—CH$_2$—CH$_3$

(8) CH$_3$—CHCl—CHCl—CH$_2$—CH$_3$

(9) CH$_3$—CHCl—CH$_2$—CHCl—CH$_3$

(10) CH$_3$—CHCl—CH$_2$—CH$_2$—CH$_2$Cl

CH$_3$—CH$_2$—CHCl—CH$_2$—CH$_3$ 结构存在中间的对称轴，因此可以判断存在 3 种等效氢，因此存在 3 种二氯代物：

(11) CH$_2$Cl—CH$_2$—CHCl—CH$_2$—CH$_3$

(12) CH$_3$—CHCl—CHCl—CH$_2$—CH$_3$

(13) CH$_3$—CH$_2$—CCl$_2$—CH$_2$—CH$_3$

加和以上所有的同分异构体种类共计 13 种。但实际存在着相同的重复结构，如"(2)、(6)"这组，再如"(3)、(11)"这组，其余还有"(4)、(10)""(8)、(12)"。去掉重复的结构，正戊烷的二氯代物种类为 9 种。

这样的基础训练必不可少，尽管可以用技巧"数过及其等效的不数"的方法快速写出

所有同分异构体，但真心建议基础不是很强的还是多练习这个逐一推导的基本功。

所谓"数过及其等效的不数"，意思就是数完 $CH_2Cl—CH_2—CH_2—CH_2—CH_3$ 的二氯代物为 5 种后，再去数 $CH_3—CHCl—CH_2—CH_2—CH_3$ 这个结构的二氯代物种类时曾经存在过氯的端点碳不用再数，同时在原结构中左右端点的甲基等效，因此最右端的端点甲基也不数。同样在确定 $CH_3—CH_2—CHCl—CH_2—CH_3$ 二氯代物种类时，因最左端的 2 个碳上都曾经出现过氯，且原结构中右端 2 个碳分别与左端 2 个碳等效，因此除了最中间的碳外其余的 4 个碳不再数。

之所以建议强化训练基础的、逐一推导的方法，而不建议直接应用这个技巧是因为这个技巧适用于 2 个取代基一样的情况，如果 2 个取代基不同，则不遵循"数过及其等效的不数"的原则。

对于异戊烷的梳理，可以更快一点。$CH_3—\underset{\underset{CH_3}{|}}{CH}—CH_2—CH_3$ 中存在 4 种氢（左端 2 个甲基连在相同碳上等效），因此其一氯代物有 4 种。

第一种一氯代物 $\underset{}{CH_2}—\underset{\underset{CH_3}{|}}{\overset{\overset{Cl}{|}}{CH}}—CH_2—CH_3$，无对称轴存在，因此有 5 种二氯代物；

第二种一氯代物结构为 $CH_3—\underset{\underset{CH_3}{|}}{\overset{\overset{Cl}{|}}{C}}—CH_2—CH_3$，无对称结构，左端 2 个等效的甲基中其中一个曾经连过氯，不数。中心碳不存在氢，只有右端的 2 个碳上的氢可以被取代，因此有 2 种二氯代物；

第三种一氯代物 $CH_3—\underset{\underset{CH_3}{|}}{CH}—CHCl—CH_3$，去掉数过的结构还有 2 种氢，可以生成 2 种二氯代物；

第四种一氯代物 $CH_3—\underset{\underset{CH_3}{|}}{CH}—CH_2—CH_2Cl$ 去掉数过的结构，只有最右端的端点可以生成 1 种二氯代物。因此异戊烷生成的二氯代物总计 10 种。

新戊烷 $CH_3—\underset{\underset{CH_3}{|}}{\overset{\overset{CH_3}{|}}{CH}}—CH_3$ 只有 1 种氢，只能生成 1 种一氯代物 $CH_2Cl—\underset{\underset{CH_3}{|}}{\overset{\overset{CH_3}{|}}{C}}—CH_3$。一氯代物存在两种氢，可以生成 2 种二氯代物。

综上，C_5H_{12} 总计可以生成二氯代物 9+10+2=21（种）。

这种利用等效氢判断同分异构体的方法，只需要将氯换作羟基、醛基、羧基等就可以用于醇类、醛类、酸类等同分异构体的判断。

比如判断 $C_4H_8O_2$ 的所有属于酸类的同分异构体。按照要求有机物中必须存在羧基结构，即必须有—COOH 官能团。去掉羧基的结构只剩余 C_3H_7—的结构，因此只要确认 C_3H_8 的一氯代物 C_3H_7Cl 同分异构体种类，将—Cl 替换为—COOH 就可以确定 $C_4H_8O_2$ 的所有属于酸类的同分异构体总计 2 种。

技巧的核心就是如何确定等效氢：同碳上相同的氢（相同支链）等效；对称的碳

等效。

2. 烯烃类氯代物种类判断（不考虑顺反异构）

烯烃类氯代物同分异构体种类判断与烷烃类一致，只是多了双键的干扰。这里只以2个比较典型的烯烃：丙烯、1，3-丁二烯为例进行说明。

丙烯的结构：$CH_2=CH-CH_3$。利用等效氢的判断方法可以判断一氯代物种类有3种。

第一种一氯代物 $CHCl=CH-CH_3$ 中含有3种等效氢，因此存在3种二氯代物；

第二种一氯代物为 $CH_2=CCl-CH_3$ 存在2种等效氢，去掉数过的只存在一种二氯代物；

第三种一氯代物为 $CH_2=CH-CH_2Cl$，去掉数过的只存在1种二氯代物。

丙烯的二氯代物种类判断难度不大，之所以引入这个讨论，主要是为了兼顾前面讲过的有机反应中存在的疑惑。

烯烃类物质与卤素的反应加成更容易，适合的条件也可以发生取代反应，比如光照条件与氯气可以发生取代为主的反应。但烯烃类物质因双键断裂的加成过于有特色，以致常常被误认为只能发生加成不能够发生取代反应。

1，3-丁二烯的结构为：$CH_2=CH-CH=CH_2$ 左右对称结构，只存在2种等效氢。

一氯代物 $CHCl=CH-CH=CH_2$ 结构存在4种等效氢，可以生成4种二氯代物；另外一种一氯代物为 $CH_2=CCl-CH=CH_2$ 去除数过及其等效位，只能生成一种二氯代物。

尽管1，3-丁二烯的氯代物种类不属于常考范围，借助这个知识讲解再次深化对1，3-丁二烯的认识还是很有必要的。

这里强烈建议读者阅读到这里能够准备一张白纸，总结一下关于1，3-丁二烯的反应。尽管行文是按照不同知识模块进行的，但学习中很多知识点之间是有交叉的，是有机整体。

同样对于烯烃类的氯代物种类的确定可以应用到醇类等有机物中。但是要注意的是有机结构中 $\overset{OH}{\underset{|}{C}}=C$ 这样的结构不能够稳定存在，会发生分子重排，因此关于考查既含有双键又含有—OH结构的有机同分异构体时，都会限定不要出现双键与羟基连在相同碳上的文字。

3. 芳香烃同分异构体种类判断

芳香烃的特点是含有苯环，而苯环是平面结构。对于芳香烃同分异构体的研究重心在于对苯环的同分异构体的梳理。

苯环是中心对称图形，6个碳完全等效，只存在一种等效氢。因此其一氯代物只有一种结构，生成氯苯，如图11-3所示。

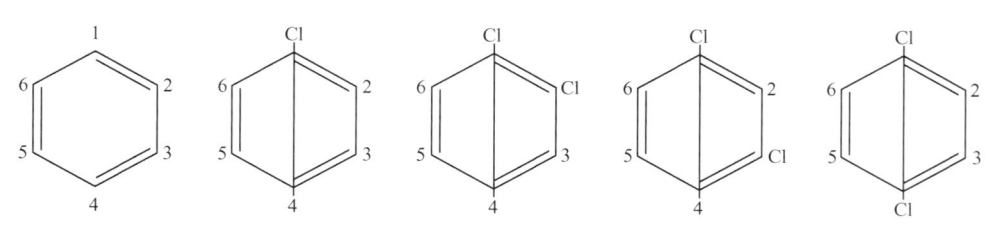

图11-3 苯的氯代物种类数法

为了方便起见让氯取代1位置的氢形成氯苯。1，4碳形成对称轴，则氯苯中含有三种等效氢：2、6 的邻位等效；3、5 的间位等效；第三种则是 4 位的对位。因此可以得出苯的二氯代物有三种，分别如图 11-4 所示。

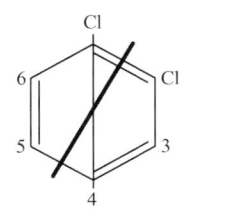

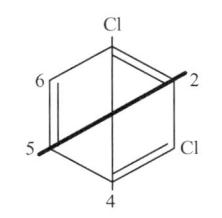

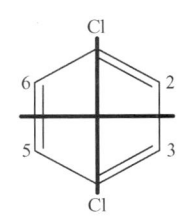

图 11-4　苯的二氯

三种二氯代物依次做出对称轴，其等效氢种类分别为 2 种、2 种、1 种。再结合数过及其等效不数的原则最终确定三氯代物的种类依次为 2 种、1 种、零种，共计 3 种。

如果第三种取代基是溴，其同分异构体种类数目数法为：先确定一氯代物和二氯代物种类。这个确定方法和上面一致，苯环二氯代物有 3 种。然后引入最后的溴。根据上图确定 2 个氯在邻位时，存在 2 种等效氢，有 2 种同分异构体；2 个氯在间位有 3 种等效氢，不存在与原结构重叠的问题，因此有 3 种同分异构体；2 个氯在对位，只存在 1 种等效氢，因此只有 1 种同分异构体。最终确认苯环上 2 个氯 1 个溴的同分异构体总数为 6 种。

如果苯环上 3 个取代基完全不同同分异构体数目的确定仍然是逐一处理。首先确定一氯代物为 1 种；然后引入第二个取代基溴，有 3 种结构，如图 11-5 所示。

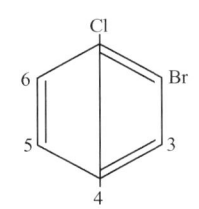

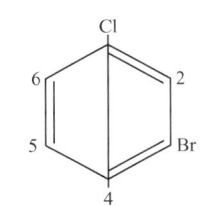

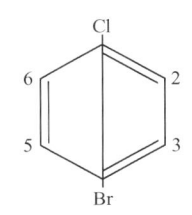

图 11-5　苯环 3 个取代基同分异构体

最终确定第三种取代基的引入。依次确定等效氢个数分别为 4、4、2（存在对称轴）种。因此最终确认同分异构体数目为 10 种，如表 11-1 所示。

表 11-1　苯环上取代基种类

个数	1 个取代基	2 个取代基		3 个取代基		
种类	A 型	A+A 型	A+B 型	3A 型	2A+B 型	A+B+C 型
同分异构体	1	3	3	3	6	10

利用这样的总结内容再去判断甲苯、二甲苯的苯环上一氯、二氯代物种类就显得轻而易举了。不过还是建议真正去分析推导，而不是简单记忆结果，通过自行的强化训练将等效氢和等效碳的方法来强化。

11.1.2　酸与酯类同分异构体判断

1. 酸的同分异构体判断

以 $C_4H_8O_2$ 为例。酸类同分异构体书写首先确定必须含有羧基—COOH，那么就将羧基当作一个取代基去看。剩余部分是 C_3H_7—，于是这个同分异构体的书写就等效于判断丙烷的一氯代物的种类问题。

CH_3—CH_2—CH_3 含有 2 种等效氢，因此可以快速判断存在 2 种一氯代物，只不过这个取代基氯换作—COOH，于是其属于酸的所有同分异构体可以轻松搞定。这个在前面已经提过，在这里仅仅是简单回顾一下。

再如 $C_8H_8O_2$ 所有属于芳香酸类的同分异构体判断。确定题干要求就是要含有苯环剩余部分含有羧基。

这个结构其实就是甲苯所有一氯代物种类判断的问题（最终用羧基代替氯）。甲苯中含有 4 种等效氢，分别为甲基中的氢、苯环的两个邻位、两个间位、一个对位。因此可以判断甲苯的一氯代物有 4 种，将氯用羧基代替，则 $C_8H_8O_2$ 所有属于芳香酸类的同分异构体共计 4 种。

对于 $C_8H_8O_2$ 所有属于芳香酸类的同分异构体问题唯一的提示就是千万不要和甲苯苯环上的一氯代物画等号。

2. 酯类同分异构体的判断

以 $C_4H_8O_2$ 为例进行判断。酯类的同分异构体判断可以有多种方法：插空法、镜面翻转法等。这里介绍的是酯基定位法，毕竟等效氢、等效碳的技巧在书写酯类同分异构体中显得力不从心。

所谓酯基定位就是先确定酯基结构，然后将剩余部分次序补足。

$$-\overset{O}{\underset{\|}{C}}-O-$$ 酯基确定后，剩余部分先填充到酯基的右侧，于是有：

$$-\overset{O}{\underset{\|}{C}}-O-CH_2-CH_2-CH_3$$，最终最左侧补上氢原子，就形成了第一种属于酯的同分异构体甲酸丙酯。

当有机结构中碳的个数达到甚至超过 3 个就需要考虑碳链长短的异构了：将酯基右侧的碳链摘掉一个，在右侧（注意次序，先不要拓展左侧空间）寻找可以安置甲基的位置。酯基右侧剩余的碳链有两种等效氢，但端点无法连接甲基，因此可以得出第二种同分异构体：$H-\overset{O}{\underset{\|}{C}}-O-\underset{\underset{CH_3}{|}}{CH}-CH_3$。

右侧结构全部完成后，按次序考虑缩短右侧碳链以增长左侧碳链，于是出现了第三种同分异构体：$CH_3-\overset{O}{\underset{\|}{C}}-O-CH_2-CH_3$，左右碳链长度都不足 3 个碳，不用考虑碳链异构问题。于是将这种此消彼长的行为继续进行得出第四种同分异构体：

$CH_3-CH_2-\overset{O}{\underset{\|}{C}}-O-CH_3$。尽管左侧碳链达到了 3 个碳，但是如果摘掉 1 个碳形成甲基，左侧只有端点一种等效氢，因此无须考虑碳链异构。

这样的此消彼长直至右端只剩余最后一个碳就必须停止了，否则右侧失去最后一个碳（甲基）则会构成酸的结构。

由此判断 $C_4H_8O_2$ 属于酯类的同分异构体总计 4 种。这种定位法适合左右都可以延展的官能团，如醚键和酮的结构。

$C_4H_{10}O$ 的所有属于醚类的同分异构体骨架结构按顺序排列有：

C—O—C—C—C，考虑右侧有碳链异构，因此有 2 种同分异构体；

C—C—O—C—C，无碳链异构，只有 1 种同分异构体。

C_4H_8O 所有属于酮类的同分异构体以 —C—C—C— （中间C为C=O）为定位基准，无论怎样移动都只有 1 种同分异构体。这里介绍的都是基本分析思维，读后可以自行用更多碳数的有机物进行强化训练。

3. 顺反异构的判断

以 C_4H_8 所有属于直链烯烃类的同分异构体种类判断为例。

烯烃中含有的主要官能团是碳碳双键。可以采用等效氢等效碳的方式等效于在 2 个碳之间插入双键的方式判断，参照酯类同分异构体判断的定位法。

这里采用 —CH=CH— 的定位法进行判断。将剩余的碳全部补充到右端可以得到第一种同分异构体 1-丁烯的结构 $H—CH=CH—CH_2—CH_3$ 之后，用此消彼长的方式将右侧的一个碳移到左侧，可以得到第二种同分异构体 2-丁烯的结构 $CH_3—CH=CH—CH_3$。于是可以得到 C_4H_8 属于烯烃类的同分异构体有 2 种。

但因双键是平面结构，因此 2-丁烯还会存在顺反异构问题：

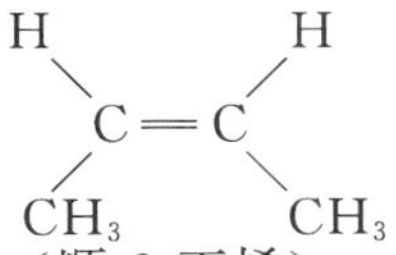

（顺-2-丁烯） 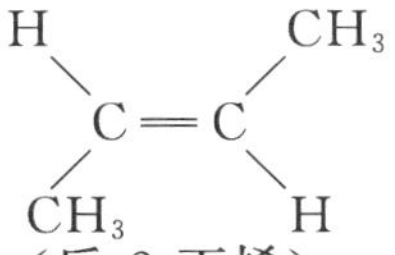　　　　　（反-2-丁烯）

1-丁烯因左端双键碳连有相同的氢原子，不存在顺反异构的问题。对于是否存在顺反异构的判断可以通过排除法确定：即连有双键的 2 个碳，其中任何一个碳上连有 2 个相同的原子或原子团就不存在顺反异构。

实际的考查中往往通过限定条件的文字提示，排除某些同分异构体，也会出现要求同一个有机物中存在多种官能团结构的同分异构体书写。因此强烈建议书写同分异构体一定要将这些技巧方法多加练习：等效氢、等效碳判断法；酯基类定位法；存在双键顺反异构排除法。

同分异构体的内容尽管类型并不多，但需要熟练度作支撑，强烈建议自行训练时增加难度。一个简单的训练方法介绍：白纸上画一个苯环，在苯环上加 2~3 个碳数不大于 3 的支链，任意的支链，然后根据自己写出的有机物自行设问并解答与之互为同分异构体的所有属于酸、酯或其他类型的有机物。这样的训练并不追求答案是否真的完整，而是训练思维意识和熟练度。

11.2　原子共平面问题与大分子性质判断

高中的原子共平面问题尽管不涉及有机物的真实结构，但也属于常见的考点，对典型结构的掌握是关键。且命题中经常以"最多共平面的原子数为多少"或"至少共平面的原子数为多少"这样的文字进行提示。因此这类问题又涉及对阅读能力的考查。

有机大分子的性质分析表面命题灵活，其核心仍然是对有机物中官能团性质掌握的考查。

11.2.1　有机物原子共平面问题

空间想象能力不足会直接导致无法确定原子共平面的问题，再加之设问时为了增加难度往往对共平面的原子种类、个数提出"最多"或"最少"的要求，因此导致该部分内容的难度较大。利用轨道杂化的理论进行共平面问题研究作为对空间想象的补充，再结合典型的共面空间结构，可以让判断的精准度大幅提升。

1. 典型结构之烷烃

甲烷是最简单的烷烃结构，也是最重要、最神奇的结构。甲烷的4个碳氢键键长、键角和键能完全一致，是典型的正四面体结构，最多3个原子共平面。

由甲烷结构派生出乙烷结构，其中一个碳是甲烷的结构（等效于一个氢被甲基取代）最多任意三个原子共面，这样就可以让H、C与甲基中的碳共面。第二个碳又是一个甲烷结构，2个碳已经共面的前提下，只需要第二个甲基中多一个H与之共面就可以得出乙烷中最多4个原子共面。而这样的判断也是基于有机物中单键可旋转，如图11-6所示。

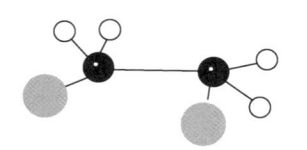

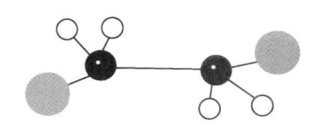

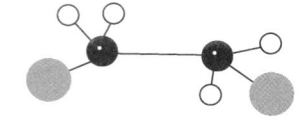

图11-6 有机物中单键可旋转

同时也要注意甲烷这样的结构最多3个原子共面，也意味着不能所有原子共平面。碳数更多的烃类有机物因空间结构相互影响，不能简单用高中的知识去解释。碳数较少的烃类有机物可以用共面结构包含最多碳原子的方式确定最多共面的原子数。

如$CH_3CH_2CH_2CH_2CH_3$结构，左端点碳是甲烷结构，最多3个原子共面，可以是
   1号 2号 3号 4号 5号
H、C与2号碳共面；2号碳又是一个甲烷结构，最多3个原子共面，因已经与左端点碳共面，因此再去寻找一个共面的原子，选择4号碳可以继续延展。这样类推下去，最多5个碳共面，加上两个端点H，共计7个原子共面。如果有支链结构就不要去勉强了，毕竟这个不是高中的要求。

而一旦命题明显是大分子结构，并含有多个环与支链，那么就用逆向思维：凡是存在甲烷结构即碳连接4个单键的就一定可以判断该结构不能所有原子共面。

快速判断出甲烷结构或者类甲烷结构是判断原子共面问题的起点。在有机化学中可以部分借助轨道杂化的知识即有机化学中碳原子如果连有4个原子或原子团就是sp^3轨道杂化，其空间是四面体型，最多三个原子共面（与轨道杂化不完全相同，有机化学中碳不存在孤对电子，可以应用这个技巧）；如果碳连接的是3个原子或原子团就是sp^2轨道杂化，空间构型为平面三角型；如果碳连接2原子团就是sp轨道杂化，其空间构型为直线型。

2. 典型结构之乙烯

$CH_2=CH_2$，利用碳连接原子或原子团数目与杂化类型及空间结构的判断方法，可以判断出乙烯中2个碳都是sp^2杂化类型，空间结构都是平面三角型。

仅仅判断出三角型对于结构较大的分子共平面问题研究作用还不够大，那就将这个结构继续推进。两个平面三角型通过双键连接形成了双键的典型空间结构：6个原子共平面，也可以称作双键不可旋转。

再继续推进下去，利用已经得到的6个原子共面结构判断丙烯与1，3-丁二烯的共面问题。

$CH_3—CH=CH_2$结构中含有双键结构，这个结构决定了最左端甲基中的碳与右侧的—$CH=CH_2$构成了6个原子的共面结构，甲基隶属于甲烷结构（从杂化角度分析时sp^3

杂化最多个原子共面结构），因此丙烯中最多可以有 7 个原子共面。

$CH_2=CH-CH=CH_2$，两个 6 原子共面的乙烯结构通过单键连接。一个重要的要点也出现在这里了：有机结构中单键可以旋转，双键或三键无法旋转。通过单键的旋转，最多可以使两个平面旋转到同一平面，1,3-丁二烯最多所有原子都会共平面。

3. 典型结构之乙炔与苯

乙炔结构 $H-C\equiv C-H$，2 个碳都是连接 2 个原子的结构，属于 sp 杂化类型，原子共线。将结构延伸得出结论：乙炔结构 4 个原子共线。

苯环的结构中，每个碳都等效于连接三个原子，是 sp^2 杂化平面三角型结构，所有的平面三角叠加后形成最典型的苯环的结构：12 个原子共面，如图 11-7 所示。

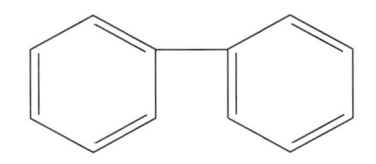

图 11-7 苯环的结构

这个结构是有机原子共面问题中比较典型的结构，单键可以旋转，因此两个苯环可以通过单键的旋转形成共面结构，最多所有原子共面。如果设问改变为至少有多少碳原子共面就需要注意了。

首先可以确定左侧苯环与右侧苯环中相连的碳形成 12 个原子共面的结构。通过单键旋转，这就是关键：单键沿轴旋转，右侧苯环沿着与左侧苯环相连的碳及其对位碳形成的轴旋转，这个轴上的对位碳始终可以与左侧苯环共面。再注意问到的是至少多少碳原子共面，因此最终确定至少的共面的碳原子包括左侧苯环上的 6 个碳，以及右侧苯环轴上的 2 个碳，总计至少可以确认 8 个碳原子共面。

4. 典型结构之甲醛

$H-\overset{\overset{O}{\|}}{C}-H$ 结构中心碳连接三个原子是 sp^2 杂化类型，所有原子形成平面三角型结构。

就像同分异构体设问一样，原子共面问题很难单独设问，往往一个大的有机分子中含有多个结构，需要对每一个典型结构都要熟悉才能更快地判断共面问题。

最后总结一下杂化理论在有机共平面问题中的应用，如表 11-2 所示。

表 11-2 有机物中碳原子杂化类型与空间构型

相连原子数	4	3	2
杂化类型	sp^3	sp^2	sp
空间结构	四面体型	平面三角型	直线型
最多共面原子	3	4	4

11.2.2 大分子性质判断

1. 大分子的分子式判断技巧

对于陌生的有机大分子分子式的判断往往是个令人头疼的问题，尤其是大分子中除了 C、H、O 三种元素还会包含 N、Cl 这样的元素。

以甲烷中一个 H 被其他元素代替对分子式的影响是研究分子式的一个比较好的开端。以卤素代替氢，因卤素原子只能够形成单键，因此可以形成 CH_3-X 结构，即使取代

2个氢形成 CH_2X_2 结构，我们还是不难发现减少的氢原子个数等于增加的卤素原子的个数，因此可以总结为：卤素可当氢看。

如果以 O（极致情况是用同族的 S 代替氧）取代其中一个氢则会形成 $CH_3—O—H$ 结构，因为 O 能够形成双键。因此取代原有的氢原子后必然还需要引入一个氢因此对整个分子结构中的氢原子总数不会产生影响。

但当羟基中的氢与相连碳上的氢断掉形成碳氧双键结构 $H—\overset{\overset{O}{\|}}{C}—H$ 后，原有的有机结构中氢的总数减少了 2 个。用不饱和度标记这种减少的量的关系：与相同碳数的烷烃比较，分子中每少 2 个氢，不饱和度记为 1。先记录第一个存在不饱和度的结构：碳氧双键不饱和度为 1。

如果以 N 这样能够形成三键的原子代替甲烷的氢，则会形成 $CH_3—NH_2$ 的结构，由结构判断，有机物中每增加一个氮原子，氢的个数相应增加 1。参照对氧的分析，有机结构中形成 $C=N$ 结构不饱和度记为 1；形成 $C≡N$ 结构不饱和度记为 2。这两个结构简单了解就可以了。

如果以碳代替甲烷中的氢就是碳链延长的过程，形成 $CH_3—CH_3$，分子中每增加 1 个碳同时会带入 2 个氢。这也可以从侧面再回顾一下同系物的定义：组成结构相似，相差 n 个 $—CH_2—$ 的有机物。

参照对氧的分析，也可以得出碳碳双键不饱和度记为 1；碳碳三键不饱和度记为 2 的结论。利用不饱和度也可用于逆推给出结构的有机物分子式。

同时由甲烷中氢被碳取代的分析推出烷烃的通式为：$CH_4+xCH_2=C_{1+x}H_{4+2x}$，化简通式为：$C_nH_{2n}$。注意这个通式提示烃类有机物结构中氢的个数为偶数。

做最后总结之前，补充上最后一个关于不饱和度的梳理：$CH_3—CH_2—CH_3$ 结构首尾甲基中各去掉一个氢原子，首尾相连形成环状结构因氢的个数减少 2 个，不饱和度记为 1，如表 11-3 所示。

表 11-3　不饱和度与有机结构关系

结构	双键	三键	环
不饱和度	1	2	1

对于有机大分子的分子式判断可以代入技巧公式：

$C_nH_{(2n+2)+N数-卤素数-2\times 不饱和度}$，这个公式也可以简化出一个更快的技巧：有机大分子中氢与卤素原子加和总数的奇偶性与氮元素奇偶性相同。

最后补充一个结构——NO_2，这个结构比较特殊，只能代替有机结构中的一个氢原子，并且自身不会引入更多的氢原子，建议遇到这个结构将其视为卤素，最终确定分子式后再将其还原。

2. 有机反应类型判断

给定的大分子有机物究竟能够发生什么反应？这样的设问针对的是对官能团性质掌握的熟练程度。严格讲解决这类问题的方法就是加强对官能团性质的记忆。更好的技巧就是从反应类型角度突出重点。

首先氧化反应与取代反应是所有有机物都能够发生的反应，根本就没有研究的必要。两个反应类型中比较麻烦的是取代反应，如果将取代反应进行细分就要留意了。

卤代反应：只要存在碳氢键就可以发生。高中阶段羟基中的氢不能被卤素取代。但羟基整体可以被卤素代替，也就是教材上给出的乙醇与 HBr 的反应，这个反应没有严格归为卤代反应只能叫作取代反应。

酯化反应：只能发生在酸与醇之间。酸可以与酚生成酯但不能叫酯化反应只能叫取代。补充一点就是醇与无机含氧酸也可以发生酯化反应，如甘油与硝酸生成硝化甘油的反应。

硝化反应：只能发生在苯环与硝酸之间，属于芳香烃的特殊反应类型。

水解：只有卤代烃与酯能够发生水解反应。并且注意酯的酸性水解生成酸与醇，碱性水解生成盐与醇。最典型的莫过于油脂的碱性水解才能叫作皂化。

其次就是所谓的还原反应，尽管这个反应类型在有机化学中很少涉及，但需要注意的是有机化学中有一种提法"加氢去氧"，也就是所有与氢气加成的反应也可以叫作还原反应。其中最典型的就是油脂的氢化过程也可以叫作被还原的反应或还原反应。乙烯与氢气的加成、苯环与氢气的加成也可以叫作还原反应。

之后是关于消去反应。有机结构中只有卤代烃和醇能够发生消去反应。发生消去反应时需要注意的是连接卤素或羟基的邻位碳没有氢不能消去；卤素或羟基直接连在苯环上不能发生消去反应。

再之后是加成反应类型。含有双键或三键的物质，以及苯环都可以与氢气发生加成反应，高中阶段例外的是羧基和酯基。尽管这两个官能团中确实存在碳氧双键，但高中阶段这两个官能团不能够与氢气加成。另外的提示就是：碳碳双键可以和几乎所有物质加成；甚至于乙烯可以与乙烯加成生成环丁烷；苯环高中阶段除了氢气外不与其他物质加成。加成中还有一个重点内容：醛或酮的加成。因为这个加成反应在大考中都会以已知形式进行提示，因此本书没有安排专门的章节进行讲解，但在这里也提醒下考生尽量能够熟悉醛与酚、醛、二醇的特殊加成对大考是十分必要的。

最后是关于聚合反应：含有碳碳双键或碳碳三键的可以发生加聚反应；含有 2 个或 2 个以上羟基或羧基或氨基的可以发生缩聚反应。提示的是尽管酚醛树脂的形成也属于缩聚反应，但这个反应的机理过程是醛与酚先加成再缩聚需要多多熟悉。

3. 消耗 Na、NaOH、Na_2CO_3、$NaHCO_3$、溴的判断

关于消耗金属钠的问题，实际考查的就是官能团的性质。醇是非电解质，尽管能够与金属钠生成氢气，但反应的现象明显弱于钠与水的反应；酚羟基因为苯环对羟基的活化可以表现出酸性，可以与金属钠剧烈反应生成氢气；羧酸更不用说，酸性强于苯酚，反应现象更加明显。但要注意的是如果有机物溶于水形成溶液，因金属钠与水可以剧烈反应，无法应用到是否含有羟基的判断中。

醇不是电解质，不能够与氢氧化钠发生反应。酚、酸具有酸性都可以与氢氧化钠发生反应。"某有机物与足量氢氧化钠反应"消耗氢氧化钠的量的判断问题是大考的常客。这类问题就是分步分析的过程，首先让有机结构中的卤代烃和酯基水解，这一过程并不消耗氢氧化钠；之后水解生成的酚、酸、卤化氢都可以表现出酸性进而与氢氧化钠反应。在前面的讲解中也提到过"先水解再数数"的技巧。提醒的注意点就是要区分好水解产物中的羟基是醇羟基还是酚羟基。

尽管酚与羧酸都可以表现出酸性，但是酚的酸性过于弱只能够与碳酸钠生成碳酸氢钠。更有趣的是二氧化碳通入苯酚钠溶液也只能生成碳酸氢钠。这个有趣的反应经常被用到离子方程式正误判断的考点中。

酚的酸性止于生成碳酸氢钠。而与碳酸氢钠反应生成二氧化碳就当仁不让地成了判断有机物中存在羧基的标志。

有机反应中经常用到溴这个物质，但是又将溴分为三六九等。加成反应因为是断开双键进行的反应，相对而言反应很容易进行，因此使用溴水足以达到反应目的。但是出于纯度的考虑，往往选取的不是溴水而是溴的四氯化碳溶液，以尽量减少水溶液的干扰。

苯酚与溴的反应属于断开碳氢键的取代反应类型，反应的困难度理应远超加成反应。因苯酚中存在酚羟基，对苯环起到活化的作用，使取代反应的难度被大幅降低。尽管比其他取代反应更容易，但毕竟还是比加成反应要困难，因此苯酚与溴发生的取代反应需要用到浓溴水。

纯粹的取代反应因为断碳氢键困难，只有遇到纯溴，取代反应才不得不进行。纯溴一般不用于与苯酚接触，毕竟苯酚具有强还原性，在空气中可以被空气中的氧气氧化出现粉红色，因此苯酚与纯溴相遇则会以氧化还原反应为主反应。

一般提到有机物消耗溴的问题实际包含的是加成与酚羟基活化苯环的取代。这可以说是一个隐语或者叫作潜规则，毕竟这两个反应是不需条件就可以实现的。只有明白所谓消耗多少溴是指向什么反应才能够快速判断消耗溴的摩尔数。

因为写这本书的初衷是扫除难点、介绍学习方法，而不是教辅，因此没有对所有知识面面俱到，更没有参照教材顺序逐个展开。同时本书也不是押题或者解题指导，因此也没有结合大量例题进行解析。行文中已经提了一些自己强化训练的方法。关于有机大分子性质的判断属于一个热点和难点，可以自行搜集几个这类的题结合文中的分析思想和技巧对比分析并强化训练。这部分关于有机难点的分析，建议结合前面的有机方程式书写共同阅读。

第五篇　艾氏学习法帮你高三有效备考

第十二章　三轮复习的主要任务

进入高三阶段，化学学科的知识学习已结束，也意味着全面复习的开始。

一般从高二期末至高三第一学期结束为一轮复习阶段。这一阶段主要任务是对教材进行回顾，帮助学生拾起遗忘的知识点并形成初步的知识网络结构；高三第一学期期末至五一左右为二轮复习阶段，这一阶段主要任务是结合高考题型进入系统复习，攻克重点及难点问题，全面提升得分能力；五一至高考期间为三轮复习，这一阶段主要任务是查缺补漏，弥补知识断节以减少高考失分情况。

12.1　一轮复习

如前所述，一轮复习的主要任务是对教材的回顾。两年高中所学的方方面面内容压缩到一个学期全部复习完成。

尽管是对学过的知识进行复习，但初学时的知识点之间的割裂及随着时间推移必然出现的遗忘，都逼迫着各个学校不得不以时间换空间——高三暑假提前补课，教学过程中大量取消节假日、增加晚自习、取消体育等副科的课时等。诚然，复习的时间与效果有时候或者说多数时候确实是呈一定的正比性，但无效的复习不仅仅会浪费大量的时间、精力，甚至会出现复习时间越长反而复习效果越差的现象。

12.1.1　关于一轮复习的顺序

经常遇到学生问教材版本不同，我的网课对他的学习是否会有帮助？

每每回复这个问题都觉得很无奈。确实现行的教材版本不同，知识的结构顺序不同。但高中的化学是化学初步知识，最终都是为大学选拔人才、为大学继续深入学习做铺垫的。从这个角度，版本不同但教学目的并没有实质区别。从内容上讲，高中化学基本都可以分为如下几方面：

1. 物质结构、周期律

其中必修部分涉及的是原子结构、周期表认识与周期律、电子式与化学键。

选修部分涉及的是能级构造理论、轨道杂化与共价键、分子结构与性质、晶体结构与性质这几个主要部分。

必修与选修的区别是：必修是学业水平也就是会考的难度要求。等级考试、高考包括必修及选修内容。

2. 物质的量的计算与氧化还原反应

这部分没有归到传统的"双基"分法当中，单独提了出来。这两部分内容都是必修内容，但不同的考试要求不同。

学业水平考试即会考对物质的量的计算仅仅要求会利用公式计算，最多是掌握气体体积公式的应用要求。等级考试、选拔性的高考不仅要求会计算，更要求考生能够将计算与其他部分知识结合起来，如计算氧化还原反应中电子数的转移、混合物中原子的个数、关联弱电解质电离与盐类水解的溶液中离子数目的确定、有机物结构中共价键的数目等。

氧化还原反应部分学业水平只要求会判断氧化剂与还原剂等概念，并且能够配平简单的方程式同时判断反应中转移的电子数。选拔性的高考则要求会用氧化还原反应原理配平陌生方程式，甚至能够通过对常见氧化剂、还原剂的掌握应用到工业流程的路线设计当中。

3. 元素及其化合物

必修全部讲完的内容，选修没有单独的教材与之对应。

学业水平的要求是能够将教材上的内容简单记忆。而选拔性的高考则要求能够利用教材上的知识进行推测与分析，同时能够将元素化合物中学到的多数具体反应方程式与实验甚至实际工业生产结合。与实验的结合要考虑怎样反应才最合理，反应中量的关系发生改变会产生什么影响等；与工业结合要考虑反应的效率、是否产生污染、原料是否廉价、生成物能否循环使用等。关于这部分内容在后面的实验部分还要进行详细说明。选拔性的高考还有一个由已知推测未知的要求，也就是通过学过的关于元素化合物的知识能否用于结合周期表推测同主族或相邻未知那些没学过的元素化合物可能具有的性质。

4. 化学反应原理

这部分包含的内容比较多，分条目进行说明：

必修教材会用一个章节对热、速率与平衡、电化学进行简述。选修部分则要用单独的教材进行详细深入说明。

（1）热化学。学业水平考试的要求仅仅是能够判断常见的反应是吸热还是放热过程，最多只要求能够读懂简单的能量变化图像。选拔性的高考则侧重于对能量计算与反应过程的结合及定义的考查，如大家比较熟悉的盖斯定律。

（2）化学反应速率。学业水平考试的要求仅仅是会简单判断条件改变对速率的影响。选拔性的高考则要求知道条件改变通过改变活化分子进而改变了反应速率，尽管实际命题并非出现活化分子，但对于这个过程的分析还是十分必要的；条件改变对一个反应的正、逆速率是否都会产生影响，且这种影响是否是相等的，这些也是选拔性高考的要求；设计多个条件对反应速率的影响中究竟哪一个才是主要影响因素的考点，在选拔性高考中更能检验出学生的基础知识与学科素养。

（3）化学平衡及其移动。学业水平考试需要知道的是简单的平衡标志。而选拔性的高考要求是能够分析条件改变对平衡方向的影响，以及再次平衡时某些数据的改变如转化率等；要求能够知道平衡是有限移动的，不能够完全抵消条件的改变；更高难度的要求就是多个条件改变对同一个平衡会产生什么样的影响。可以说平衡移动的问题更具有理科的逻辑思维能力检验的特色，这也是高考热衷于在这个点上进行命题的原因，不仅仅是因为考生觉得平衡难。

（4）溶液中的离子关系。学业水平考试是感受不到这个知识的。选拔性高考对这部分内容的直观体现为盐类水解及其应用、溶液中的离子关系、沉淀溶解平衡的转化。本书中这部分内容对于沉淀转化并没有涉及，原因在于一方面这个内容的分析是平衡的延续，另一方面是这个点更多侧重于结合题的技巧点拨，与学习方法介绍的主题不是十分符合。

（5）电化学。学业水平考试的要求是知道几个简单的原电池装置，并能够简单判断这类电池的电极方程式书写是否正确。选拔性的高考要求能够运用电化学原理解决理论化的电化学装置，甚至能够利用电化学原理解决实际实验或生产中的具体问题，如氯碱工业于水体中重铬酸根除去的结合，双膜三室法淡化海水等。

5. 有机化学初步

必修内容只要求简单了解甲烷、乙烯、苯、乙醇、乙酸等几个典型有机物的典型反应与性质，这也是学业水平考试的要求。选修内容则会相对系统地介绍典型的有机物及相互转化关系。选拔性高考的要求就是能够利用有机物的官能团性质判断一个成熟的有机合成路线中每一步的物质是什么，以及对于合成路线中不同的物质性质利用学过的官能团分析进行推测。

6. 没有

对不起，让很多读者失望了。这部分应该写上"实验"才对啊！并不是。化学实验其实是学习元素化合物及有机化学时应该落实的。实验就是通过装置或流程将所学的知识系统化、网格化的过程，并且侧重所学的化学物质的性质在实际实验或工业生产中具体应用的问题。

一般情况，为了提升复习效果更好对抗知识遗忘，一轮复习有两种主流的教学规划：以高二下学期所学的内容作为一轮复习的起点；另外一种是从高一刚开始学的内容逐步推进。

这两种复习顺序各有利弊，不能简单说哪一种方法更好。

但无论选取什么样的复习顺序，必须明确的是一轮复习的目的是对教材进行全面回顾。复习过程的主体是学生，是选择化学学科作为参与高考竞争的优势科目的学生。由此一轮复习无论如何安排教学规划，都必须把学生作为第一考虑要素。那种以提前制定好刚性教学任务无视学生理解掌握的方式都是不足取的。

对各学校的复习建议不是这一章的主旨，同时笔者也无资格去指导不同学校的教学规划。一轮复习中学生如何能够结合学校的复习规划更有效地进行复习才是拿出来抛砖引玉的。

开始一轮复习时，考生首先必须主动了解学校关于一轮复习的教学安排。这个教学安排很容易了解到，直接问任课老师就可以。这个环节其实非常重要，可以说是整个一轮复习的开始，也是一轮复习的指导。自己的复习规划与学校的尽量统一，如果出现学校复习的内容恰好是自己强项，就可以提前规划利用这个时间段自主学习以弥补自己弱项。比如学校正在讲氧化还原反应，这部分你又非常强，就可以自己提前复习相对较弱的化学反应原理内容，等到学校也进行到化学反应原理部分，你就比别人多了一次复习，知识的掌握程度自然不一样了。

了解学校的教学规划后开始准备相应的教材和教辅。多年来经常遇到高三学生居然连教材都找不全，复习课时人手一本教材就更是奢望。

一轮复习的教材非常重要，如果教材已经丢失了，那就要想方设法把教材备足：找毕业学生买、或低年级同学借、网上下载电子版、书店购买等，不管用什么途径，最终目标是要有全套的教材。教材是高考命题的依据、教学的最终指向是高考，教材的重要性不言而喻。如果有可能就准备三套教材，一套放在学校听课使用，一套放在家里随时查阅，一份剪下来作为知识卡片随身携带。

一轮复习的教辅资料准备主要是两个方面：一方面是近三年的高考真题用来指明复习的重点及做题能力提升的方向，并判断命题趋势；另外一方面的教辅准备是专题类的教辅，以便随着复习的进行对单独的知识点进行单项突破，毕竟学明白和得分之间还需要有效的训练进行衔接，这个阶段套卷并非对所有人都适合。

一轮复习时真题卷的作用无可替代。一轮复习开始前直接刷一套真题来检验自己存在问题的部分，以指导自己后续的复习规划。

复习过程中，将这个第一次完成的真题始终放在身边以时时提醒自己复习的重点。

这个自我设计复习规划的过程也是规划能力和自控力的培养过程。高考试卷带有选拔性质，不仅仅考查一个学生的知识点掌握，更要通过一张试卷考查出学生的综合素质。因此必须明白高三的复习不是知识点的二次学习这么简单。

12.1.2 如何回归教材？要达到什么样的效果？

一轮复习的任务是回归教材。回归教材不要简单理解为对教材的二次阅读，或者仅仅是记住一些重要方程式。教材是高考命题的来源、是根本，平时的教学就是以高考为指导进行教材解读。可以说，没有任何一本教辅与高考的对接关系能够超越教材。

尽管老师和过来人都会不厌其烦地大谈教材的重要性，然而学生好像并不买账。教材上找不到考试的原题，教材上那些方程式该背的都背过了，但是对于考试提分并没有帮助。

最终因为种种原因，教材对学生的吸引力就越来越小，不得不让位于整理好知识点的教辅，让位于专题训练的习题集，让位于各类套卷。这也必然造成越是到高考复习阶段大家越是倾向于题海战术的现实，这也是一轮复习的一个尴尬的地方。这也是我回复很多网上学生问我有没有关于某部分内容知识总结时的无奈。我自己每年对不同知识都会进行整理，但这些东西给到学生其实仅仅是给了一张无用的纸。就像我经常提到的：网上能够下载下来的思维导图是艺术品，对学习的帮助很小；自己画出来无论多难看都是真正的思维导图，才是复习中最有用的资料。

学习的三个过程是：预习、学习和复习。

这个听起来老生常谈。并且都是复习学过的知识，好像预习这个环节毫无必要，其实不然。

1. 有效利用教材目录

回归教材首先要了解教材目录，这是化学教材的大纲。通过对目录的了解可以形成对化学学科全部知识的总体认识，这利于整个学期的复习规划安排，可以详略得当地安排自己的复习规划与学校复习进度的对接，不致整个学期都处于疲于奔命的状态。

化学学科选修是必修内容的拓展，通过目录的掌握可以快速了解一个知识点的重要程度及分布。同样有利于根据自身的学习特点及遗忘程度安排复习规划。如有机化学的知识点在必修与选修中都有，那就可以直接通过选修教材进行学习，将必修部分关于有机化学的内容而选修中没有出现的直接抄写在选修教材的相应位置，这样既能够提升知识的完整度又不致浪费时间对相同的内容进行不必要的重复学习。

掌握目录另外一个好处在于，每次月考之后能够迅速知道自己的知识断节所在，为后续复习甚至二、三轮复习做好准备。每次月考后在目录中用"★"等对每个章节进行标注，以提示这部分内容是完全掌握，是能够掌握但不够细致，还是感觉已经掌握但不会做题等。这样在二轮复习中才能够有的放矢地去重点突破。

2. 回归教材其实真的就是加强对重点方程式的掌握

提前于学校课程，先把教材上的重点方程式熟悉下来。

这个阶段最忌浮躁、最忌眼高手低。可能觉得曾经学过，曾经成绩还不错就不愿意踏实复习，觉得自己肯定会。真正写下来与自己想象中能够写出来的还是有一定差距的，即使真的完全掌握，多写一遍以增强记忆也非坏事啊！

很多学生问到我高三下学期了,但成绩还是二三十分该怎么办。我的指导是从氧化还原反应这个高中最核心的内容入手,建议学生先学氧化还原反应,氧化还原反应掌握后再进行其他部分学习。有些学生立即会问:"老师,你有这方面的练习题吗?"其实每次网上答疑沟通早就预料到学生会这么问,但真的被问到又会觉得哭笑不得,内心想是不是再需要老师去给你替考呢?不过我还是会很认真地指导:这部分练习就先把教材上的方程式抄下来,去掉系数自己配平。这样可以一举两得,既强化了氧化还原反应的训练,又复习了元素化合物的性质,何乐而不为呢?教材上的写完后,可以把手边的教辅和最近的考试卷拿出来,将解析中的方程式去掉系数抄下来,作为配平训练,这样做也可以一举两得:一方面强化氧化还原反应配平,另一方面直接训练陌生方程式书写。

回到重点方程式的书写。这些方程式不仅包括正文中明文写出来的方程式,还包括文字叙述及课后习题中的方程式。

比如高中学生最熟悉的制备氯气的反应:$MnO_2 + 4HCl \xrightarrow{\triangle} MnCl_2 + Cl_2\uparrow + 2H_2O$,这个方程式在教材原文是没有的,只有一段科学史话。在科学史话中提到"1774 年,瑞典化学家舍勒在研究软锰矿的过程中,将它与浓盐酸混合加热,产生了一种黄绿色气体,有强烈的刺鼻气味……"。大家熟悉的方程式正是源自这段文字。这个方程式要说在教材中有所体现就是出现在课后的习题当中,而教材的原文中并没有出现方程式,在应该有方程式的位置只留下了一个横线。同时通过对这段文字的仔细阅读,又可以获取一个曾经没有注意的知识:软锰矿的化学式是 MnO_2。

同样一个熟悉的方程式:$Ca(ClO)_2 + CO_2 + H_2O == CaCO_3\downarrow + 2HClO$,这个反应常被称作漂白粉失效的反应方程式。实际这个方程式源于课后习题,也没有出现在正文中,并且也没有漂白粉失效的字样,原习题给出方程式后问:"分析以上反应,你认为购买和存放漂白粉或漂粉精时应注意哪些问题?"

因此回归教材必须做好方程式的预习,将正文、文字表述、习题中的重要方程式全都落实下来,做好充分的预习。

3. 回归教材要对实验问题多下功夫,仔细研究

回归教材就是要再次对复习中的每一个实验都要用心,无论是哪个地区的考卷,不会缺少实验问题的,而这些实验问题也都源于教材。甚至可以复印教材中含有实验的页码,然后将实验剪下来单独粘贴在一个汇总的本上。

如海水的综合利用,这也是我自己讲实验的一个重头戏,很多实验思想、实验原则和实验设计都在一张图中体现。以人教版教材为例,海水综合利用最早出现在《高中化学1(必修)》教材的第一章,主要就是蒸馏海水得到蒸馏水、粗盐提纯;《高中化学2(必修)》的最后一章又提到了海水提溴、提碘、提镁;《高中化学(选修4)》的最后一章《电化学》又提到了"氯碱工业"。能够将这些内容统一下来,自己制作一张思维导图,将海水综合利用的知识贯穿起来,将教材做横向对比、总结,必然会使自己的知识体系更加完善。

经过以上三步基本完成了预习的重要任务。当然如果能够提前做几道关于预习内容的高考真题或模拟题,带着问题去听课就更好了。

听课一定要带着教材,笔记尽量记在教材上。经过提前预习老师讲的大部分内容已经了然于胸,完全没有必要去记,老师讲到的教材上没有的内容可以记在教材的相应位置,这样的记录与教材的内容相得益彰,能够明显提升课堂记录的效率。

同时记笔记的时候尽量不要面面俱到,值得记的内容也尽量用几个字代替。比如讲到

钝化的知识点，老师们经常会强调"铝铁在冷的浓硫酸或浓硝酸中反应，表面生成致密的氧化膜，阻止反应进一步进行，加热后反应继续，这种现象叫作钝化。"记录时可以简化为"Al/Fe，冷（不热）……表面……致密氧膜，阻止……"。

喜欢整理笔记的可以课后根据老师讲的内容，结合教材整理成自己的笔记。这样的整理能够兼顾到方方面面，不致漏掉知识点。这也是一个二次创作、自主学习的过程。这样的整理不是简单的记录，而是包含了分析思考和创造过程，更是形成知识网络的过程。不喜欢整理笔记的，就这样记在教材上，实在看不懂或者担心看不懂自己记录的，课下找同学或者老师补全省略号中的内容，也是二次学习过程。

笔记上节约的精力要用来认真听课。听老师的分析过程，听知识点之间的关联，听知识点的命题形式。之所以很多高三学生觉得累，是因为他们每堂课都充当着不太合格的速录员而很少去听课。之所以那些表面不认真记笔记的学生成绩却很好，是因为他们在全神贯注地听课，在享受跟随老师分析的节奏，所以不但不累还有效果。

如果能够更进一个层次，最好能够带着近五年的高考真题去听课，边听边在真题上寻找知识点在高考试卷中的体现方式，这样就能最直接地对接高考了。

预习，学习，最后要通过复习进行巩固和提升。

复习环节有主动与被动两种。主动的复习就是自己安排复习内容与时间。听课之后先做3~5道题进行复习，不需要太多，做完题后对一下标准答案。因为很多题是综合性质的，大部分不得分不代表复习没有效果，最大的可能是还没有复习到，千万不要盲目悲观。通过3~5题的检验，将当堂学过的知识的掌握程度分为完全掌握、一般、不会三个等级。

（1）完全掌握的需要每周找一个题，哪怕是选择的某一个选项也好，做一下，进行保温训练。一方面通过规律复习对抗遗忘，另一方面也可以每周刷成就感给自己以正向的心理暗示。

（2）掌握一般的就需要进行强化训练了，找3组题，每组3~5题，尽量一天内全部刷完。通过这样的集训将原本掌握一般的内容转化为完全掌握层次的内容，之后进行保温训练。

（3）不会的内容一定要进行果决的处理。因为预习不到位或者课上注意力不集中等原因造成的不会就找老师或同学请教，快速弥补。如果是理解上有困难，甚至死活理解不了的就不要"会了"。把"不会"的记下来或至少标记出来，放在自己经常能够翻到的地方。陶渊明在《五柳先生传》中写道："好读书，不求甚解；每有会意，便欣然忘食。"暂时理解不了就放平心态，慢慢去理解。尤其是现在的高三，每周复习的内容都很多，与一个不会的知识点玩命死磕，最终极容易造成更多的知识点不会。更何况到了二轮复习实在还是无法理解的知识也可以通过得分能力训练得分。

之所以说被动复习，是因为正规的学校都会有月考甚至周考。高三的一轮复习没有考试或者只有期中、期末考试进行复习检验实在是不够的，毕竟一个学期要完成对两年学习的全部内容的复习，不及时进行督促复习，很容易造成知识的遗忘。但每周进行周测确实又过于频繁，消耗学生太多的精力，如果是三轮复习进行周测则另当别论。

正规学校安排的考试正是一种被动复习的模式。因为每次考试是根据复习进度设计的，因此一轮复习因不同学生对不同知识点的掌握程度不同，几次考试的成绩出现较大起伏不要过于紧张。成绩好只能说明这一阶段的复习内容属于掌握较好的部分，后期多进行保温训练。成绩不好说明这一阶段复习的内容属于存在复习不到位的地方，根据复习时间和自身情况选择考试后立刻强化记忆与训练，以弥补或者记录下不足的地方，留待二轮复习前进行集中攻克。不要迷信于排位和分数，当一轮复习结束，二轮复习开始时所有的考试都面向高考，更加注重知识之间的关联和综合。一轮复习的成绩对二轮复习只有借鉴价值没有决定意义，二轮复习直至高考时的成绩往往会与一轮的成绩有很大不同。

一轮复习需要达到的效果就是要对自己的知识掌握有清楚的认识，毕竟高中化学的知识点比较多，很少有人能够全面掌握，某些知识存在不足也是情理之中。通过一轮复习对学过的知识进行梳理，及时调整二轮复习战略，这就是一轮复习的意义和最好的效果。

同时一轮复习要养成勤动手的习惯。多写几次周期表，每天都做 1~2 个氧化还原反应方程式配平训练，维持学科感觉。

当整个一轮复习全部结束，除了最终的期末考试外，强烈建议做一套近年的高考真题。一方面利用高考真题检验一轮复习的效果，另一方面为二轮复习做一下热身。做完之后要对着标准答案逐题分析。不用管得分，毕竟有些得分靠的是运气。逐题分析得出如"知识掌握上需要提升""知识储备基本没问题，因为不会答题而失分"这样的自我评价性的结论。

12.2 二轮复习

二轮复习的时间短、考试多、任务重，同时从知识运用角度看，又是从模块复习走向综合复习的必然阶段。二轮复习往往容易造成考生成绩的起伏，没有及时调整复习规划与复习方法很容易造成种种不适应，不仅影响考试的得分，更会影响备考心理。

尽快适应综合考试，尽快进行试卷总结并调整复习节奏，毕竟二轮复习中下一次考试会很快到来。

12.2.1 思维导图绘制

二轮复习始于寒冷的季节。这个阶段必须注意身体，预防感冒。在知识复习方面，一方面要通过形成知识网络以夯实基础，另一方面要培养得分能力。

尽管很多时候知识储备与最终得分表面不成正比，但最终的高手之争没有运气，完全是实力。二轮复习根据自身需求不同，侧重也略有不同。成绩中等左右的学生要侧重得分能力提升，成绩很好的学生则更要侧重于知识网络的建立。

如前所述，网上能下载的思维导图叫作艺术品。自己写的才是真正适合自己思维导图。每个人的思考方式不同，思维导图不可能千篇一律。

建立自己的思维导图时建议采用白纸法。下面以金属钠为例对"白纸法"进行说明。

在白纸上首先按照周期表的模式写出至少所有主族元素的排布，如表 12-1。

表 12-1 周期表主族元素排布

	IA	IIA	IIIA	IVA	VA	VIA	VIIA	0
一	$_1$H							$_2$He
二	$_3$Li	$_4$Be	$_5$B	$_6$C	$_7$N	$_8$O	$_9$F	$_{10}$Ne
三	$_{11}$Na	$_{12}$Mg	$_{13}$Al	$_{14}$Si	$_{15}$P	$_{16}$S	$_{17}$Cl	$_{18}$Ar
四	$_{19}$K	$_{20}$Ca	$_{31}$Ga	$_{32}$Ge	$_{33}$As	$_{34}$Se	$_{35}$Br	$_{36}$Kr
五	$_{37}$Rb	$_{38}$Sr	$_{49}$In	$_{50}$Sn	$_{51}$Sb	$_{52}$Te	$_{53}$I	$_{54}$Xe
六	$_{55}$Cs	$_{56}$Ba	$_{81}$Tl	$_{82}$Pb	$_{83}$Bi	$_{84}$Po	$_{85}$At	$_{86}$Rn
七	$_{87}$Fr	$_{88}$Ra						

观察金属钠的位置并可以按照如下模式拓展（请结合自己的学习特点进行适合自己的思维拓展训练，不要一味抄本书中提到的分析过程）。

1. 关于周期表与周期律的内容

电子式：写出 Na、Na$^+$、NaCl、KCl，甚至 KBr，以及 NaOH、Na$_2$O、Na$_2$O$_2$（可以加上 H$_2$O$_2$）的电子式并判断化学键类型及化合物类型，有结构式的可以写出结构式。

对比 Na、K 与水反应的难易，以及 NaOH 与 KOH 的热稳定性、碱性。知识能力足够的可以加入关于 Li 及 LiOH 的研究。

还可以研究一下 NaCl 的晶体结构、晶胞计算，以及电子排布式、电子排布图。

2. 关于元素性质分析内容

钠与氧气、氯气、水、硫酸铜溶液的反应方程式。这部分能力足够或者最近学习遇到 Li 或 K 与以上物质的反应也可以补充进来。

氧化钠与过氧化钠的对比。写出氧化钠、过氧化钠分别与二氧化碳、二氧化硫、水、硫酸铜溶液、氯化亚铁溶液的反应方程式。如果觉得自己拓展难度过大，第一次写的时候就尽量利用教材，将教材上的方程式完整落实。如果能力足够或正在复习氧化还原反应内容可以增加对过氧化钠与二氧化碳反应过程中转移电子数的研究。也可以针对过氧化钠与水的反应进行反应机理研究，或者根据最近做题中遇到的实验问题进行补充。

碳酸钠与碳酸氢钠的对比。可以用表格形式对比俗名、状态、逐滴加入盐酸、分别与 CaCl$_2$ 反应、分别与石灰水反应、溶液中通入二氧化碳、热稳定性等。在这样的对比过程中，如果突然有了一些灵感，甚至可以在合适位置补充气体除杂的方法。

图 12-1 是通过局部的思维导图形式进行的表述。这张图是我所有思维导图中都不曾有过的，仅仅是为了说明如何进行训练，用 word 绘制的，没有修图，没有美化，最原生态的东西放在这里。

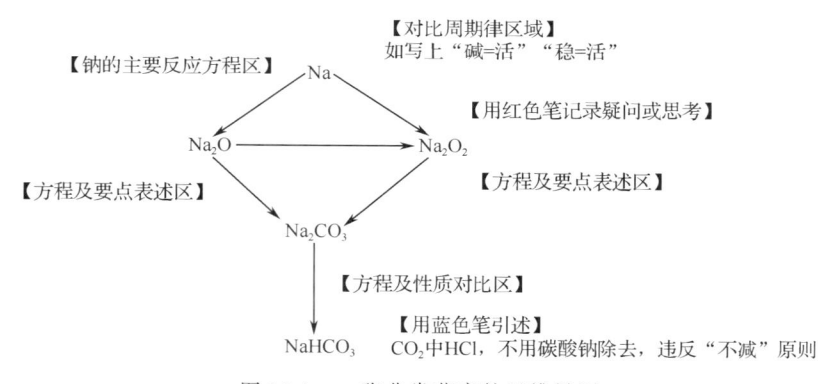

图 12-1 一张非常草率的思维导图

3. 钠涉及的化学反应速率与平衡移动问题及电化学的内容

可以在上图中相应位置，或者用其他颜色的笔进行拓展。比如可以加上碳酸钠溶液碱性原因，如果兴致来了甚至可以继续补充碳酸钠溶液中的离子关系问题；比如碳酸氢钠旁边可以加上溶液呈现碱性的原因；在碳酸钠与盐酸反应的方程式最后生成物 NaCl 上还可以拓展 NaCl 过饱和溶液中存在的沉淀溶解平衡等。

电化学的内容，可以在 NaCl 旁边画一个"要多难看有多难看"的氯碱工业装置图。开心了甚至泡上咖啡，然后将导图中所有出现的物质全都电解一遍。

4. 有机化学

Na 旁边可以补充能够与其反应的典型有机物，甚至写出反应方程式。

Na_2CO_3 旁边可以标注苯酚两个字，以体现对苯酚酸性的研究。

$NaHCO_3$ 旁边可以标注"—COOH"表示有机物中只有羧酸能够与碳酸氢钠反应。

当然甚至任何一个点都可以继续构造出一张完整的有机反应网络图。

5. 化学实验

Na_2CO_3 旁边可以只写"侯"或者干脆拓展出完整的侯德榜制碱的工业流程，并分析每一步的注意要点及重要考点。

Na_2O_2 旁边可以注明与水、SO_2 反应的探究问题：产物究竟是谁？

思维导图的优点在于能够让思考不受限，可以在任意一个位置将知识无限拓展开去，没有边界，没有终点。绘制一张庞大的思维导图首先需要体力，然后才能谈到思考力。

表面上有人会说这样不受限制的思维导图绘制浪费时间，又不是考试要考的，还不如去做题呢！我接受这样的想法，因为产生这样想法的根源是心底的惰性，没做过的肯定无法体会第一次绘制的挫败感，第二次绘制的无力感，第三次用心绘制的成就感，第四次绘制的执念，第五次绘制的恐惧感（觉得自己什么都不会），第六次绘制的混乱感（抓不住主线，总觉得会没完没了地写），第七次绘制的超然……

绘制这样的思维导图是完全的自主学习过程，每绘制一次就是对旧有知识的记忆的加深过程，还能掌握更多的新知识。且不说学习内容，单单就是能够做七次绘制的仪式感，已经足够来培养分析能力、创造能力，并真正端正学习态度，同时能培养无惧困难的坚韧品格。当然，抄七次的不算，抄 100 次的也不会有效果。每次绘制必须用心，哪怕最初绘制得极其难看，但那就是进步。每次绘制都要写到感觉已经榨干了头脑中最后一个关于这个内容的知识点，并且已经拼尽全力只将最重要的有条理地写在了有限的纸上才行。

当然，最终考试还是要看分数。尽管这样的绘制思维导图很有必要，但高三备考确实时间有限，只绘制，不做题、没有训练，也很难有效果。因此对于备考的高三学生，用 A4 纸足以有目的性地绘制思维导图。比如绘制思维导图的目的是强化氧化还原反应，那么除了氧化还原反应的内容，其余方面就没必要落成文字；如果头脑中突然激发的某个点即使不是氧化还原反应，但你觉得很重要，就用特殊颜色或者特殊记法记下来，但不要拓展。限定时间：最好每次不要超过 15 分钟，不要追求将每次的思维导图做成艺术品。配合专项训练：每次绘制完以后至少找 2~3 个哪怕是选择题进行知识与做题的对接。

有机的思维导图，建议按照有机物的类别进行：烷烃、烯烃……这样排下去。

"反应原理"建议针对一个方程式从能量变化图像过渡到反应速率影响因素，再到平衡移动。

"电化学"建议对任何一个想研究的先画电路图，然后接上电源，写出电极方程式，之后考虑电解足够时间的变化，之后反接电源，仍然是对电解足够时间的研究。最后在几个有电源的装置图中随意加上阴离子交换膜或阳离子交换膜。

行文到这里，觉得文字的表达能力还是受限的，真应该开一系列课程专门说明这种思维导图的绘制过程。

最后强调一句：网上和教辅中只有成品或艺术品，永远找不到适合自己的思维导图。

12.2.2 如何培养得分能力

"工欲善其事，必先利其器"。二轮复习首先要准备好套卷，最好是近几年高考的真题与各区模拟题的套卷。分模块的资料可以用，但不如套卷对二轮复习更有效。

"知己知彼，百战百胜"。二轮复习之初限时做一套近年的高考真题卷，或者上一年的某区的模拟卷，这个训练必须限时完成。如果有可能，更建议做两套真题或各区模拟题：一套不限时，直至实在没有能力再答下去；另外一套必须限时训练，选择题 2 分钟左右一道，主观题平均 8 分钟左右一道，这样比较规范的 7 道选择题加上 4 道主观题的化学试卷完成时间必须控制在 45 分钟之内，再将两套试卷进行对比：

分值：不限时的试卷若分值远高于限时的试卷，说明需要进行做题速度强化训练及对部分知识进行优化提升；两套试卷分值差距不明显，说明真的存在知识漏洞了。

考点：相同的知识点无论出现在选择题还是主观题，两次得分效率即得分除以该知识点的总分（不用非常准确，分不清属于什么知识点的题算在哪个部分都行）相差不大且几乎不失分，后期就做好保温训练；相差不大但几乎不得分，这就是知识漏洞，赶紧补；相差很大，就要进行答题能力的专项训练了。

整套试卷的做题及记录全部完成后，结合自己的预期、知识掌握程度及实际答题情况设计自己的答题策略。即需要在考试中将主要精力放在自己有能力拿到分的部分，甚至初期大胆舍弃一部分效率低下的题目。

一张化学试卷的总分初期并非 100 分，初期可以当作 60 分去看，也就是对一张化学试卷的预期分值是 60 分。

主要的时间精力用于完成能够达到 60 分的题量。当基础分值完成后，预留一小部分时间完成剩余的分值的题量，这个时候可以认为是完全拼运气，能多得多少分都属于幸运。这样的初期预设一方面可以使成绩稳步提升，不致留下答不完题而导致应得分数无法得到的痛苦；另一方面也是在考试中调整心态的策略，减小考试压力更利于考试中的超常发挥。

当然每一次预设都是 60 分就谈不上提高、进步。第一张试卷的预设是 60，之后根据复习的效果可以逐步调高自己的预期，这个逐步调高预期不应非要以等差数列形式体现，可以下一次是 65，再下一次 68，第四次 68，第五次 72……每一次预设预期应根据复习的实际情况设定。

前面谈到的是对于整张试卷的规划能力培养，下面说到的是针对具体答题环节的得分技巧。

选择题 4 个选项中只有一个选项可以得到分。部分考区难度较大，不全是单选，但解决方法一样。这部分文字更加侧重解决办法，本书最后还有一部分与这部分类似的文字更加侧重能力的培养。

做选择题的心态。尤其是最初做套卷时，不是所有的选择题都必须完美完成，60% 以上的准确率就可以完成预期成绩。有了这样的心理准备更有利于选择题得分。

做选择题可以使用排除法。也就是找到有明显错误或者与题干冲突的选项进行排除。这样排除后剩余的选项就是正确答案。正确的选项无法说明，但错误选项错得都会很明显。如果剩余的选项是 2 个或者超过 2 个，那么其中最常见的那个选项就是答案。

做选择题也可以使用认定法。选项中实在无法排除更多的选项，可以通过代入题干进行阅读的方式认定最合理那个选项，其余的选项不用过于用力去解释。还有一种比较搞笑的判断方法：凡符合社会主义核心价值观的选项一般都不用看，肯定正确。

做选择题也可以使用对比法。题干中干扰信息太多，很难快速捕捉到与选项对应的信息点，很难做排除或认定，则可以通过对比选项的方式进行判断。一般情况答案的说法与其他选项的提法不同；还有一种情况就是答案出现在说法相互冲突的选项中。

这是做题时的方法。就像前面提到的，要不停地提升自己的得分预期。这就需要每完成一套试卷就要有所进步。

体现在选择题上就是实现了预期分值后，对整套试卷的选择题进行分类处理。

一类是符合预期得分要求的题目，这一类选择题可以在接下来的时间里，每周有意识地做1~2道题以保温，维持做题的感觉；另外一类就是预期可以得分但实际并没有得分的选择题，这类选择题的处理方法就是尽量对照教材仔细研究题目，将自己的知识储备继续提升，避免后期反复失分；最后一类就是没有预期得分的选择题，无论套卷最终体现是否得分都要选择其中一个典型的选择题进行强化突破。

这里就选择题的几个主要分类进行说明：

"化学与生活类"适用认定法与排除法；

"物质分类、离子方程式正误、N_A计算"适用于排除法；

"氧化还原反应、化学平衡及速率"适用认定法或排除法；

"探究实验、有机化学、电化学"适用认定法与对比法；

"操作与目的类实验"建议进行强化突破训练。

当然这里说的解题方法更加侧重于实战的技巧，能力的提升永远是关键，解题方法研究是下策。而这里提及的方法也不是唯一的方法，只是建议的侧重方法。

主观题也就是除了选择题外所谓的大题，适用步骤法提升得分能力。

1. 主观题之仪器连接类实验

这类大题在处理问题之前，根据所给的实验仪器装置图，自行在脑海中按照"制备气体⟶除掉杂质⟶检验性质⟶尾气处理"这样的步骤进行实验设计。

按照这样的实验步骤去问题中寻找关于仪器连接顺序、装置中不足之处（一般是缺少尾气处理装置）这类问题进行解答。

之后寻找问题中关于方程式书写或间接方程式书写类问题进行解答。所谓间接的方程式书写指的是通过方程式书写进行反应现象分析或选择试剂原因的分析，以及关于氧化还原反应的计算。

再之后寻找分离方法或操作名称类问题进行处理。

这样的处理顺序可以将这类主观题中绝大部分问题解决，保证获取大部分分值，最后剩余的关于讨论类的问题。初期能力不足问题可以暂时搁置，答题时间足够的前提下再对题干进行详细阅读以找到解决办法。在后期进行复习时也可针对这类问题进行归类强化突破。

2. 主观题之工业流程类实验

实验类的主观题是化学学科考查的重要命题形式。这类命题可以融合多个知识点，从不同角度进行设问。解决工业流程类问题的主观题，不建议先将流程完全弄清楚再答题。

先找到设问中关于化学方程式书写类问题进行解决。化学方程式是最重要的化学用语，不仅体现在直接设问上，也可以根据化学反应方程式设置关于条件选择、实验现象、试剂选择等方面的问题。建议平时要加强方程式书写尤其是氧化还原反应类方程式书写的训练，考试中也建议能写方程式的尽量写出方程式。

之后寻找分离方法、操作名称类问题进行解答。

最后剩余的问题尽量回归流程路线进行解答，也就是进行二次审题。

3. 主观题之探究类实验

探究类实验实质就是改变实验环境或步骤引出新现象的产生，进而对影响反应的因素进行讨论研究的过程。

解决实验类问题最初也是通过方程式书写获取基础分，然后解决分离方法类问题。探究实验的特色问题需要对比不同实验现象所对应的反应条件、操作顺序的不同等进行解读，主要考查现场的阅读、分析和整合能力。

4. 主观题之化学反应原理类

"热、电、平衡"总会有你擅长的。

所以这类问题就是从自己擅长的角度入手解决。热化学方面就是注意数字加减不要出现问题，关于这类问题的提醒：一方面平时要加强计算能力的训练，另一方面计算后检查正、负号标注是否准确。电化学先画出标准的电路图，利用前文提到的根据电子定向移动的分析方法进行解答，需要注意的是：电极反应的产物如果能与介质发生反应，要写出总反应方程式。化学平衡类问题要注意步骤的分析方法即条件的改变对浓度熵与 K 值关系的影响，然后再利用公式判断量的改变。

以上四类问题中共同的核心都是对化学方程式的掌握，尤其是对氧化还原反应类方程式的掌握，这也是无论一轮、二轮、还是三轮复习的重点。

5. 主观题之有机推断类

有机推断题的命题灵活，出现各种新物质让人防不胜防。也正因为有机推断的命题灵活但又不能脱离高中教材内容，因此有机推断才会出现大量的已知信息，而这些已知信息恰恰就是解题的入手点。

首先阅读明白已知信息中有机物的断键与成键位置，将已知条件回归到流程图中相应位置进行未知有机物的推断；再根据流程图中出现的结构进行前后关联推测物质；之后依据反应条件确定部分未知物质；最后根据元素守恒尤其是碳元素守恒推断有机结构。

做有机推断，建议边推断、边答题，这样不仅能够提升答题的速度，而且一旦推断的思维受阻，也可以通过解答问题找到一些隐含的信息。

6. 主观题之物质结构类

这类题的命题十分规范，很少出现连带问题。

解决物质结构类的主观题就是找到自己熟悉的知识点先答，不管核外电子排布轨道、等电子体、分子极性、晶体计算等问题设问在第几问，找到这类问题中最熟悉的开始解答。

命题中涉及的主要元素必须在草稿纸上写出核外电子排布式。

本类题中难度最大的晶胞参数计算，要求平时的训练必须到位，对 NaCl、金刚石等典型的晶体结构及密度计算要有足够的熟练度。

二轮复习进行一段时间后，需要对做过的多套试卷进行对比分析，以总结出更有针对性、更加高效的答题步骤。

例如当设问为"用原子结构知识解释……"这样的字眼。

解答时可以套用"……与……同周期/主族""核内质子数/半径关系为……""原子核对最外层电子吸引能力为……"最后答出：所以出现设问中的结果。

再如设问出现"用平衡移动原理解释……"字眼。

解答时套用先写出带有可逆号的反应方程式，再提条件改变对平衡移动的影响，最终得出如题所述的现象。

再如设问中出现"利用该电化学装置可以制备……"或"……再生"。

这类电化学问题的解答可以采用书写电化学方程式，描述阴、阳离子透过交换膜的移动方向，最终得出制备、再生的结论。

再如题干图像中出现随着温度或压强的改变导致转化率、浸出率等先增大后减小的情况。

解答时可以采用分段分析的步骤，前期增大主要是条件对反应速率的影响；后期减小主要是条件改变对平衡、副反应、溶解性等的影响。

高考卷也好，模拟卷也好，套卷的命题形式每年都会有所调整，但命题依据始终都是高中教材，因此主干知识的考查并不会改变；同时高考的选拔性特点也不会改变，因此一个主观题对学生记忆能力、阅读分析能力、语言表达能力、信息整合能力等方面的要求不会改变。因此一个套卷能够改变的仅仅是外在表现。这就更加有利于多套试卷对比整理出适合自己的答题步骤和答题模型，以提升得分能力。

凡事不可能一蹴而就，因此前期根据自己的实际能力对套卷做好预期得分，根据预期得分安排答题的重点和顺序。每完成一份套卷就要多找到一个的得分点，并进行整理或者强化突破，使自己的预期分值逐渐增加，最终使实际得分能够稳步提升。

12.3 三轮复习

三轮复习一般从五一左右开始直至高考。这个阶段已经很少应用教材了，也就是说，在这个阶段对教材仍然不熟悉是一件十分危险的事情。

三轮复习时间已经接近高考，再去谈夯实基础或者形成知识网络并培养得分能力已经不适用了，这一阶段的主要任务是查缺补漏和如何消除失分点。

历史中无数战役展现了这样一个事实：没有到最后一个士兵战死，战争的最终结果都无法确定。真正的失败者是那些自我放弃的人。至少在三轮复习阶段别去谈自己成绩如何差以致觉得考学无望。最后的试卷得多少分没那么重要，比这更重要的是至少高中三年，至少在青春阶段，有那么一段日子是真正努力过。

可怕的是，三轮复习时那些不经常考到的知识点就会渐渐模糊甚至忘却。

这个时候需要从两个方面进行查缺补漏。

一方面还是回归教材。再次阅读教材，主要阅读那些曾经没有仔细关注的科学史话、实验探究、科学视野等内容。那些特别重要的知识点反而并不需要下大力气，毕竟复习时对这些内容已经耗费过大量精力，并且多次考试必然会对这些知识点进行覆盖。

这一次回归教材不要用力过猛，只是简单阅读，遇到曾经忽略的知识点就构想下这些知识点能够在什么样的命题中出现。

其实和前两轮复习一样，三轮复习仍然需要发挥主动性并增强分析能力。三轮复习的教材阅读建议是对多本教材的对比阅读，也就是将必修与选修对比着阅读。

这里以铬元素为例进行说明。最初学习人教版的《高中化学2（必修）》教材乙醇部分知识时涉及酒驾的检验就是对铬酸根的应用，但初次接触的只是应用并没有具体的方程式体现。

之后学习人教版《高中化学（选修4）》化学反应原理部分又涉及铬酸根与重铬酸根

的转化与溶液酸碱性对平衡移动的影响有：$Cr_2O_7^{2-} + H_2O \rightleftharpoons 2CrO_4^{2-} + 2H^+$。

学习人教版《化学与生活（选修1）》中关于水体中的重金属离子除去，根据氧化还原反应法又有：$Cr_2O_7^{2-} + 6Fe^{2+} + 14H^+ = 2Cr^{3+} + 6Fe^{3+} + 7H_2O$。

这是教材中涉及铬及其化合物的重点信息，结合起来可以挖掘出信息至少有：

（1）去除水体中的重铬酸根离子需要酸性环境，否则重铬酸根转化为铬酸根无法与二价铁氧化还原反应；

（2）检查酒驾需要酸性环境才能实现，碱性环境中铬酸根无法与乙醇氧化还原反应；

（3）重铬酸根表现强氧化性可以将二价铁氧化，其余强还原性粒子遇酸性的重铬酸根也可以发生氧化还原反应。

经常出现在大考中的经典的氨气与氯气的反应方程式出现在人教版《高中化学1（必修）》教材最后一章的课后习题中：$2NH_3 + 3Cl_2 = 6HCl + N_2$。

以上仅仅是从两个元素及其化合物角度进行分析。三轮复习时对教材的把握应以高考为导向，更多地思考这些知识点如何和命题结合。

正向阅读教材的同时，也需要逆向阅读教材。

所谓逆向回归教材就是做完套卷，对完标准答案，逐题进行深度分析和学习。这个阶段仍然需要准备好全套的教材。从试卷的第一题开始，在教材中找到命题所涉及的章节，去阅读教材中与命题接近的内容，这样依次类推下去。其中有些题涉及的知识点过于简单或者觉得完全没有必要回归教材，就可以越过，一张试卷能够促进翻阅教材3～5次就已经很好了，这样的逆向阅读可以帮助考生更好地衔接学与考的关系。

查缺补漏的第二种方法就是依据套卷。

把3～5套卷子做对比，同类型知识点经常错的就是知识上存在漏洞的地方，需要回归教材认真阅读并找到老师或同学帮助突破。同类型偶尔错的则要从减少失分角度进行训练。同类型知识点都没有出现错误的经常做保温训练。

下面是关于如何减少失分的讨论。

经常失分说明知识上存在漏洞，首选肯定是回归教材查缺补漏。但三轮复习留下的时间毕竟有限，这类问题也可以通过得分能力提升的方法进行训练。先得分，在得分情况下弥补断节也不失为一个不得已的办法。

其次是偶尔失分的点。其实这类知识点才是最可怕的，毕竟高考这样重要的考试一道题的失分不仅影响整体的成绩，更会影响考试中的心态。

偶尔失分可能是知识上存在着不易察觉的漏洞，也可能是答题语言的组织上出现了问题。处理这类问题就是先刷几道同种类型或同类知识点的题，一般是用3～5道题作为检验。做完题后将做过的题放在一起做对比，并找到相应的教材内容做对比，检查是否有教材上被忽略的内容。

知识上没有大的问题就要从组织答题语言角度进行训练。

这个训练的方法就是缩句。找到标准答案，将答案尽量浓缩，第一层次浓缩到采分点。核对完答案若无法浓缩到采分点，就要请教有经验的老师帮助画出采分点；第二层次将采分点进行再次浓缩，浓缩到简单的几个字。

如前面提到的用原子结构知识解释的问题，可以最终浓缩到"位""构""性"三个字上。再如平衡原理解释的问题可以浓缩为"平""移""果"三个字。电化学问题可以浓缩为"图""电""方"三个字。电化学原理再生或者制取类的题可以浓缩为"方""移"两个字。

这样的浓缩过程可以采用适合自己的方式，主要是利于记住重要的采分点。当多数答题要点实现了缩句后，就需要再将浓缩的语句进行扩充，也就是所谓的扩句。这种扩句要注意两个方面：一方面文字上要言简意赅，让别人能够读懂；另一方面要看看能否找到更多的解答角度。

比如工业流程问题中经常问到矿石粉碎的目的。

最初学习的时候答案往往就是增加接触面积，加快反应速率。见过几次后可以浓缩为"粉""面""率"几个字。当这个点已经熟悉了就可以扩句为：增大固气（液）的有效接触面积，加快反应速率。这个扩句和标准答案几乎一致，但增加了对物质存在状态的思考，如果再深入一点，可以增加"使反应充分进行"这样的文字。这样就更能够体现出反应程度与固体的接触面积相关的知识点。

这样的解答也可以在类似问题中触类旁通。比如考题中涉及为什么用溶液溶解矿石前，需先粉碎矿石并通入空气吹沸？吹沸还是从接触面积对反应影响的角度进行的设问。即使矿石粉碎，堆在一起时内部的固体仍然无法参与反应，因此吹沸的实质还是增大固体的有效接触面积。

举一反三，锌与稀硫酸反应凭什么加入几滴硫酸铜溶液就能够加快反应速率？形成原电池是标准答案，但实质仍然是固体参与反应时的有效接触面积问题。锌先置换铜，铜附着在锌的表面形成原电池，原本在锌表面产生的气泡，现在产生在铜表面进而增加了锌的有效接触面积从而加快了反应速率。

先归纳浓缩再进行扩展，一方面是为了尽量减少失分，另一方面是促进知识的延伸。

以常规方式进行考查不容易丢分的点除了做前面说的保温训练外，三轮复习时也要进行归纳浓缩的训练，甚至偶尔进行一次限时的强化训练。这样的训练不仅要做到熟悉的点不失分，更重要的目的是通过不断提升熟练度，尽量节约答题时间去处理其他问题。

以上是对常规内容的不失分训练。

高考命题以高中教材为源头，但不是所有命题都非要出自教材。高考命题的题干来源可以是新的科技、工艺，这些从来没有在教材中出现的内容尽管表面新鲜，考查的落脚点还是高中的知识和能力。大考中新的命题形式与新鲜内容毕竟会让考生产生考试的紧张情绪。因此如果有更高追求的考生还是要增加一些必要的课外阅读。

如关于锂电池的内容。尽管学校选学的内容可能不是物质结构，但也建议阅读下这本教材，其中关于电负性的知识可以明确提示金属锂的活泼性与镁接近甚至强于镁。于是就能够更好地理解锂电池必须避免接触水及含有活泼氢的介质。

再如《化学与生活（选修1）》的教材（很多地区对这本教材根本不讲甚至都不发放）中有关水污染的处理中就会提到蛋白质在水体中水解生成氨基酸。氨基酸在微生物作用下转化为氨气，氨气在微生物作用下进而转化为亚硝酸，最终被氧化生成硝酸。这一系列的转化过程既可以作为工业流程命题的素材，也可以作为连续氧化的推断类选择题素材，其中涉及的亚硝酸也可以给出相关信息融合到溶液中离子关系或陌生方程式书写的考点当中。

依据各地不同版本的教材进行的高考已经连续多年，直接从教材中提出的考点已经越来越少了，更多的是知识点之间的结合及对一些隐蔽考点的利用。三轮复习对选修内容的重视程度一定要提升，甚至要超过对必修内容的重视。

每次做完套卷，如果再有可能就将套卷中出现的几个印象深刻的新物质到网上搜索一下，简单了解一下新物质。每年新技术、新工艺的突破并不多，而这些新出现的技术或工艺往往更受命题人的青睐，多查阅不期望一定要碰上原题，至少可以加强自主学习能力的培养。要知道人生不是只有高考，学习能力的培养远远强于表面成绩的提高。

三轮复习是一个有机的整体。每一轮复习，因距离高考时间不同，侧重的任务各不相同。一轮注重对于教材的研究，二轮侧重得分能力的提升，三轮侧重减少失分与拓展。同时每个阶段都不是简单地跟着学校、跟着老师走那么简单，要有自主学习的意识并付出真实的努力。

第十三章　实验综合

实验题是大考特别青睐的命题形式，以实验为背景，能够综合多个考点并且设问灵活，是考生最头疼的命题形式。

海水综合利用、绿色化学制硫酸铜与pH分离法、侯德榜制碱是三个经典的工业流程模型；氯气、二氧化硫、氨气的气体实验是仪器装置类实验的三个经典模型；氯气持续通入含有KSCN的$FeCl_2$溶液出现先变红后褪色、氯气持续通入淀粉KI溶液先变蓝再褪色、双氧水分解的催化剂选择是探究实验的经典模型。但很多时候这三类实验问题区分的界线没有那么泾渭分明，工业题中可以考装置与探究，其他两类实验中也可以考工业思想。

13.1　海水综合利用

海水是巨大的能源宝库，除了提供人类生活必需的鱼、虾、蟹等海产品外，还能提供大量命题的素材。如海水提盐、海水提溴、海水提镁、海水淡化等。

工业生产的核心：明确制取的最终产品究竟是谁；工业是大量生产的过程；尽量避免污染、腐蚀；除了目标产物，其余物质尽量循环使用或作为副产品创造价值；最后要考虑的是原料易于获得并且成本低。

13.1.1　海水提盐

海水盐度是指海水中全部溶解固体与海水质量之比，通常用每千克海水中所含的克数表示。人们用盐度来表示海水中盐类物质的质量分数。世界大洋的平均盐度为35‰。

海水中含有大量的盐类物质，但这些盐不全是氯化钠，并且海水中盐类物质含量并非接近饱和。

因此海水提取纯净的食盐，至少要经历如下几个主要步骤：

（1）海水晒制

分离出一部分海水，利用阳光直射加快水的蒸发，使这部分海水中的盐类物质过饱和结晶，从而得到固态的粗盐固体。

这样制得的食盐因含有泥沙、氯化钙、氯化镁、硫酸钠等杂质并不能直接食用，需要经过后续的除杂、精制过程。可以认为海水晒制仅仅是一个浓缩富集盐类物质的过程。

（2）粗盐的溶解过滤

这里强调的是溶解过程。过滤适用于固液的分离，因此必须先将粗盐固体溶解在水中才能够进行过滤操作。这个细节也是解答问题时容易失分的点。同时这个溶解过程也提示考生多从三态角度进行化学问题分析。

溶解过程需要加入水，但因最终还需要蒸发结晶以得到食盐晶体，因此加水量不宜过多。粗盐加入蒸馏水至固体不再溶解即可。这也是平时学习中因为缺乏主动用心分析而容易忽略的地方。经过先溶解再过滤的过程可以除去粗盐中难溶性杂质泥沙。

(3) 通过逐一沉淀法除去可溶性杂质

先向过滤后的滤液中逐滴加入 $BaCl_2$ 溶液至不再产生白色沉淀，过滤除去硫酸根杂质。为什么必须先除去硫酸根而不是其他？这个答案直至最后一步分析才能够得到最终解决。

除杂原则有哪些？相信更多的人张嘴就会说"除杂不引杂"。这种说法是被初中老师训练过的，但缺乏用心的分析过程。

除杂的第一原则是必须能够除掉杂质，因此加入的除杂剂必须过量。又因为除杂剂不是原溶液存在的，需要外界加入，必然会引入新的杂质，因此加入除杂剂的方法为先大量加入除杂剂，接近理论用量时改用缓慢加入的方法（实验室实验采用逐滴加入的方法）避免除杂剂大量过量。

除杂的第二原则是不增原则，也就是所谓的"除杂不引杂"。分析得稍细致些，应该叫作"尽量不要引入过多的新杂质"，因为为保证杂质除尽，除杂剂必然过量，必然会引入新杂质。由此，除去溶液中硫酸根必须加入钡离子，那么阴离子就尽量选择原溶液中存在的 Cl^-。

除杂的第三原则是不能减少原物质的原则。不能为了除掉硫酸根而大量加入 Ag^+，不仅将硫酸根除去，顺便将氯离子也干掉。不减原则的经典案例为：除去二氧化碳中的盐酸不能用饱和的碳酸钠溶液，毕竟盐酸是杂质，当盐酸被完全除去，剩余的碳酸钠会消耗二氧化碳生成碳酸氢钠。

除杂原则可以归结为"不增、不减、要过量"这七个字。但也不要忽略除杂原则中隐含的信息：尽量利用三态分离的方法除去杂质。

过滤除去硫酸根之后，溶液中可溶性的杂质主要有来自氯化钙的钙离子及源于氯化镁的镁离子，当然还有少量的除硫酸根时引入的钡离子。

除去钙离子遵循尽量三态分离的思想。钙离子无法生成气体，所以选择加入阴离子沉淀的方法除去，而且为了尽量除去钙离子，要求加入的阴离子与钙离子结合生成的产物溶解度越小越好。

向溶液中逐滴加入碳酸钠以使溶液中的钙离子转化为沉淀过滤除去。这一过程可以挖掘出：

① 镁离子本身就是杂质，且碳酸镁属于微溶物，因此加入碳酸钠不会产生碳酸镁的沉淀；

② 除钙离子时加入的碳酸盐之所以选择碳酸钠而不选择其他是因为不增原则；

③ 先除硫酸根后除钙离子的顺序设计是因为除钙离子时加入的碳酸根，能够将除硫酸根时引入的钡离子一并转化为沉淀除去。

过滤后，溶液中的主要杂质离子为镁离子，还包括除去钙离子时引入的少量碳酸根。向溶液中逐滴加入氢氧化钠，使镁离子形成难溶性氢氧化镁过滤除去。因为除镁时既不能利用氢氧根离子除去硫酸根离子或钙离子，也不存在除去时引入的钡离子、碳酸根能够除去氢氧根的问题，因此粗盐中可溶性杂质离子的除去顺序遵循：硫酸根先于钙离子，镁离子随意的原则。

(4) 加入盐酸酸化

加入盐酸发生 $H^+ + OH^- = H_2O$；$2H^+ + CO_3^{2-} = H_2O + CO_2\uparrow$ 的反应，进而除去新引入的少量杂质碳酸根与氢氧根离子。

这一过程也可以挖掘出：

① 加入稍过量的盐酸无须除去，最后蒸发结晶时因 HCl 有挥发性不会残留在食盐晶体中；

② 分离除杂的方法只有一种，即三态分离法，其余的化学转化的方法都是为三态转化做准备。

这里再次对硫酸根先于钙离子，镁离子随意进行说明。如果先除钙离子后除硫酸根、镁离子随意，酸化时溶液中剩余的新杂质离子有钡离子和氢氧根，需要另外增加一个除去钡离子的步骤才能完成除杂过程。

分离与除杂有时候很难分清。可以说两者就是一回事，将物质分开一部分弃去不要，就是除杂；将物质分开分别回收就是分离。

比如氯化铵与氯化钠的混合固体加热，促使氯化铵分解为气体形式离开固态体系就是除杂过程；同样是利用氯化铵不稳定性，加热两者混合物并有冷凝装置收集氯化铵就是分离过程。

（5）结晶得到食盐晶体

结晶食盐晶体需要经过加热蒸发、冷却、过滤、洗涤、干燥这样全套的步骤。

加热蒸发水，使食盐过饱和结晶析出。加热过程需要注意边加热边搅拌以防止局部过热引起液体飞溅，并且不能完全蒸干水，利用余热蒸干以防止固体迸溅或分解。

实际生产中因溶液的量巨大，很难将水完全蒸干，因此后续采用冷却结晶的方法使大部分食盐以固体形式析出。

其他物质结晶时因自身稳定性的差异或者溶解度随温度升高而增大或减小的不同，常常需要采用减压蒸发或趁热过滤的操作。

因此加热蒸发、冷却结晶的操作步骤改为浓缩结晶适用范围会更广些。

过滤后需要洗涤掉固体表面沾有的溶液。过滤的方法一般是将固体放置于漏斗中，用蒸馏水冲洗。这个操作过程可以挖掘出：

① 检验固体是否洗涤干净的方法为取最后一次洗涤液的清液检验是否存在原溶液的主要离子；

② 可溶性固体洗涤液需要回收利用以减少损失，难溶性固体的洗涤液一般损失较少无须回收。

整个结晶过程还隐藏着一个非常重要的信息：浓缩结晶后紧随着是过滤步骤，这也就意味着实际生产过程中不是完全将水蒸发，只是蒸发大部分水使溶质过饱和析出。

过滤后，剩余溶液中 NaCl 的量减少。因为整个过程没有涉及海水中含量更少的溴和碘，因此这两个元素相对于 NaCl 的含量得以提升。并且随着蒸发减少水的过程，溶液中溴与碘的浓度也得以提升。

由此，过滤后剩余的溶液往往被称为母液，用于后期制备溴或碘等其他产品。

13.1.2 海水提溴、海水淡化及海水提镁

海水中的溴主要以溴化钠形式存在，尽管海水中溴的局部含量并不高，但因海水量十分巨大，因此海水提溴承担着人类活动溴来源三分之二左右的重任。

海水提溴的目的是得到纯净的溴单质。其步骤如下：

（1）氯气氧化

$Cl_2 + 2Br^- = 2Cl^- + Br_2$。相对于其他的氧化剂，氯气因源自氯碱工业而具有产量丰富、

相对成本低、氧化能力强等优势。

（2）海水中的局部溴含量较小，因此被氧化生成的溴单质溶于海水形成稀溶液无法利用萃取的方法进行分离，需要将溴进行浓缩富集。

利用溴易挥发的特点，用热空气将溴形成蒸汽并从溶液中吹出之后再吹入溶液吸收以实现富集过程。

传统的方法是将吹出的热空气与二氧化硫共同吹入吸收装置，在水环境中发生氧化还原反应实现对溴的浓缩过程 $Br_2 + SO_2 + 2H_2O \Longleftrightarrow 2HBr + H_2SO_4$。从实际的工业角度分析生成的两种强酸会对吸收装置产生强烈的腐蚀作用，因此这样的收集方式值得商榷。

其他的收集方法有多种。$3Br_2 + 6NaOH \stackrel{\triangle}{\Longleftrightarrow} 5NaBr + NaBrO_3 + 3H_2O$ 用浓的氢氧化钠溶液吸收就是其中典型的方法。尽管这种吸收方法还是无法完全解决酸、碱溶液对仪器的腐蚀问题，但因氢氧化钠来源于氯碱工业而具有产量丰富、相对成本低、氧化能力强等优势，同时氢氧化钠在水中的溶解性较大，可以大量吸收溴而使溶液中溴的含量提升，可以更好地实现富集作用。

这个反应过程也提示同样的反应物因反应温度不同其产物也会不同，不加热条件溴与氢氧化钠的反应可以参照漂白液的制取，主要生成溴化钠和次溴酸钠。

同样是参照的思想：$Cl_2 + H_2O \Longleftrightarrow HCl + HClO$，溴溶于水也会形成酸性溶液，因此选择碱溶液吸收必然会增强吸收效果。

由此产生了用饱和碳酸钠溶液吸收的工艺，其反应方程式也可以作为陌生方程式书写的考点出现：$3Br_2 + 3Na_2CO_3 \stackrel{\triangle}{\Longleftrightarrow} 5NaBr + NaBrO_3 + 3CO_2\uparrow$。这个反应过程的加热条件来自热空气吹出时引入的热能。

富集溴的最终目的是得到纯净的溴单质。富集溴的最后一步是酸化归中生成溴单质过程：$5Br^- + BrO_3^- + 6H^+ = 3Br_2 + 3H_2O$。酸化过程选择稀硫酸酸化，不能选择稀硝酸以避免部分硝酸代替溴酸根氧化溴离子而降低溴的产量，也不能用盐酸酸化以防止部分盐酸代替溴离子被溴酸根氧化而降低溴的产量。因此尽管三大强酸来源都很广泛且成本相差不是十分巨大，一般酸化时首选的还是硫酸。

（3）萃取、分液与蒸馏

海水提溴的最终目的是得到纯净的溴单质。经过富集过程得到的溴单质尽管含量得以大幅度提升，但仍然留存在溶液当中。

液态溴与溶液的分离比较特殊，不是完全利用三态分离的方法，而是利用溴微溶于水易溶于有机物的特点，选择难溶于水的有机溶剂与溶液混合。利用溶解度差异，大部分溴离开溶液溶入有机溶剂，这一过程就是"萃"的过程，也可以叫作二次富集的过程。

将含有少量溴的溶液与含有大量溴的有机溶液利用密度不同进行分离的过程就是"取"的过程，也叫作分液过程。

经过"萃""取"过程得到的是溴的有机溶液，仍然没有得到纯净的溴单质。最后一步仍然回归到三态分离的过程，即利用溴与有机溶剂的沸点不同蒸馏分离所需要的溴，剩余的有机溶剂循环使用。

海水淡化的传统方法是蒸馏法，尽管蒸馏法得到淡水的工业效率不高、成本较大，但因其工艺比较成熟仍被广泛使用。

现代工艺多采用双膜三室的电化学方法进行淡化，这部分内容在电化学的章节中已经提到就不在这里详述了。

海水除杂过程中可以得到氢氧化镁沉淀，将氢氧化镁沉淀转化为镁单质的工艺也是镁的一个重要来源。

为了更高效地从海水中提取镁，往往采用灼烧贝壳 $CaCO_3 \xrightarrow{\text{高温}} CaO + CO_2\uparrow$ 将生成的生石灰加入海水的方法以快速沉淀镁离子。工业上沉淀镁离子不选用 NaOH 而选用加入贝壳灼烧生成的生石灰主要是从成本角度进行控制。

过滤分离的氢氧化镁直接灼烧生成氧化镁，再通过电解的方法得到镁单质。尽管表面看起来很完美，但因氧化镁高熔点的属性使得这样的工艺无法实现。

工业上采用的方法一般是：

利用盐酸溶解过滤得到的氢氧化镁固体形成氯化镁溶液。其中盐酸源自氯碱工业得到的氢气与氯气。

将氯化镁溶液蒸干得到氯化镁固体，再通过电解熔点并没有那么高的熔融态氯化镁进而得到镁单质。

蒸发得到氯化镁固体时需要注意的是该部分内容与双水解知识的结合。先加热蒸发得到 $MgCl_2·6H_2O$，之后需要在热的且干燥的 HCl 气流中脱去结晶水，以防止氯化镁加热双水解生成氢氧化镁与 HCl。

六水氯化镁又名水氯石，化学式为 $MgCl_2·6H_2O$，易溶于水，116~118℃ 热熔分解。

在空气中脱水时，大约仅能脱出 4 分子水，不致发生严重的副反应。若脱除剩余的 2 个分子的水，氯化镁就显著水解，生成羟基氯化镁、氧化镁和氯化氢等。在不同阶段的温度下，其反应为：

(1) 96~117℃：$MgCl_2·6H_2O == MgCl_2·4H_2O + 2H_2O$

(2) 135~180℃：$MgCl_2·4H_2O == MgCl_2·2H_2O + 2H_2O$

(3) 185~230℃：$MgCl_2·2H_2O == MgCl_2·H_2O + H_2O$

同时发生 $MgCl_2·2H_2O == Mg(OH)Cl·H_2O + HCl\uparrow + H_2O$

(4) 230℃ 以上：$MgCl_2·H_2O == MgCl_2 + H_2O$

同时发生 $MgCl_2·H_2O == Mg(OH)Cl + HCl\uparrow$

(5) 304~554℃：$MgCl_2 + H_2O == Mg(OH)Cl + HCl\uparrow$

(6) 527℃ 以上：$Mg(OH)Cl == MgO + HCl\uparrow$

反应中，因温度过高，所以应该将水也写作气体形式，但只给 HCl 加上气标，是为了突出其挥发性。

海水的综合利用作为工业流程问题的标准模型，可以设计出不同类型的问题，是一个十分值得关注的点。

本文只提到了关于海水提取物质的几个最主要的问题。在复习环节将海水当作一种特殊的溶液，可以结合教材或套题拓展更多的内容。如近些年比较流行的话题——碳排放，这个话题与海水的碰撞就是海水富碳化及碳酸盐性质的研究；如与氮元素的结合就是水体富氮化、硝化与反硝化过程，以及水体中氰酸根离子的去除问题等。

13.2 离子的结合律

1. 酸碱分离法

铝及其化合物是高中阶段一个比较特殊的内容。铝具有两性，与酸、碱都可以发生化学反应，不仅铝单质具有这样的特性，其形成的氧化物及氢氧化物同样具有这样特殊的两性。这也为铝及其化合物的分离实验提供了特殊的方法。

（1）Al、Si、Fe 的分离

铝具有两性，硅是非金属不与酸反应，铁是金属不与碱反应。因此可以采用先加入酸再过滤的方法分离出硅，涉及反应如下：

$$2Al + 6H^+ = 2Al^{3+} + 3H_2\uparrow ; Fe + 2H^+ = Fe^{2+} + H_2\uparrow$$

之后加入强碱溶液过滤分离出铁的氢氧化物，涉及反应：

$$Al^{3+} + 4OH^- = AlO_2^- + 2H_2O ; Fe^{2+} + 2OH^- = Fe(OH)_2\downarrow$$

分离出的铁的氢氧化物可以通过加热分解得到对应的氧化物，之后利用金属冶炼知识还原得到金属铁。通过通入二氧化碳创造弱酸性环境使偏铝酸根转化为氢氧化铝沉淀，灼烧分解得到氧化铝，再电解熔融氧化铝制备铝单质。

根据铝的两性也可以采用先加入氢氧化钠溶液分离出铁，涉及的主要反应：

$$2Al + 2NaOH + 2H_2O = 2NaAlO_2 + 3H_2\uparrow$$

$$Si + 2NaOH + H_2O = Na_2SiO_3 + 2H_2\uparrow$$

之后加入强酸沉淀硅酸根，再加热分解生成二氧化硅，利用碳还原得到硅单质：

$$SiO_3^{2-} + 2H^+ = H_2SiO_3\downarrow ; AlO_2^- + 4H^+ = Al^{3+} + 2H_2O ;$$

$$SiO_2 + 2C \xrightarrow{\text{高温}} Si + 2CO$$

最终同剩余溶液加入氨水沉淀出氢氧化铝。高温分解得到的氧化铝，熔融态电解制取铝单质。

无论是酸—碱—酸顺序的分离，还是碱—酸—碱顺序的分离，最后一步都不能加入强酸或强碱以防止生成的氢氧化铝溶解。

（2）Al_2O_3、SiO_2、Fe_2O_3 的分离

同样是利用铝、氧化铝、氢氧化铝两性的特性进行分离。

先加入强酸如盐酸溶解氧化铝与氧化铁，过滤分离出二氧化硅，之后加入过量强碱以沉淀出氢氧化铁。过滤得到的氢氧化铁加热分解得到氧化铁，剩余溶液通入二氧化碳以沉淀出氢氧化铝，高温分解得到氧化铝。

也可以先加入强碱氢氧化钠溶解氧化铝与二氧化硅，过滤分离出氧化铁：

$$Al_2O_3 + 2OH^- = 2AlO_2^- + H_2O ; SiO_2 + 2OH^- = SiO_3^{2-} + H_2O$$

之后加入强酸如盐酸沉淀出硅酸根，加热分解得到二氧化硅。最后加入氨水沉淀出氢氧化铝，高温分解得到氧化铝。

也可以应用两性用强碱除去氢氧化铁中的氢氧化铝，这一部分经常出现在除杂问题中：

$$Al(OH)_3 + OH^- = AlO_2^- + 2H_2O$$

归结起来涉及铝、氧化铝、氢氧化铝与其他物质混合分离的方法为："酸—碱—酸"或"碱—酸—碱"，强强弱的加入顺序进行分离。

2. 绿色化学制硫酸铜与 pH 分离法

提到制备硫酸铜，相信 $Cu + 2H_2SO_4 \xrightarrow{\triangle} CuSO_4 + SO_2\uparrow + 2H_2O$ 这个反应方程式必然会被提及。但该反应会产生污染性气体二氧化硫，同时原子利用率不高，硫酸浓度减小到一定程度又无法进行反应。

将铜在氧气中加热生成氧化铜，然后用稀硫酸溶解生成的氧化铜，这样的工艺流程则

可以避免污染性气体的产生，并且无须使用浓硫酸，也被称作绿色化学制硫酸铜的方法。

合并总方程式为：$2Cu + O_2 + 2H_2SO_4 \rightleftharpoons 2CuSO_4 + 2H_2O$。将氧气直接通入稀硫酸中可以在不加热的条件下直接将铜氧化，这一过程也说明溶液的酸、碱环境可以影响反应进程。

因氧气在溶液中的溶解度较小，因此可以用其他的氧化剂如二氧化锰、双氧水、氧化铁等代替氧气。其中以氧化铁在自然界中来源最广泛，因此有：

$$Cu + Fe_2O_3 + 3H_2SO_4 \rightleftharpoons CuSO_4 + 2FeSO_4 + 3H_2O$$

通过氧化铁在酸性环境中氧化铜制备硫酸铜的工艺，为保证铜的全部转化需要加入稍过量的氧化铁，同时为保证酸性环境增强反应过程，加入的硫酸更需要过量。因此必然造成制备的硫酸铜溶液中含有大量的二价铁、三价铁和氢离子杂质，这些杂质可以通过pH分离的方法予以除去。所谓的pH分离法实际就是结合律的应用。

$$c(Cu^{2+}) \times c^2(OH^-) = K_{sp}\,Cu(OH)_2$$
$$c(Fe^{2+}) \times c^2(OH^-) = K_{sp}\,Fe(OH)_2$$
$$c(Fe^{3+}) \times c^3(OH^-) = K_{sp}\,Fe(OH)_3$$

一般认为溶液中离子浓度为 0.1mol/L 时称作开始沉淀；当溶液中离子浓度等于 1×10^{-5}mol/L 时认为离子沉淀完全。查阅 K_{sp} 数值，计算溶液中三种主要离子开始沉淀与沉淀完全时溶液中氢氧根离子浓度并转化为 pH（选取不同温度或认为开始沉淀与沉淀完全的标准不同，因此最终计算的 pH 略有不同），如表 13-1 所示。

表 13-1　常见金属离子开始沉淀与沉淀完全时的 pH

	开始沉淀时的 pH	沉淀完全时的 pH
Fe^{2+}	5.85	8.35
Cu^{2+}	4.2	6.7
Fe^{3+}	1.14	3.0

根据表格可知，随着溶液pH增大，三价铁先沉淀之后是铜离子，最后才是二价铁。

这个工业流程的目的是制备硫酸铜，因此需要在溶液中保留铜离子而除去铁离子。先加入 H_2O_2 将二价铁氧化为三价铁，再调节溶液pH介于3.0~4.2区间除去三价铁并防止铜离子沉淀。

调节溶液pH时可以加入氢氧化铜、氧化铜、碳酸铜或者碱式碳酸铜避免引入新杂质。最终剩余的溶液经过浓缩结晶、过滤、洗涤、干燥的流程得到纯净的硫酸铜。

pH分离过程利用的是不同阳离子与氢氧根离子结合能力的不同。这样的结合律思想也可以体现在其他方面。

(1) 难溶物的沉淀转化验证

氯化镁溶液与氢氧化钠溶液混合后加入少量氯化铁，观察到实验现象为生成的白色沉淀转化为红褐色，能否说明氢氧化镁存在沉淀溶解平衡并验证氢氧化铁比氢氧化镁难溶？

这个问题的研究需要分类讨论。

如果是足量氯化镁与少量氢氧化钠溶液混合产生白色沉淀，剩余溶液为氯化镁与氯化钠的混合溶液。加入氯化铁白色沉淀转化为红褐色，说明必然存在着氢氧化镁的沉淀溶解平衡 $Mg(OH)_2(s) \rightleftharpoons Mg^{2+}(aq) + 2OH^-(aq)$，于是才会出现三价铁与氢氧根离子结合生成红褐色沉淀，并且能够验证三价铁结合氢氧根离子的能力强于镁离子。

如果是少量氯化镁与足量氢氧化钠溶液混合产生白色沉淀，剩余溶液为氯化钠与氢氧化钠的混合溶液。因溶液中有氢氧根离子剩余，加入氯化铁后出现红褐色沉淀，只能说明氢氧化铁是难溶物，沉淀附着在氢氧化镁表面，无法说明氢氧化镁必然存在沉淀溶解平衡，更无法说明三价铁与镁离子结合氢氧根离子能力的强弱。

少量氯化镁与足量氢氧化钠混合产生白色沉淀，如果过滤后只向白色沉淀滴加氯化铁溶液，转化为红褐色沉淀，可以说明氢氧化镁存在沉淀溶解平衡，也能够证明三价铁与镁离子结合氢氧根的能力。

归结一下沉淀转化结合律为：沉淀转化找过量，看加入谁。

教材中的内容还可以挖掘出与银离子的结合顺序为：$S^{2-} > I^- > Br^- > Cl^- > SO_4^{2-}$。

也可以综合教材多个信息推出硫离子结合顺序：$Ag^+ > Cu^{2+} > H^+ > Fe^{2+} > Zn^{2+}$。这个结合律在教材中非常隐晦，但其涉及的考点并不少。如除去乙炔中的硫化氢气体，实验室选用硫酸铜溶液利用的就是结合硫离子能力铜离子强于氢离子的知识；再如溶液中Cu^{2+}与HS^-无法共存，利用的仍然是结合硫离子能力铜离子强于氢离子的知识；实验室制备硫化氢选用硫化亚铁与盐酸反应，就是利用铜离子、氢离子、亚铁离子与硫离子结合能力不同的知识。

（2）氧化还原反应中的先强后弱原则

溴化亚铁溶液中逐渐通入氯气的过程中，因二价铁的还原性强于溴离子，因此反应表现为氯气先将二价铁氧化：$2Fe^{2+} + Cl_2 = 2Fe^{3+} + 2Cl^-$。当二价铁完全消耗后再发生氯气和氧化溴离子的反应：$2Br^- + Cl_2 = Br_2 + 2Cl^-$。

同样的分析也适用于碘化亚铁溶液中逐渐通入氯气的反应，但要注意碘离子的还原性强于二价铁。

（3）周期律中的应用

非金属性：Cl 强于 Br，氯气更容易与氢气结合。生成的氢化物稳定性 HCl > HBr，也可以归纳为："易合成难分解"。

酸性：$H_2SO_4 > H_2CO_3 > H_2SiO_3$，这个比较顺序可以参照周期律中"最高价氧化物的水化物酸性与活泼性一致"的原则。

所谓酸性就是相同条件下电离氢离子能力的大小，酸性越强，电离氢离子能力越强，反过来就是电离出的酸根离子结合氢离子能力越弱。结合氢离子能力越弱其水解程度越低。

因此可以推论出相同浓度钠盐溶液的 pH 关系为：$Na_2SO_4 < Na_2CO_3 < Na_2SiO_3$。这个结合律也可以描述成"酸性越强，相同浓度时其正盐溶液碱性越弱"。

高中化学阶段这样的逆推思想是平时学习时很容易被忽略的。化学学科不是一个以记忆为主导的学科，需要不断训练阅读、分析、总结。

3. 侯德榜制碱

侯德榜制碱如图 13-1 所示。

侯德榜制碱涉及的主要反应为：

$$NaCl + NH_3 + CO_2 + H_2O = NaHCO_3 \downarrow + NH_4Cl$$

$$2NaHCO_3 \xrightarrow{\triangle} Na_2CO_3 + CO_2 \uparrow + H_2O$$

侯德榜制碱工艺中需要注意：

（1）使用饱和的氯化钠溶液，通过提高溶液中的钠离子浓度进而提升产品的产率；

（2）先通入氨气，利用氨气极易溶于水的特点，创造碱性环境以增强二氧化碳在水中

```
            CO₂、NH₃
              ↓
    ┌────────┐      ┌────────┐   灼烧   ┌────────┐
    │饱和食盐水│─────→│ NaHCO₃ │───────→│ Na₂CO₃ │
    └────────┘      └────────┘         └────────┘
         ↑              ↓
         │          ┌────────┐    ⇐   NaCl、(NH₃)
         └──────────│  母液  │
                    └────────┘
                        ↓
                    ┌────────┐
                    │ NH₄Cl  │
                    └────────┘
```

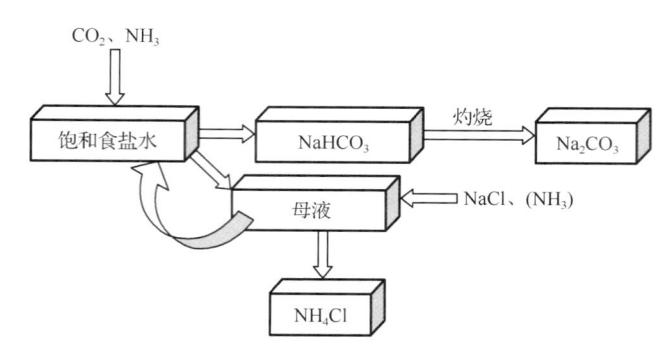

图 13-1 侯德榜制碱示意图

的溶解性；

（3）利用碳酸氢钠溶解度较小的特点，大量通入二氧化碳使碳酸氢钠过饱和从溶液中析出；

（4）利用碳酸氢钠的不稳定性加热分解得到最终的目标产物碳酸钠（纯碱）；

（5）注意侯德榜制碱的两个循环体系，一个是碳酸氢钠分解产生的二氧化碳循环；另外一个是向过滤碳酸氢钠后的母液中加入 NaCl 晶体并通入氨气，使溶液中的铵根离子与氯离子浓度增大，进而促使氯化铵过饱和结晶析出，得到副产物氨肥。过滤后的溶液循环使用以提升氯化钠的利用率。

侯德榜制碱的工艺的主要特色就是利用创造溶液环境的方法提升产率，并通过循环的流程提升原料的利用率。工业中，产物中的物质可以作为反应物投料的都应尽量循环使用。

这里有一个细节需要注意：侯德榜制碱发生第一步反应时需要控制反应的温度不宜过高，以防止不稳定的物质如碳酸氢钠、氯化铵的分解；也不宜过低，以防止反应速率过慢。

13.3 探究实验

利用已知知识推测未知知识属于探究的范畴；因反应条件、溶液环境、操作顺序等的改变导致实验出现反常情况的原因分析也属于探究实验范畴。

探究实验最终落脚点是通过实验验证分析的过程。因此这类问题变化很大，考生也会觉得很难把握，需要分析和实验设计的综合能力提升。

1. 氯化亚铁与 KSCN 混合溶液逐渐通入氯气的研究

氯化亚铁溶液中滴加 KSCN 无实验现象。通入氯气先出现红色。如果简单把红色的出现归结为三价铁与硫氰根的反应，从全面性角度考虑是不足的。即使只从三价铁与硫氰根络合显色角度考虑也应该写出两个方程式：

$$2Fe^{2+} + Cl_2 = 2Fe^{3+} + 2Cl^-；Fe^{3+} + 3SCN^- \rightleftharpoons Fe(SCN)_3$$

如果更加全面地分析，就应该考虑到三价铁与硫氰根的颜色一般描述为血红色，这里仅仅提到红色，会不会有其他的可能性？水，高中阶段最神奇的物质，既可以作为反应发生的介质环境，也可以直接参与许多反应。

在这个研究体系中至少可以有：$Fe^{3+} + 3H_2O \rightleftharpoons Fe(OH)_3 + 3H^+$，生成的氢氧化铁胶体呈现红褐色，那么问题中的红色有没有可能是这个颜色呢？

之后继续通入氯气红色褪去。多数考生的思考点是如何去解释红色褪去的原因。追本溯源，回溯到红色产生的原因才能够更好地解释红色褪去的原因。也就是所谓的知其然知其所以然，红色产生可能有两种原因：

(1) 三价铁与硫氰根的络合产生的红色

如果红色产生的原因是这个，那就可以将氯气继续通入，红色褪去的焦点聚焦到三价铁与硫氰根上。

首先确认氯气能否与三价铁直接反应？三价铁具有强氧化性，氯气也是强氧化性的，两者无法发生氧化还原反应，这个可能性已经排除。

其次思考是否因为硫氰根与氯气发生了反应。结合非金属性强弱判断硫氰根中各元素价态硫为-2、氮为-3、碳为+4，硫氰根中存在元素的最低价态，具备与氯气发生氧化还原反应的能力，这就是红色褪去的一个可能原因。

找到了一个可能原因就要进行验证。验证方法可以像写议论文一样进行正论和反论。正论就是取相同浓度的硫氰根（验证实验注意取溶液时维持浓度一致，以排除因溶液稀释造成的干扰）通氯气看能否发生反应。

检验一个反应能否发生可以通过反应物消失或生成物产生进行验证，硫氰根被氧化无法直接观察，尽管氯气有颜色被还原必然造成黄绿色变浅，但氯气与水反应也会造成这样的结果，因此不具说服力。

检验产物，氯气与水生成的氯离子也会造成干扰，最终的合理确认方法就是检验反应后溶液中若存在硫酸根则可以证明氯气与硫氰根发生了反应。

反证就是另取等浓度的三价铁溶液，通入氯气无反应发生，也能够证明红色褪去与三价铁无关，而是与硫氰根相关。

上述的检验完成后，再进行全面分析，有没有可能是通入氯气引发的间接反应而使溶液红色褪去呢？这个间接反应就是氯气与水生成的次氯酸可以表现出漂白性。但次氯酸的漂白性只能够漂白染料、指示剂，无法漂白络合反应产生的颜色，因此可以排除。

(2) 三价铁水解产生的红色

如果产生红色的原因是这个，就可以参照上面的验证方法进行验证。即先制备氢氧化铁胶体，在红色的氢氧化铁胶体中通入氯气，通过观察红色是否消失进行检验。

选择最简单的验证方法更可以直接利用胶体的性质。取红色溶液用激光笔照射观察能否产生丁达尔效应进行检验是最简单易行的方法。

将这个实验进行一下小小的拓展。有些考生因见过 K_2FeO_4 这个物质而产生疑惑，难道不可能是过量氯气将三价铁氧化为高铁酸根而导致溶液的红色褪去吗？

至少高中阶段的命题不会完全脱离课本，高铁酸盐这类物质如果出现在命题中必然会有提示语言，毕竟这类物质不属于高中的教学要求范畴。

为了解决上面的疑惑，需要做两个工作：

① 回顾一下海水提溴涉及的重要方程式。

$Br_2 + 2NaOH == NaBr + NaBrO + H_2O$ 这个方程式是参照漂白液制取得到的。

$3Br_2 + 6NaOH \xrightarrow{\triangle} 5NaBr + NaBrO_3 + 3H_2O$ 这个是富集溴时候的方程式。对比两个方程式可以得出结论：加热条件可以改变部分反应的进程。不过也不用十分担心温度对反应进程的影响，有影响的不是学过的就是命题中给出充足信息的。

② 关于漂白粉的。

$Ca(ClO)_2 + CO_2 + H_2O == CaCO_3\downarrow + 2HClO$ 这个反应方程式经常被称作漂白粉生效的反应。

同时回顾另外一个方程式 $ClO^- + Cl^- + 2H^+ = Cl_2\uparrow + H_2O$ 这个反应一般作为讲解84消毒液与洁厕灵混用产生危害的解释。

结合两个反应方程式可以推论出，漂白粉的主要成分是 $CaCl_2$ 与 $Ca(ClO)_2$，因此增强漂白性时只能够选择弱酸酸化。

这就是探究实验中的"竞争反应思想"。平时学习过程中学到的反应方程式都是理想的主要反应过程，实际反应过程经常是多个反应同时发生，其中以某个反应为主。

漂白粉酸化时，强酸酸化会使归中生成氯气的反应变为主反应，弱酸酸化会以生成次氯酸的反应为主反应。

由此可以得出结论：溶液酸碱性也会改变反应进程。

三价铁确实可以被氯气氧化到更高价的高铁酸根，但反应只能够在碱性环境中实现，本反应不存在这个可能性。

2. 淀粉碘化钾溶液逐渐通入氯气

氯气本身具有强氧化性，并且在溶液中与水反应 $Cl_2 + H_2O \rightleftharpoons HCl + HClO$，生成的盐酸表现出强酸性，生成的次氯酸可以表现出漂白性，因此使氯气具有了更多的探究价值。

如果将反应过程减慢下来，氯气通入淀粉碘化钾溶液就不再是先变蓝后褪色这样简单，中间过程甚至会伴有红色出现的情况。

通入氯气首先发生：$Cl_2 + 2I^- = 2Cl^- + I_2$ 的氧化还原反应。

其次发生了关于碘单质的竞争反应。

其一是碘单质遇淀粉产生的蓝色；

另一个是 $I_2 + I^- \rightleftharpoons I_3^-$ 呈现的红色。

通入氯气足量时，因碘离子完全被氧化，不会出现红色现象。

参照这一过程将氯气缓慢通入含有 CCl_4 的 $FeBr_2$ 溶液会出现下层 CCl_4 层先变黄，然后黄色消失，最终又出现黄色的现象。

这是因为氯气具有强氧化性，二价铁与溴离子都具有还原性，且二价铁的还原性强于溴离子。通入氯气初期，发生了关于氯气的竞争反应：

$$2Fe^{2+} + Cl_2 = 2Fe^{3+} + 2Cl^-$$
$$2Br^- + Cl_2 = Br_2 + 2Cl^-$$

前一个反应的程度大，但后一个反应的速率更快，因此会出现氯气同时将二价铁和溴离子氧化的反应过程，下层四氯化碳呈现黄色。生成的溴单质与剩余的二价铁发生氧化还原反应再被消耗因此出现下层黄色消失。当二价铁耗尽，持续通入的氯气将溴离子氧化，下层又出现黄色。如果题干信息足够甚至可以引入过量氯气继续将溴氧化生成 $BrCl$ 而使四氯化碳层出现红色。

这样的竞争反应及速率与限度之争的问题并没有超纲，而是源于必修教材的内容。氯水中滴入石蕊溶液的现象为先变红后褪色，

氯气与水反应生成盐酸与次氯酸。滴入石蕊溶液后，盐酸与石蕊溶液的显色反应速率快，先出现红色；次氯酸与石蕊溶液的漂白反应进行的程度完全，最终出现褪色现象。

再回到氯气通入淀粉碘化钾溶液的实验。通入氯气溶液最终呈现蓝色，持续通入氯气可以出现蓝色褪去的现象。回溯蓝色产生的原因是碘单质与淀粉的相遇。

蓝色褪去的第一种可能原因就是碘单质与氯气发生了氧化还原反应。在《化学与生活（选修1）》的内容中高中教学内容涉及食盐补碘，需要添加 KIO_3 以防止甲状腺肿大，这成了褪色问题的知识来源。

$$I_2 + 5Cl_2 + 6H_2O = 2IO_3^- + 10Cl^- + 12H^+$$

蓝色褪去的第二种可能原因是氯气与水反应生成的盐酸促使淀粉水解造成溶液蓝色褪去。

3. 双氧水分解的催化剂选择

过氧化钠与水反应，高中阶段给出的方程式为：$2Na_2O_2 + 2H_2O == 4NaOH + O_2\uparrow$。反应结束后向溶液中加入二氧化锰后，产生大量气泡，说明高中给出的是总反应方程式，实际反应过程应该分为两步：

第一步：$Na_2O_2 + 2H_2O == 2NaOH + H_2O_2$

第二步：$2H_2O_2 == 2H_2O + O_2\uparrow$

通过这个反应引出对双氧水的研究。双氧水中氧元素的价态为－1价，这就使得双氧水兼具氧化性与还原性。而双氧水更加典型的性质是不稳定性，分解生成氧气，这也是双氧水被称作绿色氧化剂的原因。

双氧水分解的催化剂有多种，高中阶段最典型的是二氧化锰、氯化铁与硫酸铜。

关于双氧水分解催化剂选择的第一个研究问题就是催化剂有没有参与反应？

以氯化铁催化双氧水反应为例：

第一步：$2Fe^{3+} + H_2O_2 = 2Fe^{2+} + O_2 + 2H^+$

第二步：$2Fe^{2+} + H_2O_2 + 2H^+ = 2Fe^{3+} + 2H_2O$

三价铁表现强氧化性将双氧水氧化生成氧气，生成的二价铁与其余的双氧水再次氧化还原反应又生成三价铁。通过这样连续的转化实现催化作用，得出结论：催化剂参与反应并最终生成本身。

三价铁催化双氧水反应机理的第一步相对较慢，一般被称为慢反应；反应机理的第二步相对较快，一般被称为快反应，因为第二步反应较快，所以整个反应体系很难监测到二价铁的存在，而第一步反应相对较慢，三价铁可以监测出来。因此催化剂催化机理中慢反应的反应物一般被认定为催化剂，而不提无法监测的快反应的反应物。

另外一种机理过程认为三价铁先被氧化为高铁酸，之后高铁酸分解生成氧气。这个机理涉及高中阶段教材不做要求的高价铁，因此一般不予以讨论。

进一步分析可知真正起到催化作用的是氯化铁中的三价铁离子。由此可知硫酸铜的催化作用体现在铜离子上，因铜离子的氧化性弱于三价铁，其催化效果弱于三价铁。

实验验证过程仅仅是通过向相同的双氧水溶液中加入等量的氯化铁和硫酸铜固体来对比两者的催化效果还是不够严谨的。因为：

（1）加入的催化剂固体如果不能形成离子并不能起到催化作用。

（2）氯化铁与硫酸铜的阴离子不同，这也可能对实验结果产生干扰。通过带有氧化膜的铝条分别溶于盐酸和稀硫酸进行对比试验，发现带有氧化膜的铝条与盐酸反应更加剧烈。通过对比实验可知：还原性的氯离子可以破坏氧化膜；氯离子也可能具有催化作用。

因此真正对比两个催化剂的催化能力需要分别向相同的双氧水溶液中加入硫酸铁与硫酸铜，并保证三价铁与铜离子浓度相同。

探究实验问题核心就是分析能力与实验设计能力的综合。

处理此类问题要注意：

（1）兼顾竞争反应思想。考虑是否同时存在其他反应过程。

（2）注意量的思想。少量、适量、过量的反应都可能不同。如碳酸钠溶液滴加盐酸的现象是先无气泡，持续加入盐酸产生气泡。但是改变加入操作，快速滴入盐酸就会造成局部盐酸过量，滴入瞬间就可以产生气泡。

（3）注意温度、溶液酸碱性与浓度的影响。如氢氧化亚铁在空气中很容易被氧化生成氢氧化铁，而酸性环境的二价铁，却可以长时间保持绿色；再如浓硝酸与足量铜反应初期生成红棕色气体。随着反应进行，硝酸变稀后产生的则是无色的一氧化氮气体；

（4）设计验证实验时注意单一变量思想。即除了要验证的变量外，其余条件（浓度、温度、pH 等）维持不变。

第六篇　艾氏学习法综述

第十四章　不同阶段、不同层次的考生如何学习高中化学

无论何种原因，无论现在成绩如何，每一刻都是崭新的。从这一刻开始努力刚刚好。不同层次的考生在不同阶段存在着不同的学习困难，不同版本的教材编排顺序也不尽相同，但高中化学知识本身并无不同。找到合适的突破点，然后付出持续的努力。

14.1　各个版本高中教材目录对比

高一化学教学侧重于普适性教育，让所有高中接触化学的学生都能够简单了解化学这个学科的基本重要内容。

尽管教材版本不同，但高一阶段的模块设置基本相同，可以分为四块，不同的仅仅是编排顺序和标题。

基础模块一：原子结构、简单的化学键、元素周期表、元素周期律。

基础模块二：核外电子变化与氧化还原反应。

基础模块三：物质分类与电解质分类。

基础模块四：物质的量的计算。

这些基础模块无所谓先后顺序，属于后续学习必须掌握的基础知识。这些基础知识在后续的学习中都会大量反复用到。

初级研究方向一：元素及其化合物的性质与应用。包括典型金属 Na、Al、Fe 的研究及典型非金属 Cl、S、N、Si 的研究。

初级研究方向二：有机化合物。包括典型的甲烷、乙烯、苯、乙醇和乙酸，以及重要的营养物质糖类、油脂、蛋白质。

初级研究方向三：化学反应中的能量变化。包括反应中热、电及反应速率与反应限度的了解。

初级研究方向四：化学实验。包括配制一定浓度的溶液、海水提盐的基础流程及操作。

随着学习的深入，确定了高考方向和未来研究方向的学生将进入选修部分的深入学习。

深入研究方向一：物质结构、分子性质与晶体。

这部分内容主要源于基础模块一的内容。曾经的电子层排布已经不再适合精细的研究，用电子云的轨道模型代替简单的电子排布，然后研究分子及晶体的构成，再根据构成推测物质的性质。这是理论化学深入研究的方向。

深入研究方向二：无机化学。

这部分内容主要源于基础模块与初级研究方向一的结合。深入研究时尽管有专门的实验教材，但很少能够讲到。其研究目的是，通过对反应过程的深入分析最终能够应用于实验或工业生产。

深入研究方向三：有机化学。

这部分内容的方向是有机物的合成路线设计。

深入研究方向四：化学反应原理。

这部分内容主要源于基础模块一和初级研究方向三。深入学习环节将对反应中的热变化进行定量研究，也就是需要根据键能进行化学运算；对反应中的电能变化进行分析研究，研究电能与化学反应过程的相互转化；对反应速率及反应限度的影响因素进行深入研究，其目的是寻找到更加有利于工业生产的反应环境。

学业水平考试涉及的是基础模块和初级研究方向的内容。选拔性的高考增加了深入研究方向的内容。部分高考试卷中深入研究一与深入研究三这两个部分内容不同时出现，属于选考内容。

四个版本教材的基础模块与初级研究方向目录的对比，如表14-1所示；深入研究方向目录对比，如表14-2所示；人教版其余选修教材目录，如表14-3所示。

表 14-1　四个版本教材基础模块与初级研究方向目录对比

	高一上学期	高一下学期
	《高中化学1（必修）》	《高中化学2（必修）》
人教版	第一章　从实验学化学 　第一节　化学实验基本方法 　第二节　化学计量在实验中的应用 第二章　化学物质及其变化 　第一节　物质的分类 　第二节　离子反应 　第三节　氧化还原反应 第三章　金属及其化合物 　第一节　金属的化学性质 　第二节　几种重要的金属化合物 　第三节　用途广泛的金属材料 第四章　非金属及其化合物 　第一节　无机非金属材料额主角——硅 　第二节　富集在海水中的元素——氯 　第三节　硫和氮的氧化物 　第四节　氨　硝酸　硫酸	第一章　物质结构 元素周期律 　第一节　元素周期表 　第二节　元素周期律 　第三节　化学键 第二章　化学反应与能量 　第一节　化学能与热能 　第二节　化学能与电能 　第三节　化学反应的速率和限度 第三章　有机化合物 　第一节　最简单的有机化合物——甲烷 　第二节　来自石油和煤的两种基本化工原料 　第三节　生活中两种常见的有机物 　第四节　基本营养物质 第四章　化学与自然资源的开发利用 　第一节　开发利用金属矿物和海水资源 　第二节　资源综合利用　环境保护

（续表）

	高一上学期	高一下学期
	《高中化学1（必修）》	《高中化学2（必修）》
苏教版	专题一　化学家眼中的物质世界 　　第一单元　丰富多彩的化学物质 　　第二单元　研究物质的实验方法 　　第三单元　人类对原子结构的认识 专题二　从海水中获得的化学物质 　　第一单元　氯、溴、碘及其化合物 　　第二单元　钠、镁及其化合物 专题三　从矿物到基础材料 　　第一单元　从铝土矿到铝合金 　　第二单元　铁、铜的获取及应用 　　第三单元　含硅矿物与信息材料 专题四　硫、氮和可持续发展 　　第一单元　含硫化合物的性质和应用 　　第二单元　生产生活中的含氮化合物	专题1　微观结构与物质的多样性 　　第一单元　核外电子排布与周期律 　　第二单元　微粒之间的相互作用力 　　第三单元　从微观结构看物质的多样性 专题2　化学反应与能量转化 　　第一单元　化学反应速率与反应限度 　　第二单元　化学反应中的热量 　　第三单元　化学能与电能的转化 　　第四单元　太阳能、生物质能和氢能的利用 专题3　有机化合物的获得与应用 　　第一单元　化石燃料与有机化合物 　　第二单元　食品中的有机化合物 　　第三单元　人工合成有机化合物 专题4　化学科学与人类文明 　　第一单元　化学是认识和创造物质的科学 　　第二单元　化学是社会可持续发展的基础
鲁科版	第1章　认识化学科学 　　第1节　走进化学科学 　　第2节　研究物质性质的方法和程序 　　第3节　化学中常用的物理量——物质的量 第2章　元素与物质世界 　　第1节　元素与物质的分类 　　第2节　电解质 　　第3节　氧化剂和还原剂 第3章　自然界中的元素 　　第1节　碳的多样性 　　第2节　氮的循环 　　第3节　硫的转化 　　第4节　海水中的化学元素 第4章　元素与材料世界 　　第1节　硅　无机非金属材料 　　第2节　铝　金属材料 　　第3节　复合材料	第1章　原子结构与元素周期律 　　第1节　原子结构 　　第2节　元素周期律和元素周期表 　　第3节　元素周期表的应用 第2章　化学键　化学反应与能量 　　第1节　化学键与化学反应 　　第2节　化学反应的快慢与限度 　　第3节　化学反应的利用 第3章　重要的有机化合物 　　第1节　认识有机化合物 　　第2节　石油和煤　重要的烃 　　第3节　饮食中的有机化合物 　　第4节　塑料　橡胶　纤维
沪科版	1. 打开原子世界的大门 　1.1　从葡萄干面包原子模型到原子结构的行星模型 　1.2　原子结构和相对原子质量 　1.3　揭开原子核外电子运动的面纱 2. 开发海水中的卤素资源 　2.1　以食盐为原料的化工产品 　2.2　海水中的氯 　2.3　从海水中提取溴和碘 3. 探索原子构建物质的奥秘 　3.1　原子间的相互作用 　3.2　离子键 　3.3　共价键 4. 剖析物质变化中的能量变化 　4.1　物质在溶解过程中有能量变化吗 　4.2　化学变化中的能量变化	5. 评说硫、氮的"功"与"过" 　5.1　从黑火药到酸雨 　5.2　认识物质的量浓度 　5.3　硫酸 　5.4　化学肥料中的主角 6. 揭示化学反应速率与平衡之谜 　6.1　化学反应为什么有快有慢 　6.2　反应物如何尽可能转变成生成物 　6.3　化工生产能否做到又快又多 7. 探究电解质溶液的性质 　7.1　电解质的电离 　7.2　研究电解质在溶液中的化学反应 　7.3　盐溶液的酸碱性 　7.4　电解质溶液在通电情况下的变化

表14-2　四个版本教材深入研究方向目录对比

	高二上/下学期	
人教版	选修4　化学反应原理 第一章　化学反应与能量 　第一节　化学反应与能量的变化 　第二节　燃烧热　能源 　第三节　化学反应热的计算 第二章　化学反应速率与化学平衡 　第一节　化学反应速率 　第二节　影响化学反应速率的因素 　第三节　化学平衡 　第四节　化学反应进行的方向 第三章　水溶液中的离子平衡 　第一节　弱电解质的电离 　第二节　水的电离和溶液的酸碱性 　第三节　盐类的水解 　第四节　难溶电解质的溶解平衡 第四章　电化学基础 　第一节　原电池 　第二节　化学电源 　第三节　电解池 　第四节　金属的电化学腐蚀与防护	选修5　有机化学基础 第一章　认识有机化合物 　1. 有机化合物的分类 　2. 有机化合物的结构特点 　3. 有机化合物的命名 　4. 研究有机化合物的一般步骤和方法 第二章　烃和卤代烃 　1. 脂肪烃 　2. 芳香烃 　3. 卤代烃 第三章　烃的含氧衍生物 　1. 醇　酚 　2. 醛 　3. 羧酸　酯 　4. 有机合成 第四章　生命中的基础有机化学物质 　1. 油脂 　2. 糖类 　3. 蛋白质和核酸 第五章　进入合成有机高分子化合物的时代 　1. 合成高分子化合物的基本方法 　2. 应用广泛的高分子材料 　3. 功能高分子材料
苏教版	选修4　化学反应原理 专题1　化学反应与能量变化 　第一单元　化学反应中的热效应 　第二单元　化学能与电能的转化 　第三单元　金属的腐蚀与防护 专题2　化学反应速率与化学平衡 　第一单元　化学反应速率 　第二单元　化学反应的方向和限度 　第三单元　化学平衡的移动 专题3　溶液中的离子反应 　第一单元　弱电解质的电离平衡 　第二单元　溶液的酸碱性 　第三单元　盐类的水解 　第四单元　难溶电解质的沉淀溶解平衡	选修5　有机化学基础 专题1　认识有机化合物 　第一单元　有机化学的发展与应用 　第二单元　科学家怎样研究有机物 专题2　有机物的结构与分类 　第一单元　有机化合物的结构 　第二单元　有机化合物的分类和命名 专题3　常见的烃 　第一单元　脂肪烃 　第二单元　芳香烃 专题4　烃的衍生物 　第一单元　卤代烃 　第二单元　醇　酚 　第三单元　醛　羧酸 专题5　生命活动的物质基础 　第一单元　糖类　油脂 　第二单元　氨基酸　蛋白质　核酸

(续表)

	高二上/下学期	

鲁科版	选修 4
	第一章 化学反应原理与能量变化
	  1. 化学反应的热效应
	  2. 电能转化为化学能——电解
	  3. 化学能转化为电能——电池
	第二章 化学反应的方向、限度与速率
	  1. 化学反应的方向
	  2 化学反应的限度
	  3. 化学反应的速率
	  4. 化学反应条件的优化——工业合成氨
	第三章 物质在水溶液中的行为
	  1. 水溶液
	  2. 弱电解质的电离、盐类的水解
	  3. 沉淀溶解平衡
	  4. 离子反应
		选修 5
		第一章 有机化合物的结构与性质、烃
		  1. 认识有机化学
		  2. 有机化合物的结构与性质
		  3. 烃
		第二章 官能团与有机反应 烃的衍生物
		  1. 有机化学反应的类型
		  2. 醇和酚
		  3. 醛和酮、糖类
		  4. 羧酸、氨基酸和蛋白质
		第三章 有机合成及其应用 合成高分子化合物
		  1. 有机化合物的合成
		  2. 有机化合物结构的测定
		  3. 合成高分子化合物
		  4. 物质的其他聚集态

沪科版	8. 走进精彩纷呈的金属世界
	  8.1 应用广泛的金属材料——钢铁
	  8.2 铝和铝合金的崛起
	9. 初始元素周期律
	  9.1 元素周期律
	  9.2 元素周期表
	10. 学习几种定量测定方法
	  10.1 测定 1mol 气体的体积
	  10.2 结晶水合物中结晶水含量的测定
	  10.3 酸碱滴定
		11. 认识碳氢化合物的多样性
		  11.1 碳氢化合物的宝库——石油
		  11.2 石油化工的龙头——乙烯
		  11.3 煤化工和乙炔
		  11.4 一种特殊的碳氢化合物——苯
		12. 初识生活中的一些含氧有机化合物
		  12.1 杜康酿酒话乙醇
		  12.2 醋与酒香
		  12.3 家庭装潢说甲醛
		13. 检验一些无机化合物
		  13.1 离子的检验
		  13.2 混合物的检验

表 14-3 人教版其余选修教材目录

	一些重要的选修内容	

人教版	选修 3 物质结构与性质
	第一章 原子结构与性质
	  第一节 原子结构
	  第二节 原子结构与元素的性质
	第二章 分子结构与性质
	  第一节 共价键
	  第二节 分子的立体构型
	  第三节 分子的性质
	第三章 晶体结构与性质
	  第一节 晶体的常识
	  第二节 分子晶体与原子晶体
	  第三节 金属晶体
	  第四节 离子晶体
		选修 1 化学与生活
		第一章 关注营养平衡
		  第一节 生命的基础能源——糖类
		  第二节 重要的体内能源——油脂
		  第三节 生命的基础——蛋白质
		  第四节 维生素与微量元素
		第二章 促进身心健康
		  第一节 合理选择饮食
		  第二节 正确使用药物
		第三章 探索生活材料
		  第一节 合金
		  第二节 金属的腐蚀和防护
		  第三节 玻璃、陶瓷和水泥
		  第四节 塑料、纤维和橡胶
		第四章 保护生存环境
		  第一节 改善大气质量
		  第二节 爱护水资源
		  第三节 垃圾资源化

(续表)

一些重要的选修内容	
人教版	选修2　化学与技术 第一单元　走进化学工业 　课题1　化工生产过程中的基本问题 　课题2　人工固氮技术——合成氨 　课题3　纯碱的生产 第二单元　化学与资源开发利用 　课题1　获取洁净的水 　课题2　海水的综合利用 　课题3　石油、煤和天然气的综合利用 第三单元　化学与材料的发展 　课题1　无机非金属材料 　课题2　金属材料 　课题3　高分子化合物与材料 第四单元　化学与技术的发展 　课题1　化肥和农药 　课题2　表面活性剂 精细化学品	选修6　实验化学 第一单元　从实验走进化学 　课题一　实验化学起步 　课题二　化学实验的绿色追求 第二单元　物质的获取 　课题一　物质的分离和提纯 　课题二　物质的制备 第三单元　物质的检测 　课题一　物质的检验 　课题二　物质含量的测定 第四单元　研究型实验 　课题一　物质性质的研究 　课题二　身边化学问题的探究 　课题三　综合实验设计

14.2　学习规划篇

应该根据自己的未来职业规划选择高中的学习科目，这样的指导还是留给专家们去做吧！我认为自己没有这个能力做这么大的课题。

实实在在的就是高中六大副科是物理、化学、生物、历史、地理、政治。无论是传统的文理分科还是现在流行的选科制度，考生们实在没有太多的选择性。

曾经也做过选科指导，和很多学生及家长实际沟通后，发现自己的指导真心没用。

原因在于我的指导是从学生的性格特点、兴趣爱好、学习能力、未来发展方向等多方面因素综合的考虑，而学生和家长往往非常直接"老师，您就告诉我选什么科目肯定能考上大学吧！"。

后来再做选科指导时，我也学会了，只给出已经成为历史的选科数据而不做自己的分析。尽管古语云"前事不忘后事之师"，尽管利用以往的选科及录取数据确实能说明很多事情，但我更愿意相信每一个学生都是独一无二的。

写了这么一大段实在是希望看到这本书的人能够在选科时多一些思考，而少一些浮躁。

尽管选科的组合很多，尤其是浙江的考生还要加上通用技术这个副科，选科的复杂程度只能说："天啊！"

怎么选？不在这里讨论，这里讨论的是怎么学的问题。

1. 高一新生

刚刚进入高一，首先必须了解高中所要学习的内容，所谓"知己知彼百战百胜"。通过老师介绍也好，网上搜索也好，至少先要知道六个副科（浙江的是七个）中每个学科教材的全部目录。

三大主科之所以不提，是因为语文、数学、外语必须学，了不了解都要学，都要考。

其次准备六个副科的近几年的高考真题。

资料的准备：全部教材的目录＋真题。

开学后每学完一个章节就对应近年的高考真题看下所学的内容在大考中如何体现，自己现在所学的内容能否解决这样的问题。如果解决不了就对应教材目录看一下是否还有这部分内容在选修中出现，如果是，可以自学相关选修内容再做一下那个题，看是否能够真正解决。

只有通过这样的对应过程，才能够真正了解自己的兴趣、学科的难度、自己的学习能力等，才不致只凭着主观觉得哪个科目难，哪个科目简单。以避免选了历史后，到了高三才发现原来历史对于自己而言并不好学，反而是没选的物理更适合自己。

前面的章节中已经提到过，高一的第一个难点是物质的量的计算。遇到这个知识点就要侧重于落实，要有一段时间（建议至少连续 30 天）每天至少做一个这方面的选择题或主观题，题干中出现的每一个数字无论单位是什么都要列出相应的公式计算出摩尔数。这样的训练不仅为了弄明白这部分内容、锻炼熟练度，更是为了养成学习习惯、形成学习能力、培养不畏困难的心理。

高一的第二个难点是氧化还原反应。遇到这个知识点要侧重有规划地落实。先用一个星期左右熟练配平步骤，这个配平步骤不一定用我在前面章节讲过的交叉配平，可以是老师在课上讲到的步骤。除了你能够熟练运用的，没有哪种方法可以算得上是最好的。之后用一段时间（建议至少 30 天）每天用心配平 2～3 个教材中后面几个章节的方程式。这些教材中还没有学到的方程式，可以从教材中抄下来，抄的时候不要系数，然后复印几张。之后每天进行配平训练，这样不仅练习了氧化还原反应方程式，更能够通过训练对后面的内容进行超级有效的预习。

2. 高一下学期

高一上学期并没有重视化学，到了期末突然发现自己什么都不会怎么办？

这个时候仍然想努力的学生往往会纠结于是利用假期学习新内容还是补上学期的知识。

假期开始也好，下学期开学也好，建议先预习本学期的内容。将下学期要学习的内容学透，学有余力后抓紧时间对上学期内容进行规律复习。

多数学校高一下学期安排的是周期表、周期律及反应原理与有机化学初步的内容。因此强烈建议假期或者开学初从突破物质结构周期律开始。

开学前用一张白纸参照周期表的结构画出空白的周期表，然后拿去至少复印数十份。开学前或开学初，照着周期表认真抄一遍，主要抄元素符号和汉字。开学后每周写一次周期表，尽量默写，刚开始几次能写多少写多少，但最后要对照周期表仔细检查并改正。后期必须能够独立默写。

这样的默写训练针对不同类型的学生要求不同。只有学业水平考试要求的学生只需要经过几次训练能够独立完成主族元素的默写就可以停止了，之后直到学业水平考试前一个月左右再默写一次就行；有高考要求的学生至少几次训练后能够做到准确默写主族元素，之后至少到高考前每个月能够默写一次，实在做不到每个月默写，至少高考前每个学期默写 1～2 次；对化学有兴趣的强烈建议前期训练到能够将周期表中所有元素都可以默写，之后每个学期用白纸而不是用空白周期表去当作艺术品一样创造属于自己的周期表，尽管表面上这样的努力不会在高考中让你超越别人很多，但学习这件事情不是做给别人看的。

经过了周期表、周期律部分的学习，后续的学习可以分为多个分支。

学业水平考试学生只需要跟着老师就可以。如果可以的话，强烈建议做一下近几年的学业水平考试真题，有目的、有方向性地听课、备考。

想参加高考但高一上学期又没学好的，利用这段时间规划出一个星期左右时间从氧化还原反应的配平步骤复习开始，用一个星期熟练配平步骤。之后的几个星期有意识地每周至少有1~2天去配平前面建议抄写并复印的没有系数的教材方程式，这样就能够最快速地对高一的重点知识尤其是元素、化合物进行复习了。至于物质的量的计算就留在后面学习吧！

周期律学习结束后，强烈建议那些能力比较强的学生，跟着学校教学同步时能够参照本学科的完整目录选出某个部分作为本学期的重点突破方向。如学校同步讲有机化学初级知识时，可以自行准备一本有机化学方面的选修教材进行深入学习，这样高二就不用再消耗大量时间学习相同的内容了，可以提前完成有机化学方面的学习，并找到对应高考真题，开始做大型考试的备考和训练了。但是不建议这个学期同时将几个深入学习内容都作为主要突破方向，毕竟欲速则不达，能力足够强的除外。

3. 高二上、下学期

进入高二，基本上完成了学业水平考试了，各个学科都将进入深入学习阶段。

尽管前面开列了不同版本高中化学教材的目录，且不同学校上学期开设的课程不尽相同，但都是从结构、原理、有机中选择一个深入学习。

首先还是针对有欠债的。高一没有好好学，现在想努力怎么办？

还是先把现在的学好，挤出时间再补高一的内容。但毕竟高一有了欠债，所以学的过程需要把高一的教材与高二的教材结合起来学习。

高二是深入学习，一些最基本的内容有可能省略，因此对比教材学习可以使知识内容更加全面，不致因为高一的内容影响高二的学习。

学习过程比别人努力一点，能够规划出某个星期每天可以拿出1~2小时进行复习就立即开始复习环节。这个复习可以复制粘贴文字了，也就是还是氧化还原反应的复习方法。

学习能力强的也不建议这个学期学习更多新的内容，而是建议也要进行氧化还原反应复习。然后买一本高三分专题的复习资料，去刷关于元素化合物部分及正在学习部分的题，将知识完全转化为得分能力，不仅夯实基础，更要提升竞争力。

高二下学期与上学期的学习规划相同。

4. 高三上学期

从高二的暑假开始就已经进入到高三的一轮复习阶段。无论成绩如何，一轮开始前都应该做一下本省市刚刚考过的高考真题以对自己有个清晰的了解和定位。

首先还是针对有历史遗留问题的学生。

一轮复习开始最重要的是准备教材。然后才能够谈到学习规划。一轮复习的学习规划前面的章节已经进行过说明。这次更加细致些。

一轮注重落实，知识点的掌握不在于是否听得懂或者是否已经忘了，而在于能够落实到字面上多少次。

带着教材去听课，把重要内容记录在教材上，然后课下务必整理，整理后再浓缩成简单的几句话，晚上睡觉时反复背诵这几句话。第二天起来后找个时间一定要再随着自己记录的教材快速浏览下。

一轮复习是将学过的知识全部复习一遍进度安排得十分紧凑。对于有历史遗留问题的学生而言，全部学会是非常困难的，因此要根据一轮复习前自己做的真题区分好重点学习内容和非重点内容。一轮过程必须保证重点内容过关，这样二轮与三轮复习才不致完全崩溃。

而没有历史遗留问题的学生就要调整心态、做好规划。带着教材听课，无论老师讲的多简单都对着教材去听，边听边仔细阅读，关注那些曾经学习过程中没有十分注意的科学视野、实验探究及教材上的插图等。课下进行专题训练提升得分能力，每个月做一套真题或者模拟题的套卷，每次做套卷都要关注得分、做题时间和做题顺序，通过一轮复习找到最适合自己且最有效率的答题方式。

无论是否存在历史遗留问题，一轮复习结束必须做一套高考真题，以了解大考的命题形式及自己一轮复习的效果。做完后要与一轮复习前的那套做过的真题对比，对自己的一轮复习进行总结，为二轮复习做好规划。

5. 高三下学期的二轮复习

这个阶段一般是从开学到五一左右。时间很短，学校很难再细致地将教材重新讲一遍。这个阶段往往是以专题课的形式进行的。

首先还是针对存在历史遗留问题的。其实这也是我收到的关于"曾经没好好学，现在成绩仅仅20多分怎么办？"这类问题最高峰的时期。

针对这类问题，必须先调整好心态。高考想考多少分不重要，高考能考多少分也不重要，不要幻想、更不要赌运气。这个阶段不管分值怎么样，既然能够问到我怎么办，就证明这类学生还想努力，那为什么不干脆就真的努力呢？不管结果如何，青春总归要奋斗。

不管最终的分数如何，只在乎青春真的玩命努力过。这样就可以开始学习规划了。

完全当作自己是零基础。二轮复习，学校多是进行专题复习和讲综合性的强的题。这些对于零基础的学生而言确实痛苦，那么就先用一个星期时间从突破氧化还原反应开始。

方法如前，为什么每个年级的重点突破我都要提到氧化还原反应呢？因为这部分实在是高中教学中最重心，也是大考中最重点的内容。氧化还原反应关联到元素化合物、化学实验、电化学及部分有机化学内容，甚至研究化学反应原理也需要借助具体的反应方程式，而这些反应方程式绝大多数又都是氧化还原反应类的。

突破氧化还原反应后就要有选择地听课，课上涉及氧化还原反应相关内容的重点听，重点记。其余的内容都可以当作听不见就可以了。

高考不是只有氧化还原反应及相关内容的，但突破了氧化还原反应至少能够拿下绝大部分内容，更能恢复学习的信心，也就找到了真的可以努力的突破点了。但这个突破完成的越快越好，毕竟后面还要留出时间去攻克有机推断、热、速率与平衡及物质结构。

即使是三轮复习开始时仍然是属于接近零基础的学生，也可以用这样的办法开始突破。只是整体来看时间比较紧，但只要真的用心努力，完全可以只用一两个月时间拼出个不一样的自己。

学习能力比较强的学生，二轮、三轮的主要任务是保温、提升得分能力、回归教材并研究标准答案减少失分。这些在前面章节关于三轮复习中已经谈过，保温、强化这些内容在最后一章也会进行回顾，这里就不再详谈了。

其实，那些经常问学习方法的多是不想学的。那些问怎样才能快速提分的，往往是成绩非常不理想且不想努力的。真的去努力、真的去落实是没有做不到的，这个世界上有什么能够阻止拥有一颗勇敢的心并随时认真努力的人呢！

6. 关于答题的一些小建议

以理综试卷为例，时间方面的安排要按分科合理分配，比如150分钟的答题时间按照65分钟解答物理，45分钟解答化学，40分钟解答生物的时间规划进行训练。这是综合了学科难度和分值分布设定的理想答题时间。擅长物理的或者不擅长化学的考生可以根据自身特点适当延长或缩短某一学科的答题时间，但这个延长或者缩短建议控制在 5 分钟的安全区间内。

某一学科的解答时间过长必然会导致其他科目中会的知识点没有时间完成；而时间过短又会造成因漏答、语言组织不严谨而失分的情况。

理综试卷的答题时间和顺序规划应该在二轮复习开始时立刻进行，甚至在一轮复习结束也就是高三上学期结束时，就应该做理综试卷以确定自己的答题顺序。做套卷时记录每科完成的时间，如果几套试卷某一学科用时均超过理想的预订时间，就需要进行某一学科的专项突破训练了。

专项突破训练方法是整体和局部的结合。所谓整体就是一次训练要求自己比预计时间少 5 分钟左右必须完成某一学科的整套试卷，这也是限时训练的方法。做限时训练可以适当舍弃准确率；另一次训练则以得分率为追求目标，记录开始做题时间与最终完成时间即可。之后多次反复这样的限时、追求得分率的交替训练。

局部的专项突破则需要至少完成两套整体训练后才能够进行的。对比做过的至少两套试卷，找到最耗费时间的题目。如果这样的题目分值并不大，前期建议直接在考试中舍弃，后期时间够就强化突破，时间不够就从知识点研究转到得分方法研究上，也就是通过记典型题、步骤化得分等方法尽量争取得分；如果这样的题目分值较大，建议前期可以分拆题目，一分一分地突破，不要着急，后期训练的目标是尽量压缩其他题目的答题时间，给这样的题目多留一点时间。

经过理综卷的多次训练后，进行正规的理综卷的模拟考或者大考时，根据预设的各科完成时间对试卷进行简单规划，每半小时应该完成的题目位置简单做一个标记。这样每做到标记处看下时间，有利于考试中及时灵活调整答题策略，有利于缓解紧张心理并提升实际得分能力。

从题型角度上建议整张的理综试卷选择题用时 40 分钟，物理主观题给到 50 分钟，化学主观题给到 35 分钟，生物主观题给到 25 分钟。

这样安排答题顺序的考生如果平时得分能力并不强，可以大胆地把时间安排向选择题倾斜，选择题甚至占到接近 60 分钟也是能够接受的。合理规划理综卷要有预期规划、针对训练。但真正的考试中又不能过于拘泥，要灵活处理，现场根据答题状态及时调整细微的时间规划。

有偏科的学生尽量有意识压缩优势科目的答题时间，毕竟这样的优势科目多用 10 分钟也很难多得 5 分。把节约下来的时间向弱势科目倾斜，而且多向弱势科目的读题方向倾斜，很多命题的答案就隐藏在题干中，多阅读两次题目极有可能会得到意想不到的分。

下面只单论化学学科的答题。命题源于教材，但教材中的知识点杂乱繁多，并且任何一个考题都可以关联多个知识点，这也正是化学学科得分的难点。不知道从什么角度入手解答、解答时考虑不全面无法得到满分，这些都是考试中频频出现的情况。

如同前面提到的答题时间规划一样，首先将化学试卷的预期时间规划好。以标准的理综试卷为例。7 个选择题的答题时间尽量控制在 12 分钟左右。

"化学与生活类"的选择题注意阅读关键字，并注重积累一些重要的内容，比如煤的干馏与玻璃的制备属于复杂的物理和化学变化，这样的知识点要记录在一起，每次考前拿出来阅读一遍以增强记忆。

化学方程式正误的判断采用排除法与认定法快速解决。这类问题的处理也离不开积累，将一些高频易错的方程式记录下来，也是考前必看的。关于方程式的积累，建议总结本上最多保留10个方程式，如果有更加重要的需要记忆的方程式出现，就将以前记过的某个方程式删除，这样的训练有助于加深对方程式的记忆。

有机化学类选择题比较耗费时间。属于大分子性质判断的需要圈出所有出现的官能团再对照选项，选项中出现分子式判断的问题甚至可以将原有机结构补足氢原子之后逐个去数；同分异构体类的有机选择更加耗费时间，真诚建议写出所有能够想到的同分异构体，最好能够写两遍进行相互检验，毕竟选择题的分值过于大，实在伤不起。

电化学类画图，画出电子流向；平衡类选择有计算就列三段式，不是计算就列出浓度熵公式。

操作与结论类实验也是通过积累提升得分能力。类似方程式正误判断类问题的积累方法，总结本上永远只有5条最重要的记录。

N_A类选择也是相对比较耗时间的考题，考试时将所有数值利用公式转化为"mol"再进行判断。总结本上不能缺少对标准状态下非气态物质的记录。

探究实验类的选择题一定要多读题，从题干中寻找信息。

周期律类的选择题建议就是遇到了先画周期表再判断。

小推断类选择题平时的积累侧重于连续氧化及量的问题积累。这类总结原则是有多少记录多少。

关于溶液中离子关系的图像类问题要画出0点、中和点、中性点，以及1:2或2:1这些特殊点的位置，再审题判断。

主观题的得分攻略在二轮复习的得分能力养成中已经详细说明，这里只是进行补充。

处理无机类的主观题时，题干中出现的物质，能够改成化学符号的就用化学符号表示，毕竟见文字与见化学符号的感受是完全不同的。能写方程式的尽量写出方程式再判断，无论问的是什么问题，方程式先行。涉及实验类的问题能够标注物质状态的尽量标注物质状态以备解答分离方法等问题使用。

无机类主观题中常会伴有化学计算的问题。这类问题表面很鸡肋：做，浪费时间；不做，2~4分的分值又会白白丢掉。但计算题往往又是成绩超越其他人的不二之选，其原因很简单：多数人不喜欢计算。

化学学科的计算围绕着化学思想设计问题，计算量并非惊人。为了能够有效处理计算问题，建议以氧化还原反应方程式训练角度为突破口训练化学中的守恒思想。这样的训练不仅对计算好处多多，而且能够强化对无机化学方方面面知识的掌握。

反应原理类的主观题参看前面章节。

有机推断题是考试中的重头戏。有的学生戏称"成也有机，败也有机"，其原因在于有机推断题很奇妙，同样一道有机题，做顺了用时很短并且几乎满分；做题思路不顺，很容易耗费大量时间，却无法推出物质。

"有机推断"的得分提升应当放在平日的规律训练上，不应押宝于考试时的感觉。每周至少一个有机推断的限时训练，不断缩减推断的时间。推断后认真参照标准答案查有机方程式的条件、查小分子、系数，从答题的严谨性上减少失分情况的出现。

之后对有机推断的框图进行二次开发，自己在原题上选取几个物质向外延伸。比如有机推断的框图中出现了丙烯，并且只有一条线指向光照条件与氯气的卤代反应。做题后就可以在丙烯的框图上延展出"聚合反应""与1，3-丁二烯形成六元环状结构""与水加成"等路线。

"物质结构"的得分方法就是从晶体计算角度进行突破。自己的总结本上至少要有不同类型晶体的图像，平时多画几次晶胞结构图。

化学试卷整体得分的提升，离不开平时的点滴积累和有意识地反复训练。

真正的考试中要注意：

（1）快。尽量压缩答题时间，争取更多的剩余时间，不仅在心态上占有优势从而形成良好的考试感觉，更重要的是能够有足够时间去检查，去抢分。而要做到快就离不开强化步骤化答题的训练。

（2）写。文字符号化、图像化。利用化学符号及图形的视觉冲击带出答题思路。

（3）查。查方程式书写正误，查系数，查得分点是否完备。

（4）读。难题靠读，反复阅读题干，越是难题，题干中隐藏的信息越多，并且作答题尽量贴近题干语言。

第十五章　非知识性因素提升学习法

在日常学习中，有一些非常有意思的现象，不知道大家有没有注意：

（1）同样一个班的同学，大家有着程度相近的基本功，数值相近的智力水平，面对着完全一样的老师，讲解着完全一致的内容。可是有的同学听不懂的内容，有的同学却能听得非常明白，有的同学听懂了却做不对，有的同学答对了却拿不到分。

（2）同样一个知识点，A给你讲，你总是听不懂，可是换了B给你讲，你几乎是豁然开朗，一下子就能完全领会。

（3）A这样给你讲，你听不懂，但当他换一种讲述方式时，你就能听懂了。

（4）A今天给你讲，你完全听不懂，可是过两天，当他再次用完全相同的表述方式给你讲解时，你居然听明白了。

这些现象其实非常普遍，可是为什么会这样呢？无论在什么时间讲解，又以何种方式表述，只要最后你能懂，就说明你的智力发展水平足以完成相应知识点的学习。而之前的种种不理解、不领悟、不得分，其实是由许多非知识因素引起的，包括沟通能力、理解能力、知识迁移能力和运用能力，以及知识的熟练度，甚至个人经历的丰富程度等。而这些因素综合起来所形成的合力，往往会对一个人获取新知识、领会新知识、运用新知识在某种程度上起到决定性的作用。

15.1　高中学生的学与问

《礼记·学记》中有云："故君子之教，喻也；道而弗牵；强而弗抑；开而弗达。"这是从"师者"的角度阐述在"教"与"学"的互动中如何起到主导作用，无疑对今天的教学工作仍然有着很好的指导意义。然而，随着时代的发展，"凡学之道，严师为难"对学生的帮助却不够用了，信息爆炸的今天，除了尊师重道以外，如何才能更好地体现学生的主体性，让学习变成个性化的私人订制呢？

好的方法是成功的一半，学习亦是如此。其实，所谓的学习方法包含两层意思：一是处理知识的方法；二是与老师沟通的方法。如果说，"敏而好学""温故知新"大都是用来告诉我们应该如何对待知识的，本节则主要从听、做、问三个方面介绍如何才能与老师保持良好、顺畅的交流，从而提升大家的学习效率。

15.1.1 怎样记笔记

笔记，顾名思义，就是用笔去记录。

这看似极其简单的事情，在现实中，真正能够做好的，却为数不多。为何如此？

可以说课堂是师生交流的主战场。在这个"战场"上，我们一直强调听讲是最重要的，因此在一心难以二用的情况下，如何协调听课与记笔记的关系，就成为难点了。

实际上，记笔记难免影响听课的效果，但若不记，课下又会无法避免遗忘。同时作业很多，占据了大量的自主学习时间，很多学生的笔记本在课后基本就被束之高阁，沦为了学习过程中的"花瓶"，美而无用。

所以，首先应该明确，记笔记的意义到底在哪里？笔记是记给自己看的，并不是记给别人看的，要记录那些对你最有用的文字，对你最有用的知识点绝不是为了拿出去炫耀。

学习的三过程——预习、学习和复习。一个高效的记笔记方式，也应包含这样三个环节。课前阅读教材，用笔画出关键字和关键的知识点。课上听课，再次画出老师强调的关键词和关键知识点，并且记录一些教材上没有的内容。课后利用整理笔记的方式对教材进行复习。这样的一个循环也正是认知的必然过程，由浅入深，由不知道到了解，直至完全掌握。

以上是记笔记的步骤，另外还有几则要点拿出来分享：

首先，课堂笔记最好记在教材上，而非本子上，无论它有多精美。因为学生记录的速度是没有经过专业训练的，跟不上老师讲话的速度。而老师讲授的内容多数都是教材上已有的内容，所以利用教材作为笔记本其性价比非常高。如果老师讲的都是教材内容，大家只需要在教材上画出横线、作出标记就可以了。

如果老师讲的内容和教材相关但教材上并没有原文，或者是教材的拓展，则需要言简意赅地记在相应内容的旁边。如果老师讲的例题是课后习题，那就在课后习题处记录解析过程；如果是练习册上的题，就在练习册上记录相应内容，如果非要形成一张完整的笔记，课后可以把练习册上的题剪切下来贴在教材上。这样的方式可以大大节约课堂用于记录的时间，可以把精力集中在听讲上面，而不是以记笔记这样的"假努力"掩饰没有认真听课的事实。

其次，记笔记的要义就是一定要快，一定要言简意赅，从而留出充分的时间去听讲。很多老师在授课环节都有自己独特的板书方式，相当一部分学生也非常习惯于去抄写老师的板书，这也是非常不必要的。老师的板书代表了老师的思考模式和思考过程，而初学者很难形成完备的知识体系，无法关注到知识点之间的内在关联形式，所以要仔细听，听老师的分析过程，听老师的思维发展过程，然后把老师的讲解浓缩成尽量少的字记录下来，能用一个字就不要用两个字。在这个过程中，归纳、总结和表述能力都会得到极大提升，可谓一举多得，所以希望大家不要有畏难情绪。天下事有难易乎？为之，则难者亦易矣；不为，则易者亦难矣。

再次，就是整理。快速记录的方式能够更快掌握重点，但是很难做到全面，对于那些从小学到初中一直到高中都是"乖宝宝"的学生来说，会感到非常难受。但是高中的内容含量非常大，课堂内容含量也非常高，还用小学和初中的模式去记录，又要兼顾听课效果，很不现实。这就需要学生在课程结束后准备一个学科专用本，先不要去翻阅教材，而是利用记忆去总结课堂上老师讲的重点，并用自己喜欢的记录方式去重现整个课堂的各个环节。

这个整理过程应该是上下文都留出空余，全部总结完毕后，再对照教材上的内容去丰富自己的笔记。这样不仅可以让自己保留一个非常完整的笔记，同时也对当天的知识进行了全面的复习，能够帮助大家有效地对抗遗忘，对宏观把握知识之间的逻辑与联系大有裨益，是记录笔记必不可少的关键一环。

其四，用自己喜欢的方式记笔记，包括用什么颜色的笔，用什么样的表现形式等。笔者建议大家可以多准备几种颜色的笔，并且有自己固定的搭配。比如说黑色是基本的记录，红色表示超级重点，而蓝色和绿色可以表示易出错的点，再可以增加另外一种颜色去记录自己听课当中的一些思考。如果只有黑色也未尝不可，但是课堂记录的时候需要标记重点，需要记住一些特殊的事例，一种颜色很难达到这样的效果。

另外，每个学生都会有自己习惯的符号语言、图示语言，这些个性化的东西都可以成为笔记的一部分，使笔记成为每个人的专属作品，爱它、懂它，才会愿意不断地去翻阅它、思考它、丰富它，从而让笔记成为自己学习中的最佳搭档。

其五，老师在课上讲的典型例题无须去记录。这些题往往来自高考原题、模拟题，及课后习题或练习册。仔细听老师的讲解，课后直接查阅自己的练习册、教辅书，多找几套类型题去训练，以巩固自己的知识和对例题的掌握，比简单地记录老师的典型例题更有意义。如果非要在笔记本上落下这样的原题，只需要把典型例题前 10 个左右字在搜索引擎中输入，就可以在网上找到原题。将这样的原题直接打印下来，剪贴在自己的笔记本上即可。

最后叮嘱一句，记笔记时其实最重要的并不是教材上原文的内容，也不是老师所讲到的那点儿重点知识及重点例题，最最重要的是记录你的思考过程，可以是一些发散型的内容，也可以是一些所想到的疑惑。听课过程当中如果你的思想能够被激发，能够记录下来你的思考，那就证明你确实在认真听课，而且收获到了甚至超过应有的效果。

相反，如果仅仅是机械地照搬老师板书，课堂效果必将大打折扣。当然如果你书写速度很快，并且字写得很好看，图画得很漂亮，必然会获得一个好人缘儿，因为大家都会找你借笔记，以你的笔记作为范本，但是你又学到了什么呢？

15.1.2　别让作业成为隐痛

经常听到学生们类似的反馈："其实我挺喜欢上学的，可以和同学一起交流，还可以学到很多新知识。但是现在作业太多了，各式各样的习题层出不穷，越摞越高的套卷让人望而生畏，不得不被日常作业困扰也就算了，连寒暑假也被各种作业围追堵截，压得喘不过气来，让我们怎么能爱上学习，爱上校园生活呢？"

可是，当被问及"你认为老师留作业的目的是什么？"时，居然有学生说是因为老师要应付上级检查、回击家长的质疑……不得不说，持有如此看法的学生，一定是和老师之间的沟通出了大问题。

根据一般的理解，课堂上的听讲、笔记，课下的提问、探究，这都是与老师之间的交流，不仅有学生主动的思考过程在其中，甚至学生可以根据个人情况对老师提出各种要求，比如：老师的板书可不可以写得更清楚一点，老师的语速可不可以慢一点，老师这个知识点是否这样讲会更易于理解一些等。

而作业，只是学习过程中必需的一项任务，它是被动的，老师要求做哪些，就做哪些，老师要求怎么做，就怎么做，学生基本没有话语权。

如果一个学生说"老师，作业太多了，您少留一点吧"，十有八九都会被老师无视。

记得读书时某位老师的名言之一就是:"你们别跟我抱怨作业多,我这科作业量根本就不多,你们做不完要么是因为其他科作业太多了,要么是因为你们自己没效率,所以,是谁的问题找谁去,别跟我说。"

说实话,这样的交流方式确实容易引起师生之间的误解,老师认为"别的科目作业留得多你就能接受,到我这里就不能接受了,那我这科还学不学了?"学生认为,"一科这么留作业我能忍,科科都这么留,是逗我的吧?"作业最终成为形式主义的应景之作究竟是老师留得草率,还是学生做得应付?

要解决这个问题必须要转变自己的思想,重新认识作业的意义所在。作业也是老师与学生交流的一种重要形式。老师课前认真备课,课上又口若悬河讲了这么多,你到底听懂了多少?记住了多少?会不会运用?哪里还有知识遗漏或思维断点?这些总不能都留到考试的时候再去临时抱佛脚吧,真等到学习漏洞积攒得多了,估计连佛祖也救不了你。更不必说,作业还有巩固当天所学知识,加深对知识点的理解的作用。

所以,与其质疑老师的作业留得合不合理,不如想想对于老师留的这些作业,自己到底会不会合理运用,使之成为帮助自己学习的利器,而非应付差事的不得已而为之。

简单说,作业具有承前启后的作用。一方面巩固旧知识,一方面引出新的内容。这就又回到了学习的三个过程:预习、学习和复习。如果这三个环节真的做足了,作业就不再是隐痛。

首先,预习环节仅仅通读教材是远远不够的,毕竟第一次阅读教材,很难找到重点、难点。所以,阅读之后需要对照相应的练习册做几道题以了解教材中涉及的主要内容和命题的表现形式,从而提升自己的预习效果。其实这一环节已经完成了一小部分作业,这样就会减轻第二天学习后的作业压力。

其次,关于学习环节,如果已经做好预习,听课过程就会变得非常轻松,老师讲解的内容需要记录的并不多。除了仔细听之外,把练习册放在手边,随着老师的讲解,一些非常简单的题目可以直接完成,一些稍稍难的题目也可以在老师讲解的间歇完成,至于那些较难的题目,则可以等到自习课或回家之后再完成。这样,在课堂上就又完成了一部分作业内容并能够有效促进听课效果。

最后,复习环节如果只是机械记忆一些课堂知识并不能达到很好的效果,还需借助一些题目去深化课堂上所听到的知识、方法。而这种落实可以通过课堂上没有完成的部分较难的问题得以实现,如果所剩余的题目不多或者根本就没有剩余,则可借助教辅资料,或者网上搜集的类型题目进行训练。

经过这样三个环节,不仅做作业的效率会得到极大提升,在较短时间内完成了对知识的拓展和运用,而且实现了自主学习的目的,使作业能够最大限度地为我所用。

其实,如何对待作业,可以很好地考查一个人的主观学习意愿。

有些学生表面上非常努力,却每天都为作业而发愁,考试成绩也很不理想,其原因就在于学习过程中处于被动的状态,要么应付差事敷衍了事,要么死钻牛角尖一叶障目不见泰山。与此同时,学校中却往往存在另外一类学生:作业经常不完成,听课时状态似乎也不是特别好,但每次考试成绩却都很高,原因就在于学习过程中处于主动学习的状态。

我们的日常教学是一对多模式,所以作业也不可能是个性化的,而是针对班级普遍情况而布置的。这样的作业并非适合所有人。那些具有主动学习能力的学生,之所以未能100%完成学校的作业,正是因为这样的作业已经很难促进他们的学习了,他们不是不做作业,而是做了一些不是学校留的作业,他们的作业往往是自己布置的,其内容含量甚至远超学校所布置的作业量。不努力只靠聪明而获得良好的成绩只是一个假象,每一个成功的背后都有无数付出,勤未必能补拙,但不勤必定会越来越拙。这里引用一句哈佛大学前校长德里克博克曾说过一句名言:"If you think education is expensive, try ignorance!"——如果你认为教育的成本太高,试试看无知的代价!

另外,如果前一天因为特殊状况确实没有完成作业,第二天由于某些原因,又不得不借鉴同学的,哪怕这些题目都很简单,也不要完全去抄。建议快速浏览一下别人的答案和简要的过程,然后在自己的作业上迅速完成这些内容,也算作是一个限时训练吧。毕竟这个过程能让脑子快速运转,可以训练瞬间记忆能力、分析能力、理解能力,以及表达能力。当然,这只是不得已而为之的特殊情况,不支持也不赞成学生走到这一步。我们希望的还是大家可以严肃认真地对待作业,在规定时间内高质量完成。

不过,需要大家谨记的是:完成作业的态度和方法,远重于完成作业的数量。

15.1.3 如何向老师提问

好的提问不仅能够答疑解惑,还能触类旁通学会更多的知识。不好的提问不仅无法获得所需的答案,更能使师生双方情绪激动,白白浪费时间。

所以说,如何提问是一门学问,但能够掌握这其中的法门的人却少之又少。

课上没有听清楚,希望老师再说一遍以利于自己记录,这是一种提问;习题或作业当中遇到困难,无法将知识有效地运用,寻求老师的指点,这也是一种提问。

提问所针对的内容不同,方式方法也不同,获得的效果自然不尽相同。

如果没有听清某句话或某个知识点,在课堂上直接进行提问,会打乱老师的课堂教学进度,不仅影响了自己的听课效果,而且影响了老师的授课连贯性,同时干扰了其他同学的听课,实际这样的提问就是给自己拉仇恨。可是,等到下课吗?学生往往又会忘记了究竟哪里没有听清或者记下来,这个时候想提问也没办法提问了。更何况现在学校的老师往往还有其他的行政职务或带多个班级,一下课有些老师就立刻像披了件隐身衣一样消失得无影无踪,学生根本就没有提问的机会。

其实这样的问题根本无须去找到老师提问。解决办法就是预习、学习和复习三个环节都要做足。因为老师的授课内容不会脱离教材,听课之前对本章节内容进行简单的了解,听课时以听为主,课下用笔记本去总结老师课上究竟讲了哪些内容,然后对照教材看一下哪部分内容好像根本就没有听到,那就是你漏记或者没听清的地方,或者找到记笔记优秀的同学,借笔记对照一下看哪里漏记了。对照自己的笔记做整理的过程,不仅可以快速发现究竟是哪里存在漏记或没听清的内容,而且等效于直接进行了复习。这样的自我检验环节,可以让听课效果完全落实。比简单的去问老师"您刚才说的是什么"的效果要好得多。

专门针对知识本身的提问也可以有很多种方式。见过有的同学进行提问时,往往是指着一道题对老师说:"这道题我不会。"更有甚者直接把一套试卷放到老师的桌上对老师说:"这套试卷我不会,请老师帮助讲一下。"从礼仪上讲,他也说了"请"之类的礼貌用语,但实际上却无法收获提问的效果,究其原因,还是提问的方法不对,导致老师一头雾水,无从下手。

说白了,现在是一个信息的时代,很多题目直接扫描原题或输入几个关键字就可以在网上找到正确的答案。对于这样拿一道题或一套试卷提问的方式,老师能起到的仅仅是搜索解答的作用。从这个角度看,老师远不如计算机的效率和准确度。先别说是人就会犯错，即使回答完全正确，也只是机械化的解题，对于教与学双方的促进作用甚小。至于那些故意搜罗难题刁难老师的情况，这里就不说了。只希望大家做每一件事情之前都想想，这对自己的学习到底有什么帮助，自己最后到底得到了什么，想清楚这一点，很多幼稚而无意义的举动也就可以避免了。

这样的说法并不是说大家针对某一个具体问题不应该问，而是说那种逢题必问、每有困难则立刻寻求帮助的学生，往往在提问的过程当中仅仅收获了答案，但丧失了自主分析的能力，所以这样的提问不值得推荐。尽管这样的学生表面上看非常努力，但这种努力实际上却收效甚微。建议遇到某一道题做错的时候，首先要去对照答案，看一下自己是否在读题环节出现了问题、是否有自己没有读到的地方。如果仅仅是这样的问题，就把自己没有读到的文字圈起来，以提示自己在今后的阅读当中不要再犯类似的错误。如果并非读题错误，而是知识性错误或者是方法问题，也不要着急立刻去提问。

遇到这类问题，一道题不会就去找一些同类型题试一试，如果多个同类型题都出现了问题，则证明在知识掌握上出现了断节，或在方法上没有突破。将这类问题整合起来，选择其中一道最典型的问题去寻求老师的帮助。这样经过了自己思考的提问往往会使提问者在收获答案后有一种豁然开朗、拨云见日的感觉。这样的提问，不仅能够节约回答人的时间和精力，更能使自己收获满满。

所以说，学会一个好的提问方法，可以使自己的学习事半功倍。

另外，提问的对象也可以扩大化：问老师以增长知识或者找到解决的办法；问比自己强的同学以打开思路；问和自己成绩类似的同学以进行相互的比较验证；问不如自己的同学，以其作为一个参照来发现问题，防止自己也出现同样的错误理解。

有人会说，向别人提问有那么多好处，那给人讲解的人又能得到什么呢？过来人都知道，给基础差的同学讲课，往往是提升自己能力最有效的方法。原因在于这样的讲解，必须把方方面面的知识全都讲到位，并且通过对方的反馈能够更加准确而快速地发现自己的知识漏洞，或者是方法不足。不得不承认，很多时候讲解的收获甚至要大于听课。

总结一下，提问不应该盲目而应带有目的性，每次进行提问都要有所收获，要达到自己的预期目的。学生的功课多作业量大，老师的工作任务也非常繁重，因此提问要做到言简意赅，节约双方的时间，另外基本的礼仪一定要有，提问前要说"请"，老师答疑后无论收获如何，都要说"谢谢"。

这里也列举一些我通过微信或者QQ答疑中遇到的一些实在无力回答的问题：

"老师你在吗？"
"是某某老师吗？"
"老师，您的课我听着感觉非常好，还需要课下做点题吗？"
"我现在高三了，成绩很差，怎么办？"
"有好的化学资料吗？"
"怎样才能学好化学？"
"我们老师课上讲的我听不懂怎么办？"
"老师为什么我听你讲完还不会做题呢？"
"老师，听完你的课我能考多少分？"
"老师，你觉得我现在开始努力还来得及吗？"
"老师，怎样才能学好化学？"
"老师，我成绩太差怎么办？"

"老师，每天需要做多少题才能考到90分？"

"老师，高中为什么不讲吉布斯—杜亥姆方程式？"

"老师，为什么高中要学有机，要死了，太难了！"

"老师，读教材有用吗？"

"老师，为什么我们老师不这样讲？"

"老师，能评价下今年高考题出的怎么样吗？"

"我现在高三成绩很差，想考一个好一点的本科，你觉得我有希望吗？"

"老师，这道题怎么做？"然后紧随着一张或者空白或者写得乱七八糟根本看不出试卷原样的图片。

"老师，这套卷子的答案帮我做下呗！"然后是许多张图片……

"老师，你用《高中化学（选修3）》的知识帮我解释下……"

……

这是我在写这本书时，仅仅翻阅了一周左右的答疑问题摘取的一部分。尽管不能涵盖问题的方方面面，但也很具有代表性了。对于这些问题真心很想说："老师已阵亡了。"

正好借着提问这个主题，答复下这些问题：

（1）能先告诉我你的年级、地区或所考的试卷是全国卷还是自主命题、你现在的成绩、存在困难的知识点这些基本信息吗？否则让我怎么答呢？

（2）我不是专家，让我评价试卷真心没这个能力。我更不是教育部领导，无权决定哪些内容高中讲，哪些不讲。

（3）想要努力就真的去努力吧！不管什么时候，不管成绩如何，高考都满不确定性，而现在能做的就是坚持努力。成绩再差，离高考再近，只要努力，谁说一定不行呢？但可以确定的是不努力肯定不行。

（4）怎样学好化学这个标题太大，我用了这样一本书还觉得讲得不够，微信或者qq上三言两语怎么说得明白？更何况在不知道你的基础情况的前提下，更加无法回复。

（5）我在线就会立即回复，不在你问也没有用。所以不用问我方不方便、在不在，问题直接发过来就行，顶多发完问题加上一句"辛苦老师了"。

（6）我看了无数的成功人士的资料，但我还没有成功。如果看了我的一堂课就会立刻提高成绩，我不是神仙就是搞传销的。我没这个本事，只是在剖析一个知识内容，帮助大家节约时间，并用自己的经历帮助大家更快找到重要语句和分析方法罢了。我会得再多，你不做题而只是看，是很难取得自己想要的效果的。

记得有一天同时收到两个学生的信息：一个反馈说看完我的有机化学网课，一个学期没学会的东西不到一个星期就搞定了，现在有机推断经常得满分，特意来感谢我；另外一个用了质问语气问我为什么听完我的有机课还是不会做题。我回问这个学生：听完课用我的描红法（这本书中也叫作拆分中间体后的电性吸引法）书写方程式了吗？他的回复是：都听懂了，但觉得没必要描红、麻烦、浪费时间。

用心做题，每学完一个知识点，真正用心去做，当天一道，之后到高考前适当的时间再做几道就够了。每天无心做题，写了100道题也不会有效果。

我遇到的学生问题如果分门别类地罗列出来，估计足够出一本书了，并且可以归到娱乐类图书当中。这里就不再继续分享了。

15.2 有的放矢，事半功倍

凡事预则立，不预则废。

通过前面几章的介绍，相信同学们对高中阶段知识含量大、系统性强已经有了一定的体会，所以在做好取舍决定的情况下提前做好规划就显得尤为重要。

前文已经详细说了不同阶段、不同层次的学生如何规划高中化学学习。这里再补充一下关于想参加奥赛的学生该如何规划的问题。以下将采用对《全国高中学生化学竞赛章程》部分条目分析的形式进行说明：

第二条 全国高中学生化学竞赛属于课外活动，是对课内教学的补充和发展，是学生在老师指导下研究性学习的方式之一。

从这条可以读出，全国竞赛原则上是利用学生的课外时间进行研究性学习的。也就是说竞赛的内容方面是依据高中的教学内容的，市级预赛一般是考到高考难度；省级竞赛（初赛）一般会高于高考难度，需要学习大学化学的初步内容。

这里不是谈奥赛辅导，只是谈规划。因此想参加奥赛的学生，尤其是低年级的高中生就要规划好自己的时间，毕竟奥赛的方向与高中的要求并不完全一致，一定要在学有余力并且真正有兴趣的前提下选择奥赛。

具体的竞赛内容要求可以登录中国化学会的网站查阅竞赛大纲。

第三条 竞赛阶段、时间与选手

第一款 全国高中学生化学竞赛分为两个阶段："全国高中学生化学竞赛（省级赛区）"，简称初赛；"全国高中学生化学竞赛"，简称决赛。初赛于每年9月举行，笔试（3小时），全国统一时间在各省、市、自治区分若干赛场同时进行。决赛在来年春节前的冬令营期间进行，分理论竞赛（4小时）和实验竞赛（4~5小时）两轮。

第二款 参加全国高中学生化学竞赛初赛的选手为普通高中学生。初赛应以高三学生为主，不鼓励高一、高二学生参加。已高中毕业的学生不在其列，非普通高中学生不得参赛。

竞赛章程中明确强调不鼓励高一、高二学生参加，实在是因为不想用拔苗助长的方式影响学生正常的学习规律与身心的协调发展。

如果从高一就把精力放在竞赛取得名次上而进行赌博式的备考，但不幸的是当年竞赛本省的高手确实太多，没有获得名次，同时因赌博式备考而挤占了其他学科的学习时间，最终又导致高考竞争力的减弱，这样的后果可以承受吗？

先调整心态，如果是为了兴趣、为了挑战自己，那我非常支持你参加奥赛。

就像备战高考一样，首先准备好近几年的预赛、初赛、决赛的真题。平时学习每完成一个模块就可以对照真题看一下这部分内容在各级竞赛中如何体现，竞赛题中相关内容出现新的知识可以通过查阅资料的形式简单了解，但初期不建议更加深入学习。

高二结束基本上高中的化学全部内容已经全部学完，再结合平时的积累进行竞赛的专项备考。这样既有利于高考与竞赛备考有机结合，又能够相互促进。

下面言归正传。子曰："温故而知新，可以为师矣。"可见，在孔子那个时代人们就已经非常重视复习在学习中所起到的巨大作用了。19世纪德国心理学家赫尔曼·艾宾浩斯（德语：Hermann Ebbinghaus）提出了著名的遗忘曲线——艾宾浩斯曲线，以图形的形式提示人们遗忘的速率到底有多大，陡峭的曲线令人触目惊心。而他的结论再次证明了复习在学习中起着不可替代的关键性作用,这也是为什么单独把之前已经提到过很多次的复习再次拿出来给大家详细阐述的原因。

试想:对于大多数学生来说,课堂吸收率本就有限,如果复习不及时,还要有相当一部分知识被遗忘,再加上把知识转化为最终得分又是障碍重重,那么经过高中三年的学习,你到底得到了什么?也许只是几个基本概念,更有甚者到高考时连基本概念还搞不清楚。

如何用规律的复习对抗遗忘?

1. 针对没有听懂或存在疑惑的知识点

一天的课程结束后,由于一部分作业在学校已经完成,回家后的负担会减轻一些。所以不要着急做作业,而是拿出你的学科专用本,用崭新的一页去梳理一下今天学到的内容到底有哪些,言简意赅地逐条罗列所有知识点,对其中存在疑惑或者没有听懂的知识点进行标记。这既是对课堂笔记的整理,也是一种相当好的复习方式。

注意:此阶段不应占用太多时间,这只是整体回顾、找出漏洞和疑问的复习前奏。

找出了漏洞以后,千万不要在这个时候犯拖延症,一定要尽早把问题解决掉。有过做饭经历的同学都会知道,如果没能把米饭一次做熟,再进行第二次蒸煮就形成了所谓的夹生饭,根本没法吃。学习上也是同理,没有学会的知识如果要等到很久以后再去补漏,还不如重新学起。但越临近高考,时间就越紧张,这个时候再去学习曾经没有学懂的知识点,往往很难拿出归零的勇气和决心。所以说,一次学懂的性价比远高于以后再说。

针对这一类知识点,可以先划定一个比较短的时间,比如10分钟或者是30分钟,来快速阅读教材,从中寻找解决问题的突破口。如果实在找不到,就利用其他工具,比如说网络搜索或者教辅,如果方便的话,甚至可以通过微信、QQ或电话和老师、同学进行交流。其目的是:通过不同角度,从不同的入手点,针对同一问题,进行突破。

经历这样一个限时解决问题的训练后,如果该问题仍然没有得到解决,一方面要考虑是不是因为与该问题相关的知识点自己还有断点或遗漏。如果真是这样,就需要梳理一下导致该问题无法理解的基础知识点究竟是什么,这样就找到了下次继续努力的方向。另一方面要考虑到人都会出现短期思维受阻的情况,所以可以把这个问题暂时搁置,但不是完全放弃,之后的一段日子只要有时间就去利用几分钟进行简单的分析,直到一天有一种豁然开朗的状态,这就是"好读书,不求甚解;每有会意,便欣然忘食"。其实这是一种化归的思想,即将一个难度比较大的问题分解、转化为几个难度比较小的问题逐步去解决的思想。

2. 针对易遗忘知识点

一个知识点学过之后的一个月之内是复习的黄金时期。在这一个月当中,每个周末都用自己的笔记本针对学过的知识进行总结,以开列条目的形式进行。在此过程中,如果发现有些知识存在遗忘或者模糊的情况,就要立即找到类似的题目,再去刷1~3道以增强自己对该知识点的记忆。

一个月之后,就要将该知识点浓缩成最简单的几个字,并且将做过的关于该知识点的题目当中最经典的那道题剪切下来贴在自己的本子上,底下写上总结的那几个关键字。这样的总结要集中整理,随时放在书包里,有意识地每隔几天就拿出来从头到尾浏览一下,利用规律的复习去对抗遗忘。

一旦出现某些知识点隔了一段时间之后又发生遗忘的情况,首选阅读教材原文,其次是看自己曾经做过的训练资料,最后就是再刷几道题去练练手。

3. 将知识转化为有效得分，即专项突破与保温训练的结合

专项突破。这个词在这本书中多次出现，其做法是有规划地集中训练。选择题的训练方法为5~7个为一组，第一组限时完成，然后对着解析提炼两个高频正确说法与两个高频错误说法。用一小段时间记忆这些高频内容，然后再刷一组，再总结……

如果每组训练的间隔过长，就无法实现强化突破的目的，间隔时间过短又会造成因重点知识无法有效吸收而造成错误率偏高，最终形成挫败感。建议每组之间的间隔最好是30分钟左右，或者干脆第二天再做下一组。

保温训练这里就不详细说明了，前面已经多次提及。

《劝学》中有云："假舆马者，非利足也，而致千里；假舟楫者，非能水也，而绝江河。君子生非异也，善假于物也。"就是告诉我们，善于利用工具的妙处。

那么是不是拥有的辅导材料越多越好呢？当然不是越多越好。

见过很多学生，手里的教辅资料比老师还要齐全，但如果把前十页全部撕掉的话，基本所有教辅都可以当作新书去卖。这也反映了一个普遍状况：占有的资源越多，往往越容易挑花眼，这里摸摸，那里看看，精力没少花，除了满足人的占有欲外，对于学习几乎没有任何帮助。

事实上，如果是为了弄明白某个知识，针对高考而言最好的教辅资料就是教材。没有任何一本教辅资料对知识的叙述能够超过教材。这样说并非有意抹杀编写教辅资料的老师们的辛勤劳动，实在是因为高考命题的依据有且只有一个，即教材。请大家记住这一点，非常关键。

但是，不可否认教材确实存在着言语过于简洁、难以理解、习题量不够等诸多缺陷的事实。

那么，在学习过程当中，大家该为自己挑选什么样的工具来辅助深入理解教材，又应该如何加以利用呢？

传统教辅类一般以纸质书籍的形式呈现，主要可以分为三个类型：

（1）知识讲解型

这种辅导书一般文字比较多，可以选取对知识点的讲解且知识与知识之间的联系叙述比较完整、透彻的，类似于知识卡片或者知识一本通之类的材料，适合对教材理解存在困难的学生。

（2）套题汇编型

建议历年的高考真题汇编和本省市的模拟题汇编能够从高一时起就入手一册，随时放在手边，以便充分了解所学知识点在高考中将会如何呈现，从而在学习和复习时做到有的放矢，更有针对性。

（3）专项训练型

这类书籍一般以习题为主，最好能够选取针对不同专题进行训练的那种，要求题量一定要足够大，同时如果能够附带方法总结，无疑就更完美了。

后两种类型的教辅书都是用来提升得分能力的实战类书籍，适合对基本的知识、概念有一定理解，需要把知识转化为得分能力提高的学生。

很多学生希望能够推荐具体的教辅名称，但是每个人的具体情况都不一样，辅导书毕竟不是人民币，不可能完全适合每一个人，所以还是希望同学们能够根据自身的情况自行抉择。这里只强调一点，如果说天底下真的存在一本最好的教辅书，那只能说你能看完、用好的那一本就是最棒的。

随着网络时代的到来，学生占有的学习工具以几何倍数提升，除了传统的教辅外，各种教学软件、网络平台也是多得让人应接不暇。这类网络平台也是可以大加利用的。

(1) 聊天工具，如 QQ 和微信

本来这种聊天软件基本可以等同于 20 年前的电话，只是一种通信工具，虽然便于和老师、同学沟通，有问题可以得到及时的解答，但并不值得专门作为教学辅助来专门列举出来。但现在 QQ 群、微信群日益发展壮大，绝大多数学生的手机里都有几个学习群，有的用来交流、讨论，有的用来答疑解惑，还有的只是单纯的传递信息。

但因群里人员比较多，构成也相对复杂，管理比较松散，很难形成持久的学习氛围，针对性也比较差，所以不建议将这种所谓的学习群作为主要的学习工具，每天打开大概看一眼有什么通知或消息就可以了，顶多把自己确实没有办法解决的问题发到群里，过段时间上来看一眼是否有比较有启发性的回答，仅此而已。切忌过长时间在群中逗留。

(2) 各种学习 APP

很多 APP 做得还是蛮精良的，又可以节约购买教辅所支出的费用，在学校作业量不够的情况下，可以将其与保温训练及强化训练结合起来使用，即利用这样的工具去筛选一组合适的题目，用来进行强化训练。

选择这类 APP 时，尽量要有答案与解析的那种，做完一组题之后能够及时反馈做题效果及试题难度，如果能有相关知识点的介绍及后期学习方向的指导则更好。利用这类 APP 时一定要做好自己的规划，每天使用的时间不宜过长，要让它们真正作为工具，不要沉迷。

(3) 网络搜索

课上没有听懂的知识，或者是自己在做强化训练主题时遇到困难，可以利用最短的时间在网上进行搜索。其主要目的并不是要学会多少内容，而是尽快地占有更多的素材，通过多个角度和多个素材的对比，以提升对某个知识点的了解，或者提升得分能力。所以需要同学们具有一定的快速阅读能力，在较短时间内尽可能占有大量的素材，不需要对每一段文章仔细阅读，毕竟每天的学习时间是有限的。

但是现在网络上的广告过多，无论如何屏蔽，都不可能完全避免，尤其是对学生最有吸引力的游戏广告，以及各类暗示你有捷径可走的提分广告。所以建议在使用搜索引擎时最好能够在限定时间内完成，针对一个知识点最好不超过 3~5 分钟，并且希望能够在父母的监督下完成。他人的监督一方面有利于使自己的注意力更加集中，另一方面如果觉得素材非常有用，可以让父母帮助将素材集中起来进行打印以便形成纸质的文字稿利于随时阅读。

(4) 网课

一般来说，能够在网络平台上讲大课的老师，大多数都有自己的一套技巧或方法，针对的也大多是学生当中普遍存在的难点、重点或者易错点。也许未必适合所有学生，但总体来说，还是能够起到一定作用的。毕竟敢把自己的课拿出来挂到网上让所有人看到，敢把该老师的课程作为自己网站主打课程，这本身就需要一定勇气，如果没有一定的实力做后盾，不仅路走不远，八成还会被群嘲。

因此，选择网课作为学校教学的补充是十分有益的，但以网课为主却不建议。与学校的教学相比，尽管其精彩程度或者是有效度更高，但是全面性却不及学校课程。简单说，如果一个网课老师能够将所有知识的方方面面全部讲到位，那么他课程的精彩度必然无法达到现在的样子，因为一些非常基础的内容，确实是枯燥、无味但又十分必要。就像学习数学一样，10以内的加减法非常枯燥，一点儿意思都没有，再讲也就是那么回事儿，但这些内容会直接影响到后期对数字的掌握、对数学的理解。所以，必须清醒地认识到，不要把网课老师和学校里的老师拿来作对比，因为没有可比性。不能否认会有极端情况存在，但对绝大多数人来说，一定要以学校课程为主，网课为辅，切不可本末倒置。

至于选择网课时，到底是听同步课程，还是选择专题课程？还是那句话：视自己的情况而定。如果与学校的老师沟通存在比较大的障碍，或者在非常认真做好预习、复习等必要环节后，做题时仍然感觉不能得心应手，则可以选择同步网课作为补充；如果平时学习问题不大，只是某些知识或者某块内容总是出现问题，在多方努力无果的情况下，可以选择专题网课，以期会得到启发。

当然，网上课程也会布置一定量的作业，遵循刚才提到的原则，一定是学校作业优先完成，其次才是自主作业。

多样化的学习工具是一柄双刃剑，无论选择什么样的工具，前提都是你自己的需求，一定要把这一点想明白，不要人云亦云，白白浪费了自己的宝贵时间。

15.3 勇敢的心

这一节的话题太沉痛了，但又不得不提，这个世界上永远叫不醒的是什么人？对，这个世界上永远叫不醒的，是一个叫作"装睡"的人，说白了，就是人家根本不想起。

学习同理，最大的困难其实叫作——完全不想学。

其实，想填平横亘在学渣与学霸之间的鸿沟，需要的并不是看似浩瀚无边的知识宝库，而只是那一颗一直以来被你视而不见、刻意忽略的勇敢的心。

1983年，美国人伯森汉姆徒手爬上了美国的帝国大厦。一时之间，他成为名人，被誉为美国的蜘蛛人。无数的报道直接指向了这个年轻人，美国的恐高症康复协会也非常期望他能够出任代言人。

让人意想不到的是，这位年轻人居然就是恐高症康复协会的1042号会员。

本身就是恐高症患者却能徒手攀爬381m的纽约帝国大厦，这样的一个壮举无论如何也应该被载入史册，而且这个事件本身就很具有新闻价值，因此无数记者蜂拥而至，希望能够对其进行独家报道。

当记者来到位于费城郊外伯森汉姆住处时，这里正在举行一个小型的庆祝会，庆祝伯森汉姆创造了吉尼斯纪录。但庆祝会的焦点却集中在了伯森汉姆94岁高龄的外祖母身上，因为这位老人为了能够及时赶来，却不经意间创造了高龄老人徒步行走100英里（1英里≈1.6千米）的世界纪录。

当记者问老人为什么能够徒步行走100英里时，老人笑了。这之后的故事虽然有多个版本，不管老人是有意想通过徒步行走以表达庆祝，还是因为始终没有叫到车，而不得不徒步行走这么远的距离，最终的结果都是老人创造了一个新的世界纪录。当记者问老人怎么会有这样的勇气时，老人说行走100英里确实是需要勇气的，但走出一步却并不需要勇气，三是走出了第一步，然后再走出第二步，就这样不知不觉之间就到了。

类似的观点，记者也在伯森汉姆的回答中得以验证。伯森汉姆说，作为一个恐高症患者，他很惧怕381m的高度，但他并不惧怕一步的高度，于是盯着前面的一步，再一步，这样就创造了吉尼斯纪录。

我们说，这个世界上最可怕的并不是苦难与危险本身，而是对苦难与危险的恐惧。

一边是成百上千个陌生的词汇、概念、公式、定理，还有堆积如山的各类辅导资料，另一边是日渐迫近的高考和望子成龙、望女成凤的殷殷父母心。大家的焦虑、无力，还有对于逃避的无限渴望，也就不足为奇甚至是人之常情了。

面对这样的窘境，希望大家能够把所有的困难、目标先放一放，那些情绪、压力也都先抛开，静下心来想一想，作为一个学生，你现在最有能力也最可以理直气壮地去做的是什么？是学习吗？对。那就把现在作为起点，按部就班、踏踏实实地去学习，不要管它包含多少个小节，其中又有多少个要记背的知识点，涉及的题目量会有多大，解题过程会有多复杂等。所有这些困难都不要去理会，只是认认真真地做自己该做的事，学自己该学的知识，仅此而已。

事实上，当我们平心静气地专注做事的时候，往往能够产生意想不到的效果，一如阿米尔汗在电影《三傻大闹宝莱坞》中所说：不停追求卓越，成功自会不期而至。

1796年的一天，德国歌廷根大学，一个19岁的很有数学天赋的青年吃完晚饭，开始做导师单独布置给他的每天例行的三道数学题。

像往常一样，前两道题目在两个小时内顺利地完成了。第三道题写在一张小纸条上，是要求只用圆规和一把没有刻度的直尺做出正17边形。青年做着做着，感到越来越吃力。开始，他还想，也许导师见我每天的题目都做得很顺利，这次特意给我增加难度吧。但是，时间一分一秒地过去了，第三道题竟毫无进展。青年绞尽脑汁，也想不出现有的数学知识对解开这道题有什么帮助。

困难激起了青年的斗志：我一定要把它做出来！他拿起圆规和直尺，在纸上画着，尝试着用一些超常规的思路去寻求答案。

当窗口露出一丝曙光时，青年长舒了一口气，他终于做出了这道难题！

见到导师时，青年感到有些内疚和自责。他对导师说："您给我布置的第三道题我做了整整一个通宵，我辜负了您对我的栽培……"

导师接过青年的作业一看，当即惊呆了。他用颤抖的声音对青年说："这真是你自己做出来的？"青年有些疑惑地看着激动不已的导师，回答道："当然，但是我很笨，竟然花了整整一个通宵才做出来。"导师请青年坐下，取出圆规和直尺，在书桌上铺开纸，叫青年当着他的面做一个正17边形。

青年很快完成了这个任务。导师激动地说："你知不知道，你解开了一道有两千多年历史的数学悬案？阿基米德没有解出来，牛顿也没有解出来，你竟然一个晚上就解出来了！你真是天才！"多年以后，这个青年回忆起这一幕时，总是说："如果有人告诉我，这是一道有两千多年历史的数学难题，我不可能在一个晚上解决它。"

这个青年就是数学王子高斯。

有些事情，在不清楚它到底有多难时，我们往往能够做得更好！

1968年，吉姆海因斯在墨西哥奥运会上第一次打破了百米10秒的纪录，而在这之前他一直坚信某些神职人员关于"人与上帝的契约中规定人类的奔跑极限就是10秒"的说法，毕竟这样的说辞在医学界和动物学界也是有相关的科学论断支持的。

当海因斯冲破终点，当人们的欢呼响彻赛场，一个崭新的世界纪录诞生了，一个所谓的魔咒也就此被打破。

这个故事的结尾告诉人们，原来那道门是虚掩的，上帝并没有与人类签订百米速度的契约，一直在限制人类的恰恰是我们自己的想象。

回到我们的日常生活中，有的学生在刚刚升入高中时会将清华、北大作为自己的目标，可是高一的期末考试刚结束，就开始对周围的人说：清华、北大的教育模式其实是禁锢人思想的，一些双一流学校的培养模式才更适合我。到了高二，这个学生又会说：为什么非得要考个双一流学校呢？我就希望留在本地，就希望留在父母身边，希望在年轻的时候能够照顾他们，所以本地的普通本科是可以接受的。到了高三这个学生又说了：考学不是人生的唯一出路，条条大路通罗马，不想人生中最美丽的十年被禁锢在大学的院墙当中。

"下个月我把体重减到多少多少斤，立帖为证""高考我一定要考到多少多少分，否则我的姓倒写""每天我一定要完成多少多少题""期末我一定要成为班级第一名""十年后，我一定要拥有多少多少资产，让那些曾经嘲笑我的人打脸"……

这样的决心每天都有人在下，这样的誓言每天都有人在说。然而，这些决心、誓言对于改变我们的现状可曾有过丝毫用处？大多不是沦为了别人的谈资和笑柄，就是变成了我们遥不可及、止步不前的借口。

所以，树立远大的理想和目标，并非适合所有人，甚至对于同一个人来说，也未必在所有情况下都适合，我们需要认清自己的处境，并随时调整状态以适应当时的状况。

当你面对的困难过多，压力过大时，不妨把眼光收回来，每一个学习阶段把目标定作对知识的掌握，还有得分能力的强化，至于究竟要考入一个什么样的学校，依赖于今天点滴的努力，而非高远的未来。"合抱之木，生于毫末；九层之台，起于累土；千里之行，始于足下。"抛却过往，不问将来，专注于当下，属于你的奇迹正在发生。

有无数人的经验都在告诉我们：在学习的道路上，比拼的往往不是智力，也并非方法，虽然这些都非常重要，能够让我们事半功倍，但最最重要的，仍然是意志品质的较量，通俗地说，就是你肯不肯不怕吃苦地下功夫去钻研。

京剧大师梅兰芳，年幼拜师时居然因一双"死鱼眼"被断言"老天爷没赏这碗饭"，而差一点与京剧无缘。但他并不曾因此放弃，而是想尽办法勤加练习，抬头追寻天上振翅高飞鸟儿的身影，低头紧跟水中翻跹起舞鱼儿的身姿，久而久之，一双眼睛练得灵动非常，终成一代宗师，在世界三大表演体系中为我国争取到了一席之地。

与之有相似境遇的还有另一位京剧界的泰斗周信芳，纵然早年成名也难掩嗓子倒仓的落寞与无奈。令人意想不到的是，嗓音变哑后的周先生不仅没有气馁，反倒刻苦钻研，自创出别样风格的一派，在京剧界可谓独树一帜，别出心裁，成为地位仅次于梅博士的又一位大师。至于那些天赋异禀又肯努力的人更是比比皆是。

不过话又说回来，现在生活水平提高了，"头悬梁""锥刺股"自然是不必了，就连"凿壁偷光""囊萤映雪"的苦头恐怕也吃不到了，所以苦不苦不好说，但是"勤"仍然是必须的，所谓"书山有路勤为径"放到今天依然适用。

俗话说："好记性赶不上烂笔头。"虽然不主张学生在课堂上一味埋头记笔记，但那是希望大家能够分清主次，把主要精力放在聆听老师讲的知识脉络和解题思路上，而不是因为自己犯懒才放弃对老师所讲重点的记录。

正是受到那位几十年如一日坚持每天做题的特级老师的影响，这些年来，在周围的朋友、同事为究竟是奥迪好还是宝马好纠结的时候，笔者仍然乐于坐公交、挤地铁。无它，只是因为可以利用路上时间安心做题、总结，仅此而已。一步步追赶、比肩、超越那些原本比我起点高、脑子活、基本功扎实的同事，现在总算是得到了一些认可，这都跟手勤是分不开的。

嘴勤体现在两个方面，一是问，一是答，换一种说法，就是勤于与他人交流。

有些学生喜欢关起门来自己学：我不问人，不给别人添麻烦，但也请别人不要来打扰我。实际上抱有这种心态是非常吃亏的。

首先说提问，前文交代过，提问是需要建立在自己主动思考之上的，有思考才有提问，没有主动思考，谈何提问呢？所以，合理提问是件好事，老师是很欢迎的，希望同学们也能理性看待。

不过，有的学生却以"独立思考"为借口，而对自己不理解、未掌握的知识点三箴其口，拒绝以任何形式向周围人求助，这就太不明智了。要知道，有些知识如果你自己去思考，可能数个月也想不明白，但旁人的一句话，也许就让你豁然开朗、恍然大悟。其实就是一层窗户纸，没有人捅那一下，你就是看不到对面的风景。

再来说回答，前文也有提及，回答别人的问题可以帮助找到自己的知识断点，也能在讲解中进行梳理、完善自己的知识体系，还能因思想的碰撞而获得启发，实在是有太多好处，所以只要条件允许，请一定不要放过给别人讲解的机会。

日常学习中，太多的学生手勤、嘴也勤，笔记记得超级全，作业从来都是一丝不苟地完成，习题册、套卷除了答案以外，还写满了密密麻麻的解析，可到头来成绩还是不理想，原因是什么？千万别说是脑子跟不上，因为人的一生都具备科学家的脑力基础。要我说，脑懒就是症结所在。

这一类学生的心思大多不在真正解决问题上。要么就是为了应付老师、家长而装样子，要么就是为了对得起自己良心而做出刻苦状，感动天、感动地、感动了身边所有人，甚至连自己都感动了。然后呢，究竟学到了什么，解决了什么，就不管了，因为其志本不在于此。这类学生最大的特点就是你能看到的一切表面现象都告诉你：他（她）很勤快，已经尽了全力，从态度上也无可挑剔、无懈可击。然而在你看不到的角落，比如：他的脑子里、他的内心深处，却往往是不愿意学习、不愿意付出努力的。

与此相反的另一类人，他们表面上做题并不太多，别说没有过通宵达旦，就是在学校学习期间也表现得漫不经心，甚至是吊儿郎当。在这些表象之下，几乎没有哪个学霸真是所谓的天才，他们背后的努力是远超乎常人的。在你看不到的地方，他们满脑子想的都是数学公式，都是英语单词，都是自己哪里出错了，哪里遗漏了，这是绝大多数普通学生所无法做到的。所以他们成了别人眼中的天才，只是别人不知道，所谓的天才背后到底是多少倍于常人的大脑高速运转，又是多少倍于常人的不懈追求。

手勤是为了用实践来深化对知识的理解，嘴勤是为了用交流来开阔自己的思路，而这两条路交会于一点——脑勤，为了确确实实地落实知识、提高能力。

要想做到手勤、嘴勤、脑勤这三点，就是本节的标题——勇敢的心，永远不要敷衍，永远不要偷懒，永远不要放弃。人生中，我们能控制的太少：外貌、家庭我们都无从选择，就是身体也未必能时时随心所欲地支配，只有这颗心，只要你愿意，它一定能带着你一往无前，驶向你想去的彼岸。让我们一起加油！